JN437586

동시대 시의 풍경과 정신

손진은

도서출판 월인

머리말

평론으로 무엇을 할 수 있는가. 또 평론가는 무엇을 해야 하는 사람인가. 늘 내 마음 속을 떠나지 않는 화두이다. 필자는 시를 쓰면서 평론도 하는 사람이다. 그래서 전문적인 비평가와는 다소 입지점이 다르다. 비평가들의 글이 이론적이고 관념적인 면이 있다면 직접 창작을 하는 입장에서 작품을 보는 사람이 가진 강점은 비평가의 관점에다 창작자의 눈을 더할 수 있다는 점에 있다고 생각한다. 감동적인 작품을 찾아내 객관적인 잣대를 갖다 대면서 그 감동의 실체를 구명하고 아울러 창작자의 입장에서 시인과 독자 사이의 가교 역할을 하게 된다. 그 과정을 통해서 평론은 재창조의 기능도 할 수 있고 또 창작에 대한 길을 터줄 수도 있다고 생각한다. 필자의 비평작업은 시인을 계도하려 하는 문학적 이념의 제시나 작품을 재단하려는 목적과는 일정한 거리를 두고 있다. 무엇보다 시인인 필자 자신을 감동시킨 작품을 꼼꼼하게 읽고 그 감동의 실체를 창작자의 입장에서 독자에게 온전히 전하고 공감하는 데 목적을 두고 있다.

시는 인간의 삶을 반영하기도 하고 현실을 비판하기도 하고 아름다운 세상의 모습을 넌지시 비춰주기도 한다. 사물의 본질에 가닿는 시어와 고결한 정서는 고통 받는 영혼을 치료하고 그 영혼의 깊이를 한 단계 성숙시키는 기능도 갖는다. 아울러 지배이데올로기에 대한 비판적 사유를 갖게 하며 세계의 변화를 추동하는 힘이 되기도 한다.

이번 평론집은 지금 이 땅에서 쓰이는 동시대 시인들의 시작품을 대상으로, 그들 작품이 내밀하게 감추고 있는 감동의 힘과 깊이를 함께 나누고자 하는 의도의 산물이다. 평론가 이남호는 '시와 시치미'라는 말을 했다. 대중취향의 연애시가 수준이 낮은 것은 시치미도 없이 잠언적인 제스처를 내뱉기 때문이다. 좋은 시는 대부분 그 의미 파악을 지연시키는 힘이 있다. 필자는 그 시치미에 감추어진 꿈과 그리움, 그리고 울음과 저항을 읽는다. 필자가 선택하는 시는 전통 서정시일 경우가 많다. 그러나 때로는 전통 시 문법을 파괴하는 실험시와, 진기하고 가볍고 발랄한 시들, 사회적 실천을 위한 강력한 의지의 시편인 민중시가 눈길을 끌 때도 있다. 중요한 것은 그 안에 얼마만큼의 시적 진정성이 있느냐에 달려있다. 시적 진정성이란 무엇인가? 필자는 그것을 심미 감각이라 생각한다. 이 심미 감각은 헤겔이 예술철학이라 했고, 동양의 예술가들은 심안(心眼) 혹은 시안(詩眼)이라 일컬었던 말인데, 이 책의 글들에 일관하는 공통점이 있다면 이런 심미 감각 혹은 시안의 창조성을 작품 선택과 논거의 기준으로 삼고 있다는 것이다.

이 책은 총 4부로 구성되었다. 제1부는 한국 현대시의 전체적인 지형과 관련된 글들이다. 이들은 우리 시의 창작과 교육현장에서 한번쯤은 생각해 봐야 할 주제들이다. 「인생에 대한 통찰의 균형과 깊이」는 우리 시가 나아가야 할 바람직한 방향과 지금 필요한 시 정신에 관한 글이다. 「서정시의 자아의 문제」는 시적 성취와 개성은 다르지만 스스로의 상상력의 방식과 전략을 통해 현실과 비현실, 시간, 공간, 일상을 넘나드는 자아를 고찰해 본 글이다. 「본질탐구로서의 서정시」는 언어기호로써 사물의 물질성 너머에 존재하는 본질, 기의를 드러내려는 동일성의 시학에 바탕을 둔 일련의 시들의 흐름을 살펴본 글이다. 「육체의 호흡과 비전」은 이 세대의 문화감각과 원초적인 시어로 기존 시의 문법을 파괴하는 '미래파' 시에 대한 한 점검이다. 「서정주가 빠진 국어교과서」는 문학교육의 제재 선택은 어떤 방식으로 이루어져야 하는가에 대한 문제제기를 했던 평문으로 엄청난 관심과 논란을 끌기도 했다. 「경주시의 공간과 논리」는 시인들이 각각 어떤 맥락으로 '경주'를 바라보는가에 대한 글로써 지역문학에 대한 관심과 애정의 산물이다.

제2부는 작품론이다. 필자는 문학 연구의 핵심은 작품연구라 믿고 있다. 작품의 해명 없이 문학사나 사상사 작가연구는 불가능하기 때문이다. 그래서 우리 비평계에서 꼼꼼하고도 구체적인 작품분석은 뒷전으로 한 채 무슨 거창한 이념이나 사상에 매달려 온 것은 본말이 전도된 현상이다. 구체적인 작품분석을 통해 우리 시의 비평과 창작은 물론 문학사 역시 풍성해질 수 있을 것이라 생각한다.

제3부는 시인론이다. 오늘날 시인은 어떤 존재인가? 시인으로 산다는 것은 어떤 의미가 있는가? 밀란 쿤데라의 말대로 "시인은 희망과 절망의 끝까지 가 보는 자"이며, 고통 앞에서도, 축복과 환희 앞에서도 꿈을 꾸는 자이다. 필자는 그들의 시들을 통하여 그들의 꿈과 비전이 어떻게 형상화되는가를 살펴보고 그것이 이 땅의 삶과 맺는 관련을 맺는가를 애정어린 눈으로 고찰해 보았다. 여기서 다룬 시인들의 시편들은 2000년대에 펼쳐 보인 주목할 만한 시적 성취라 판단한다.

제4부는 시집평이다. 시집이란 그 시집에 수록된 개별 작품들이 창작된 기간 내에 한 개인의 사유와 언어, 그리고 삶의 결정체다. 편편들을 감싸고 있는 내밀한 언어와 생각들을 보듬어 읽으면서 시집 전체를 관류하는 정신과 풍경을 진단하고 그것을 오늘의 한국시 전체 맥락 속에서 진단해야 한다. 필자는 무엇보다 시의 함의와 비의를 천천히 음미하면서 그 감동의 원천을 독자와 함께 나누는 데 시집의 비평문들이 유효하리라 생각

한다. 여기에는 지역에서 활동하는 몇몇 시인들의 시집들도 넣었음을 밝혀둔다.

이 책에는 문학을 보는 필자의 관점이라든가 시와 인생에 대한 나의 태도가 반영되어 있다. 시를 읽고 쓰는 시간들이 있어 필자는 즐겁다. 팍팍한 삶의 골목을 지날 때마다 필자의 소매를 낚아채며 시가 속삭이는 소리를 듣는다. 그 음성에 싸여 그 품에서 필자는 안식을 얻을 수 있었다. 부디 이 책을 통해 필자가 느꼈던 시의 음성이 많은 분들의 가슴에 전달되기를.

2011년 여름, 햇살이 점점 뜨거워지는 경주 선도산 자락에서
저자 큰절

차 례

1부

2부

3부

4부

1부

인생에 대한 통찰의 균형과 깊이

– 김사인의 근작을 중심으로

1.

최근의 한국시는 무엇을 얻고 무엇을 잃고 있는가. 개성 있는 신진들이 많이 늘어났다는 것이 수확이라면 이 개성이 주관에 함몰되어 객관성을 결여하고 있다는 것은 분명히 손실이다. 그렇다면 젊은 시인들의 개성은 동전의 양면을 갖고 있는 셈이다. 김우창은 "최근의 많은 시들이 극히 주관적이고 개인적인 감정에 머물 뿐, 객관성을 얻지 못하면서 시 속에 표현된 감정을 이해할 수 없는 경우가 흔하다"[1]고 지적하면서 우리 시단의 문제점에 대한 반성적 성찰을 제기한다. 한국시가 시적 긴장감을 상실한 주요한 원인은 지나치게 순수성에 집착하고 잠언(아포리즘)에 의존하기 때문이라는 주장도 설득력을 갖는다. 허혜정은 "순수한 사랑, 순수한 자연, 순수한 고향이라는 천진한 환상에 깊숙이 침투된 시적 현상"을 최근 시의 주류를 이룬 연시 경향의 시들에서 짚고 있(『시작』, 2001. 여름호)으며, 최현식은 현실을 회피하는 신비주의라는 맥락에서 최근 시의 잠언화 경향을 우려했다.[2] 최현식의 말대로 "잠언은 만인에게 통용 가능한 일반적 진리나 원리를 쉽고 간결한 말로 표현한 것이지만

---

1) 김우창, 「시의 객관성–시적 관심과 객관 세계」, 『현대문학』, 2003년 7~8월호.
2) 최현식, 「질문의 실종과 포에지의 응고」, 『파라 21』, 2001. 여름호.

(너무 쉽게 발설될 때는) 세계에 대한 이해와 표현을 범속화, 평균화하는 위험이 있"는 것이다.

자신의 세계 속에 빠져, 소통을 가로막고 있는 시적 경향과 세계에 대한 고민보다는 둥글둥글하고 원만해서 무난한 시적 경향 속에서 이성복의 시집 『아, 입이 없는 것들』과 외국시에 대한 비평집 『달의 이마에는 물결무늬자국』은 기성 한국시단의 풍경과는 사뭇 다른 경지를 보여준다. 가령 『아, 입이 없는 것들』의 「그렇게 속삭이다가」라는 시,

저 빗물 따라 흘러가봤으면,
빗방울에 젖은 작은 벚꽃 잎이
그렇게 속삭이다가, 시멘트 보도
블록에 엉겨 붙고 말았다 시멘트
보도블록에 연한 생채기가 났다
그렇게 작은 벚꽃 잎 때문에 시멘트
보도블록이 아플 줄 알게 되었다
저 빗물 따라 흘러가봤으면,
비 그치고 햇빛 날 때까지 작은
벚꽃 잎은 그렇게 중얼거렸다
고운 상처를 알게 된 보도블록에서
낮은 신음 소리 새어나올 때까지

—이성복, 「그렇게 속삭이다가」 전문

의 감각은 기존의 한국시단의 것들과는 판이하다. 자기 때문에 시멘트 보도블록이 아플 줄 알게 된 작은 벚꽃 잎의 마음! 이런 의인화, 인격성은 분명 한국시에서 새로운 것이다. 평범하게 지나친 것들 속에서 도달한 새

로운 감각이다. 이성복의 요즘 시들은 이렇듯 경계 없는 정신을 숙성시켜 보여주고 있다. 이성복의 시는 의미를 만들어 내거나 찾는다기보다는 지금까지 알려지지 않았던 각도에서 인생과 세계의 틈을 들여다본다. 그의 시는 몸으로 쓰여진다. 이런 점에서 이성복의 시는 한 개인의 고투를 통해 만들어낸 하나의 정신이 도달한 지점이라 할 수 있다. 이성복의 시는 독자들의 피상적인 정서에 쉽게 각인되지 않는다. 그렇다고 해독할 수 없는 코드로 이루어져 있지는 더더욱 않다. 도대체 무엇을 말하려 한 것인지 알 수 없는, 시인 혼자만의 감정 속에 도취되어 있는 자기담닉의 세계와는 판이하게 다른 정신이 도달한 세계이다. 확실히 그는 머리로 시를 쓰는 것이 아니라 몸 속의 어떤 감각으로 만난 세계의 풍경을 그린다. 그 풍경은 얼핏 보면 낯설다고 할 수 있지만, 그 풍경은 현재까지 어느 시인도 보여주지 못했던 새로운 감각의 지점을 보여준다. 그것은 이남호의 표현대로 "우리 존재의 어느 구석에서 늘 작용하고 있었지만 우리가 의식하지 못했던 상처"같은 것들이다. 삶의 비애와 비의를 시인의 예민한 더듬이는 먼저 지각하고 우리들 감각 앞에 내어놓고 있는 것이다. 그런 점에서 이성복이 열어 보이고 있는 시 세계는 새롭고 깊으며 우리 시대의 시정신이 가닿은 지점이라 할 수 있다. 그러나 필자는 이 글에서 이성복의 시를 말하지 않으려 한다. 아직 공부가 덜 된 탓도 있지만, 다른 필자가 이미 이 기획에서 언급한 부분[3]과 내용이 중복될 우려도 있기 때문이다. 필자는 김사인의 근작들을 한국 현대시의 경향들을 극복하고 새로운 지점을 보여주고 있는 하나의 시 정신으로 잡아 이야기해 보려고 한다.

3) 조연정, 「사랑의 환상에서 사랑의 윤리로」, 『시와정신』, 2005. 여름호.

2.

김사인의 시들은 흔히 좋은 시의 덕목으로 이야기하는 인간과 생에 대한 깊은 통찰과 함께 언어에 대한 성찰을 동시에 수반하고 있다. 이는 시의 본질과 시적 인식의 특징적인 면모를 가지고 있다는 뜻이 된다. 시가 세계에 대하여 어떤 특별한 통찰을 주는가? 앞서 인용한 글에서 김우창은 이를 주관이 객관성에 어떻게 가까이 갈 수 있는가의 문제로 수렴하고 있다. 인간적 삶의 전체에 대응하는 객관성의 훈련은 시에서도 중요한 요건이 될 수 있다. 그런 점에서 시는 단순한 감정의 외침이 아니라 설득력 있는 외침이어야 한다. 타인에게 소통될 수 있는 '그 무엇'을 생각하지 않고 내 가슴에 와 닿는 것만 생각하는 것은 감정의 자기탐닉에 불과할 수 있다. 이는 곧 시가 세계의 사실과 관계된다는 것을 뜻한다. 시는 깊은 감정에 대한 이해를 사물에 대한 이해로써 완성한다. 시가 감정의 표현이라고 하더라도 그것은 외부 세계에 대하여 열려 있어야 하고 시인은 그 열림을 의식화하여 표현해야 한다.[4] 그럼으로써 시는 세계의 진실 혹은 진리를 드러낼 수 있다. 이를 위해서 시작은 역설적으로 감정의 절제 및 억제, 기율을 요구한다.

김사인의 시들은 그런 점에서 특별하거나 새로운 시적 개안은 없어 보인다. 그러나 그가 세계를 인식하고 그것을 객관화시키는 과정은 낮고 겸손하고 진실함에 기반하고 있다. 때로 그 진실은 한 번씩 천진과 해학을 동반하고 있기 때문에 독자들의 감정선을 건드리며 쉽게 침투한다. 「풍경의 깊이」 연작을 보자.

---

4) 이남호, 「두 편의 시론과 여섯권의 시집」, 『유심』, 2003. 가을・겨울호.

바람불고
키낮은 풀들 파르르 떠는데
눈여겨보는 이 아무도 없다.

그 가녀린 것들의 생의 한순간,
의 외로운 떨림들로 해서
우주의 저녁 한 때가 비로소 저물어간다.
그 떨림의 이쪽에서 저쪽 사이, 그 순간의 처음과 끝 사이에는 무한히 늙은
옛날의 고요가, 아니면 아직 오지 않은 어느 시간에 속할 어린 고요가

보일 듯 말 듯 옅게 묻어 있는 것이며,
그 나른한 고요의 봄볕 속에서 나는
백 년이나 이백 년쯤
아니라면 석 달 열흘쯤이라도 곤히 잠들고 싶은 것이다.

그러면 석 달이며 열흘이며 하는 이름만큼의 내 무한 곁으로 나비나 벌이나
별로 고울 것도 없는 버러지들이 무심히 스쳐가기도 할 것인데,

그 적에 나는 꿈결엔 듯
그 작은 목숨들의 더듬이나 날개나 앳된 다리에 실려온 낯익은 냄새가
그 어느 생에선가 한결 깊어진 그대의 눈빛인 걸 알아보게 되리라 생각한다.
—「풍경의 깊이 · 1」

사소한 풍경에서 깊이를 찾아낸 시이다. 1연의 "키 작은 풀들"이나 2연의 "나비나 벌이나 별로 고울 것 없는 버러지들"은 사소한 것들이다. 그들의 움직임 또한 그렇다. 키 작은 풀들이 바르르 떨고, 나비, 벌, 버러지들이 무심히 지나가는 장면은 주변에서 흔하게 발견된다. 그러나 "그걸 눈여겨 보는 이 아무도 없다." 그러나 아무도 알아주는 이 없더라도 바람

은 불어오고, 키 낮은 풀들은 외롭게 떤다. 그 짧은 생의 한 순간, 바쁘고 정신없는 일상에 가려진 그 외롭고 짧은 생의 한 순간으로 인해 우주는 저문다. 일상에 물든 눈으로는 백년, 이백년, 따질 일 없는 무한을, 그 평온을 맛볼 수 없다. 또한 시인의 그런 시적 표현은 사소한 떨림에도 무한한 우주만큼의 넓이와 깊이가 있음을 발견한 자의 태도에서 연유한다. 그것은 과거, 현재, 미래가 섞인 떨림이고, 보일 듯 말 듯 엷게 묻어 있는 것이기 때문이다. 작은 풀들의 떨림에서 저무는 하루를 지켜보는 화자인 '나'의 이야기는 작은 풀만큼이나 사소한 것들이 지나가는 것을 통해서 "어느 생에선가 한결 깊어진 그대의 눈빛"을 알아보는 행위로 이어진다. 그런 점에서 '그대의 눈빛'은 모든 것이 될 수 있을 것이다. 나의 눈빛, 우주의 눈빛, 벌레들의 눈빛, 풀잎의 눈빛, 그 모든 작은 것들의 눈빛이 될 수 있을 것이다. 시인의 시는 무한히 외로웠고 그러기에 무한히 성숙한 자연 속에 인간의 보잘 것 없는 자아를 녹이기에 충분하다. 확실히 이 점이 근거 없는 자연예찬의 시와 일정한 선을 긋고 있는 지점이기도 하다.

사소한 것을 가볍게 여기지 않는 눈빛, 풍경을 통해 깊어진 눈빛은 「풍경의 깊이 · 2」에서는 현실적 구체성까지를 담지한다. 이것이 김사인 시의 균형의식이다.

이 길, 천지에 기댈 곳 없는 사람 하나 작은 보따리로 울고 갔을 길
그리하여 슬퍼진 길
상수리와 생강나무 찔레와 할미꽃과 어린 풀들의
이제는 빈, 종일 짐승 하나 지나지 않는
환한 캄캄한 길

열일곱에 떠난 그 사람

흘러와 조치원 시장통 신기료 영감으로 주저앉았나
깁고 닦는 느린 손길
골목 끝 남매집에서 저녁마다 혼자 국밥을 먹는,
돋보기 너머로 한 번씩 먼 데를 보는
그의 얼굴
고요하고 캄캄한 길

–「풍경의 깊이 · 2」

이 시는 천지에 기댈 곳 없는 열일곱 살짜리가 작은 보따리 하나를 들고 울며 집을 나와 여러 곳을 흘러 결국 조치원의 신기료 영감으로 주저앉게 된 한 삶에 대한 시선을 담고 있다. 그 풍경은 두 개의 길로 병치, 합치되어 있는데 1연에서의 길은 그 소년이 걸어간, 이제 황폐해진 길로, 2연에서는 구두를 깁고 닦다가 저녁마다 혼자 국밥을 먹으며 돋보기 너머로 한 번씩 먼 데를 보는 그의 얼굴로 환치되어 있다.

두 시에 나타난 풍경은 김사인 시에서 하나의 짝으로 존재한다. 확실히 이 둘은 '자연 / 인간', '추상성 / 구체성', '주관성 / 객관성'의 뚜렷한 차별성을 가지고 있지만, 아울러 둘이 내밀하게 만남으로써 하나로 합치된다. 그리하여 단순한 자신의 감정 표출이 아니라 설득력을 확보하고 있으며, 자신의 감정탐닉에 머물지 않고 주관이 객관으로 수렴된다. 김사인은 자신의 내밀한 감정과 심미성을 표현하더라도 외부세계로 열린 시선을 견지하고 있고, 그 열림을 균형감각으로 표현하고 있는 것이다. 「풍경의 깊이」 연작에서 그것은 아무도 거들떠보지 않는 '사소한 존재들'이라는 공통분모를 마련함으로써 성취될 수 있었다. 그의 시에서 풍경의 깊이는 풍경을 바라보는 눈빛의 깊이이자, 내게 들어오는 풍경의 시선이기도 하다.

주관성과 객관성을 결합시키는, 그래서 그의 시가 자신의 감정의 표출로 머무르지 않게 하는 힘은 「노숙 1」과 「노숙 2」에서도 정교하게 수행되고 있다.

헌 신문지 같은 옷가지들 벗기고
눅눅한 요위에 너를 날것으로 뉘고 내려다본다
생기 잃고 옹이 진 손과 발이며
가는 팔다리 갈비뼈 자리들이 지쳐 보이는구나
미안하다
너를 부려 먹이를 얻고
여자를 안아 집을 이루었으나
남은 것은 진땀과 악몽의 길뿐이다
또다시 낯선 땅 후미진 구석에
순한 너를 뉘었으니
어찌하랴
좋던 날도 아주 없지는 않았다만
네 노고의 헐한 삯마저 치를 길 아득하다
차라리 이대로 너를 재워둔 채
가만히 떠날까도 싶어 네게 묻는다
어떤가 몸이여

―「노숙 1」

시적 화자가 자신의 육체를 분리시켜 바라보면서 육체에게 말하는 담화 형식을 취하고 있다. 이 시는 엄밀히 말하면 순한 아이처럼 고개를 숙이고 듣는 육체를 내려다보면서 자신이 살아온 삶의 모습을 관찰한다. 그럼으로써 화자는 지금까지 살아온 생을 저만치 떨어뜨려 놓고 객관적으로 바라볼 수 있는 시선을 확보한다. 그 인간이 마지막으로 묻는 모습은 이상하게도 차분하지만 궁지로 내몰린 한 인간을 읽는 느낌은 쓸쓸하기 그지없다. 그러나 이 시는 조용한 목소리로 노숙의 생활을 이야기하는 것

같지만, 그러면서 이 시가 근본적으로 의도하는 것은 자기 성찰이다. 자신의 몸을 혹사시키면서 살아온 우리네 인간의 삶, 그 보편의 진리를 발견하게 한다. 이 시의 의미를 확장하게 하는 작품이 「노숙 2」이다. 「노숙 1」에 비하면 「노숙 2」는 현실의 노숙자를 염두에 두고 씀으로써 그의 시의 구체성과 현실성을 담보한다. 그러나 그 현실성은 표면적인 것이 아님은 말할 필요도 없다. 즉, "몸이 있으나 부려둘 공간이 없다 그들에게는 / 소비할 공간이 없다 먹고 죽을 공간도 없다"로 시작되는 「노숙 2」는 '게워냄'이라는 표면석인 행위에서 반물실과 반공산을 이끌어냄으로써 서 있을 권리도 자격도 없는 행려병자들의 비극적인 아이러니와 슬픔으로 연결시키고 있다. 「풍경의 깊이」 연작이 그랬듯이 「노숙」 연작 역시 주관성을 객관성으로, 인간의 삶으로 대응시키는 지점을 확보하고 있는 것이다.

두 편의 시를 짝으로 주관성을 객관화시킴으로써 미학적인 완성도와 시적인 진실성을 확보하는 그의 시작 방법은 「부뚜막에 쪼그려 수제비 뜨는 나 어린 처녀의 외간 남자가 되어」, 「다리를 외롭게 하는 사람」이라는 시에서는 다른 시인의 작품에 대한 패러디로 성취된다.

전자는 김명인의 「너와집 한 채」를 패러디하고 있지만, 엄밀히 말하면 후일담 내지는 속편이라고 할 수 있다. 그러나 순정한 모습을 취하고 있던 김명인의 시에서와는 달리 무능과 무책임으로 일관하다 죽은 가장 때문에 여리디 여린 그 '나 어린 처녀'가 고된 삶의 신산으로 인해 "울지도 웃지도 못하는" 중년으로 망가지게 하는 사랑 이야기로 변용되고 있다. 후자는 이성선의 「다리」 전문과 「별을 보며」 첫 부분을 시에 가져와 또 다른 한편의 시를 창조한 작품이다. 다른 시인의 생각을 가져와 시를 썼음에도 전혀 거북하지 않다. "다리를 빨리 지나가는 사람은 다리를 외롭게 하는 사람이네."라는 구절을 빌려왔지만, "그렇지만 하느님 / 너무 빨리 읽고 지나쳐 / 시를 외롭게는 말아주세요, 모쪼록"라는 '다리 / 시'에 대한 패러디로 인간 이성선의 시와 삶에 대한 애정과 연민을 아끼지 않는다. 그것은 요약컨대 가장 서정시적인 형상과 내질로 독자를 끌어들인다.

두 편의 시에서 나타나는 시적 방식과 비유들은 각각의 정황들을 되살려 내면서 동시에 천진난만하고 해학적인 분위기를 만들어 냄으로써 예사롭지 않은 공감과 감동의 객관성을 만들어낸다. 말하자면 김사인의 시에서 다른 사람들의 시는 새로운 사고와 인정의 샘이 터져나오는 절절한 텍스트이다. 시인은 독자들의 가슴에 그 공감의 감정선을 건드리며 침투한다. 그렇게 도달한 미학적인 완성도와 시적인 진실성은 낯선 상상력으로 새로운 세계를 탐험해 가는 일보다 더 어려운 작업이라 할 수 있다.

김사인은 아울러 「코스모스」와 「전주」를 통해 우리 모두에게 고향적인 것의 의미를 불러일으킨다. "누구도 핍박해 본 적 없는 / 빈 호주머니"(「코스모스」) 같이 떼지어 피어 있는 '코스모스'는 같은 처지의 많은 사람들이 떼지어 모여사는 도시 변두리의 삶을 단번에 환기시킨다. 최소한의 언어(2연 5행)로 최대치의 감동을 끌어내는, 밑바닥의 정서를 우리 가슴결에 켜주는 시가 김사인의 시이다.

> 뒷골목 그늘 너머로 오종종한 나날들이 어찌 없겠는가 그러나
> 그러나 여기는 전주 천변
> 늦여름, 바람도 물도 말갛고
> 길은 자전거를 끌고 가는 버드나무 길이다
> 이런 저녁
> 북극성에 사는 친구 하나
> 배가 딴딴한 당나귀를 눌러 타고 놀러오지 않을라
> 그러면 나는 국일집 지나 황금슈퍼 앞쯤에서 그이를 마중하는 거지
> 그는 나귀를 타고 나는 바퀴가 자글자글 소리 내며 구르는 자전거를 끌고

껄껄껄껄 웃으며 교동 언덕 대청 넓은 내 집으로 함께 오르는 거지
바람 좋은 저녁

—「전주」 부분

'전주'는 현실적인 지명이다. 그러나 여기서 나타나는 전북 도청 소재지가 있는 지명이면서, 하루하루가 영원이 되면서 영원이 다시 하루가 되는, 마음을 완전히 내려놓고 걸을 수 있는 공간이다. 그런 시간을 버드나무가 정다운 개천가나 수퍼 앞에서 누릴 수 있는 곳이다. 이런 심안으로 그 풍경에 물들게 되면 정말 아름다운 사람을 만날 수 있다. 옛날이나 이제나 어둠을 밝혀주는 북극성쯤에서 "나귀를 눌러타고 놀러와" "자글자글 소리내며 구르는 자전거를" 끄는 나와 동행해줄 친구는 있는 것이다. 마치 백석의 나타샤가 "언제 벌써 내 속에 고조곤히 와 이야기" 하듯이(백석, 「나와 나타샤와 흰 당나귀」). 낯익은 거리에는 새로운 풍경들이 언제나 숨어 있는 것이다.

「탈상」과 「마른 쑥대에 부쳐」에서는 몰락해버린 가문의 의미를 미학적 완성도와 진실성으로 짚어내고 있다. 이를 해명하는 일은 지면이 허락하지 않는다. 다만 80~90년대에 민중시의 전사로 알려졌던 그의 시가 당시 담아냈던 미학을 고스란히 간직한 채, 현실과 상상을 주관과 객관을 아우르면서 우리 시의 새로운 터를 마련했다는 것은 각별히 주목해야 할 일이라고 믿는다. 그와 같은 걸음을 걸었던 많은 이들이 자연과 연애시의 신비주의와 잠언투의, 포에지가 실종된 시로 이동해버린 사실을 기억할 때 말이다. 오랜 침잠을 통해 그의 시는 자신의 개성을 통한 주관성의 확보는 물론 인간적 삶의 전체에 대응하는 객관성의 지점으로 나아가면서 우리 시의 '때'를 많이 벗겨 놓았다. 확실히 그의 시적 인식의 깊이와 균형성은 새롭다. 이 글은 그 과정의 일부를 보여주기 위해 기록되었다. 상세한 논의는 다음 기회를 기약한다.

서정시에 있어서 자아의 문제

그 동안 우리 시에서 '자아'는 오랜 관심 분야를 이루는 주제요 대상이 되어 왔다.[5] 그러면서도 그것에 대한 탐구는 여전히 미지의 새로움으로 우리를 이끈다. 우리 시사의 빛나는 성좌로 자리 잡았던 이상과 김수영, 서정주와 백석, 윤동주의 많은 시편들은 여러 것들이 착종하여 흔들리는, 혹은 그 물결이 잔잔해져 모든 것이 드러나기 시작하는 자신의 거울을 유심히 들여다 본 자의 다채로운 그림이었다. 그 속에는 사회와 역사, 그리고 개인의 기억으로 한없이 깊고 넓게 자신의 뿌리와 촉수를 뻗으며 다가가고 돌아오며, 열고 닫으며, 던지고 지키려는 그림자와 실존의 흔적이 묻어 있다. 때로는 진술과 묘사로, 때로는 고백과 성찰로 세계와 우주를 향하여 열어놓는 당당한 목소리로 그들은 한국시사의 근간을 이루는 중요한 준거점들을 마련했다. 이 때 우리가 시를 읽는다는 것은 텍스트에 어른거리는 시인의 사상과 정신을 붙잡음은 물론, 스스로 발화행위의 주체가 되어 텍스트의 기호들에서 나름대로 일관성을 갖춘 발화 내용의 주체를 구

---

5) 자아는 엄밀히 구분하면 시인의 언어적 대리자라는 뜻에서 '서정적 자아', 언어 구조물의 가정된 원천으로서의 '퍼소나와 화자', 담론의 처소라는 의미의 '말하는 주체' 등으로 구분할 수 있다. 그러나 서정적 자아를 제외한 퍼소나, 말하는 주체 등이 실제 시인과 텍스트 내의 '나' 사이의 동일성 여부를 따질 필요가 없고, 특히 '말하는 주체'라는 개념이 시인이 속한 과거의 현재의 모든 맥락들이 응축되어 있다는 점에서 본고에서 말하는 '자아'의 개념에 가장 가깝다고 할 수 있다. 이에 대해서는 윤지영, 「시 연구를 위한 시적 주체(들)의 개념 고찰」, 『국제어문』 제39집, 국제어문학회, 2007.4, 141~161면 참조.

성해낸다는 것을 의미한다.

다른 장르들을 보더라도 자아는 얼마든지 새롭게 우리를 충격하며 일상의 껍데기에 붙어 서식하는 존재들을 원점에서 돌려세울 수 있다. 어느 날 갑자기 한 마리의 벌레로 변해 있는 끔찍한 리얼리티를 보여주는 카프카의 「변신」이 그렇고, 외투를 입은 환영으로 남은 자를 끊임없이 고문하는 고골리의 「외투」가 그렇지 아니한가. 오지 않는 고도우를 기다리는, 만남이 영원히 유예되는 체험을 다룬 베게트의 「고도우를 기다리며」 역시 마찬가지이다.

시대가 바뀌었다고 그 근간과 중심은 변할 리가 없다. "모든 문제는 우리 집의 울타리 안에서 싸워져야 하고 급기야는 내 안에서 싸워져야 한다"고 김수영은 말하지 않았던가. 그런 의미에서 '자아'는 21세기 시에서도 중요한 준거점을 형성할 의미심장한 주제요 화두임에 틀림이 없다. 이 글에서는 시적 성취와 개성은 판이하게 다르면서 스스로의 문학적 상상력의 방식과 전략을 통해 자아가 현실과 비현실, 시간, 공간, 일상을 넘나드는 시적 상상력을 보여주는 시인들의 시 세계를 살펴보려고 한다. 시적 개성이 다르다는 것은 그들이 취하고 있는 자양의 원천이 그만큼 다르고 다양하다는 말이 될 것이다. 무슨 유행처럼 조제품들이 나오고 있는 시단의 현 실정에서 이는 하나의 개성으로 읽힌다. 아울러 인식의 끝 간 데를 향한 열정들이 녹아 있다는 점에서 시를 쓰는 모든 사람이 추구해야 할 하나의 전범을 보여주고 있다고 생각된다.

한 원로시인은 50년 가까이 하고 있는 문학적 실천을 아직도 단행하고 있다. 그 정신의 뼈마디가 지금도 올연하게 만져진다. 그러나 그것은 그 자체로 형이상학적 물음과 함께 시인 자신의 밑바닥을 드러내기 위한 고투의 흔적으로 읽힌다. 또 어떤 시인은 문득 마주친 자신의 근원에 대한 물음을 수백년 전의 원초적인 시간의 회복을 통하여 만나보려 한다. 시간의 물살에 금방 지워질 수밖에 없는 그 그림을 회복하기 위한 자아의 고투는 안쓰럽다. 그런가 하면 어느 시인은 자신의 몸을 우주로까지 이으려는 야심찬 시도를 보이고 있으며, 또 어느 시인은 살점을 떼어주면서 끝임 없이 자아의 편린들을 소진하고 있다. 엄청나게 달라진 도시를 바라보며 거기에서 허우적거리는 한 연약한 자아의 모습도 우리는 볼 수 있다. 본고는 이런 경향의 시들을 성글게나마 살펴보면서 서정시와 자아의 여러 양상들을 고찰하는 것을 목적으로 한다.

1. '의미'와 '무의미' 사이에 놓인 자아 – 김춘수

김춘수의 무의미시는 의미라는 관념, 역사라는 실체에 대한 부정적 인식에 그 연원을 두고 있다. 그는 역사에 대한 희생양으로서 처용, 예수, 이중섭 같은 인물을 시적 자아로 차용하면서 일련의 시를 '만들어' 왔다. 그 인물들은 다른 이들은 이해할 수 없는 자신만의 절대고독 속에서 역사와 불화를 겪으면서 살다 간 사람들이다. 심지어 그는 도스토예프스키를 인간 존재의 본질적인 모순과 그로 인한 비극성을 가장 정확하게 짚어낸 인물로 파악하여 「도스토예프스키 연작」을 하나의 시집[6]으로 묶어내기까지 하였다. 이 인물군들이 「第三十二番 悲歌」(『시안』, 가을호)에 이르면 송사리 떼에게로까지 내려오고 있다.

송사리떼가
개천을 누비고 있다.
송사리는 떼단위로
몰려갔다 몰려왔다 한다.
잠도 떼단위로 자고 떼단위로 잠을 깬다.

---

6) 김춘수, 『들림, 도스토예프스키』, 민음사, 1997.

송사리에게는 我라는 것이 없다.
너무 작아
있다 해도 눈에 띄지 않는다. 그러나
송사리는 혼자서 태어나고 혼자서 죽는다.
송사리떼가
개천을 누비고 있다.
개천에 자기 그림자를 만든다.
자기 그림자를 만들어놓고
송사리떼는 어디로 갔나
보자기만한 그림자 하나가 이리저리
개천을 누비고 있다.

–김춘수, 「第三十二番 悲歌」 전문

제목이 암시하듯 여전히 시적 자아는 현실에 대해 비관적인 의식을 가지고 있다. 제목을 통해서 볼 때도 이 시는 릴케의 「悲歌」로부터 받은 영향이 많은 듯하다. 실제로 시인의 「처용단장 제3부 1」에는 "릴케의 비가를 읽는 동안 / 걷잡을 수 없이 눈물이 나더라는 / 일본의 어느 시인이 쓴 글을 읽은 일이 있다"라는 구절도 있지만, 특히 어둠 속에 유폐되어 있는 사물의 존재와 의미를 밝혀내는 시적 방식과 언어에서 시인은 그동안 릴케의 세계를 일정부분 수용[7]해 왔다.

이 시에서 시인은 떼 단위로 몰려갔다 왔다 하는, 我라는 것이 없는 송사리 떼, 그 눈에 띄지도 않는 미미한 존재도 "혼자서 태어나고 혼자서 죽는" 것을 본다. 이것은 당연히 인간 일반으로 확대된다. 함께 몰려다니고 있지만, 공존하면서 살아가고 있지만, 혼자서 사유하고 죽을 수밖에 없는 인간존재의 비극을 시인은 보여주고 있는 것이다. '몰려갔다 몰려왔다'

7) 이재선, 「한국현대시와 릴케」, 『한독비교문학연구 1』, 삼영사, 1976, 353~385면.

하는 행위를 역사라 부를 수 있다면, 혼자서 견뎌내야 하는 고독은 실존이다. 그것은 또한 역사와 무관하게 존재하는 개인의 자아다. 개인의 이 실존은 그러나 그림자를 만든다. "보자기만한 그림자 하나가 이리저리 / 개천을 누비고 있다."고 할 때 시인은 어느새 그 실존하는 개인도 사라진 그림자를 본다. 앞에서 보이던 형체가 '공(空)'으로 사라진다. '색즉시공(色卽是空)'이다. 그림자는 심상을 지배인자로 내세운 시인이 의미를 지우면서 만든 형상이다. 언어로는 포착할 수 없는, 포착이 안 되는 안타까움의 표정이다. 즉 이 시 역시 그 이전에 그가 창작했던 무의미시와 일정 부분 맥을 같이한다고 할 수 있다. 이 시는 결국 그림자가 나타나기 전의 전반부에서는 고독한 존재로 살아가는 미물에 대한 형이상학적 고찰을 시도하고, 그림자가 나타나는 후반부에서는 걷잡을 수 없는 내면의 밑바닥을 하나의 상(그림자)으로 제시하고 있다. 우리는 여기서 김춘수 시의 새로운 모습을 볼 수 있다. '형이상학적 물음'은 김춘수의 시에서 주로 무의미시 이전의 시에서 보이던 것들이며, '내면의 밑바닥의 상'은 무의미시에서 보여준 것들이다. 그것들은 자체로 더 큰 모순의 관계를 이루면서 시에 결합된다. 이 시는 모순의 관계를 초월하여 존재하는 혼돈이나 '공(空)'의 세계를 지시한다. 모순된 것들의 공존과 그것을 초월하여 존재하는 진리의 세계는 존재론적 역설의 세계관과 일치한다. 시인은 송사리 떼에게서 인간 존재의 본질적인 모순과 그로 인한 비극성을 예리하게 간파하고 있는 것이다. 우리는 이 시에서 김춘수가 인간은 어쩔 수없이 이와 같은 모순을 끌어안고 살아가야 하는 비극적 운명을 짊어진 존재라는 것을 일깨우려 하고 있음을 확인할 수 있다. 결국 김춘수의 이 시는 무의미 이전의 시와 무의미시를 통합시켜 의미와 무의미가 통합된 무의미시 이후의 시의 대표적 양태를 만들어냈다고 볼 수 있다.

2. 시간의 확장을 통한 자아의 근원 탐구 - 최정례

최정례는 전통서정을 갱신하면서 나름의 시적 전략과 방법을 지속적으로 추구하여 온 시인이다. 그는 우리들 주변에 놓인 일상과 자신의 존재에 대해 무의식적이고 타성적인 평가를 변화시키고 인식을 새롭게 하는데 선택된 인상들로 구성되는 창조적 경험을 시에 담는다. 이미 사물과 친숙해져버린 눈에는 진정한 모습이며 아름다움은 발견되지 않는다. 미적인 감각을 가진 자의 눈에 의하여 사물은, 우리의 존재는 새롭게 갱신되며 거듭 태어나는 것이다. 확실히 최정례의 시는 재현보다는 창조에 무게중심이 놓여 있다. 최정례가 특히 관심을 갖고 탐구하는 문제는 '시간'이며, 이를 통해서 그는 너와 나 사이, 그리고 우리의 운명이란 우리의 존재란 무엇인가에 대한 의미심장한 물음을 제기한다. 이는 「수족관 식당에서의 식사」(『현대시학』 9월)라는 시에서 잘 형상화되어 있다.

그는 나를 굽어보고 다가와서 입을 벌렸지요
오래 전에 큰바다 벌판에서 작별을 고하고
사방 푸른 이 수족관 식당에 들어와 갇히게 되었다고

나도 바위 이끼를 뜯고 이빨에 고기 새끼를 끼워
잘게 잘게 씹고 있는지 오래 되었고요
당신의 눈은 200년 전부터 늙은 거북의 눈
100년 전부터는 푸른 상어의 눈
그러다가 이제는 다시 고요한 도미의 눈
그 빛에 중독되어 내 이빨도 덜그럭거렸지요

그들이 심연에서 떠올라 내게로 다가올 때
나도 나 자신을 밑바닥까지 보고 싶었어요

이 터무니없는 낮도 밤도 아닌 여기
땅 속도 바다 속도 아닌 여기
해일에 미역줄기처럼 떠밀려왔다가 엉켜버리는
이것들은 다 누구인지

몸을 비틀어 꼬리를 치고 턱뼈를 벌려
100년 된 200년 된 이빨과 혓바닥을 간과 허파를
쏜살같이 달려와 뒤집히며 깔깔거리는 파도를 따라
엎어지고 쏟아뜨려 내 속에
수백 번 헤매다닌 나를 팽개치고 싶었어요

새끼고기들은 꼬리치며 학교에서 돌아오겠지요
왁자지껄 물결에 흔들리며
어디서 온 도미새끼이냐 어디로 가는 미역줄기냐
호기심에 흔들리다 뒤돌아서 눈알을 궁글리고

아무래도 삼켜지고 말겠지요
당신과 나 사이에 이 해일이 끝나면
산중턱 내 집은 물에 잠기고
온 나라의 개들은 컹컹 짖고
돌아볼 때마다 우리 발꿈치를 좇아오던
감정의 이 높은 파도를
달은 비웃겠지요
물에 잠긴 내 집을 내려다보며
구름 사이 안락의자에 앉아서

—최정례, 「수족관 식당에서의 식사」 전문

수족관 식당에서 화자는 문득 자신을 굽어보고 입을 벌리는 도미의 음성을 듣는다. 그 도미는, “200년 전부터 늙은 거북의 눈”이 되었다가 “100

년 전부터 푸른 상어의 눈"이 되었다가 이제는 그의 것이 된 눈을 가지고 있다. 눈은 창[8]이다. 말하자면 한 생명이 다른 생명의 창을 거쳐서 오늘에 이른 것을 시인은 말하고 있다. 여기서 우리는 거북과 상어의 상징이나 의미를 일부러 따질 필요는 없을 것이다. 문제는 시인이 눈앞의 사물에 시간을 부여하여 초월적 신비를 지닌 존재로 형상화하고 있다는 점이다. 시인은 긴, 심연의 시간을 도미의 '눈' 속에 삽입시킴으로써 시간의 실체를 새롭게 드러내고 있다. 그렇게 함으로써 시적 화자의 앞에 놓인 사물이며 생명은 아연한 빛을 발하고, 시인 자신 또한 빗빗한 현재의 삶에서 벗어나게 된다. 그러면 왜 '100년', '200년'이라는 아득한 시간의 단위를 시적 화자는 쓰고 있는가. 이는 존재의 시원을 향한 잃어버린 시간을 찾아내어 원초적 기억을 회복하고자 하는 의도에서 연유한다. 아득히 먼 시간은 이 때 생명이 다른 생명의 몸이 되기까지 필수적인 요인이 된다. 즉 어떤 생물에 시간을 가하면 다른 생물이 되고, 다시 그 생물에 시간을 가하면 시간에 쌓여 그 생물은 신비함과 미적 가치를 지니게 되는 것이다. 여기서 오래된 시간이 쌓인 도미의 눈은 신비로운 의미로 기원에서 분리된 존재에게 구원의 길을 찾게 해 주는 한 표지가 된다. 아울러 도미의 눈에서 발하는 빛은 바로 기원의 흔적을 함유하고 있는, 고요와 평화가 깃들어 있는 빛이다. 그 빛에 노출되는 순간의 충격을 시인은 "내 이빨도 덜그럭거렸"다고 말한다. 그러면서 시적 화자는 그 기원에서 어느새 떨어져 나와 있다는 것, 그리하여 자신도 이빨에 고기 새끼를 끼워 잘게 씹고 있는 오래된 존재임을 해일처럼 깨닫게 되는 것이다. 심연에서 떠올라 그에게로 다가온 도미 때문에 화자는 밑바닥까지 보고자 하는 노력을 시도한다. 자신 역시 낮도 밤도, 땅 속도 바다 속도 아닌, 떠밀려왔다

---

8) K. C. Bloomer & C. W. Moore, 이호진·김선수 역, 『신체·지각 그리고 건축』, 기문당, 1999, 13면.

가 엉켜버린 존재들 속에서 수족관에 갇혀 살아가고 있다는 것을 깨달으며, 이빨과 혓바닥, 간과 허파를 쏟아 붓고 수백 번 헤매 다닌 자신을 팽개치려는 안간힘을 보인다. 그러나 한 마리의 도미새끼로, 한 가닥의 미역줄기로 끊임없이 이동하는 주체는 이내 당신과의 해일과도 같은 충격적인 만남이 끝나면 "산중턱 내 집"마저 물에 잠기는, 모든 것이 소멸된 '무'(無)의 상태로 될 것을 직감한다. 바로 앞의 자신의 상태가 더할 나위 없이 처참하지만 이는 자기를 발견한 자가 보게 되는 풍경이라는 점에서 새로운 출발의 의미를 띤다. 그래서 "발꿈치를 쫓아오던 / 감정의 높은 파도를 / 달이 비웃"을 것을 예감하면서도 시적 화자는 자못 담담한 자세를 취할 수 있는 것이다. 이 시의 제목이 「수족관 식당에서의 식사」인 것도 의미심장하다. 기실 시인은 밥을 먹은 것이 아니라, 자신의 근원에 대한 밑그림을 맛본 것이다. 최정례에게 기원에 대한 회상은 근원을 향한 자기 찾기의 방법이다. 그가 이를 효율적으로 달성하기 위해서 수행하는, 그의 존재가 있기 전의 원초적 시간을 찾아내어 자신의 몸과 마음을 연결시키는 모더니즘적 글쓰기 전략은 요즈음 시단에서 일정한 변별성을 가지는 것으로 판단된다.

3. 자아의 우주적 확대 – 이재훈

이재훈은 최근의 일련의 작품들을 통해 세계로 나가기를 두려워하며 일상성에 매몰되어 있는 자아를 관찰하며 여기에서 일탈하려는 움직임을 보여준다. 특히 일상의 질서와 금기에 갇혀 있는 자아를 바라보며 어느 날 문득 불러본 세계의 모습을 다룬 「일식」(『시로 여는 세상』, 가을호)은 인상적이다.

> 태양이여,
> 나는 이 큰 우주를 목놓아 불러본 적 없다

용기도 없이 컴컴한 방에 앉아
내 미래를 셈하고 오늘의 피로를 불평하고
쓰레기 같은 영상들만 구경했다
어느 날 나는
태양이여, 불러보고 싶었다.
늘 곁불만 쬐며 속으로 옹알거리기만 하며
이 엄살의 통각(痛覺)을 갖게 되었다
태양이여, 부르는 순간
내 항문으로 뱀이 숯머리를 들이밀고 왔다
온몸이 뜨거워져서 태양에게 다가가도 뜨겁지 않았다
불타지도 않았다

뱀이 태양을 갉아먹을 때
아름답다
하나의 꿈틀거리는 숨이 우주를 갉아먹을 때
위대하다
네 소멸이 위대한 미학이라고
그렇게 말하는 순간
어느새 뱀의 뱃속에 태양이 들어가 있다
고요 가운데 입을 열고 들어가
한몸이 된
뜨거운 잉태

나는 큰소리로 태양이여, 불렀다
뱃속에서 울리는 뜨거운 공명

모든 사위는 어둠이 되었다

—이재훈, 「일식」 전문

달과 생물, 인간, 인간사와의 관계는 민중들 속에 이미 뿌리 깊은 속신으로 존재하여 왔다. 예를 들어 집안의 여성들은 대보름에 개에게 밥을 주면 밝은 달의 정기를 빼앗아간다는 믿음을 갖고 있었다. 풍요로움의 기원이 개에게 먹혀 좌절되는 것을 막기 위해 보름에는 굶겼던 것이다. 이렇듯 '달의 기를 먹어버리는 개'라는 의식은 우리 일상의 밑바닥에도 존재했다.

이재훈의 「일식」은 속신과는 일정한 거리를 유지하고 있다. 오히려 자아의 세계에 대한 태도와 관련을 맺고 있다. 시적 화자는 자아가 "이 큰 우주를 목놓아 불러"보지 않고 어둠에 갇히는 유폐의 형식을 취할 때 자신과 우주와의 관계는 상실되고 생명이 결핍된다는 것을 말한다. 컴컴한 방, 미래의 셈, 오늘의 피로, 쓰레기 같은 영상 등의 세목들은 폐쇄적 공간으로 존재하는 자아의 형상이 취하는 모습이다. 이는 일상 속에 함몰된, 자아 스스로가 만든 '곁불'과 '엄살의 통각'의 벽이기도 하다. 시인은 이 벽이 호명을 통해 깨어진다고 말한다. 이 때 "태양이여"라는 세계에의 부름은 생명력을 통해 몸을 영원으로 확장시켜 우주적 차원으로 이어주는 매개로 작용한다. 이 호명의 순간에 "항문으로 뱀이 숯머리를 들이밀고" 온다. 체내의 구멍인 항문에서 뱀이 나와 태양에게로 가서 태양을 갉아먹는다. 뜨거워진 몸 때문에 태양에게 다가가도 뜨겁지도, 불타지도 않는다. 숯머리의 뱀은 불이면서 물이다. 스스로 탈 뿐 아니라 불순한 불을 연소시키는 피 속의 불은 하나의 커다란 순수성이며 우리 속에 체류하면서 인간을 존재하게 하는 생생한 불이다. 꿈틀거리는 숨이요 불인 뱀이 태양을 갉아먹고, 우주를 갉아먹을 때, 세계를 그 속에 담는 커다란 우주알이 생성된다("어느새 뱀의 뱃속에 태양이 들어가 있다"). 자아인 몸 생명의 유한성은 우주적인 것으로 확장된다. 몸속에 도는 피(뱀)의 생명성은 우주로까지 확장되면서 몸은 대지와 육체성에 국한된 것이 아니라 전우주적인 공간을 하나로 잉태하게 된다. 이 때 몸은 대지와 하늘을 연결시키는 소우주로서의 몸이라는 육체성을 보여준다. "태양이여" 부를 때 "뱃속에서 울리는 뜨거운 공명"을 듣는 순간, 이미 항문은 영원의 상징으로서의 달을 담는 그릇(우주알)이다. 그러면서 세계가 하나의 몸이 되는 차원이다.

이재훈의 시는 자아인 몸이 "비밀스런 유적인 두려움"(「때 이른 유적」)에서 벗어나 호명을 통해 세계를 여는 행위를 통해, 세계를 몸으로 담고 내 것으로 끌어들이는 모험과 창조행위를 여실히 보여준다. 이 때 자아는 질서와 금기의 공간에서 벗어나 무한한 자유의 공간으로 비상하는 것이다.

4. 소진되는 자아와 글쓰기의 운명 - 유홍준

앞의 시들이 자아를 형이상학적으로나 내면의 밑바닥까지 끌고 가거나, 시공간으로 확대시켜 세계에 대한 모험과 일상에 대한 충격을 가했다면, 여기 한 시인은 자아를 일상의 진창 속으로 끌어내리면서 독특하고도 처절한 시적 행위를 보여준다. 머리가 잘려 죽어 있는 익명의 시대, 무인칭들의 삶 속에서의 글쓰기는 과연 어떤 모습을 취해야 하는가. 얼마만큼 처절하게 일상과 세계에 저항하면서 언어는 피를 흘릴 수 있는가. 유홍준의 「유리새」와 「식육코너 앞에서」(『시안』, 가을호)는 소진되는 자아의 모습을 보여준다는 점에서 문제적이다.

XX백화점
저 식육코너의 젊은 남자는
말이 없다 표정이 없다 돼지머리처럼 핏기 없이

하얗게 면도를 한 얼굴,
저 무표정은 온종일 칼자루를 움켜쥔 채
원하는 만큼 제 살점을 끊어 담아준다
뱃속을 모조리 긁어낸 몸통에서
뭉텅, 뭉텅, 살덩어리를 떼어내고 또 떼어낸다
머리도 발도 없는 몸뚱어리에서 떨어져나오는
저 한 덩어리 고기.
갈고리에 꿰인 저 돼지는
네 개의 발을 중심으로 잘리어져 걸렸고
그대는 4부로 나누어 시집을 엮었다
아아 저 네 토막 밖
머릿고기처럼
납작하게 납작하게 눌려져서라도
말하고 싶다 핏물이 스며 나오는 책갈피
넘길 때마다 핏물이 묻어 나오는 시집을 묶어
팔고 싶다 서점이 아닌 저 식육코너에서 무표정하게 핏기 없이

–유홍준, 「식육코너 앞에서」 전문

이 시에서 시적 화자는 돼지머리처럼 핏기 없이 하얗게 면도를 한 얼굴, 젊은 남자를 발견한다. 화자는 돼지 살점을 그 남자의 살점으로 겹쳐 읽는다. 여기가 이 시에 나타나는 스토리의 맥이다. 잡음처럼 연결된 이 맥이 이 시 전체를 이끌고 간다. 자세히 읽어보면 돼지머리, 젊은 남자, 시인(무엇보다 유홍준 시인 자신!)이 같은 인물임을 우리는 눈치 챌 수 있다. 그런 점에서 이 시는 "네 토막 밖 머릿고기" 같은, 납작하게 눌려져서라도 말하고 싶은 시인으로서의 자아의 고투이며 흔적이다.

언어는 시인의 살점이다. 언어를 떼어내 독자를 먹여야 하는 시인의 운명. 한 편 한 편 뽑혀져 나오는 시는 그의 몸이다. 덩어리는 썰려나가면서

피를 흘린다. "떨어져나가는 한 덩어리의 고기"를 시인은 "머리도 발도 없는 몸뚱어리"로 바라보아야 한다. 이 혼란은 차라리 시인의 긍지이다. 자기 피를, 그 죽음을 핏기 없는 표정으로 멀뚱히 보는 무표정은 시어의 운명이리라. 이 무표정한 음식이 소비자나 독자의 입과 심장을 쓰다듬고 달래주면 좋지만 그렇지 않아도 언어는 언제나 살점처럼 피를 흘리고 있어야 하는 것이다 여기에 뱃속을 긁어내 살덩어리를 떼어내듯 정신과 혼을 모조리 다 긁어내 주어야 하는 시인의 운명이 있다. 언어는 죽지 않으면, 죽어서 다시 태어나지 않으면 끝내 언어가 아니다. "시뻘건 뜨거움이 하얀 차가움에 닿을 때까지"(「유리새」), 무표정에 가 닿을 때까지 언어는, 삶은 얼마나 많은 핏물을 내장해야 할 것인지. 언어는 몸뚱어리처럼 황무지를 뚫고 나가지 않으면 안 된다. 암흑과 혼돈에서 과즙처럼 짜낸 피가 시들이다. 그런 점에서 시는 몸의 순교이면서 언어의 순교다. 자기의 살점을 떼어주면서 자기 몸의 죽음을 바라봐야 하는 순교하는 시인. 이 때 마침내 "책갈피 / 넘길 때마다 핏물이 묻어 나오는 시집"이 탄생한다. 김수영 식으로 말하면 "시는 온몸으로, 바로 온몸을 밀고나가는 것"이다. 유홍준의 시에서 시인의 시적 실천의 비린내를 읽으면서 그런 내용이 구체적인 실천으로 지속되기를 빌어본다.

5. '어리석은' 가면의 자아와 풍자 – 김춘인

김추인의 시를 읽으면서 '운명이란 대단한 것이 아니고, 말할 수 없이 가벼운 것'이라는 것을 연상한다. 확실히 우리는 '오늘'을 알고는 있지만, 우리의 자아는 그것의 근저까지 내려가서 감각하고 있는가. 안다는 것과 느낀다는 것의 거리는 얼마만큼 되는가.

숲이다
먼 데서 보면 고도를 기다리는 장롱들 같다
제 살기에 골몰한 구두 신는
일개미들의 구멍이다

어디 갔을까
여기 주전자처럼 앉았던 산
산새 콩새 둥지며 오리나무숲
어린 골목동이들의 실개천들

나는 어느 전생의 기억을 들고
이 콘크리트숲에 당도한 것이냐

물소릴 철철대도 땅밑 복개천의 기별일 뿐
큰 바위 밑 왕보리새우는
얼마나 오래 제 나라를 버티었다더냐
하수 속에 수장된 왕릉이 저기겠다
부글거리는 죽어간 것들의 독
샛강이 퀴퀴하다

날마다 쇠심을 심고 숲을 세우고
신종 나무 위에서 우리가 번창한다
상계 혹은 월계 전설의 이름을 모른 채
아파트 아이들 공을 따라 몰켜다닌다
피라미떼 같다

—김추인, 「우리가 주렁주렁 열리며 숨쉬며」

김추인의 「우리가 주렁주렁 열리며 숨쉬며」(『현대시』, 9월호)는 우선 재

있다. 좋은 시는 읽어서 재미없는 시가 별로 없지만, 김추인의 시는 "나는 어느 전생의 기억을 들고 / 이 콘크리트숲에 당도한 것이냐"고 말하는 어리석은 자아를 만들고 풍자라는 장치를 은근히 구사하면서 올 데까지 와버린 '현대'라는 것, '도시'라는 것에 대해 반추하게 하는 힘이 있다. 당연히 요즘의 도시, 문화 현상에 대한 극도의 혐오가 이런 형식으로 나타났을 것이다. 말하자면 풍자성을 비극으로 연결시킨다. 그것은 '수장된 왕릉'으로 상징된, 우리 것을 묻어버린 것에 대한 참을 수 없는 한탄이다. 그러나 시인은 그것에 흥분하지 않고 아이들을 '피라미떼'로 만들어버리면서 이 속에 사는 모든 인간들조차도 사실 수장된 것이라는 아이러니를 슬쩍 삽입하고 있다. 무엇보다 만든 흔적이 없이 시를 몰고 가는 자연스러움이 우리의 눈길을 끌게 한다. 이것이 이 시를 속류의 생태 시로 떨어지지 않게 하는 힘이다. '고도를 기다리는 장롱', '피라미떼' 같은 전혀 어울리지 않을 듯한 언어들이 결합되어 미묘한 울림을 주는 것도 매력이다. 시인은 왜소해진 자아가 이렇게 도시의 껍데기를 뚫고 들어가 문명을 비판하며 '오늘의 우리'를 근거리에서, 원거리에서 촬영하는 방식을 쓰고 있다. 자아를 다루면서도 저변에 흐르는 관심의 폭이 사회적인 것으로 넓어질 수 있다는 것을 우리는 김추인의 시를 통해 확인할 수 있다. 초점이 내면으로 구심력을 형성하지 않고 외면적으로 원심력의 방향을 취하는 이런 시들의 자아를 '사회적 자아'로 이름 붙일 수 있지 않을까.

본질 탐구로서의 서정시

서정시란 대상에 대한 주관적인 정서를 표현하는 양식이다. 그러나 '세계의 자아화'라고 하는 이 낭만주의 미학도 주관적인 미학만 일방적으로 존재하지 않으며, 주·객관의 미가 상호 대등하게 만나는 가운데 성립된다.[9] 이 객관적인 측면이란 것이 바로 대상에 내재해 있거나 초월적으로 존재하는 본질을 탐구하는 것이다. 이 때 시인이 동일화의 대상으로 삼고 있는 세계는 일상적인 사물이 아니라, 이상적인 이데아의 세계로 나타난다. 서정적 자아란 이렇게 이상화된 세계를 상정하고 그것에 합일되고 동화하고 싶어 한다. 언어로서 사물의 본질을 탐구하고 그것을 통해 인간 자신을 완성하고자 하는 욕망은 서정시의 원초적 욕망 모델이다. 이 때 시인은 그가 표현해 놓은 기표 건너편에 존재하는 기의를 긍정하고 이를 의미화해 주체를 회복시킬 수 있다는 믿음을 가슴에 품고 있다. 이 점에서 의미는 끊임없이 미끄러지고, 주체 역시 동일성을 가지고 있지 못하다고 믿는 포스트모더니즘의 환유의 수사학과는 근본적으로 그 추구하는 지향점이 다르다.

일찍이 동양시학에서는 자연물, 대상에 대한 이러한 시작 태도와 방식을 탁물우의(託物寓意)라 불러 왔다. 이는 대상이나 세계를 그대로 묘사하

9) 본고는 최승호의 「신석정 자연서정시의 미메시스적 읽기」(『어문학』 78집, 2002.12)의 발상과 논지전개 방식에 많이 빚지고 있다. 주관과 객관의 통합, 사물의 본질 탐구, 이상화된 모델로서의 미메시스, 은유 및 제유의 수사학 등이 그렇다.

거나 그것을 보고 일어난 흥취를 이야기하는 것이 아니라 그것을 매개로 어떤 이치를 전달하려 하는 태도를 취한다. 산수시, 영물시 등으로 나타나는 동양 서정시에 있어서 대상은 하나의 이념적 모델이 된다. 이는 동양 시학이 자연이 인간과 근본적으로 동일한 생명성을 담지하고 있으며, 인간과 자연, 사물 모두가 우주적 일원이라는 의식을 전제로 하고 있다는 것을 의미한다. 여기서 서정시의 이념은 그 속에 들어 있는 객관적 대상, 세계의 본질론적 특성 때문에 중요한 의미를 띠는데, 서정시 안에 들어 있는 객관적이고 보편화된 미학은 삶의 공동체성을 가져다주고, 우리의 개별화된 삶을 공동체적인 것으로 고양시켜주는 계기를 제공하는 것이다.

자연과 사물에 대한 이런 시적 인식은 동일성의 원리, 즉 은유의 수사학과 연계되어 있다. 이는 시적 주체의 내면을 다른 시적 대상으로 표현할 수 있고, 따라서 시적 주체의 내면은 자연과 우주를 향해 활짝 열려 있다. 이는 동시에 자아는 더 이상 해체되거나 분열의 길을 걷지 않는다는 자아의 동일성에 대한 신뢰가 있기에 가능한 것이다.

본고에서는 언어기호로써 사물의 물질성 너머에 존재하는 본질, 기의를 드러내려는 동일성의 시학에 바탕을 둔 일련의 시들의 흐름을 살펴보려 한다.

1. 삶의 근원에 대한 통찰과 인식

병원에 갈 채비를 하며
어머니께서
한 소식 던지신다

허리가 아프니까

세상이 다 의자로 보여야
꽃도 열매도, 그게 다
의자에 앉아 있는 것이여

주말엔
아버지 산소 좀 다녀와라
그래도 큰애 네가
아버지한테는 좋은 의자 아녔냐

이따가 침 맞고 와서는
참외밭에 지푸라기도 깔고
호박에 똬리도 받쳐야겠다
그것들도 식군데 의자를 내줘야지

싸우지 말고 살아라
결혼하고 애 낳고 사는 게 별거냐
그늘 좋고 풍경 좋은 데다가
의자 몇 개 내놓는 거여

—이정록, 「의자」 전문

어머니의 발화로 되어 있는 이 시에서 의자는 현실적으로 있는 의자이기보다는 대상에 내재해 있거나 초월적으로 존재하는 본질로서의 의자이다. 그런 점에서 이 시는 대상의 본질탐구로서의 성격을 띤다. 그 본질은 고정관념이나 관습적인 시각으로는 보이지 않는다. 대상을 향해 열려 있는 어떤 눈에 의하여 발견되는 것이다. 어머니의 발화를 차용한 시인의 의도도 자연의 섭리와 사물의 질서를 깨달은 자의 성숙을 내세우고 싶어서일 것이다. "세상이 다 의자로 보인다"고 했을 때 '의자'는 어머니라는 창을 통해 내다본 세상의 결이다. 특히 참외와 호박을 향하여 "그것들도 식군데 의자를 내줘야지" 같은 데서도 우리는 인간과 모든 사물들 간에 등차를 두지 않고 삼라만상을 똑같이 새끼처럼 껴안으려는 어떤 손길 같은 것을 느낄 수 있는 것이다. 어머니의 목소리를 빌어 '시적 대상' / '의자'의 층위로 시적 화자가 열거한 꽃 / 꽃받침, 열매 / 꼭지, 아버지 / 맏아들, 참외 / 지푸라기, 호박 / 똬리는 유추에서 형성된 내적 논리와 선조성을 갖고 있다. 결국 이 시는 유추를 끌어안고 고양되는 은유적 구조를 형성하고 있다. 그러나 아날로지는 단순히 평형적 구조를 갖고 있지 않다. 심리적 굴절을 거치면서 의자라는 개별적 층위는 폭넓게 확산되고 변형된다. 이 때 개별의 의자들은 자신의 고유한 생명력을 향유하면서 의자라는 본질을 중심으로 긴밀히 연결되는 것이다. 우리는 여기서 본질적인 존재를 향해 다가가 하나가 되려는 은유적 욕망을 만날 수 있다. 시적 주체는 의자라는 자연대상을 모방하여 자신의 삶을 완성시켜 나가려는 의도를 갖고 있는 것이다. 이 시를 우리는 좀 더 확대해 읽어볼 수도 있겠다. 어머니라는 존재, 그 말이 이 시의 대상들을 다 껴안고 앉혀주는 의자라고 말이다.

김명인의 「흐르는 물에도 뿌리가 있다」 역시 대상에 대한 본질탐구로서의 은유적 욕망을 보여주는 시다.

> 흐르는 물에도 뿌리가 있다.
> 강을 보면 안다, 저기 봐라, 긴 뿌리
> 골짜기 깊숙이 감춰놓고
> 줄기째, 줄기로만 꿈틀거려 여기 와 닿는.
>
> 내리는 비는 주룩주룩 내리면 하늘의 실뿌리 같고
> 미루나무 숲길 듬성듬성한 저 강가 마을들

세상의 유서 깊은 결뿌리이지만

근본 모르는 망종(亡種)들처럼
우루루 쿠당탕 한밤의 집중호우 몰려들어
열댓가구 옹기종기 마을 하나 깡그리
부숴놓고 떠나간 자리, 막돼먹은 저 홍수가
절개지의 사태(沙汰) 멋대로 끌고 와
문전옥답까지 온통 자갈밭으로 갈아엎은 건
순리도 치수도 모르는 어느 호로자식,
산의 잔뿌리 마구 잘라낸 난개발 탓이리.

오호, 허물어진 동구 앞 시멘트 다리 난간에 걸려서
흘러가지도 일어서지도 못해 길게 드러누운 저것,
고향의 길동무, 느티나무가 아니라
깊디깊었던 우리들 마음의 뿌리인 것을!

—김명인, 「흐르는 물에도 뿌리가 있다」 전문

홍수에 휩쓸려간 열댓 가구 작은 마을을 보며 떠올린 시로 보인다. 각 연마다 은유구조를 만들어 나가고 있다. 시가 완성을 지향하고 있지만, 이 시는 섣불리 완성된 형태로서의 포즈를 취하지 않는다. 좋은 시는 시가 진행되는 과정에서 독자의 인식지평을 깨뜨리는 의미를 구축한다. 이 시에서는 '뿌리'의 함의가 의미를 생성시키는 가능조건이 된다. 시가 진행되는 과정을 통해서 우리는 우주와 자연에, 그리고 우리 삶에 편만한 작고 여린, 마침내 가장 질기게 박힌 뿌리를 보고 만지게 되는 것이다. 그 뿌리는 사물의 근원일 뿐만 아니라 순리, 혹은 자연의 질서, 우리 심성의 결 같은 것을 넓게 아우르고 있다. 뿌리를 자르면 망한다. 강도 '긴 뿌리'를 감춰놓고 흐르며 비도 하늘의 '실뿌리'를 다치지 않으려 '주룩주룩' 내리는 것을 삼간다. 강물과 하늘의 물(비)에서 '긴 뿌리'와 '실뿌리'를 본 시인은 이제 사람의 마을로 내려와 '곁뿌리'를 본다. 미루나무 숲길을 가진 강가마을은 "세상의 유서깊은 곁뿌리"다. 그 곁뿌리를 "근본 모르는 망종(亡種)들처럼", "한밤의 집중호우 몰려들어" 부숴놓고 가버렸다. 그러나 그것은 결국 "산의 잔뿌리 마구 잘라낸", 순리를 모르는 '호로자식' 인간이 불러들인 것이다. '긴 뿌리'와 '실뿌리', '곁뿌리', '잔뿌리'를 더듬어 오던 시인은 쓰러진 느티나무에서 "우리들 마음의 뿌리"를 본다. 마을 삶의 지나간 체험들과 역사를 현재적 지평으로 오롯이 담고 있던, 공동체적 삶의 역사를 만들었던 표상이 뽑혀져 "시멘트 다리 난간에 걸려서" '드러누워' 있음을 보는 단계에 이른다. 강에서 출발하여 비, 그리고는 강가 마을에 이르렀던 시인의 사유는 드러누운 느티나무에 이르러서 가슴이 턱, 막히는 하나의 순간을 우리에게 제시하는 데 이른다. 그리하여 홍수 후 휩쓸려간 '열댓 가구 마을'에서 발원된 시인의 '뿌리론'은, 만물이 각자 품수한 생명적 이치인 뿌리를 오롯이 보존하지 못하는 것이 결국 우리들 마음의 뿌리가 뽑힌 탓이라는 데 이른다. 그것이 바로 존재의 근원에 대한 사유와 탐색이 아니고 무엇이겠는가. 시란 개인적이면서 근원적으로는 공적인 장에 촉수를 댄 것이라면 김명인의 이 작품은 우리에게 사유의 아름다움뿐만 아니라 뿌리를 잃은 '현재' 우리 삶의 성찰이라는 화두마저 던지고 있는 의미심장한 시로 읽힌다.

2. 개인의 실존과 자아의 연민

존재의 근원에 대한 탐색은 아래의 시들에서도 지속된다. 그러면서도 그 무늬는 훨씬 사적이면서 내밀하다. 그것을 우리는 실존과 자아에 대한 연민이라고 부를 수 있다.

저 긴 수평선, 당신도 입 꽉 다물고
오래 독대한 흔적이 있다.
바람 아래 모래 위 우묵한 엉덩이 자국이여
온 몸을 실어 힘껏 눌러앉았던
이 뚜렷한 부재야말로 날개 아니냐.
저 일몰 어디
어둑어둑 깔리는 활주로가 있다.

－문인수, 「나비」 전문

문인수의 「나비」는 부재를 통해 떠올리는 존재의 무늬를 그린다. 그러면서도 이채로운 것은 '긴 수평선'이라는 어떤 절실한 존재에 의해 생성 보존되어 오는 부재에 대한 감각에서 출발한다는 것이다. 바다를 건너버린 남편을 부르다 바위가 되어버린 박제상 아내는 절규에 가까운 능동적인 몸짓을 보였으나, 여기 있는 한 존재는 그것마저도 절제한 듯 입 꽉 다물고 존재의 사라짐을 눈 안에 넣고 있었던 것. 그것은 우리에게 소리는 없으나 존재 자체를 울리는 파문을 전달한다. 짧은 문장은 이 시인 특유의 비약과 암시를 위한 장치이다. 여기에 수평선이라는 큰 어깨를 가진 존재가 곁의에 차서("입 꽉 다물고") 독대했던 또 하나의 존재가 있었다는 것. 그것을 시인은 "온 몸을 실어 힘껏 눌러앉았던" 흔적, "우묵한 엉덩이 자국"을 통해 본다. "이 뚜렷한 부재!" 사실 곁에 있는 존재보다는 뚜렷하고 막막한 부재가 더 큰 파문으로 우리를 울린다. 엄청난 덩치로 압도하는 이 비애와 비감의 무늬는 날개를 다는 것이다("이 뚜렷한 부재야말로 날개 아니냐"). 이 때 시적 화자의 눈에 어렴풋이 들어오는 박명의 공간 속의 활주로. 아아 그는 나비가 되어 날아갔구나. 정지용의 「琉璃窓」에서 시적 화자는 산새의 모습을 발설하고 말았지만, 이 시의 시적 화자는 어둑어둑한 공간 속에서 날개를 다는 어떤 아우라만 제시한다. 이 부재는 비의적 공간을 마련함으로써 훨씬 더 정서의 진폭을 넓힐 수 있었던 것이다. 시적 화자의 마음의 눈길은 일몰 속에서 훨훨('어둑어둑'은 '훨훨'이라는 동작을 내포하는 색조를 가진 의태어이다.) 날아가 버린 어떤 존재의 그림자를 선명하게 만지는 것이다. 이 시는 시작과 끝에 '수평'(수평선)과 '수직'(활주로)이라는 양극의 이미지를 배치함으로써, 하늘로 비상하여 버린 존재의 휘발을 그 너른 어깨('긴 수평선')로 견디어 내는 한 존재의 고독과 실존의 무늬가 배가된다.

같이 자연에서 정서가 유로되었지만 분인수의 시가 실존의 그림자를 다루었다면 아래의 시는 더 개별적으로 자아에 대한 연민과 응시로 전이된다.

> 방금 거미줄에 걸린 왕매미
> 발버둥이치고 있었다
>
> 무당거미는 푸진 아침상을 차리며
> 칼춤을 추고 있었다
>
> 저런
> 거미그물에 얼른 다가가던
> 내 손
>
> 손을 거두었다
>
> 내 가슴을 지나가는 바람 소리
> 오늘 아침 더욱 무심하다
>
> –김순일, 「오늘 아침」 전문

위 시에 나오는 시적 대상들은 유기적 구조를 형성하고 있다. 즉 사물들이 제 각각의 생명력을 충실히 가지고 있으면서도 감응(感應)하고 있다. 이 감응이 이 시가 미를 실현하는 방식이다. 시적 화자는 그물에 걸려 무당거미에게 잡아먹히기 직전의 왕매미를 연민의 태도로 바라보면서 구해주려 한다. 그 때 어떤 직관이 가슴을 스쳐 지나가고 그 손을 거두어버린다. 그러면서 가슴을 지나가는 바람 소리가 무심하다고 읊조린다. 여기서 우리는 시적 화자의 생에 대한 인식이 유기적 사물인식에 근거하고 있음을 알겠다. 왕매미의 격렬한 몸부림은 중년의 시적 화자의 생에 대한 처연한 태도로 그대로 전이된다. 전자가 동적이고, 후자는 정적인 것이 차이라면 차이다. 그물은 화자에게 오면 가슴을 훑고 지나가는 바람으로 바뀐다. 동양사상에 의하면 자연대상에는 보편생명이 강같이 흐르고 그것을 궁구하는 서정주체에게도 개별생명이 운전을 계속한다. 이 보편생명과 개별생명의 조화와 만남 사이에 미가 탄생하고 실현된다는 것이 동양미학의 정수다. 이 시에서 왕매미와 시적 화자에게 공통으로 흐르는 보편생명은 죽음이 그들 몸을 훑고 지나가고 있다는 것. 그러나 죽음을 대하는 태도는 확연하게 다르다. 하나는 발버둥을 치고, 하나는 무심히 보고. 그렇더라도 그 두 존재는 알든 모르든 죽음에 의하여 길들여져 가고 있다는 데서 공통적이다. 이 죽음은 현상적으로 그물을 치고 먹이를 기다리고 있는 무당거미 역시 예외일 수 없다. 이 거미 역시 더 큰 그물에 의하여 걸려 있음을 눈치 챈 시적 화자이기에 가슴을 지나가는 바람 소리에 '무심'할 수 있는 것이다. 이제 시인은 죽음에 발버둥치지 않고 수긍하는 나이에 이른 것일까. 쓸쓸한 직관의 무늬가 어른거리는 시다.

임영조의 시에서 우리는 더 구체적으로 시인으로서의 실존을 본다.

> 뙤약볕에 가로수 그늘도 지친
> 사당 네거리 대로변 한켠에서
> 중년사내가 옷가지를 팔고 있다

―자, 단돈 오천원이요 오천원!
구릿빛 팔뚝을 감은 용의 문신이
땀에 전 채 엇박자로 손뼉을 친다
시간만 토막토막 사방에 튈 뿐
도무지 사는 사람이 없다, 갑자기
거리 질서 단속반 트럭이 멎고
(중략)
앙버티다 돌연 파리가 되는 사내
맨땅에 무릎 꿇고 빌어도, 끝내
꼬리 내린 용처럼 끌려간 사내
뒷소식이 궁금해 무더운 한낮
매미울음 욱신욱신 귀를 찌른다
괄호 같은 시선들 뿔뿔이 흩어지고
뙤약볕만 붐비는 그 자리에 또
웬 낯익은 사내 하나 외치고 있다
―자, 오천 원이요 오천 원
시집 한 권에 단돈 오천 원 오천 원!

―임영조, 「괄호 속의 남자」 부분

해학적으로 보이는 이 시에서 단돈 오천 원으로 거래되는 옷가지보다도 낫다고 할 수 없는 시에 대한 운명을 읽는다. 대상과 사물에 대한 본질을 탐구하고 규명하는 것이 시인의 운명이라면 서정시는 그 중심부에 서 있다. 서정시는 그림자와 같이 덧없고 훼손된 세계에 살고 있는 시적 자아가 어떤 본질적인 이데아를 설정하고 그것과 합일하려는 욕망이다. 말하자면 진리에 대한 기원과 믿음이 그 속에는 들어 있다. 자기 체내에 서정의 본질에 대한 광맥을 가지고 있는 자는, “단신으로 측근하여” 십이지장까지 별을 담아낼(서정주, 「韓國星史略」) 수 있는 것이다. 시의 위의가 사라진 시대라고 하지만 '땅문서'도 아닌, '현금계좌'도 아닌, 아홉 남매의 "새까맣게 쫄아든 태반덩이"를 간직한 어머니의 삶의 노역(고재종, 「어머니의 노역」)이 있기에 우리에게 아직 서정시는 존재하는 것이다. 그러기에 '괄호 속의 남자'인 시인이 '괄호 같은 시선들'이 다 사라진 공터에서도 시집을 파느라 안간힘을 쓴다. 시에 대한 옹호는 본질에 대한 옹호가 아니고 무엇이겠는가.

육체의 호흡과 비전
- 이재훈 시를 중심으로

1.

최근 일군의 젊은 시인들의 출현으로 한국 시의 지형도가 재편되고 있는 것처럼 보인다. 젊은 시인이자 평론가인 권혁웅이 '미래파'라고 명명한 이 경향이 한국시의 물줄기에 새로움으로 수혈될 수 있을지에 대한 관심이 그 어느 때보다 높다. 이러한 경향은 우리 문학 판의 변화로까지 이어질 수 있는 문화적 감성에서 배태되었다는 점에 대해서는 어느 누구도 이의를 달지 못한다. 다만 이들의 움직임이 60년대의 김수영, 80년대의 이성복, 황지우가 감당했던 에너지로까지 승화될 것인가에 대해서는 논외로 하고서 말이다.

수년 전까지만 해도 우리 시단에서 그 주류적 흐름으로 '생태시'를 꼽는 데 주저하는 사람이 드물었다. 생태시의 부상에는 인간 우위적 가치관의 붕괴와 대안 마련이라는 기획이 놓여 있다고 보인다. 그러나 생태시, 에코페미니즘적 경향은 이제는 별다른 문제의식도 없이, 삶의 체험이나 철학도 없이 누구나가 시도하고 있는 시적 관행으로 굳어져가고 있다고 볼 수 있다. 이와 더불어 이제 완연히 자리를 잡은 서정시 본연의 위력과 광휘를 보여주는, '부드러운 서정'이라고 일컬을 수 있는 시적 흐름이 있다. 그런 시인들을 일일이 다 열거할 수야 없겠지만, 여기에 포괄될 수 있는 시인들은 대체로 나희덕, 장석남, 이정록, 박형준, 문태준, 이윤학 등이 있고, 이전 세대들인 천양희, 이시영 등도 이 범주에 넣을 수 있겠다. 이들 세계와는 다소간 변별되는 지점에서 존재의 깊이와 예민한 감각을 아울러 보여주는 시인들이 있다. 김명인, 이성복, 오규원, 최하림, 김사인, 고재종, 조용미, 김기택, 송찬호, 최정례 등의 시인들이다. 이들은 많은 시인들이 생태시 쪽으로 기울어지고 있는 상황 속에서도 그 물결에 휩쓸리지 않고 자신의 내면 성찰이나 존재의 깊이 쪽으로 물꼬를 틀어 한국시가 철학과 사상을 내면에 거느릴 수 있는 계기를 제공했다. 흔해빠진 비유를 통해 흔해빠진 우리들 삶의 모습, 그 허망과 음험함을 비극적 정서로 탁월하게 드러낸 이성복의 『아, 입이 없는 것들』 같은 시는 한국시가 이를 수 있는 하나의 중요한 지점이 될 것으로 보인다. 이 외에도 과거 민중문학이 가지고 있는 현실성은 담지하되 부족한 부분이었던 깊이를 확보하는 시적인 경향으로 김신용, 이기인 등의 현장을 다룬 시들을 꼽고 있는 평자들도 있다.

그러나 '미래파'들은 이런 문화적 지형도를 혁신하려 한다. 그들은 세계와 자아의 행복한 일치를 기조로 하는 서정시 본연의 문법이 못마땅한 것이다. 이성과 관념 이전의 원초적인 시어로, 이 세대의 문화감각으로, 이미지의 분열적 분방함과 해체적 언술로 시단의 앙팡테리블로 불리길 희망하고 있다.

2.

이재훈도 그런 일군의 무리들에 해당하는 시인이다. 그 역시 무의식과 환상과 분열적 내면의 풍경을 다루는 사유의 혼종성을 보여준다. 그러면서도 이들 시인들과의 변별점은 이재훈이 시원의 언어를 향한 순례를 보여준다는 데 있다. 말하자면 그는 원형상징, 혹은 기원에 대한 탐구로 시작의 실마리를 연다. 이 글은 우리 시단의 새 목소리라고 명명되는 이재훈의 시가 어떤 지점을 거느리며 자신의 세계관을 열어가고 있는가를 고찰한 기록이다.

> 잠든 말, 묵상도 없는 말들이 벽에 붙어 있다 너의 소리를 들으려고 널 만진다
> (……)
> 말은 내게 뱃속을 열어 보여준다
> 건강한 줄기를 먹고 자란 말
> (……)
> 아프다, 말은 아프다고 비명을 지른다
> 뱃속에서 말의 새끼들이 뛰어나온다
> (……)
> 내 목을 자르고
> 내 최초의 말이 사는 부족 속으로 들어갔다면
> 누가 믿을 것인가.
>
> –「내 최초의 말이 사는 부족에 관한 보고서」 부분

이성적인 사유체계로 길든 독법으로는 쉽사리 읽을 수 없는 시이다. 어떤 점에서 이 시는 결여와 부재의 언어 사이에서 최초로 태어나는 말에 대한 이재훈의 사유를 보여준다. 보이는 질서와 체계는 이미 없다. "모든 시간은 무너지고" 주체가 기댈 "기억의 언덕도 무너지고" 없다. 이재훈은 기원이 사라진 시대에서 말을 일으켜 세워야 하는 지난한 작업을 자신의 시 창작의 첫 번째 질료로 삼고 있다. 여기서 말은 말(馬)이면서 말(言)이고, 또한 그 가치의 신념체계를 넘어선다. 그러기에 발굽 소리가 들리고 벽에 붙어 있기도 하며, 그것으로도 한정되지는 않는다. 만지면 황소가 되

고, 사슴이 되고, 초월을 가로지르는 말이 되고 나는 말 위에 올라탄 추장이 된다. 마침내 그 뱃속을 보여주기까지 한다. 말하자면 이재훈에게 '말'은 말이라는 시니피앙에 대한 수많은 인접혼란을 겪어 새로이 태어나는 어떤 힘이요, 빛이나 공기 입자의 산란처럼 의미의 비좁은 틈을 뚫고, 그 사유의 혼종성 속에 태어나는 생명이다. 이는 소통을 위주로 하는 언어체계에 대한 신선한 위반이요, 경계 넓히기이다. 그러나 이재훈은 의미 없는 교란에 머물지는 않는다. 오히려 새로운 세계에 대한 환기의 표지로 언어를 이끌어간다. 마침내 자신의 목마저 자르고 자신의 최초의 말이 사는 부족의 추장이 된다. 이는 이재훈의 시가 이성보다는 감각과 정서에 그 뿌리를 두고 있음을 보여준다.

이재훈의 이런 시적 경험이 의미가 있다는 것은 그가 "거리의 곤고함"으로 표상되는 이 시대의 삶과 문화를 외면하지 않고 있다는 데서도 확인할 수 있다. 말하자면 거리의 곤고함이 그를 이러한 세계로 이끈 내적 동인이 되는 것이다. 시집의 첫 작품이 「사수자리」라는 사실은 이런 그의 의식과 무관하지 않다고 할 수 있거니와 '평원을 떠난 새', '기적', '공중정원', '도시의 물관', '마라의 오아시스' 등 그의 시 제목이 환기하는 정서는 환멸이라는 이름으로 명명할 수 있는, 우리 시대의 정치문화적 함의를 짐작하게 하는 다양한 기호들로 가득 차 있다. 말하자면 '사수자리', '마라'와 같은 천문학적인, 성서적인 공간의 인유는 그가 이 시대를 바라보는 표지가 환멸이란 것과 크게 다르지 않다는 것을 확인하게 한다. "아무도 면회 오지 않는 숲에서 / 나는 이교도가 되었다"(「빌딩나무 숲」)고 시인은 말한다.

밤이 되면 말을 타러 갔었지
잠 속으로 들어가는 입구는
깊은 동굴이었지

(……)
나는 편자를 갈고 있었지
등불을 들고 신랑을 기다리는 열 처녀 같았지
빛이 어둠을 갉아먹기 시작할 때
하늘에서 별이 하나씩 떨어졌지
말이 내 앞에 와서 가쁜 숨을 고르고 있었지
(……)
열두 밤이 지나자 황도십이궁의 한 모퉁이에
나는 떨어졌지

새벽녘 어머니가 내 머리칼을 만지고 있었지
나는 쭈글해진 어머니의 배에 귀를 갖다댔지
말발굽 소리와 활이 날아가는 소리가 들렸지
그 큰 어둠을 품고 어머니는 새벽기도를 가셨지
나는 어머니가 믿는 神의 안부가 궁금해졌지

–「사수자리」 부분

화자인 나는 사수로 설정되어 있다. 이 사수는 떨어지는 별에 맞을까 두려워 말을 타고 등불을 들고 신랑을 기다리는 열 처녀의 심정으로 가고 있다. 이는 꺼지지 않는 촛불의 위태로움을 말 위에서 견디는 삶이다. 말하자면 묵시론적인 비전과 상황으로 환치되어 있다. 아울러 이 모든 상황이 밤과 잠이라는 설정과 연관되어 있다는 것은 의미가 깊다. 잠이라는 게 무엇인가. 현실에서 비전을 가질 수 없을 때 육체의 호흡에 기대는 형식이 아닌가. 현실에 억압과 환멸이 밤과 잠을 부르게 했지만, 이 밤과 잠의 세계는 육체가 가동하는 통로가 된다. 열두 밤이 지나자 황도십이궁에 떨어진 '나'가 쭈글해진 어머니의 배에서 말발굽 소리와 활이 날아가는 소리를 듣는 것은 이 같은 맥락이다. 말하자면 이재훈의 시에서 육체는 모든 비전을 함의하는 영혼의 형식이면서 우주의 무한한 팽창과 맞먹는 힘을 가진 것이다. 황도십이궁에서 화살을 쏘던 시적 자아의 잠과 꿈의 무한배경은 기실 어머니의 쭈글해진 배 속에 다 들어 있는 것이다. 우리가 이재훈의 시에서 주목하고자 하는 것도 바로 이러한 무한팽창과 축소를 거듭하는 시적 연동방식이며 육체 속에 담겼다가 새로운 길을 찾아나가는 시적 행로이다. 우주의 무한팽창과 축소를 육체의 호흡의 수준으로 규정하는 시인의 개성은 예술지상주의적 인식에 가깝다. 또 위의 시에서 보았듯이 나의 육체만이 그 통로가 되지 않는다는 점에서 육체의 기반은 넓기까지 하다. 물론 위의 시에서의 육체는 생명의 통로가 되었던 모체이므로 그 모성성, 여성성으로 읽을 수도 있지만, 이재훈의 시는 페미니즘의 좁은 영역에 갇히기를 거부한다. 이재훈에게 육체는 자신을 분할하여 세계로 진입하는 통로("내 목을 자르고 / 내 최초의 말이 사는 부족 속으로 들어갔다"–「내 최초의 말이 사는 부족에 관한 보고서」)이면서도 끊임없이 소생하는 질료이다. 이는 맥베스의 "눈앞의 이것이 나인가"라는 화두에서처럼 규정할 수 없는 자신에 대한 기호로 작용하기도 하지만, "나는 날마다 죽는다"는 사도 바울의 말처럼 끊임없는 갱신을 향한 고투의 흔적으로도 독법이 가능하게 한다. 이재훈에게 예술은 정신의 표현이자 육체의 조화라고 말할 수 있는 이유가 여기에 있다. 말하자면 이재훈에게 육체는 형이상학과 형이하학을 넘어서고 교란하며 갱신하는 에너지가 된다. 이는 '나'를 포괄하는 '개인'으로 세계를 끌어안으려 하는 기획에 해당된다고 할 수 있다. 「일식」은 이재훈의 '최초의 말'이 가지는 위력과 육체의 호흡을 보여주는 시편이다.

태양이여,
나는 이 큰 우주를 목놓아 불러본 적 없다
용기도 없이 컴컴한 방에 앉아
창틀에 놓인 꽃병들만 바라봤다
어느 날 나는
태양이여, 불러보고 싶었다
늘 곁불만 쬐며 속으로 옹알거리기만 하며
이 엄살의 통각(痛覺)을 갖게 되었다
태양이여, 부른 순간
내 항문으로 뱀이 슻진 머리를 들이밀고 왔다
온몸이 뜨거워져서 태양에게 다가가도
뜨겁지 않았다
불타지 않았다

뱀이 태양을 갉아먹을 때,
하나의 꿈틀거리는 숨이 우주를 갉아먹을 때,
네 소멸이 위대한 미학이라고
그렇게 말하는 순간

어느새 뱀의 뱃속에 태양이 들어가 있다
고요 가운데 입을 열고 들어가
한 몸이 된
뜨거운 잉태

나는 큰 소리로 태양이여, 불렀다
뱃속에서 울리는 뜨거운 공명

모든 사위는 어둠이 되었다

—「일식」 전문

"엄살의 통각"만이라고 말하는 시적 화자의 수줍음을 보아라. 그러면서도 이 호명에 육체와 세계가 합치는 순간의 뜨거운 감각적 파동과 전일적 세계의 움직임을 보라. "컴컴한 방에 앉아" 있을 때의 자아와 호명하는 순간의 자아는 차이가 크다. 부르는 순간 세계는 내게로 온다. 이 변화와 실감 속에 언어의 사제로서의 시인이 가지는 주술성이 놓인다. 이재훈에게 언어는 기존의 가치체계를 허물어버리는 도구이면서 육체와 세계를 하나로 이어주는 통로가 된다. "태양이여, 부르는 순간 / 내 항문으로 뱀이 숯진 머리를 들이밀고 왔다"고 하지 않는가. 서정주의 「화사」에서 "스며라 배암"할 때 우리는 순네와의 성행위를 떠올릴 수밖에 없듯 이재훈의 시에서 우리는 세계가 내 육체에게로 와서 스며든다는 실감을 가지는 것이다. 그러나 서정주의 그 행위는 육체적 충동에 무게 중심이 놓여 있는 심리적 수준이라 할 수 있지만, 이재훈에게 세계에 대한 발화는 실상 통각의 실감으로 육체에 그려지는 것이라서 호명의 순간에 나의 육체는 완벽한 우주의 통로가 되고 우주 그 자체가 되어 달라붙어 버리는 것이다. 그런 전일적 감각의 합치를 시인은 "뜨겁지 않았다", "불타지 않았다"고 말하고 있거니와, 이 합치를 말하는 데 뱀만한 상징이 또 어디 있겠는가. 세계를 호명하고 세계 속으로 들어가는 이 합치의 순간은 여기에서 멈추지 않는다. 2연에서 육체의 호흡의 위력을 보여준다. "꿈틀거리는 숨이 우주를 갉아먹"어, 우주를 소멸시켜버리고, 내 기운(뱀) 속에 태양이 들어앉아 버리는, 달리 말하면 우주를 내 육체 속에 가두어버리는 주술을 행하게 된다. 혈액 돌아가는 소리를 내며 들숨과 날숨을 거듭하는 육체의 호흡과 고동은 우주를 육체의 힘의 조화로까지 만들어버린다. 더욱 언어의 주술과 육체의 호흡을 통해 육체는 우주를 새롭게 잉태할 수 있게 되고 사위는 어둠이 된다. 우리는 여기서 새로운 언어의 탄생과 육체의 호흡의 비전을 획득한 이재훈 시의 특장을 살필 수 있었거니와, 여전히 눈여겨

볼 것은 "뱃속에서 울리는 뜨거운 공명"이라는 시인의 발화이다. 기존의 시인들이 태양을 신화적 비유로 끌어다 쓰거나 관찰자적 입장을 견지하는 데 반하여, 이재훈의 육체는 세계를 끌어안아 버리는 통로가 된다. 말하자면 일식이라는 현상을 설명하기 위해 언어가 동원되는 수사의 수준이 아니라는 것이다.

3.

이재훈에게 육체는 "(그 속에) 한밤중이 되면 수선화가" 피고(「수선화」) 하분하분 물기에 젖다가, "잘 익은 돌을 낳"고(「예쁜 똥」), 수레바퀴가 지나가는 통로가 되며(「수레바퀴 지나간 길」), 마침내 그 숨으로 우주를 삼키기까지 하는 스펙트럼을 가지고 있다. 그런 점에서 이재훈은 이성과 관념 이전의 원초적인 '말'들의 회복으로 개성의 터전을 마련하고, 이를 육체의 호흡이라는 비전을 통해 결정시킨 우리 시단의 새 목소리다. 문학적 감성의 변화를 보여주면서도 분열적 내면의 풍경 속으로만 탐닉하지 않는다. 오히려 바슐라르와 신화적 상상력을 자신의 몸으로 체화해내면서 자신의 어법으로 완성해가고 있다. 무엇보다 그의 육체의 호흡의 낭만성이 도시의 우수에서 발원하고 있다는 점에서 현실성의 거점을 마련하고 있고, 우리 시단의 형이상학적 밀도와 부피를 수혈해주고 있다고 판단된다.

이재훈을 비롯한 일군의 젊은 시인들의 새로운 문화적, 문학적 감성이 깊이를 더해 우리 시사의 새로운 광맥으로 자리 잡기를 기대한다.

서정주가 빠진 국어교과서

언제부터인가 서정주의 시가 중 · 고등학교 '국어' 교과서에서 사라졌다. 물론 검인정 '문학' 교과서에서는 그의 시가 더러 보이지만 정작 교육부에서 편찬하는 국어교과서에는 그의 시가 없어진 것이다.

'문학'이 국어교육의 내용으로 자리 잡은 제4차 교육과정에서부터 지금의 제7차 교육과정까지 시는 문학 가운데서 가장 중요한 영역으로 학생들의 창작(표현과 쓰기)과 감상(수용과 읽기)에 절대적인 역할을 하여 왔다. 시는 "올바른 지식과 체계적인 작품 감상의 원리를 학습하게 하고, 이를 바탕으로 작품을 이해하고 감상하게 함으로써 상상력을 계발하고, 인간과 세계에 대한 총체적 체험을 하는 데에 그 목적이 있다"(제6차 교육과정, 교육부고시)는 현행 고등학교 문학과목의 성격과 목적에 나타나 있듯이, 그것을 맛보고 향유하는 수용과 소비의 측면뿐만 아니라 자신의 내면세계를 창의적인 언어로 나타내는 표현과 생산에 중요한 목적을 두고 있기 때문에 시 작품의 선정은 대단히 중요한 문제라고 하지 않을 수 없다.

학생 시절에 국어 교과서에서 읽는 작품은 시에 대한 개개인의 선입관을 형성하게 하여 그 사람의 생애 전체를 통해 무엇이 좋은 작품인가를 각인시키는 기능을 하며 그 쪽 방향으로의 글쓰기를 무의식적으로 유도한다.

현재 국어교과서에 수록되어 있는 시인들의 면면을 보면 김소월, 한용운, 정지용, 변영로, 김영랑, 유치환, 이육사, 박목월, 김기림, 김광균, 신동엽 같은 작고 시인에서부터 김지하, 신경림 등의 중진, 김용택, 안도현, 정일근 등의 젊은 시인에 이르기까지 다양한 면모를 보이고 있다.

7차 교육과정부터 눈에 띄게 달라진 점이 있다면 서정주의 시가 빠지고 여러 매체를 통해 친숙하게 접근할 수 있는 젊은 시인들의 시가 교과서에 나타나기 시작했다는 것이다. 현재 문단에서 활동하고 있는 시인들의 시를 많이 수용함으로써 학생들에게 당대 시문학의 경향에 대한 이해를 유도하고 있을 뿐만 아니라, 교단이나 실생활 속에서 건져 올린 시들을 통해 우리 시대의 삶의 문제를 고민하게 하고 독자와 시문학과의 거리를 좁히려는 의도를 읽을 수 있다.

시를 삶과 분리시키지 않으려는 노력의 일단을 볼 수 있어 긍정적인 면도 있지만, 후세대의 문학교육이라는 원대한 뿌리보다는 당장 눈에 보이는 가지나 잎에다 비유될 수 있는 외적 요인에 편승할 수 있는 길을 열어주었다는 점에서 부정적인 면도 적지 않다. 젊은 시인들의 시는 아직 진행 중이어서 평가를 유보할 수밖에 없는 입장에 있다. 이미 훌륭한 시인으로 문학사에서 평가받고 있는 많은 원로, 중진들의 작품에서도 독자에게 친근하게 접근할 수 있는 예는 얼마든지 찾을 수 있다. 국어과 시 교육에서 요구하는 이미지, 표현, 리듬 등의 계발목표에서도 마찬가지이다. 근시안에서 벗어나 여유를 좀 가져볼 일이다.

이렇게 된 데에는 무엇보다 어떤 작품을 학생들에게 감상시켜야 할 것인가에 대한 원칙이 제대로 정립되어 있지 않은 것에 원인이 있다. 이 원칙에는 물론 미학적 성취, 작품 세계의 삶, 작품의 윤리(김수업) 등이 포함될 수 있을 것이다. 그러나 이 원칙도 기계적으로 교조적으로 적용되어서는 곤란하다. 문학이야말로 자율성을 생명으로 하고 있는 영역이기 때문이다. 말하자면 작품은 작품대로 인정해야 할 필요가 있다는 것이다.

그런 의미에서 현 교과서의 시에서 서정주의 작품이 빠진 것은 국어교육의 근시안에서 생긴 오류의 극명한 예가 된다고 할 것이다. 이는 선정

기준은 물론, 안목의 부재, 경직성에서 파생된 것으로서 특히 자라나는 젊은 세대들의 정서에 심각한 악영향을 미칠 것이다.

아마도 서정주의 시가 국정 교과서에서 빠진 것은 그의 친일과의 관련을 생각할 수밖에 없을 것 같다. 왜냐하면 위에 열거한 시인들의 목록을 보더라도 서정주 만한 미학적 성취를 보여주는 시인이 드물기 때문이다. 실제로 서정주의 시는 친일 경력이 불거진 이후로 점차 국어교과서에서 사라져 현재는 없어졌고, 검인정 '문학' 교과서에서마저도 수록 편수가 줄어들고 있는 실정이다.

서정주 친일의 맥락은 그의 미학적 동양주의, 즉 일제 말기에 당대를 풍미하던 '근대의 초극론'과 연결되면서 파시즘 체제를 적극 옹호하는 '전선총후' 미학(최현식)에 그 뿌리가 닿아있다. 당대 일본 최고 시인 중의 하나였던 미요시 다쯔지(三好達治)의 일정한 영향 아래에서 행해진 이 정신적 파탄은 서정주 개인에게나 우리 시사 전체에서도 불행스런 일이 아닐 수 없다.

그러나 이 친일문제도 잣대에 상당한 문제를 노정하고 있으니, 예를 들어 이용악이나 임화, 박세영, 이찬 등의 월북 시인들의 친일에 대해서는 너그러운 자세를 취하고 있는 데서도 드러난다.

서정주의 시를 제외하고 한국 시사를 이야기하기는 것이 어찌 가능할 것인가. 그것은 60년이 넘도록 지속되어온 깊이를 얻어온 생전의 시작들이 증명하는 바인데, 이는 형식과 내용 양면에서 해당된다. "아비는 종이었다. 밤이 기퍼도 오지않었다"로 시작되는 「자화상」에서 보듯 당대로서는 전혀 새로운 언어 형식으로 기성시단에 주체적인 목소리로 대응하는 그의 시작 출발 이후 개별 시집을 낼 때마다 독특한 미학적 성취와 특성을 보여 왔으며, 그리스의 정신과 니체와 같은 사상은 물론, 『삼국유사』나 『삼국사기』를 비롯한 선대의 여러 저작들과 선인, 동시대인들의 일화, 역사에 기반하는 민족의 심층정서에 그의 시를 접합시키고 있다.

그가 만들어 온 시와 시적 지혜는 특정의 종교나 사상, 철학이나 인문학 같은 틀로 고정될 수 없다. 그것은 그의 시가 드물게 매우 독특한 상상력의 틀과 시적 수사의 방법을 가지고 있다는 것을 의미한다. 그는 논리를 초월한, 혹은 논리를 용해하는 능력으로 사물을 자신의 어법, 자신의 정신과 상상체계, 경험의 조형으로 창조함으로써 새 이미지의 질서를 성립시킨다. 이 때 "그는 개성으로 그의 시대를 제압했다"거나, "현실 또는 사물의 논리는 그 원형을 잃어버리고 철서하게 그만의 방식으로 육화된다"(고은)는 말은 성립되는 것이다.

무엇보다 서정주의 다른 시인들과의 근본적인 차이는 그의 언어이다. 서정주의 시어는 우리 시의 사유나 정서에 독특한 하나의 세계, 공간을 만들어낸다. 서정주의 언어는 '풍류'라는 말과 깊은 연관을 가지고 있는데, 서정주 시의 탄생지점은 바로 오랜 역사를 거쳐 여러 삶의 계층들이 자연스럽게 만들어 온 일상 속에 살아 있는 싱싱한 말들이다. 그는 깊이 있는 세계를 다루되 결코 관념적이지 않고 어떤 소재든 그가 아니면 쓰일 수 없는 독자적인 호흡과 울림으로 육화시키는 타고난 재능을 가진 시인이다. 이런 점에서 그의 시야말로 얼마나 친숙하고 다정하게 다가오는가.

물론 눈에 보이는 현실을 건너가기 위한, '영원'을 사는 삶을 기저로 하는 서정주 시의 이러한 미학은 "역사 현실 고유의 다양성과 복합성, 이질성에 대해 눈감게 한다"(최현식)거나, 언제나 이기는 자의 편에 서는 '샤머니즘의 윤리관'에서 발원되었다는 주장(황동규), 나아가 "자기 재주 때문에 그늘은 형성되지만 수리성(독수리와 같은 걸걸한 목소리)에서 형성되는 생생한 삶의 비밀한 감동을 주지 못한다"(김지하)는 비판에 부딪히기도 한다. 그러나 그 결함도 그 평생의 시학 노정이었던 영원성의 미학 전체를 허물어뜨리지는 못할 것이다. 하나의 주제를 붙들고 평생을 시와 고투한 흔적은 세계 시사에서도 보기 드문 현상이다. 그런 점에서 그의 시는, 일제 말기의 논리적 파탄까지를 포함하여 우리 시사가 끌어안아야 할 유산이다. 현역 시인들과 시 전공 교수들의 설문에서도 그의 작품은 언제나 앞자리에서 언급되고 있지 아니한가. 이는 대다수의 독자들도 인정하는 바가 아닌가. 국어 교과서에 수록된 시들은 그 민족문화의 정수요 얼굴이다. 우리 겨레라면 누구나 학생시절에 맛보아야 할 이 시의 목록에 서정주의 시가 빠진 이 허전을 어떻게 설명해야 할까. 서정주를 빼고 우리 시사를 이야기할 것인가. 무릎에 앉아 누가 제일 좋은 시인이냐고 묻는 우리 자녀들에게, 혹은 한국의 대표적인 시인이 누구냐고 묻는 외국인에게 말이다.

경주 시의 공간과 논리

1. 들머리

'경주'라는 공간에 대한 시화(詩化)는 여타 도시의 그것이 감당할 수 없는 층위를 하나 더 가진다고 할 수 있다. 다른 도시에 대한 시들이 현재 공간의 시적 묘사나 현실의 반영에 치중하는 속성을 가질 개연성이 크다면 경주는 과거 공간, 그것도 세계 역사상 유례를 찾아보기 어려울 정도로 천년이라는 기간 동안 왕조를 지속시켜 왔던 왕도로서의 신라가 겹쳐지지 않을 수가 없다.

'신라'는 불국사 석굴암과 남산계곡과 불상, 사찰, 폐사지 등과 함께 전체가 하나의 박물관인 경주공간은 물론, 향가와 화랑도, 풍류정신, 유행가 「신라의 달밤」에 이르기까지 한국인의 의식 속에 영향을 미치지 않은 부분이 없고, 민족의식의 요구에 응하는 역사상의 상상계를 열어줌으로써 어려운 시대를 건너가게 하는 가교 역할을 수행하기도 하였다. 신라는 중화주의에 물든 유교 조선의 그늘로부터 빠져나온 민족적 영광의 시대였다.[10] 그러나 신라는 조선인의 제국신민화를 부추긴 코드로도 작용했다. 예를 들어 일제에 의한 화랑 상징의 조작은 군국주의에 의한 조선인의 규율과 통제를 조선민족의 잊힌 전통으로의 회귀처럼 느끼게 했다. 그런 점에서 신라는 한국 민족주의가 보유한 가장 강력한 상징으로 남아 있는 동

---

10) 황종연, 「신라의 발견」, 『신라의 발견』, 동국대 출판부, 2008, 50면.

시에 그 이데올로기 자체의 애매성에 대한 역사적 증거로 남아 있다.

경주라는 공간에 대한 우리 시인들의 인식 역시 신라와 무관하게 전개될 수 없다. 이 글에서는 일찍이 신라를 자신의 시 작업 속에 가장 중요한 모티브로 활용했던 서정주와 경주 출신으로 고향을 하나의 이상향으로 설정했던 박목월, 그리고 태어나고 자란 곳으로의 터전과 자연을 노래하고 있는 향토시인 서영수의 시세계를 통해 경주라는 공간이 어떻게 변용되어 나타나고 있는가를 살펴보고자 한다.

2. 서정주 – 이상적인 사회 모델로서의 신라

서정주가 얼마나 경주, 신라라는 공간에 매료되어 있었는가 하는 것은 그의 시 작업 전체를 돌아볼 때 확연하게 드러난다. 서정주는 1960년에 이미 시집 『신라초』를 간행했을 뿐만 아니라 신라와 불교의 사상은 그의 중기 이후의 중요한 사상의 원류로 기능하고 있다. 그는 『삼국유사』를 읽고 그 신라적 상상력을 통해 자신의 시세계를 확장해나갔다고 밝히고 있는데, 이는 그의 시적 역정을 촉진시키는 계기가 되었을 뿐만 아니라 한국적 상상의 원천에 대한 길을 새롭게 열어주었다는 평가[11]를 받는다.

여기서는 경주라는 공간에 대한 시인의 형상화를 다루고 있는 시 한편을 분석해 보기로 한다.

> 아무도 이것을 주저앉힐 힘이 없는 때문이겠지.
> 王陵들은 노랑 송아지들을 얹은 채
> 애드발룬처럼 모조리 하늘에 두웅둥 떠 돌아다니고,
> 사람들은 아랫두리를 벗은 어린아이 모양이 되어

---

11) 최동호, 「디지털 코드와 도깨비의 시학」, 『현대시학』, 2006.4.

그 끈 밑에 매어달려 위험하게 浮遊하고 있었다.

吐含山에 올라서니
善德女王陵이지 아마
그게 十月 상달 石榴 벙그러지듯 열리며
웬일인지 소리내어 깔깔거리고 웃으며
山가슴에 만발하는 철쭉꽃밭이 돼 딩굴기 시작했다.

누가 그러는가 했더니
石窟庵에 기어들어가 보니까
역시 그것은 우리의 제일 큰 어른 大佛이었다.

善德女王의 食指의 손톱께를 지긋이 그 응뎅이로 깔아
자즈라지게 웃기고,
또 저 뭇 王陵들이 즈이 하늘로 가버리는 것을
그 살의 重力으로 말리고 있는 것은….

–서정주, 「慶州所見」(『未堂徐廷柱詩全集』, 민음사, 1983, 207면)

소견은 다른 말로 하면 풍경이다. 이 풍경은 외부적인 것이 아니라 의식에서 만들어낸 역사적 산물로서 기능한다. 시인의 상상력에 의하면 경주는 대단히 역동적이고 팽팽한 공간이다.

시인은 두 가지 풍경을 본다. 첫 번째 풍경은 왕릉들이 애드발룬처럼 하늘에 떠서 돌아다니고 사람들이 애드발룬 끈에 매달려 위험하게 부유하고 있는 풍경이다. 시인은 아무도 이것을 주저앉힐 힘이 없는 때문이라 단정한다. 시인에게 경주는 말하자면 매우 불안정한 모습으로 다가온다. 그러나 이런 불안정을 상쇄할 장면을 토함산에 올라서 보게 된다. 앞의 풍경과는 달리 선덕여왕릉이 시월 상달 석류 벙글어지듯 열려 산 가슴에 만발한 철쭉꽃밭으로 뒹굴고 있는 것이다. 두 풍경 다 시인의 의식 속에서 일어나고 있는 현상이지만 앞의 풍경이 상상력의 작동에 가깝다면 뒤의 풍경은 같은 상상력의 작동이라도 변신술에 가깝다고 할 수 있다. 그렇게 만들고 있는 사람이 누구인가 보니 역시 석굴암 대불이 선덕여왕의 새끼손가락 부분을 엉덩이로 깔아 웃기고, 살의 무게로 뭇 왕릉들이 신라의 하늘로 가버리는 것을 말리고 있다는 것이다. 그런 점에서 이 시는 구조상으로 상승과 하강이 서로 길항하며 조응하고 있는 양상으로 전개된다. 이 상승과 하강의 접점에 석굴암 대불이 위치한다고 할 수 있다.

서정주는 신라를 역사상 가장 이상적인 국가로 상정하며 거기서 어려운 현실을 건너가게 하는 힘을 발견한다. 이는 현실의 신라를 이상적인 불국토로 만들고자 했던 신라인들의 마음과 다를 바가 없다고 생각된다. 서정주의 경주 여행 경험은 신라문화에 어떻게 대화하고 해석하고 그것을 하나의 발견으로 제시하고 있느냐에 있다. 그 점에서 이 작품은 흥미로운 텍스트가 되고 있다고 할 수 있다. 그의 경주에 대한 해석은 현재의 경주와 과거의 신라, 서라벌을 비교하는 구도를 내면에 가지고 있다.

그는 석굴암 대불을 경주의 중심에 두고 있다. 대불을 경주 전체를 다스리고 있는 영원의 이미지로 인식하고 있음은 물론 성적 판타지를 동원하여 그 엉덩이로 선덕여왕의 새끼손가락께를 누르고 뭇 왕릉들이 신라의 하늘로 올라가고 있는 것을 막고 있다는 것이다. 이런 성애화는 성적이지만 유머스럽고 균제미와 절도보다는 대불의 건축조각에 대한 자연미와 천진미를 강조한 것이기도 하다. 이를 통해 서정주는 경주의 현재마저 신라가 다스리고 있으며 그럼으로써 신라를 역사와 시간을 뛰어넘는 이상적인 공간, 어떤 존중할 만한 종교적 감성 속에 성스러움마저 깔고 있는 공간으로 만들고 있는 것이다.

동양 최고의 보고, 극동의 고전주의 등의 수사로 칭송되었던 석굴암은 기존의 엄숙미와 선조미를 깨고 서정주에게 이르러 천진한 성애로 유머화 되며 아직 경주가 신라의 자장 속에서 움직이며 신라의 힘이 작용하며 다스리고 있다는 인식으로 표상되는 것이다.

3. 박목월 – 영혼의 심상지리로서의 경주

박목월은 경주가 고향이다. 그러나 그는 어린 시절을 그곳에서 보냈을 뿐, 나이가 들어서는 대처에서 일상의 삶을 영위한다. 그에게 고향은 신성하고 성스러운 영혼의 영역으로 기능한다. 박목월에게 경주는 성소 내지 원체험의 장소공간인 것이다. 이런 의식을 잘 보여주는 시가 「思鄕歌」라는 시다.

밤차를 타면
아침에 내린다.
아아 慶州驛.

이처럼
막막한 地域에서
하룻밤을 가면
그 안존하고 잔잔한
영혼의 나라에 이르는 것을

千年을
한가락 미소로 풀어버리고
이슬 자욱한 풀밭으로

맨발로 다니는
그 나라
百姓. 고향사람들.

땅 위와 땅 아래를 분간하지 않고
연꽃하늘 햇살속에
그렁저렁 사는
그들의 항렬을. 성姓받이를.

이제라도
갈까 보다.
무거운 머리를
車窓에 기대이고
이승과
저승의 강을 건너듯
하룻밤
새까만 밤을 달릴까 보다.

무슨 소리를.
발에는 족가足枷.
손에는 쇠고랑이.
귀양온 영혼의
무서운 刑罰을.
이 자리에 앉아서
돌로 화하는
돌결마다
구릿빛 시뻘건 그 무늬를.

–박목월, 「思鄕歌」(『박목월시전집』, 민음사, 2003, 94~95면)

이 시는 박목월이 사는 공간(서울)과 경주라는 공간이 비교 대조되면서 진행된다. 시인은 자신의 현재인 서울과 고향 경주를 비교하는 구도를 내면에 기입하고 있다. 서울과 경주를 이어주는 것은 철도이다. 철도라는 근대적 교통수단은 시인을 하룻밤 사이에 고향으로 데려다준다. 이 지리적 거리는 그러나 심리적 거리와는 완전히 다르다. 멀지 않은 거리라도 한번 가는 것은 여간해서 쉽지 않다. 하룻밤 사이라는 시간은 "이승과 / 저승의 강을 건너"는 공간화로 바뀐다. 이는 김동리의 「귀거래행」 "아아, 이렇게 고향에 다녀오듯 / 저승에서 이승으로 들어올 순 없을까"라는 구절과 흡사하다. (물론 김동리의 시에서는 공간만이 나타나지만) 그것은 현실의 무게 때문이다. 시인의 삶은 고향에서 분리된, 발에는 족가가, 손에는 쇠고랑이 채워져 있는 그런 유적의 삶이다. 이 말은 자신이 살고 있는 이곳이 얼마나 천박하며 또 자신의 영혼을 무겁게 누르고 있는가를 실감하게 한다. 이는 생활인으로서의 삶의 무게와도 통한다. 박목월의 중기 시편들은 생계를 책임지고 있는 가장으로서의 고뇌를 읊은 시들이 많다. 삶의 억압이 고향 한번 제대로 가게 하지 못하고 있는 것이다. 고향은 "천년을 / 한가락 미소로 풀어버리"는, "맨발로 다니는" 원시의 "그 나라 / 百姓. 고향 사람들"이 사는 곳이다. 박목월에게 고향은 자연("맨발로 다니는")과 역사("땅위와 땅아래를 분간하지 않고")와 온전히 하나 되는, 말하자면 이상향과 가까운 공간으로 기능한다. 그래서 그의 고향 찾기는 그런 기원을 탐사하는 작업과 관련을 갖는다. 이는 「눌담」에서 바보 이반이 우둘두둘한 경상도 사투리를 쓰며 다스리는 왕국의 모습과 별반 다름이 없다. 현실의 어려움을 해소하고 역사마저 초월하여 귀속의식이 형성되는 장소가 고향의 심상지리이다. 그러나 "안존하고 잔잔한 영혼의 나라"에 도달하는 것은 "막막한 地域", 귀양지에서 살고 있는 영혼에게 엄두도 못 낼 일이다. 6연은 이러한 엄청난 심리적 거리를 말해주고 있다. "무슨 소리를." 하고 말도 안 되는 소리를 견책하듯이 혼자 내뱉는 독백은 "이 자리에 앉아서 / 돌로 화하는 / 돌결마다 구릿빛 시뻘건 그 무늬가" 생겨버리는 생활의 무게를 보여주고 남음이 있다.

박목월에게 경주는 영혼의 안식처이며 복귀처로 기능한다. 천년의 옛 도읍인 경주는 미적 대상의 낭만적 표상으로서 다시 발견된다. 이런 의식은 막막한 지역에서 귀양 살고 있는 현실의 자신에 대한 인식으로 더욱 심화된다. 말하자면 박목월의 경주는 신라와도 접맥이 되어 있지만, 생활공간의 팍팍함이 소환한 이상공간으로서의 성격이 더 강하다고 할 수 있다.

4. 서영수 – 정서적 친연성으로 접맥된 고향

서영수는 경주에서 나고 자란 시인이다. 대학생활을 위해 서울에서 산 시간 이외에는 고향의 품을 떠나지 않고 『慶州하늘』, 『仙桃山 日記』 같은 경주 관련 시집들을 지속적으로 창작하여 왔다. 그에게서 경주는 기꺼이 자신의 몸을 기탁하게 하는 매력적인 기원과 전통이며, 경주의 산과 들은 자신의 몸과 체질화되어 있다고 할 수 있다. 시인은 말하자면 "이슬 자욱한 풀밭으로 / 맨발로 다니는 그 나라 / 百姓."(박목월, 「사향가思鄕歌」)의 일원이 되어 있는 것이다. 그러기에 그는 끊임없이 그가 살고 있는 공간을 사랑하며 부대끼며 작품을 산출한다. 그런 정서가 올올이 스며 있는 시 한편을 분석해 보기로 한다.

천년 전.
이미 천년 신라를 접어 올린
김유신의
꼬리 긴 하얀 紙鳶이
깊숙이 숨어 사는

푸른 골짜기.

철 따라 다져 온 가삼을
물살 다른 강물로 풀어내며
더러는 汶川 여울에 알몸을 적시다가
西川에 드러누운
파아란 그림자.

모래펄에 묻힌 기왓장에 걸려
헐린 살결이 파들거리는
그대는 누군가.

밤이면, 무너진 王朝의 문고리 같은
달무리를 허리에 차고
신라를 빠져 나와 고려를 넘어서
稜線을 벌여 놓고
돌아오는 새벽 바다를 맞아
태양을 건져내고, 건져내는
그대는 누군가.

조선 선비의 발길 찍힌
흰구름 밭을 耕作하며
뚫린 水口를 빠져나온 햇빛을
툭툭 털어 공중에 걸면

뭇 나뭇가지에
눈과 눈이 열매로 맺히는
소리가 좋아

바람도 청하여 잔치를 여는
그대 숲이여.

새는 소리만큼 날고
물은 길이만큼 속삭여
오늘이 오늘을 불러내는
吐含山 어귀
금빛으로 부서지는 햇살을
王冠처럼 쓰고 앉은
그대는 정녕 누군가

—서영수, 「경주의 하늘」(『慶州하늘』, 그루출판사, 1990, 20면)

시인은 하늘이라는 공간을 중심으로 시상을 풀어낸다. 그 하늘은 천 년 전 이래로 오늘날까지 시간들을 걸러내는 존재로 기능한다. 하늘은 먼저 『삼국유사』의 김유신의 연을 가슴 깊숙이 품고 사는 존재이다(1연). 아울러 물살 다른 강물로 몸을 풀어내다가(2연), 기왓장에 걸려 헐린 살결이 파들거리기도(3연) 한다. 2~3연은 가장 높은 곳과 가장 낮은 곳이 하나의 상상력 안에 의미작용을 한 결과로 형상화된 것이다. 그뿐인가. 밤이면 무너진 王朝의 문고리 같은 달무리를 허리에 차고 신라와 고려를 거쳐 현재에 이른 시간 동안 끊임없이 시간을 재생시키고 신생시키는("태양을 건져내고, 건져내는") 존재로 기능(4연)한다. 5연에 이르면 하늘이라는 공간은 숲이라는 공간으로 초점이 이동된다. 흰 구름밭을 경작하며 햇빛을 공중에 걸고 열매로 맺히는 눈을 위하여 바람도 청하여 잔치를 여는 숲을 굽어보며(5연) 하늘은 오늘도 "吐含山 어귀 / 금빛으로 부서지는 햇살을 / 王冠처럼 쓰고 앉아"(6연) 있는 것이다.

전체적으로 이 시는 공간(하늘)이 시간(신라 이후 오늘에 이르는 시간)

에 작용하는 양태를 큰 스케일과 섬세한 묘사로 풀어낸다. 여기에는 전반부의 하늘에서 강물, 모래펄에 이르는 공간 간의 작용(1~3연) 뿐만 아니라, 신라, 고려, 조선, 그리고 오늘에 이르는 시간과의 작용(4~6연)이 조응하고 있다. 아울러 시각의 청각화("새는 소리만큼 날고")와 청각의 시각화("물은 길이만큼 속삭여")가 수놓인 서정적인 시이기도 하다.

이런 시인의 시선은 경주에서 자라고 경주에 몸담고 있는 사람의 몫이라 할 수 있다. 여기에는 경주를 신라의 문화가 찬란하게 피어난 천년의 고도로 재인식하게 주변인적인 시선이 없다. 전통이 사상과 정신의 틀이라든가, 민족은 전통의 구현물이라는 외부자의 시선이 애당초 틈입할 기회가 없는 것이다. 사실 경주에서 나고 자란 사람의 시선은 서영수 시인과 반대편에 서 있을 수도 있다. 그것은 생활인으로서의 경주인의 모습이다. 급격히 관광 도시화 되어가는 중소도시의 모습이나 부쩍 많아진 관광객들 때문에 치이는, 그래서 고향의 운치마저 속되어가는 입장이 될 수도 있는 것이다. 그러나 서영수는 다르다. 그것은 그의 천성이기도 하고 체질이기도 하다. 오히려 경주인 본래의 모습이기도 할 것이다.

5. 나오며

그러나 우리는 다시 경주의 시적 공간에 대한 묘사가 한쪽으로 치우쳐 있다는 감을 떨쳐버릴 수가 없다. 아무리 신라 천년의 고도로서의 공간이 다른 도시보다 하나 더 덧입혔다고 하지만 경주의 진면목은 다양하게 입체적으로 시화될 때 더 살아 있는 모습이 되지 않을까. 경주는 더 이상 정신적 고향을 상상적으로 구현하는 고대사의 왕국으로서, 훼손된 민족성을 복원하는 신라의 표상으로서만, 또 그곳을 떠나 살고 있는 출향인들에게 이상향적인 모습으로만 남아 있을 신성한 공간만은 될 수 없는 곳이다. 이미 김동리가 일부 묘사한 바 있듯이 무기력하게 살아가고 있는 폐도로서의 모습이며 새로운 생명이 꿈틀거리는 현실이 더 생생하게 묘사되고 인식되어져야 할 것이다. 왕도의 찬란 옛 모습과 대조되는 경주 주변의 공단과 주택, 술집과 상점, 그리고 피곤한 하품을 하는 공간의 모습들이 다양하게 나온다면 경주라는 공간의 논리는 내면적으로 더 조밀해질 것이고 현재와의 단절도 극복될 수 있을 것이다. 이런 후속작업이 나오기를 기대한다.

2부

말의 적멸보궁으로 잡은 꽃

말씀

– 송재학

적멸보궁 뜨락의 얼레지 군락은 텅 빈 곳을 채우는 비의 말씀을 잘 담았습니다 얼레지와 얼레지 사이가 빼곡했기에 여섯 겹 꽃잎은 적멸의 낙수받이 노릇을 잘 견딥니다
몇 년 후 봄의 적멸보궁 앞 용맹정진하는 작은꽃 무리를 만났습니다 角과 숨을 깎은 제비꽃은 차마 햇빛을 떠받치지 못하지만 꽃 울타리 안에 고이는 말씀을 담으니 그게 죄다 노도 제비꽃입니나
꽃들의 떨림을 다 합치면 적멸입니다 적멸을 다 합치면 꽃이기도 하나요 부처가 없다는 적멸은 때로 무엇이나 부처로 만드는가 봅니다 혹 처음부터 당신이 부처였던가요 누구나 적멸으로부터 시작했다는 말씀의 결가부좌도 거기 있습니다

(『유심』, 09. 1~2)

송재학의 시에 눈여겨보아야 할 특징이 있다면 무엇보다 닳아버린 일상어에서는 찾아보기 어려운 순우리말이나 특정분야의 전문용어까지 시에 활용하고 있다는 것이다. 그는 인문주의자다. 끊임없는 독서와 사유, 그리고 여행을 통해 새로운 시와 시어를 찾고 만들어 낸다. 상투성에 대한 경멸과도 연결될 이런 특징은 90년대에 이미 '곰비임비' 같은 향가, 고려가요 이래 사람들의 입속에 맴돌았던 언어들을 발굴("일장춘몽 쓸개는 곰비

임비 햇빛에 널어라", 「마흔 살」), 일반에 전시했던 데서도 익히 드러난다. 그는 이에 더하여 생물학적, 고고학적인 지식이 수반되는 용어들까지 시에 사용한다. 편의상 근작들만 인용하여 본다.

> 촉과 오늬는 너무 멀어 보이지 않지만 슴베의 화살대는 입 꾹 다물고
> 하늘과 바다의, 틈새의, 기억을 찾았다
>
> –「수평선」(『문학과 사회』 08. 가을)

> 홑지느러미 가름끈이 아름다운 소리책입니다……누군가 이곳에 와서
> 그가 가진 짓소리를 다 게워놓았습니다……그렇게 능화판 호접장 소
> 리책 한권이 만들어졌습니다
>
> –「소리冊」(『시와정신』 08. 겨울)

> 잔무늬청동거울이라 내 새치마저 숨는구나
>
> –「자두밭 이발소」(『시인세계』 08. 겨울, 이상 밑줄 필자)

'오늬'는 화살의 머리를 활시위에 끼도록 에어낸 부분이며, '슴베'는 활대 속에 들이박히는 뾰족하고 긴 부분이다. 또 '가름끈'은 책 읽은 부분을 표시하기 위해 꽂는 끈이고, '짓소리'는 길게 뽑는 복잡작위의 소리이며, '능화판'은 마름모꼴 사방연속무늬를 일컬으며, '잔무늬청동거울'은 우리가 항용 다뉴세문경이라 칭하는 거울이다. 한편의 시를 쓰기 위하여 그가 얼마나 언어에 고심하고 있는가를 여실히 보여주는 대목이다. 노련한 시계수리공이 거기에 맞는, 작으나 긴요한 부속품 하나를 찾아 돋보기를 낀 채 핀셋으로 빼꼼히 빈 공간에 끼우는, 마침내 그것이 절묘하게 맞아떨어졌을 때 그의 얼굴에 피어오르는 물살을 생각해 보라. 시에 쓰이는 단어는 다른 단어와 문장, 시 전체와 친족의 것으로 이루어져야 하므로 단어

하나는 주변의 언어들에 민감하게 반응을 하며 눈치를 본다. 송재학은 이런 친족어가 만들어내는 언어의 자장을 감지하는 시인이다. 그는 『우리말 갈래사전』 등속의 책을 활용하여[1] 시를 쓴다. 마침내 마침맞게 들어맞는 그 언어의 선택은 얼마나 많은 다른 말들을 갈아 끼운 결과물일까. 이런 시어들은 다른 시어로는 대치되기 어려운 뉘앙스와 감각을 가짐으로써 시에 위의와 기품을 더하며, 동시대 여타 시들과의 차별성도 확보한다. 그는 시를 만들고 있지만 그 언어의 세공은 기운 자국을 남기지 않는다. 그 언어들이 그의 시에 감각을 부여한다.

송재학 시의 두 번째 특징으로 들 수 있는 것이 바로 감각이다. 사실 모든 인식은 감각에서 유래한다. 감각을 수반하지 않은 인식은 철학과 같이 딱딱하여 시를 부서지게 하거나, 너무 물러 터져서 시에 긴장을 무너뜨린다. 예컨대

> 아침상에 올라온 생선,
> 이건 심해의 중심에서 정육면체 각을 떠온 느낌이 아니라
> 냄새가 먼저이다
>
> –「생선」(『서시』 08. 여름)

고 했을 때 그의 오브제(아마 고등어나 갈치이리라.)에 대한 감각 "심해의 중심에서 정육면체 각을 떠온 느낌"이란 표현은 '싱싱하다', '파들거린다' 등속의 언어가 거느리는 느낌과는 확연히 다르다. 이런 감각의 격렬함 내지 불꽃이 그의 시에 생명을 부여한다. 이런 감각의 생생함은 자연스럽게 인식을 끌어당기는데, 약간 부패한 것 같은 생선이 대낮과 만나면 합리화될 수 있다는 것이다. 몇 행 건너 이어지는 구절을 인용한다.

---

1) 송재학, 「토요일, 시를 쓰기 위해 집을 비울 때」, 『풍경의 비밀』, 랜덤하우스, 179면.

하지만 아직 아침,
서서히 시간이 지난다면 이건 세상과 재빨리 섞이면서
혹은 세상이 이것에 주저리주저리 달아줄 핑계가 얼마나 많으랴

얼마나 마침맞는, 송재학 특유의 시적 인식인가. 이 시는 아침=생선, 오후=부패라는 시적 조합을 만들면서 "처음의 순결하고 설레는 시간은 세상에 때가 묻으면서 냄새를 풍기기 시작하게 마련이다"라는 진실을 이끌고 있는 것이다. 그는 생선에 대한 성찰을 통해 우리 생의 침전물을 분석한다. "아침 생선은 신선해야 한다"라는 신선한 화두를 우리에게 선사하고 있다는 것만으로도 이 소품은 의미 있다. 그게 시적 효용이요 기능이다.

짧은 지면이니 군말을 줄이기 위해 한 마디만 더한다면 송재학은 세상의 유정물과 무정물을 구분하지 않는다. 여기에 그의 조어능력이 더해지면 시는 새로워진다. 예컨대 고물이 통통한 배를 두고 그가

하지만 내 시선에 붙잡힌 것은 눈꼬리가 샐쭉한 舟船綱의 포유류이다
–「환승」(『시인세계』 08. 겨울)

라고 했을 때 그는 舟船이라는 무정물에 생물분류 계열인 綱(계 강 목 속 종의 하나)을 결합하여 새로움을 만들어낸다. 배를 고래로 비유한 시인이 많음에도 그의 시가 빛나는 것은 예측하지 못한 적실한 언어 하나를 시의 문맥 속에 고스란히 통합시키는 능력 때문이다. 이는 올챙이 모양의 글씨를 두고 "과두체 內簡"(「늪의 內簡體를 얻다」, 『시안』 08. 가을)이라 할 때나, 꼬리지느러미 모양을 '尾鰭體'("여뇌 소리는 바위 품에 尾鰭體로 파고드는 중입니다", 「소리冊」, 『시와정신』 08. 겨울)로 잡을 때도 여실히 드러난다. 더구나 그의 시는 노래를 지향하고 있어서 언어의 탄력과 침묵

을 아울러 느끼게 한다. 「그가 내 얼굴을 만지네」같은 시는 의미보다는 음악으로 우리 핏줄에 스며들지 않는가.

오늘 우리가 함께 읽으려 하는 송재학의 시 「말씀」(『유심』 09. 1~2월호)은 앞에서 필자가 언급한 특징 중 둘째와 셋째 특징을 주로 담고 있다. (그가 순우리말을 구사하지 않은 것은 인식을 위주로 하는 이 시의 속성 때문으로 보인다. 그러나 불교의 관념세계를 시로 감각화하려는 의지는 충분히 보인다.) 인식의 기반은 불교이다. 그렇다고 이 시가 교리적이라는 말은 아니다. 오히려 교리에서 불러내어 독자적인 깊이로 언어를 체화시키고 있다. 또 문체는 묘사보다는 해석적 진술을 기반으로 하는 특유의 수사에 주로 기대고 있다.

이 시에 들어가기 위한 가장 핵심적인 시어는 '적멸보궁'이라는 말이다(참고로 송재학보다 앞서 적멸보궁이라는 시어를 그의 시에 의미 있게 활용한 시인으로 정진규가 있다. 그의 시에서 적멸보궁이라는 말은 고요의 깊이와 관련된다. "빵소니라는 말은 가당치 않았다 상스러웠다 그런 말엔 적멸보궁이 없었다" 정진규, 「未遂」). '적멸보궁'이라는 말에 따라 시의 전체문맥이 움직인다. 그러기에 이 말은 이 시의 자성(磁性)이라 할 수 있으리라. 이는 '金星理髮'이라는 글자가 있는 문짝으로 입구 문을 만든 자두밭에서 흥미로운 시 제목을 가져온 「자두밭 이발소」(『시인세계』 08. 겨울)의 발상과도 같다. 주지하다시피 '적멸보궁'은 석가모니가 깨달음을 얻은 후 최초의 적멸도량회를 열었던 중인도 마가다국 가야성의 남쪽 보리수 아래 금강좌에서 비롯된다. 『화엄경』에 따르면 적멸보궁은 본래 두두룩한 언덕 모양의 계단戒壇을 쌓고 불사리를 봉안함으로써 부처가 항상 그곳에서 적멸의 법을 법계에 설하고 있음을 상징하던 곳이었다. 그 요체는 부처는 없으나 언제나 있는 것과 같다는 것이다. "부처가 없다는 적멸은 때로 무엇이나 부처로 만드는가 봅니다" 같은 구절이 그것을 드러낸다. 즉 이 시는 생 / 사, 가시 / 불가시라는 양분법이 지워지고, 대립적인 징표들이 통합되는 지점에서 돋아난다.

이 시는 의미단락이 시인에 의하여 친절히 나누어져 있다. 산문시처럼 이어 붙이는 것이 아니라 들여쓰기로 의미를 분할시키고 있기 때문이다. 들여쓰기에 따라 이 시를 네 개의 의미단락(meaning sentence)으로 나누고 각각의 의미단락을 일상적인 의미로 요약해보면 아래와 같다.

① 적멸보궁 뜨락의 얼레지 군락은 텅 빈 곳을 채우는 비의 말씀을 잘 담았습니다 얼레지와 얼레지 사이가 빼곡했기에 여섯 겹 꽃잎은 적멸의 낙수받이 노릇을 잘 견딥니다

② 몇 년 후 봄의 적멸보궁 앞 용맹정진하는 작은꽃 무리를 만났습니다 角과 숨을 깍은 제비꽃은 차마 햇빛을 떠받치지 못하지만 꽃 울타리 안에 고이는 말씀을 담으니 그게 죄다 도로 제비꽃입니다

③ 꽃들의 떨림을 다 합치면 적멸입니다 적멸을 다 합치면 꽃이기도 하나요

④ 부처가 없다는 적멸은 때로 무엇이나 부처로 만드는가 봅니다 혹 처음부터 당신이 부처였던가요 누구나 적멸으로부터 시작했다는 말씀의 결가부좌도 거기 있습니다

–「말씀」 전문(『유심』 09. 1~2월, 번호 필자)

① 적멸보궁 뜨락에 빼곡이 핀 얼레지 군락은 비에 가늘게 파들거리면서 적멸을 이룬다.

② 몇 년 후 봄에 본, 적멸보궁 앞 떼로 모인 가늘고 연약한 제비꽃들은 햇빛을 견디지도 못하지만 울타리 안에 고인 말씀을 다 모아 꽃을 피운 것 같다.

③ (이렇듯) 적멸이란 꽃들의 떨림을 다 합친 것이고 (역으로) 적멸을 다 합쳐 꽃이 되기도 한다.

④ 부처가 없다는 적멸은 무엇이나 부처로 만든다. 혹 당신이 처음부터 부처였는지 모른다. 그래서 그 꽃들에는 누구나 적멸로부터 비롯되었다는 말씀이 결가부좌를 틀고 있다.

적멸보궁은 앞에서 언급했듯이 항상 적멸의 법에 대한 말씀을 수반한다. 따라서 시인은 "텅 빈 곳을 채우"며 내려오는 빗방울의 말씀에 바르르 떠는 그 앞 얼레지 꽃들에서 적멸을 읽는다. 꽃잎 위에 촉촉이 떨어지는 빗방울과 흘려보내는 낙수소리는 온 천지간에 내리는 말씀과 거두어가는 말씀에 다름 아니다. "비의 말씀", "적멸의 낙수받이 노릇"은 이런 이유에 근거한다. 그러나 시인은 초점을 얼레지꽃에 둔다. "얼레지 군락은 텅 빈 곳을 채우는 비의 말씀을 잘 담았습니다". 얼레지 군락은 그 자체로 말씀을 담는 그릇이 된다는 것이다.

두 번째 의미단락은 오랜 시간의 경과 후에 일어난 일을 다룬다. 몇 년 후 봄의 적멸보궁 앞에서 시인은 이번에는 "각(角)과 숨을 깎은"(아마 가늘고 연약하다는 의미 같다.) 제비꽃을 본다. 그 제비꽃들은 얼레지꽃들이 진 자리에 핀 얼레지꽃의 현신일까. 수년 전의 얼레지꽃의 적멸이 만들어 낸 꽃일까. 그 제비꽃 무리들은 쏟아지는 햇빛도 잘 견디지 못한다. 시인은 이번에는 "꽃 울타리 안에 고이는 말씀을 담으니 그게 죄다 도로 제비꽃입니다"고 발화한다. 몇 년 동안 시인의 인식이 성장했음을 엿볼 수 있는 구절이다. 햇빛도 잘 견디지 못하는 연약한 생명인 제비꽃은 울타리 안에 고이는 적멸이 담겨서 피어난 꽃, 적멸이 모여서 핀 꽃이라는 것이다. 그 연약한 꽃무리가 용맹정진하고 있는 대견한 모습! 우리는 두 의미단락에서 ''담다'라는 동사가 의미를 실현하는 중요한 기능을 하고 있음을 알 수 있다. 따라서 두 단락의 모형문장은 각각 "얼레지 군락은 텅 빈 곳을 채우는 비의 말씀을 잘 담았습니다", "꽃 울타리 안에 고이는 말씀을 담으니 그게 죄다 도로 제비꽃입니다"가 된다. 적멸보궁이라는 공간이 무한정의 그릇이라면 그 안에서 피어 있는 꽃들 역시 그릇이요 작은 적멸보궁인 것이다.

세 번째 의미단락("꽃들의 떨림을 다 합치면 적멸입니다 적멸을 다 합치면 꽃이기도 하나요")은 전반부가 첫 번째 의미단락을, 후반부가 두 번째 의미단락을 각각 요약한 진술이다. 즉 "꽃들의 떨림을 다 합치면 적멸입니다"는 비 맞는 얼레지 군락의 떨림에, "적멸을 다 합치면 꽃이기도 하나요"는 角과 숨을 깎은 제비꽃의 개화에 대응된다. 이 단락은 앞의 내용을 수렴하면서 시를 확장시키는 기능을 한다. 시인은 적멸이란 단순히 '없음'의 상태가 아니라, 비어 있는 듯하면서도 무엇인가 살아 있는 것으로 수런거리는 내적 실체라는 것을 꽃을 통해서 읽고 있는 것이다.

네 번째 의미단락은 꽃에서 출발한 적멸의 내포를 '무엇이나', '누구나'의 사물일반 인간일반에로 확대시킨다. 시인은 "적멸은 때로 누구나 부처로 만"든다고 하고, 가상청자인 당신(독자일 수도 있다.)이 "처음부터 부처였나요" 반문하며, 끝으로 그 꽃들에는 누구나 적멸로부터 시작되었다는 말씀이 결가부좌를 틀고 앉아있다는 것으로 시를 맺는다. 결국 시인은 작은 생명단위인 꽃을 통해 적멸을, 인간 생사의 모든 비밀을 다 읽은 셈이다.

꽃 속에는 모든 것이 다 보인다. 시인은 꽃들이 말씀을 담는 그릇이라는 것과, 그 꽃들 역시 적멸이 모여서 핀 생명이라는 것을 몇 년에 걸쳐서 깨닫게 되고, 거기서 만상이 적멸로부터 시작되었다는 (불교적) 진리의 시원을 발견하게 되는 것이다. 사실 적멸이며 말씀을 문자로 옮기는 인위적인 노력은 언어도단에 가깝다. 자연은 그 자체로 적멸을 가장 잘 실현하고 있는 이법이요 매개인 것이고, 또한 말씀의 적멸보궁인 것이기 때문이다. 송재학은 이번 시를 통해 그 한계에 도전해 본 듯하다. 그는 특유의 언어감각으로 꽃이라는 대상과 그 주변의 작용을 통해 적멸보궁에서 내리는 말씀의 실체를 손에 잡힐 듯 실현해 놓았다. 함의와 비의를 반쯤 섞어 낮은 목소리로 우리 귓가에 속삭이는 송재학의 언어 역시 '말의 적멸보궁'에 가깝다면 지나친 말일까. (『현대시학』, 2009.2)

나무의 사랑

슬픈 사과

–최금진

밤의 장막을 열고 나는 교회로 숨어들었다
네가 나의 계집이었으면 좋겠다는 생각 때문에
낫처럼 휘어진 초승달이 나를 겨누고 있었다
교회문을 열면 삐걱, 안에서 누군가 나를 맞아들이는 소리
이빨 빠진 종지기 노인이 외눈을 흘끔거리며 웃었다
장막 뒤에 기다리는 황소의 혓바닥 같은 어둠이
나를 핥아놓으면 그제야 정신이 들어 나는
품 안에 숨겨 온 청사과를 꺼내들었다
사과나무 한 그루가 들어 있는 청사과
사과나무 숲이 들어 있는 청사과
너는 나의 사과나무 숲
그러나 너랑 결혼하고 싶다는 생각 때문에
예수님은 십자가에 못 박혔다
나는 따끔거리는 성기를 꺼내어 불을 붙였다
파랗게 불꽃이 일면서 연소하는 초승달
나는 나무 십자가에 가만히 나를 매달아보았다
가지고 온 청사과를 우걱우걱 씹어 먹으며 나는 울었다
그 중에 제일은 사랑이니라, 사랑이니라
별들이 머리 위에서 파리 떼처럼 날아다녔다

(『현대시학』, 2009.2)

긴 시를 읽어도 풀어졌다는 생각을 할 수 없는 시들이 있다. 바로 최금진의 시들이 그렇다. 그의 시의 어떤 요소가 그런 느낌을 자아낼까. 그것은 그의 시가 머릿속의 이야기를 썼다고는 볼 수 없는 녹록치 않은 원체험의 깊이와 넓이, 현실의 재현과 반영에 머물지 않은 그로테스크한 내면과 관념, 그리고 환상의 세계의 결합, 종교성과 신화성의 아우라 등의 복합적인 요인이 작용하기 때문이라고 보인다. 그의 시는 확실히 현실의 재현방식이나 포즈, 방법에 머물러 있지 않다. 그런 점에서 그의 시는 리얼리즘으로는 다 포획할 수 없는 단층들이 있다. 그래서 그의 시를 "가난과 소외의 현실을 자본주의와 사회구조의 모순으로 확장시켜" 읽는다는 평가나 "대물림의 가난"으로 해석(시집 『새들의 역사』에 대한 출판사 서평)하는 것은 일정 부분 맞지만 그 평가가 그의 시의 전부를 말한다고는 할 수 없다. 세계문학사에서 『폭풍의 언덕』이라는 작품이 나왔을 때 히스클리프와 캐더린의 사랑은 기존의 사랑에 대한 관념을 완전히 바꿔놓았다. 증오와 복수, 피를 부르는, 죽음과 세대마저 넘어서는, 끔찍하고도 끈질긴 그 사랑은 아름답고 숭고한 사랑의 가치를 전복시키면서도 끌어안았다. 에밀리 브론테의 이 작품이 빛을 발할 수 있었던 것은 두 사람과 가문 사이에 있었던 증오와 복수, 신분의 차이 같은 것들이 현상 자체로 보이는 것이 아니라 사랑의 요소 속에 화육됨으로써 가능했다. 기존의 관념에 갇혀 있던 자들이 "그런 것도 사랑이라고 하나?"라고 할 법한 그 사랑은 문학사를 통해 끈질기게 살아남아 핏줄에 뜨겁게 속삭이고 있는 것이다. 적절한 비교가 될지 모르지만 지금 한국 시단에서 기존의 시학과 최금진 시의 차이는 앞의 예와 닮은 부분이 있다.

확실히 그의 시의 행간에는 가난과 피 냄새가 묻어난다. 그러나 그 가난과 피 냄새는 타기되어야 할 대상으로 존재하는 것이 아니라 희노애락의 감정으로, 사물로 존재하는 것을 어렵지만 우리는 눈치챌 수 있다.

노파는 파리약을 타 마시고 죽었다
광목으로 지어 입은 속옷엔 뭉개진 변이 그득했다
입 속에 다 털어 넣고 삼키지 못한 욕설들이
다족류처럼 스멀스멀 벽지 위를 오르내렸다
어디 니들끼리…… 한번 잘살아봐라……
스테인리스 밥그릇처럼 엎어진 노파의 손엔
사진 한 장이 구겨져 있었다
손아귀에 모아진 마지막 떨리는 힘으로
노파는 흙벽을 긁어댔으리라, 뒤집혀진 손톱
그 핏물을 닦아내는 여자의 완고한 표정을
노파는 허연 게거품을 물고 맞서고 있었다
호상이구만 호상, 닭 뼈다귀 같은 노파의 몸을
꾹꾹 펼쳐놓으며 남자는 신경질적으로 코를 막았다
서랍장 곳곳에서 몰래 먹다 남긴
사과며 과자부스러기들이 쏟아져 나온 것 말고도 썩은 장판 밑에선
만 원짜리 몇 장이 더 나왔다
발가벗겨진 노파의 보랏빛 도는 입엔
서둘러 쌀 한 줌이 콱 물려졌다, 복날이었고
뽑힌 닭털처럼 노파의 살비듬이 안 보이게 날아다녔다

–「조용한 가족」(『현대시』, 2002년 12월)

자살이라는 죽음의 코드를 삼베와도 같이 질긴 이미지들로 올올이 동여맨 시다. 선택과 배제의 과정에서 시인의 가치관이 개입하지만 시인은 팽팽하게 서로의 감정을 당기고 있는 아들 내외와 노파 어느 쪽에도 편을 들지 않고 섬세한 묘사로 일관하고 있다. 그것은 또한 독자에게 선불리 분노나 울분의 감정에 노출되는 것을 막아준다. 다만 당사자들만 죽음을 담보로 욕을 하고 악다구니를 쳐대고 있는 것이다. 이 시에서 노파의 죽

음은 노파가 몰래 빼돌린 사과, 과자 부스러기, 만 원짜리 몇 장 등에서 기인하는 것으로 짐작할 수 있는데, 그러나 아무리 가난이 문제라 한들 죽음 앞에서 그렇게 악다구니를 치고 완고한 표정을 짓는 사람들은 드물다. 이는 가난이 감정과 등가의 것으로 환치된 예이지만(「자매」 같은 시들에서는 가난이 웃음과 등가되기도 한다.) 그만큼 그의 시들은 기괴한 양상을 띤다. 이 기괴함도 실은 자기의 언어를 갖기 위해 분투한 시인의 흔적이라 할 수 있다. 확실히 자유의 과잉이라는 이름을 향한 질주가 난무하는 시대에서 말과 사물 사이에 고통스런 정련과 집중의 흔적을 가진 언어를 만나는 것은 반갑다. 그의 시가 태작이 없는 것도 이런 언어에 대한 태도 때문일 것이다.

언어가 단단하고도 치밀하지 않으면 그 많은 경험도 환상도 괴기스러움도 죽음이며 살해욕망도 시에서 제대로 포석을 깔고 자리를 틀기 어렵다. 그만큼 최금진의 시는 자신과 주변의 사람들의 삶의 세목을 다룬 언어들이 밑돌처럼 깔려 있다. "신인답지 않은 탄탄한 내공과 결기"나 "고통과 공포를 다루는 기왕의 언사들(의) 한 단계 갱신"(김사인)은 이런 바탕 위에 가능한 것이다. 그러면 그가 어둡고 음습하고 퀴퀴한 현실을 그려내는, 진정성을 담보하는 그런 언어들은 어디에서 탄생하는가.

최금진이 이번에 『현대시학』, 2009년 1월호에 발표한 신작들은 그 언어의 탄생지점과 나아갈 방향을 보여주고 있어서 눈길을 끈다.

> 누굴 만나든 나는 금세 탄로난다
> 이사를 갈 때마다, 직장을 옮길 때마다
> 나는 밝고 명랑한 첫인사를 연습하느라 밤잠을 설쳤었다.
> 축축한 곳을 기어다니는 노래기처럼
> 죄송합니다, 열심히 하겠습니다, 나는 손이 발이 되도록 빌었다
> 그들은 커다란 손바닥으로 내 머리를 쓰다듬으며 묻는다

왜, 그렇게 어둡고 내성적인가

－「지구를 지켜라」

인터넷 쇼핑에서 산 목검 2종 세트를 침대 옆에 놓았네
(중략)
하나는 내가 갖고, 또 하나는 원한 많은 내 친구 아무개에게 줄까
꼭 어린애처럼 그런 걸 산다며 웃겠지
목검은 침대 옆에 폼으로 걸려 있네, 강한 척, 있는 척
살면서 폼만 느네, 자꾸 똥폼만 느네

－「어느 날 나는 목검을 샀다」

안개 속을 걸어 묘지로 가고 있었는데
네가 나에게 욕을 했다, 왜 단결하지 않느냐고 성질을 부렸다
저기서 묘지의 십자가들이 두 팔을 벌리고 나를 기다리는데
부활절이 내일이고, 계란 속에 들어가 있어야 하는데
그래야 착한 심청이처럼 껍질을 열고 나오는 건데
왜 단결을 하지 않느냐고 네가 내 멱살을 잡았다

－「완전한 사랑」

사실 이런 시들은 기존의 시들보다 그의 시의 밑그림에 다가가기에 훨씬 유효하다. 왜냐하면 그의 기질적인 특성은 물론 거기에서 연유한, 나와 타자가 만나는 방식이 구체적으로 나타나 있기 때문이다. 이들 시들은 그의 시의 입구에 들어가는, 시학의 비밀을 고스란히 드러내고 있는 흥미로운 시들이다. (그렇다고 시적 긴장이 풀어졌다고 말할 순 없다.) 그는 세계에 대해 단독자로 맞선다. 이에 비해 세상은 집단으로 복수로 움직이고 있다.("나는 밝고 명랑한 첫인사를 연습하느라 밤잠을 설쳤었다.", "그들은 커다란 손바닥으로 내 머리를 쓰다듬으며 묻는다") 나는 허겁지겁 손을

움직이고, 포크를 떨어뜨리고 옷자락에 양념을 질질 흘리며, 그들은 당당한 얼굴 완벽한 자신감, 쫙 찢어진 입으로 줄줄이 법칙을 내뱉는다. 이는 라캉식으로 말한다면 '현실원칙의 상징계'에 진입하지 못한 자아에 해당한다. 또 세상은 "왜 단결을 하지 않느냐고 멱살을 잡"는다. 묘지와 살해, 살을 갉아먹는 기괴함이 나오는 문맥이라서 단순 비교는 어렵지만, 단결 공동체 이런 말들을 넘어서 있다는 점에서 그의 시는 기존의 리얼리즘 시와 일정한 차별성을 획득한다. 세계에 단독자로 맞선다는 것 속에는 이미 그런 속성을 내장하고 있는 것이 아닌가. 더욱 그 맞서는 방식이 재미있고 우스꽝스럽기조차 하다. 수백 년 전 돈키호테의 모습을 지금 보는 듯하다. 인터넷 쇼핑몰에서 목검 2종 세트를 사두고 폼으로 걸어놓고 세상에 대한 응전의 표시를 하겠다는 것이다.

그러나 시인이 정작 염두에 두고 있는 것은 어릴 때 쏘았던 쑥대 화살이다. 칼을 뽑았으나 베어내야 할 것은 없고 "구멍 숭숭 뚫린 내 몸이나 들여다 볼 수밖에" 없는 시인은 "내가 잃어버린 마른 쑥대 화살들은 지금쯤 파랗게 움이 텄을까"(「어느 날 나는 목검을 샀다」)고 한다. 싹은 당연히 사랑이다. 시인은 세상에 대한 사랑을 노래하고 있는 것이다. 나는 "차라리 빌고 싶은 생각, 엎드려 신발이라도 핥아주고 싶은 생각"의 궁상맞은 불신에서도 끝내 "그들이 나와 같은 동족이라는 사실이 감사하다"(「지구를 지켜라」)는 것은 세상에 대한 사랑에서 나온다. "나는 질질 안개를 흘리며 일어나 모여 있는 사람들을 다 잡아먹"(「완전한 사랑」)는 행위를 '완전한 사랑'이라 명명하는 것도 세상을 내 속에 녹여 다시 태어나게 하겠다는 사랑의 행위로 읽힌다. "고드름처럼 빛나는 확신에 사로잡혀 세상의 정수리를 겨누는"(최금진, 「편견에 빠진 나무의 성장과정」, 『현대시학』, 2009년 2월, 190면) 살해욕망도 세상에 대한 끈질기고도 기괴한 부정도 사랑을 그 배면에 깔고 있는 것이다.

오늘 우리가 살펴볼 「슬픈 사과」는 그런 문맥이 응축되고 집약된 시라고 판단된다.

밤의 장막을 열고 나는 교회로 숨어들었다
네가 나의 계집이었으면 좋겠다는 생각 때문에
낫처럼 휘어진 초승달이 나를 겨누고 있었다
교회문을 열면 삐걱, 안에서 누군가 나를 맞아들이는 소리
이빨 빠진 종지기 노인이 외눈을 흘끔거리며 웃었다
장막 뒤에 기다리는 황소의 혓바닥 같은 어둠이
나를 핥아놓으면 그제야 정신이 들어 나는
품 안에 숨겨 온 청사과를 꺼내들었다
사과나무 한 그루가 들어 있는 청사과
사과나무 숲이 들어 있는 청사과
너는 나의 사과나무 숲
그러나 너랑 결혼하고 싶다는 생각 때문에
예수님은 십자가에 못 박혔다
나는 따끔거리는 성기를 꺼내어 불을 붙였다
파랗게 불꽃이 일면서 연소하는 초승달
나는 나무 십자가에 가만히 나를 매달아보았다
가지고 온 청사과를 우걱우걱 씹어 먹으며 나는 울었다
그 중에 제일은 사랑이니라, 사랑이니라
별들이 머리 위에서 파리 떼처럼 날아다녔다

－「슬픈 사과」(『현대시학』, 2009.2)

앞에서 우리가 지적한 환상의 현실의 결합, 종교성과 신화성의 아우라 등의 복합적으로 직조되어 있는 시다. 특히 성서의 문맥을 알고 있는 독자라면 크게 어렵지 않게 접근할 수 있다. 아마 나는 출신이 좋지 못한 여인(이는 “따끔거리는 성기”에서 유추된 것이다.)과 사랑에 빠진 듯하다.

그 여인은 상징계가 억압하는, 현실원칙에서 소외된 여인이다. 그러나 이런 상징계에서 밀려난 존재가 쾌락원칙에서는 끊임없이 분출하는 여성성으로 기호화된다. 자신을 겨누고 감시하는 것이 "낫처럼 휘어진 초승달"이다. 이에 반하여 그들을 보호하는 존재가 장막 뒤 황소의 혓바닥 같은 어둠, 콰지모도를 연상시키는 이빨 빠진, 외눈의 종지기 노인이다. 하나같이 음습하고 기괴한 그들의 보호를 받는 거소에서 나는 품 안에 숨겨온 청사과를 먹는다. 먹는 행위는 성행위와 연결된다. 이 풋사과는 당연히 성서의 선악과와 연결되는 이미지다. 청사과는 사과나무 한 그루를 품고 있을 뿐만 아니라, 수천수만의 사과나무 숲을 그 속에 내장한다. 청사과는 현실원칙에서 금기시된 여자("너는 나의 사과나무 숲")다. 나는 그녀와 결혼하고 싶다. 그러나 현실원칙이, 교리가 그것을 놔둘 리 없다.("그러나 너랑 결혼하고 싶다는 생각 때문에 / 예수님은 십자가에 못 박혔다") 그 때 내가 선택하는 것이 희생제의다. "나는 따끔거리는 성기를 꺼내어 불을 붙"인다. 그런데 놀라운 일. "파랗게 불꽃이 일면서" 초승달이 연소하기 시작하는 것이다. 나를 위협하고 감시하는 현실원칙의 매개로 작용했던 초승달이 녹아버리는 것이다. 내가 몸을 태우니 세상마저 몸을 태우는 형국. 이는 예수가 십자가에 못 박혀 죽음으로 이룬 모든 증오가 풀린 것과 등가의 이미지로 작용한다. 그렇다면 '나'가 교회에서 현실원칙을 가로지른 '더러운 육체'와 행위를 한 것은 사실일까. 아니면 가상의 행위일까. 사랑이 없는 형식과 계율에 갇힌 종교를 성화시키기 위해 온 몸을 던지고 싶다는 언어행위일까. 그 어느 것에 해당된다고 단언하기 어렵지만 마지막 것이 가장 가깝다고 생각한다. 이는 "그 중에 제일은 사랑이니라, 사랑이니라"라는 문장을 잇는 것에서도 드러난다. 그러나 아직 별들은 우리 머리 위에서 "파리 떼처럼" 날아다니는 현실인 것을.

나는 이 글에서 최금진의 시들이 가난을 사물, 나아가 희로애락의 감정의 차원으로 등가시킨 것이 그의 언어를 갖기 위한 고투라는 것과, 최금진의 시들을 '가난' 같은 한 차원으로 정의하는 것의 위험성을 신작들을 통해 해명했고, 세상의 풍경과 삶의 단면, 그리고 종교에 대한 냉소를 보이는 그의 시들이 결국은 세상에 대한 사랑에 이르고 있다는 것을 조심스럽게 말한 셈이다. 특히 그의 시에 아우라처럼 깔려 있는 기독교적 문맥은 그가 반신적인 시인이 아니라 온 몸으로 현실원칙을 깨어나가기 위한 고투를 수행하고 있는 시인으로 읽어야 한다는 주장을 새롭게 보탠 셈이다. 나는 그것을 '나무의 희생', '나무의 사랑'이라는 말로 명명하고 싶다. 새롭게 진행되는 그의 시의 앞날을 든든하게 지켜보고자 한다. (『현대시학』, 2009.3)

이야기 마술과 시

여우

—류인서

재 하나 넘을 적마다 꼬리 하나씩 새로 돋던 때
나는 꼬리를 팔아 낮과 밤을 사고 싶었다
꼬리에 해와 달을 매달아 지치도록 끌고 다니고 싶었다

하지만 나는
꽃을 샀다
새를 샀다

수수께끼 같은 스무 고개 궁딕에 닿아
더 이상 내게 팔아먹을 꼬리가 남아 있지 않았을 때
나는 돋지 않는 마지막 꼬리를 흥정해
치마와 신발을 샀다
피 묻은 꼬리 끝을 치마 아래 감췄다

시장통 난전판에 핀 내 아홉 꼬리 어지러운 춤사위나 보라지
꼬리 끝에서 절걱대는 얼음별 얼음달이나 보라지

나를 훔쳐 나를 사는
꼬리는 어느새 잡히지 않는 나의 도둑

당신에게 잘라준 내 예쁜 꼬리 하나는
그녀 가방의 열쇠고리 장식으로 매달려 있다

(시집 『여우』, 문학동네, 2009)

언어와 문장을 시계태엽처럼 감았는가 하여 그 쪽으로 따라가면 다른 방향으로 확 풀어버려 예기치 않는 방향으로 기우뚱거리며 우리를 끌고 가는 들것의 시, 지루한 일상에 감각의 장력으로 우리를 놀라게 하는 탱탱하게 살아 있는 시가 있다. '감각'하면 떠오르는 젊은 시인들이 내게는 몇몇 있다. 녹는 '아이스크림'과 달아나는 '늑대'를 병치시키는 감각을 보여준 이현승, 언어와 문장, 부분과 질서가 하나의 질서를 갖고 움직이는 마법을 보여주는 이제니 등이다. 그들의 시를 읽는 것은 시 읽기의 즐거움을 배가시킨다. 그러나 많은 경우 젊은 시인들은 감각을 방임한다. 그래서 감각은 묽어지거나 그렇지 않을 경우 자폐 속으로 빠지거나 몽롱해지거나 쉽게 일상에의 안주를 택한다. 말하자면 시인이 감각을 장악하는 내적인 통제가 약하다는 것이다. 감각과 이를 통어하는 절제와 긴장을 아울러 갖춘 젊은 시인으로 나는 류인서를 조심스럽게 꼽고 싶다.

실제로 류인서의 시에는 화자가 하나 숨어 있어서 이야기를 이끌고 감각을 통어한다. 이는 이야기를 감칠맛 나게 풀어가는 고대소설의 강담사와 같은 역할을 한다. 물론 독자는 그 이야기꾼의 솜씨에 둘러싸여 넋을 놓고 그 흥미로운 이야기를 경청한다. 섬세한 독자가 아니라면 그 이야기꾼의 속내를 완전히 파악하기는 어렵지만 말이다. 말하자면 류인서의 많은 시들은 이야기 마술과 같다. 전개되는 이야기 속에 무엇이 튀어나올지 모를 마술의 시. 그러나 시의 문장의 매력에 끌려 따라가던 성급한 독자들이 섣불리 뜯어보려고 하면 그 문장은 여전히 시침을 떼고 있어서 그 표정을 읽는 것은 쉽지 않다. 감각의 다채와 풍요는 류인서 시학의 최대 비밀이자 강점이다. 그것이 그의 시를 윤택하게 하고 또 살아 있게 한다. 시란 사실 그 감각을 일상의 진술로 풀어내기를 거부하는 말의 봉오리요 이슬방울이 아니던가. 때로 말이란 감각의 형식으로만 우리 앞에 어른거리는 아지랑이요 여러 겹의 요술이다. 류인서 시에서 말이라는 잎사귀들은 그 감각의 다채와 중첩만으로 상큼하고 파릇하다. 그러나 그 말의 물관부와 체관부의 피돌기, 그 '결'과 '질서'를 따라간다는 것은 상큼한 맛 뒤에 남는 은근한 침묵과 사색, 그리고 경험의 재구성이나 우연히 발견된 작은 길로의 열린 행보를 요구한다.

이 안에 무슨 맛이 들었냐고?
샌들 밑바닥에 껌처럼 달라붙는 왈왈이 로큰롤 맛
저 중늙은이 여우가 따지 못한 깡통 속의 신포도 맛
소녀의 목덜미를 노리는 그 남자의 번쩍이는 상어 이빨 맛

어느새 당신이 다 빨아 마셔버린
입술 구멍만 똥그랗게 남은
목마른 오아시스

심장이 빠져나간 흉곽, 내 빈 두레박이 자라는
야자나무 한 그루

–「오아시스」, 2~4연

2연의 전개를 보라. "샌들 밑바닥에 껌처럼 달라붙는 왈왈이 로큰롤 맛", "저 중늙은이 여우가 따지 못한 깡통 속의 신포도 맛", "소녀의 목덜미를 노리는 그 남자의 번쩍이는 상어 이빨 맛"의 전개방식은 이야기 마술이라고 부를 수밖에 없지 않은가. 물장수 사내가 "야자 열매에 색스런 빨대 하나씩 꽂아"주는 "푸른 액체의 금고"라는 말은 또 어떤가. 이 예기치 않은 감각의 다채와 풍요, 그러면서도 지루하지 않게 언어경제를 실천하려는 의지. 그의 시는 감각만 따라가도 무딘 의식을 치료하는 데는 그만한 약이 없을 듯싶다. 그것만으로도 그의 시는 효용을 충분히 감당한다. 그러나 낙차 큰 비유와 경쾌 발랄한 언어의 잎사귀는 따져 읽어보면 읽는

뒷맛을 점점 개운치 않게 하면서 어느새 문명("껌처럼 달라붙는 로큰롤 맛")과 욕망("그 남자의 번쩍이는 상어 이빨 맛")의 옷자락을 서늘히 느끼게 하고, 그 욕망이란 "입술구멍"만 남은, "심장이 빠져나간 흉곽"을 가진 "빈 두레박" 같은 나의 내부로 향하면서 어느새 우리의 허기가 '자라'고 있음을 알게 하고, 마침내 우리 모두는 "푸른 액체의 금고 / 그것의 정수리에" 난 구멍을 통해 "색스런 빨대 하나씩 꽂아 마시는" 존재가 되어있음을 인식하게 하는 것이다. 작은 리어카가 거대한 자본과 성(性)의, 마셔도 목마른 오아시스로 확장되는 지점이 이 시의 감각 속에 있다. 그의 감각은 빠른 속도에 의해 밀려나는 사물이나 사람을 그릴 때는 한없이 너그럽고 관대하다. 「느티나무 하숙집」은 "길 건너 유리로 된 새 빌딩"에 사람들을 빼앗겨버린 느티나무 그늘의 이야기를 강담사처럼 유머스럽게 풀어나가고 있는 시이며, 「공공연한 미술관」은 "굉음으로 스쳐가는 고속열차"가 지나가는 역사 주변의 느린 것들의 실체를 잡은 시이다. 그 기억의 세목에는 "시골집 수돗가 거울이 마지막 반짝 빛나던 때"(「거울」)도 들어있다.

그의 감각이 그리는 그림은 "거리에는 막무가내 태양의 핏빛을 색주머니에 퍼담는 꽃 / 날선 잎손을 내밀어 초록을 구걸하는 나무들 / 서쪽으로 놓인 당신 그림자는 나귀를 닮았다 // 당신의 머리 위로 남루의 구름 함지를 이고 새들이 날아간다"(「명료한 열한시」) 같은 표현에서 보듯 대단히 스케일이 크면서도 선명하다. 이 시는 샐러리맨의 일상을 시공을 아울러 석가와 결부시키면서도 그 층위를 나무, 꽃, 새들과도 연결시킨다. 즉, 시공과 질료를 넘어서는 마력이 있는 것이다. 마흔을 "안 밴 아이를 낳기도 하는 수상한 수돗가의 책"(「마녀의 사전」)으로 읽는 것은 그의 감각이 보르헤스를 통과하고 있다는 것을 말한다. "대합실 한쪽에 놓인 티켓 자동판매기"의 불모성을 말할 때도 그는 윤동주의 「자화상」을 패러디하여 겹쳐 읽(「티켓 자판기」)는다.

그의 감각은 동화나 설화 민담 영화 그리고 소설과 같이 다양한 텍스트에까지 걸쳐져 있다. 이는 그가 텍스트를 고정된 실체로서가 아니라 끊임없이 확장되고 재구성될 수 있는 대상으로 보는 시선 때문에 가능하다. '구미호의 전설'을 오늘의 관점에서 시로 승화시키고 있는 아래 작품은 이야기 마술이라고 부를 수 있는 그의 감각이 최대치로 발휘된 텍스트라 할 수 있다. 그 이야기 마술은 꼬리 상징을 중심으로 전개된다.

재 하나 넘을 적마다 꼬리 하나씩 새로 돋던 때
나는 꼬리를 팔아 낮과 밤을 사고 싶었다
꼬리에 해와 달을 매달아 지치도록 끌고 다니고 싶었다

하지만 나는
꽃을 샀다
새를 샀다

수수께끼 같은 스무 고개 중턱에 닿아
더 이상 내게 팔아먹을 꼬리가 남아 있지 않았을 때
나는 돋지 않는 마지막 꼬리를 흥정해
치마와 신발을 샀다
피 묻은 꼬리 끝을 치마 아래 감췄다

시장통 난전판에 핀 내 아홉 꼬리 어지러운 춤사위나 보라지
꼬리 끝에서 절걱대는 얼음별 얼음달이나 보라지

나를 훔쳐 나를 사는
꼬리는 어느새 잡히지 않는 나의 도둑

당신에게 잘라준 내 예쁜 꼬리 하나는
그녀 가방의 열쇠고리 장식으로 매달려 있다

(시집 『여우』, 문학동네, 2009)

이 시는 '꼬리를 잃어가는 여우'라는 슬픈 동화를 통해 이 땅 여성들의 삶을 환기한다. 꼬리는 무엇일까. 여성의 정체성이고 이상이며 희망, 힘의 기호이며 이 시의 표현대로 하면 '나' 자체이다. 그런 점에서 시적 화자가 '나'라고 되어 있지만 이 '나'는 여성 전체를 함의한다고 할 수 있다. 여성은 누구에게나 "재 하나 넘을 적마다 꼬리 하나씩 돋"는 아름다운 시절이 있다. 그것은 꼬리와 낮과 밤을 맞바꾸고 싶은, 여성성이 피어나는 시절이다. 그 꼬리로 호리지 못할 세상이 어디 있겠는가. "꼬리에 해와 달을 매달아 지치도록 끌고 다니고 싶었던" 푸른 이상의 시절은 그러나 오래 가지 않는다. 꼬리로 삶을 바꿀 수밖에 없는, 말하자면 꼬리와 삶이 대체되어가는 과정을 거치게 된다. 일상에 몸 담그는 첫 시간에는 꼬리를 팔아 꽃을 사고 새를 사는, 꿈과 낭만을 택한다. 꽃과 새는 해와 달의 천상적인 꿈과 대비되는 지상적인 비상의 꿈이며 낭만 정도에 해당한다. 그러나 발을 뺄 수 없는 진창의 시절, "수수께끼 같은 스무 고개 중턱에 닿"게 되면 슬프게도 더 이상 꼬리가 돋지 않는다. "돋지 않는 마지막 꼬리를 흥정해", "치마와 신발"이라는 지상의 삶에 함몰된 생을 사게 되는 것이다. 그 댓가로 나는 "피 묻은 꼬리 끝을 치마 아래 감"추고 다니는 슬픈 숙명을 가지게 되었다. 나의 삶의 가장 소중한 아홉 꼬리는 "시장통 난전판에 피어 어지러운 춤사위나" 벌이고 있고 얼음별 얼음달의 수난이 꼬리 끝에서 절걱댈 뿐이다. "나를 훔쳐내 나를 산"다고 했을 때 앞의 '나'는 여성성이고 뒤의 '나'는 현실의 삶에 해당한다. 더 슬픈 것은 삶으로 바꿔 잘라준 나의 예쁜 꼬리가 "그녀 가방의 열쇠고리 장식"으로 매달려 있음을 지켜보는 일이다. 나의 생의 핵심이 남에게는 노리개감이 되고 액세서리가 되는 현실. 현실원칙에 얽매여 자신의 삶, 자신의 정체성을 잃어가는 여성들의 아픈 삶과 비애를 감각적인 이미지로 재구성해내고 있는 이 시를 통해 우리는 잃어버린, "그 많던 꼬리"에의 향수를 떠올린다. 왜 나는 "꼬리에 해와 달을 매달아 지치도록 끌고 다니"는 꿈 대신 꼬리를 팔아 꽃을 사고 새를 사고 치마와 신발을 사는 슬픈 운명을 택했던가. "나를 훔쳐 나를 산" 그 흥정의 삶으로 나는 과연 행복하기나 했던가. 삶에게 항복하는 삶이나 아니었던가. 감각의 다성성을 펼쳐 보이는, 그러면서도 언어 절제와 기율을 지키는 류인서라는 이야기 마술사가 펼치는 시의 행간을 따라가다 어느덧 잃어버린 우리의 자아를 발견하는 것도 이 봄날 시가 주는 보너스일 듯싶다. (『현대시학』, 2009.4)

때늦은 사랑의 발견

파도

―김이듬

앞집은 반년 넘게 비어있었다
할아버지가 자다 돌아가신 후 할머니도 쓰러져 아들네로 가셨다
그들은 구세군 교회에 나가는 것 같았고
한여름 현관문을 열어놓으면 자기들도 따라 문을 열어놓곤 했다
황급히 내가 문을 끌어 닫기 전
아주 잠깐 동안
쇠문 모서리들이 닿을 듯 만든 연리지 통로로
알 수 없이 시원한 바닷바람이 흘러 다니는 걸 느꼈다

나날이 나는 옹이투성이 목재처럼 까칠해졌고
계단참에서 서서 담배를 피우다 번거롭게 인사할 필요 없어졌고
자전거를 내 멋대로 세워둘 수 있었다
그러나 현관문 아래 검은 물이 흘러나오는 것 같았다
컴컴한 그 집에서 나는 종소리는 떼어가지 않은 풍경 때문이겠거니 했으며
기도소리가 나고 발소리가 들리는 환청에 머리를 흔들었다

조금 전 이삿짐트럭 한 대가 섰다
문가에 층층이 쌓인 책들과 조악한 가구들과 조각품 때문에 문을 열고 나갈 수 없다
신기한 마음으로 나는 서성거린다 그가 가진 책들의 제목을 훑어보면 그

사람을 알 수 있다
앞집 사람들은 도착하지 않았고 저녁 내내 낡은 아파트에는 덧없이 밝은 빛이
감돌고 있다
내가 이사 오던 날 노부부도 난간을 붙들고 몸을 구부린 채
현관문 아래 밀려드는 바닷물처럼 환한 불빛을 엿보고 있었을 것이다

(『현대시학』, 2010.1)

김이듬의 「파도」는 우리 삶의 존재방식과 의식의 성장을 보여주는 시다. 변두리의 낡은 아파트에서 살고 있는 화자에게 '문'은 이 시를 열고 닫는 경첩 같은 것이다. 시인은 문이라는 대상을 통해 소통과 고립의 지점을 읽는다. 시적 화자는 지금 반 년 넘게 사생활의 침해를 받지 않고 살아간다. 앞집은 연세가 드신 할아버지와 할머니가 사시다가 이런저런 이유로 떠나시고 비워졌다. 그분들이 살 때 시적 화자는 하고 싶지 않은 인사도 해야 하고, 정해진 장소에 물건을 배치해야 하는, 말하자면 그분들을 의식하며 살아야 했다. 그것은 내 의사가 아니라 맡기어진 질서 속에 살아가는 삶이다. 물론 화자와 할아버지 내외가 소통의 시도를 가지지 않은 것은 아니다. 그러나 그것은 시적 화자의 '황급한' 거부 때문에 금방 깨어진다.

한여름 현관문을 열어놓으면 자기들도 따라 문을 열어놓곤 했다
황급히 내가 문을 끌어 닫기 전

시적 화자 내가 먼저 문을 열자 그것을 소통의 물길로 알아차린 노부부가 같이 문을 연다. 그러나 이 소통을 위한 예비단계는 황급히 문을 끌어당겨버리는 화자를 통해 무참히 깨어진다. 그들에게 다가갈 통로를 마련하고 있지 않았기 때문이다. ('한여름'이라는 말에 나타나듯 이 문 열기

역시 더위 때문에 취해진 행동이다.) 화자에게 타자는 불편함으로 가득 차 있다. 그러나 문은 닫히기 전 환한 기운을 순간적으로 보여준다. "쇠문 모서리들 연리지 통로"로 "알 수 없이 시원한 바닷바람이 흘러 다니는 걸" 그는 보는 것이다. 연리지 통로로 부르는 문은 내가 불편하게 여기고 있는 그들과의 연대의 한순간이 열어놓을 일렁이는 가능성에 대한 환한 예감이다. 사랑이 드나드는 통로이다. 파도의 푸른빛은 하늘의 빛이요 물의 빛, 출발점에 놓인 미지의 세계, 사랑이 시작되는 색이다.

그러나 스치고 가는 그 순간을 화자는 애써 억제한다. 자신의 자유를 위해서다. 그 사이 노부부는 돌아가시거나(할아버지) 쓰러져(할머니) 아들네로 가버린다. 이제야 나는 구속으로부터의 자유를 느꼈다고 생각한다. 과연 그런가.

> 계단참에서 서서 담배를 피우다 번거롭게 인사할 필요 없어졌고
> 자전거를 내 멋대로 세워둘 수 있었다

이 자유는 스스로의 삶이 방해받지 않는 안도에서 나온다. 그런 점에서 이 자유는 진정한 의미에서의 자유가 아니다. 나를 세계로부터 의도적으로 차단하는 자가 느끼는 도피의 정서에 가깝다. 그러기에 이 자유는 다른 공간으로 열려 있다. 화자는 자신에게 주어진 자유 속에서 자라나오는 끈적이는 기운을 감지하게 된다. 그것은 죽음의 표지이다. 화자는 일견 편해진 환경 속에서 "검은 물이 흥건하게 새어나오는" 죽음의 질서 속에 놓이게 된다. 죽음의 질서인 검은 물은 나를 관통하여 나는 "나날이 옹이투성이 목재처럼 까칠"하게 말라간다. (우리는 여기서 할아버지의 죽음 이후 홀로 남겨진 할머니 역시 죽음의 질서 속에서 쓰러졌음을 감지한다.) 이와 같은 타자와의 관계성의 상실에서 오는 몸의 피로와 존재론적 체감은 죽음으로 가는 과정이다. 몸은 나날을 살아가는 시적 화자의 현실의

상태를 가장 예민하게 반영한다. 그는 그분들이 떠나간 자리에서 문득 죽음을 발견하고, 그들이 있을 때 순간적으로 느꼈던 사랑을 마침내 복습하게 된다. 타자에게 맡기어진 동화의 질서가 사랑을 키우고 있었음을, 자유라고 여겼던 개체로서의 삶이 의외로 죽음을 키워오고 있었음을 깨닫는다. 이 때 화자의 의지는 적극적으로 이웃을 기다리게 되며, "열고 나갈 수 없"는 '문' 자체가 설렘으로 바뀐다. 보이는 문은 열리지 않았지만 마음의 문이 이미 열려져 있기에 가능한 일이다. 들어갈 수 없는 문은 이미 벅찬 사랑을 예고한다. 3연에서 시적 화자의 태도는 1, 2연에서 보이던 화자의 그것과는 확연히 다르다.

> 조금 전 이삿짐트럭 한 대가 섰다
> 문가에 층층이 쌓인 책들과 조악한 가구들과 조각품 때문에 문을 열고 나갈 수 없다
> 신기한 마음으로 나는 서성거린다
> 서녁 내내 낡은 아파트에는 덧없이 밝은 빛이 감돌고 있다
> 내가 이사 오던 날 노부부도 난간을 붙들고 몸을 구부린 채
> 현관문 아래 밀려드는 바닷물처럼 환한 불빛을 엿보고 있었을 것이다

피로와 피곤이 생명이 되는 환희를 본다. 자질구레한 삶의 세목은 저마다 환한 불빛을 뿜어낸다. 문을 열고 나갈 수 없는 것은 층층이 쌓인 이삿짐 때문이다. 도착하지 않은 앞집 사람들 대신 도착해 있는 누추한 삶의 세목들만으로도 시적 화자는 환해진다. 여기에는 시차적으로는 다르지만, 동일한 두 개의 사건이 교차된다. 하나는 현재 화자가 눈앞에 놓인 이삿짐을 보고 느낀 감회이며, 다른 하나는 화자가 이사를 왔을 때 노부부가 느꼈을 감회이다. 그 감회는 동일하다. 화자는 주인이 도착하지 않은 이삿짐의 꼬질꼬질한 세목들에게서 "신기한 마음으로 서성거"리면서 "저녁 내내 낡은 아파트에" 감도는 "덧없이 밝은 빛"을 쳐다본다. 그러면서

자신이 이사 올 때 노부부도 같은 심정으로 이삿짐을 보았을 것을 행복하게 상상한다. 자신의 때 묻은 과거가 한없는 아름다움으로 바뀌던 순간의 경이를 마음속에서 축복처럼 그려보는. ("내가 이사 오던 날 노부부도 난간을 붙들고 몸을 구부린 채 / 현관문 아래 밀려드는 바닷물처럼 환한 불빛을 엿보고 있었을 것이다") 행위에서 우리는 인간의 체온이 얼마나 우리를 벅차게 하는가를 알 수 있다. 과거적 사건의 때늦은 깨달음은 현재의 자신을 오롯이 볼 수 있게 하는 매개가 된다. 그러기에 우리는 이 시가 묘사하고 있는 두 개의 사건이 존재 일반의 차원으로 이어질 수 있는 가능성을 본다. 일상의 때 묻은 세목은, 그 누추는 그리움("그가 가진 책들의 제목을 훑어보면 그 사람을 알 수 있다")의 정점이고 사랑의 정점이다. "층층이 쌓인 책들과 조악한 가구들과 조각품" 그 빈티 나는 삶의 세목이 "현관문 아래 밀려드는 바닷물처럼 환한 불빛"으로 사랑을 가르쳐주는 신기한 밤을 우리는 김이듬의 시에서 본다. 이 밀려오는 파도는 우리가 외톨이로서가 아니라 어우러져야 생길 수 있는 것임을 그의 시는 조심스럽게 제시한다. 화자는 함께 있을 때는 몰랐던 그 사랑을 깨달으며, 그분들 가슴에 익어갔던 사랑이 다시 자신에게로 이어져 오는 감동을 본다. 사랑은 시간성을 내장한다. 시간 속에서 화자의 사랑 역시 성장하고 성숙된다. 의식의 성장이라고 말했던 부분은 바로 이를 염두에 둔 것이다. 아울러 그렇게 열린 문은 시적 화자를 비롯한 우리들을 삶의 현장으로 데리고 간다. 그러기에 그의 시는 감각과 인식뿐만 아니라 지향의 차원까지 걸쳐져 있다. (『시안』, 2010. 봄)

두 마리 시의 눈빛

고양이와 냉장고의 연애

—홍일표

집 주인의 양육법이 궁금하다
태생이 다른 농경과 유목의 혈통
방금 전 냉장고가 삼킨 것은
생선 몇 마리
그 중 한 마리가 고양이 입 속으로 들어간다
생선이나 육류를 좋아하는 식성이 닮았다
냉장고와 고양이는 아픈 기억 탓인지
긴 꼬리를 등 뒤에 감추고 산다
고양이는 주로 검정을 선호하고
냉장고는 주로 흰색을 선호한다
가끔은 서로 옷을 바꿔 입기도 하는 것이
그들의 습속이다
둘의 연애는 유구하다
본적과 취향의 차이에도 불구하고
주고받는 눈빛이 뜨겁고 깊은,
몸속에 환하게 불을 켜고 사는 그들은
24시간 소등하지 않고
푸른 눈빛으로 어둠 위에 군림한다
냉장고 옆에 애첩처럼 웅크리고 있는 고양이가
집 주인의 커다란 귓속을 밤새도록 들락거린다

(『시안』, 2008. 겨울)

여기 동물 두 마리를 키우는 집 주인이 있다. 뚱뚱이와 홀쭉이. 무슨 지나간 코미디 제목인가 했는데, 언제부터인지 집집마다 주인의 의사와는 관계없이 키우게 된 짐승의 풍경이며 내력이 이채롭다. 얼핏 보면 둘은 짝이 되지 못한다. 한 마리는 우직하고 어리석고 한 마리는 영악하고 교활하다. 한 마리는 하루 종일 웅크리고 있고 나머지 한 마리는 어디 숨어 있다가 날렵하게 눈을 쏘아대며 대들기도 한다. 우직하게 큰 덩치를 가진 동물은 생선이든 뭐든 마구 처넣기만 하는데, 먹는 것을 잊어버릴 때가 많다. 아예 제 내장 속에서 푹 익히거나 썩혀서 덩치만큼이나 속을 폭폭 끓이며 마음이 다 곪아터지기도 한다. 우울이 식욕을 부른다거나 뚱뚱이가 나약하고 섬약하다는 속설이 이를 증명한다. 반면에 날렵한 것은 생선을 주로 먹는다. 그것도 눈치를 보며 잽싸고 날렵하게 먹어치우고 입맛을 다신다. 꼬리가 더 가관이다. 빳빳이 치켜들거나 적당히 짧은 것을 등 뒤에 감춘 작은 놈도 그렇지만 큰 덩치에 어울리지도 않게 가늘고 긴 꼬리를 숨긴 뒷모습은 두고 볼수록 야들야들하다. 모든 사물이 캄캄하게 잠든 밤에 몸 안에 불을 켜고 어둠에 비수를 긋고 있는 두 동물의 모습은 인상적이다. 더욱이 같은 부류라고 할 수도 없는 이 두 동물이 연애를 하고 있다니.

몇 가지만 이렇게 운을 떼어도 우리는 단박에 어떤 그림이 떠오름을 느낄 수 있다. 세잔이나 고흐 같은 화가가 살았다면 지금쯤 그렸을 법한 풍경의 주인공 동물은 무엇이며 또한 그 동물을 키우고 있는 짐승은 누구일까.

시인 홍일표가 오늘 이채로운 두 마리의 동물, 냉장고와 고양이를 묘사하기로 했다. 생활 속에서 흔히 볼 수 있는, 그러나 좀처럼 결합하기 어려운 두 동물을 자신의 시각 안에 녹여내고 있는 것이다. 그는 종래의 서정시를 답습해서 쓰는 시인이 아니다. 그것만으로는 뭔가 부족할 때가 있음을 종종 느끼고 있는 시인이다. 그러면서도 그는 시는 서정의 틀을 벗어나서는 안 된다는 믿음이 굳건하다. 그의 시가 독자의 인식을 한 곳으로 집중시키는 방법이 주로 'A는 B이다'라는 은유의 틀 안에서 이루어지고 있는 것은 그 때문이다. 대신 그는 사물을 난폭하게 결합한다. 도저히 결합시킬 수 없는 두 사물을 그의 감각이나 상상력 안에 녹이는 것이 그가 개척하는 새로운 서정시의 영역이다. 그의 시가 사물의 고정된 속성과 시선을 탈피하고 있는 것은 그 때문이다. 좋은 시가 야기하는 인식과 정서, 그리고 감각은 단선적이지 않다. 그것은 독자들이 상상하는 기대를 배반하면서 오는 경우가 많다. 그것은 시인의 예지와 해학을 통해 이질적이고 낯선 사물들이 우리에게 천연덕스럽게 결합되고 있기 때문이다. 홍일표의 「고양이와 냉장고의 연애」(『시안』, 2008. 겨울)가 그렇다. 그는 사물과 연애하고 있는 모양이다. 그래서 고양이와 냉장고의 연애를 기가 막히게 잡아낸 모양이다. 그만큼 그의 시는 엉뚱하다면 엉뚱하다. 이 시는 기존의 그의 시 스타일과는 약간 다르다. 그는 같은 은유에 인식의 바탕을 두면서도 원관념과 보조관념의 위계를 깨어버린다. 냉장고와 고양이의 '푸른 눈빛'으로 시가 수렴되면서 오히려 그의 관심은 둘 사이의 유사성과 동일성에 초점을 맞추고 있는 듯이 보인다. 유머와 익살은 느닷없는 시의 서두부터 나타난다.

집 주인의 양육법이 궁금하다
태생이 다른 농경과 유목의 혈통
방금 전 냉장고가 삼킨 것은
생선 몇 마리
그 중 한 마리가 고양이 입 속으로 들어간다
생선이나 육류를 좋아하는 식성이 닮았다

아마 주인이 생선 몇 마리를 냉장고에 넣었던 모양이다. 그러다 그 중

(아마도 덜 신선한 놈이겠지) 한 마리를 고양이게 던져주었으리라. 집 주인은 냉장고에게 먹일 것을 선심 쓰듯 조금 떼어내 고양이에게 나눠준다. 큰 짐승에게는 많이 작은 짐승에게는 작게. 효용이나 실리를 따지면 신선한 보관이라는 쪽으로 가닿지만 이렇게 묘사함으로써 두 마리의 짐승을 대하는 주인의 양육법이 되어버린다. 그러면서 시인은 덤으로 "생선이나 육류를 좋아하는 식성이 닮았다"는 진술을 끄집어낸다. 사실 냉장고는 잡식성이지 않은가. 그럼에도 시인이 굳이 생선에 초점을 맞춘 것은 그 때문이다. 문제는 "태생이 다른 농경과 유목의 혈통"이라는 구절이다. 어느 것이 농경의 혈통을 가지고 있고 또 어느 것이 유목을 혈통을 이어받고 있는가. 얼핏 보면 날렵하게 움직이는 고양이가 유목의 혈통일 것 같지만, 고양이는 오히려 농경 즉 정착에 가깝다. 집주인이 이사를 해도 좀처럼 자기 거처를 옮기지 않는 고양이를 생각해 보라. 한 곳에 머물려는 의지를 밤낮 단련해가면서 자신의 생존을 영위해나가는 것이 고양이의 속성이다. 반면에 그 큰 덩치에 몇 년이고 몇 십 년이고 한 자리에 어두커니 서 있는 냉장고라는 족속은 정착의 후손일 것 같지만 따져 보면 유목이다. 왜냐하면 그것은 전선이라는 풀밭이 있으면 어디든 자기 발자국을 옮겨 떠나는 짐승이기 때문이다. 그러나 이런 예단은 현실적으로 보면 멋없이 서 있는 냉장고라는 짐승보다는 "집 주인의 커다란 귓속을 밤새도록 들락거"리는 고양이가 더 유목에 가깝기에 이 한 줄은 애매성과 함축을 동시에 거느리는 구절이라 할 수 있다. 더욱이 주인 입장에서는 문명이라는 유목의 혈통과 고양이라는 농경의 혈통을 다 먹여 살리는 시혜자가 되는 것이다. 이런 쏠쏠한 재미가 이 시의 독서에는 스며 있다.

> 냉장고와 고양이는 아픈 기억 탓인지
> 긴 꼬리를 등 뒤에 감추고 산다

고양이는 주로 검정을 선호하고
냉장고는 주로 흰색을 선호한다
가끔은 서로 옷을 바꿔 입기도 하는 것이
그들의 습속이다

시인의 재치와 상상력이 어느 곳으로 튈지 몰라 당황하는 사이 시인은 '꼬리'를 들고 나타난다. 연이어 또 색(色)에 대한 이야기. 시인은 그들이 꼬리를 감추고 있다는 것에 주목하는데 그것을 시인은 두 짐승이 '아픈 기억'을 갖고 있기에 그렇다는 것이다. 아마 발각되어서는 안 되는 입장 때문이었으리라. 고양이라면 눈에 띄지 않게 음식을 훔쳐 먹어야 하는, 내장에 둘둘 말린 울음을 가늘게 읊조려야 하는 운명 때문일 것이고, 덩치 큰 냉장고라면 내면에 쌓인 감정이 자꾸 썩어가는 아픔, 나아가 자신의 꼬리가 낮고 은밀한 벽의 어느 부분에 꽂혀 전지 그 푸른 불꽃을 수혈 받고 있다는 부끄럼 때문일 것이다. 그리기에 그들은 "긴 꼬리를 등 뒤에 감추고" 살아간다. 그런 부끄럼은 더더욱 고양이와 냉장고가 가진 검정색과 흰색을 바꾸고 싶을 정도로 지극하다. 실제로 검은 고양이 흰 냉장고라는 우리의 통념은 "가끔은 서로 옷을 바꿔 입"고 눈앞에 나타나 우리를 당혹스럽게 한다. 진리라는 것이 어디 한 색만 가지고 있는 것이겠는가. 희고 검은 것이 옳고 그른 것이 옷을 바꿔 입고 불쑥불쑥 우리 시야에 나타나고 한다. 그러므로 고양이와 냉장고는 단순한 두 오브제만일 수 없다. 세상의 전혀 다른 것이면서도 구별이 되지 않는 모든 속성의 사물로 확장된다. 그러나 시인은 쓸 데 없이 그런 생각의 곁가지를 치지 않는다. 유구한 둘의 연애 쪽으로 끌고 간다.

본적과 취향의 차이에도 불구하고
주고받는 눈빛이 뜨겁고 깊은,

몸속에 환하게 불을 켜고 사는 그들은
24시간 소등하지 않고
푸른 눈빛으로 어둠 위에 군림한다
냉장고 옆에 애첩처럼 웅크리고 있는 고양이가
집 주인의 커다란 귓속을 밤새도록 들락거린다

우리는 여기서 주고받는 눈빛으로 그들이 연애를 하고 있다는 것을 알아챈다. 여기에 도달하도록 시인은 구절을 몰고 왔으리라. 그 주고받는 "뜨겁고 깊은" 눈빛은, "몸속에 환하게" 켠 불은 그들만의 전유물이다. 그러니 "24시간 소등하지 않"는 피로에도 불구하고 "푸른 눈빛으로 어둠 위에 군림"한다는 자부심으로 그들은 소통할 수 있는 것이다. "본적과 취향의 차이에도 불구하고" 유구한 '둘의 연애'가 더 문제인 이유가 여기에 있다. 모두가 잠든 밤에도 푸른 눈빛으로 어둠을 뚫고 흐르는 그들의 눈빛만큼 우리의 늑골에 박히는 것이 있을까. 어둠에 끝내 굴복하지 않는 강렬한 정신성이 그 속에서 가르릉거린다. 몸속에 불을 켜고 푸른 정신으로 어둠에 드릴을 내고 있기에 그들은 같은 족속일 수 있는 것이다. 시인은 이 어두운 시대에 그 강렬한 눈빛을 키우고 싶은 것일까. 그래서 도도하고 싶은 것일까. 그 눈빛은 시일까. 이 시대에 시의 기능과 필요성을 믿고 있는 것일까. 이런 비루한 시대에도 시의 위의(威儀)는 지속되어야 함을 역설하고 싶은 것일까. 비록 그것이 자신의 귓속을 들락거린다고 하더라도 말이다. 그것이 시인이 고양이와 냉장고라는 어울리지 않는 두 마리의 짐승을 내세우는 이유이다.

따라서 두 마리 시를 키우고 있는 집 주인은 홍일표 시인 자신이며 나아가 이 어려운 시대 몸속에서 불을 켜는 모든 시인일 것이다. 이 땅의 시인들이여 새해에도 그 푸른 불 꺼뜨리지 마시길. (『현대시학』, 2009.1)

간절히, 바다에 얹혀살고 싶은 사람의 이야기

어느 목수의 집짓는 이야기

–황학주

기적처럼 바다 가까운 데 있는 집을 생각하며 살았다
순서가 없는 일이었다
집터가 없을 때에 내 주머니에 있는 집,
설계도를 본 사람 없어도
집 한 채가 통째로 뜨는 창은
미리 완성되어 수면에 반짝였다

나무 야생화 돌들을 먼저 심어
밤바다 소금별들과 무선 전화를 개통해 두고
허가 받지 않은 채 파도소리를 등기했다
하루는 곰곰이 생각하다
출입문 낼 허공 옆 수국 심을 허공에게
지분을 떼 주었다

제 안의 어둠에 바짝 붙은 길고긴 해안선을 타고
다음 항구까지 갈 수 있는 집의 도면이 고립에게서 나왔기에
섬들을 다치지 않게 거실 안으로 들이는 공법은
외로움에게서 배웠다
물 위로 밤이 솟아오르는 시간 내내
지면에 닿지 않고 서성이는 물새들과

파도의 도서관에 대해 이야기했다
개가식으로 정렬된 푸르고 흰 책등이
마을로 가는 징검다리가 되어줄 수 있을까

바다 코앞이지만 바다의 일부를 살짝 가려둘 정도로
주인이 바다를 좋아하니
바다도 집을 좋아해 줄 수 있도록
짓는 게 기본

순서를 생각하면 순서가 없고
준비해서 지으려면 준비가 없는
넓고 넓은 바닷가
현관문이 아직 먼데 신발을 벗고
맨발인 마음으로 들어가는 집,
내 집터는 언제나 당신의 바닷가에 있었다

(『서정시학』, 2009. 봄)

황학주의 「어느 목수의 집 짓는 이야기」는 물위의 집을 꿈꾸는 갈망을 드러낸 작품이다. 그는 드물게 바다가 코앞에 있는 집을 짓고 살기를 원한다. 우리 시단에서 목수의 집짓는 이야기는 황학주가 처음 시도한 것은 아니다. 2001년 한국일보 신춘문예 당선작인 길상호의 「그 노인이 지은 집」이라는 시는 집짓기와 노인의 생애가 겹쳐져 얽어놓은 작품이다. 그것은 "황량했던 마음을 다져 그 속에 집을 짓"는 자아의 안정을 기하는 행위이고, "하얗게 바랜 노인 그 안으로 편안히 들어서는 것이 보"이는 노인의 죽음과 궤를 함께 하기 때문이다. 주춧돌을 세우는 일에서부터 지붕을 얹는 일에 이르기까지 집짓는 순서를 충실히 따라가면서도 미학적 품격을 잃지 않는 서사적 구조를 가진 이 시를 통해 집짓기의 의미는 새롭게 넓혔다면, 황학주는 이 집짓기의 외연을 더 많이 개성적으로 열어놓고 있다.

황학주의 시에 나오는 목수는 세상의 목수가 아니다. 한없이 태평한, 소유개념도 없는, 한 줄만 읽어보면 알겠지만 그 목수는 시인 자신이다.

기적처럼 바다 가까운 데 있는 집을 생각하며 살았다
순서가 없는 일이었다
집터가 없을 때에 내 주머니에 있는 집,
설계도를 본 사람 없어도
집 한 채가 통째로 뜨는 창은
미리 완성되어 수면에 반짝였다

시인은 집터가 내 주머니에 들어 있고, 설계도가 없어도 집 한 채가 통째로 미리 완성되어 수면 위에 반짝인다고 한다. 그는 집을 건축하는 것이 아니라 그냥 바닷가에서 살고 싶었던 것이다. 그가 얼마나 바다를 곁에 두고 살고 싶었던가는 첫행 "기적처럼"이라는 구절에서 드러난다. 바다 가까운 데 있는 집에 거하는 것을 생의 기적으로 생각하고 살아왔다는 이야기다. 일반적인 의미의 건축술이 아니기에 집짓기의 순서는 당연히 있을 필요가 없다. 집터가 주머니(마음)에 있는 집, 설계도 이전에 이미 집이 수면에 내 속에 들어와서 속삭이는 집. 이 때 집은 나의 외부에 있으면서도 어느새 내부에 들어와 있다. 내외부로 출렁이는 집이다.

나무 야생화 돌들을 먼저 심어
밤바다 소금별들과 무선 전화를 개통해 두고
허가 받지 않은 채 파도소리를 등기했다
하루는 곰곰이 생각하다

출입문 낼 허공 옆 수국 심을 허공에게
지분을 떼 주었다

그는 세상의 집짓기 방식을 따르지 않는다. 건물을 먼저 지어 놓고 주변의 조경을 하는 방식을 그는 거부한다. 나무와 야생화와 돌들이 건물보다 먼저 심어져 밤바다 소금별들과 무선 전화를 한다. 이 무선전화가 개통되는 것에 시인의 마음이 가 있기에 건축물은 언제 지어질지 모른다. 그러기에 건물을 등기하는 것이 아니라 세상의 허가도 받지 않고 파도소리를 등기한다. 한술 더 떠서 수국 심을 허공에게도 지분을 떼어 준다. 자연에게만 소유권을 주자니 미안했던지 "곰곰히 생각하다" 마침내 '허공'에게도 지분을 주었던 것이다. 그러나 그 허공도 출입문을 낼 허공이 아니라 수국 심을 허공이다. 허공에게도 등차가 있다는 뜻이다. 출입문보다는 수국에 마음이 가 있으니 말이다. 그는 인위와 현실적인 소유개념은 배제하고 철저하게 자연에 눈길을 맞춘다. 이렇게 하여 나무도 야생화도 돌들도 파도소리도, 수국 심을 허공마저도 그 집의 식구요 공동소유자가 된다. 앞에서 우리는 시인이 건물을 짓지 않는다고 했지만 알고 보면 건물은 이미 지어지고 있었다. 나무와 야생화와 돌들, 소금별, 파도소리, 허공이 이미 자연의 건축물이니 말이다. 이게 그의 건축관이다. 그에게 건축은 우리들이 살고 잠을 자는 기능적인 것이 아니다. 방이 몇 칸인지 건평과 대지가 몇 평인지가 중요하지 않다. 일상의 소유개념과는 무관한, 자연의 세목들이 서로 간에 또 우주와 호흡을 하는 열린 공간이다. 그의 집짓기가 자연이 우리에게 어떻게 와 닿는가와 별반 다르지 않다고 말한 부분은 바로 이 점을 이야기한 것이다. 그는 실은 집을 짓는 것이 아니라 자연에 깃들고 싶어 하는 것이다. 그것은 다음 연에서 여실히 드러난다.

제 안의 어둠에 바짝 붙은 길고긴 해안선을 타고
다음 항구까지 갈 수 있는 집의 도면이 고립에게서 나왔기에
섬들을 다치지 않게 거실 안으로 들이는 공법은
외로움에게서 배웠다
물 위로 밤이 솟아오르는 시간 내내
지면에 닿지 않고 서성이는 물새들과
파도의 도서관에 대해 이야기했다
개가식으로 정렬된 푸르고 흰 책등이
마을로 가는 징검다리가 되어줄 수 있을까

집의 도면이 고립에서 나왔다는 것은 그의 이 집짓기가 그 고립에서 벗어나기 위한 처방이라는 것을 암시한다. 같은 맥락으로 그는 "섬들을 다치지 않게 거실 안으로 들이는 공법은 / 외로움에게서 배웠다"고 한다. 이 고립과 외로움이 물가, 바닷가에서 그 속에 깃들이고 싶어 하는 이유가 된다. 그것은 세상의 지식과 책으로부터의 이동도 포함된다. 인간에서 홀로 떨어져서 물 위로 밤이 솟아오르는 신성한 시간을 보고 세상의 때[微塵]에서 가볍게 몸을 들어올린("지면에 닿지 않고 서성이는 물새") 자연의 식구들과 말을 트며 글자 없는 경전들로 피어오르는 파도의 도서관을 발견하는 것이다. 시인에게 자연이야말로 말로 최고의 책이 되는 것이다. 그러나 여기서도 하나 유념해야 할 것은 파도가 개가식 도서관이라는 건물의 양태를 가지고 있다는 것이다. 파도는 이미 시인이 구상하고 있는 집에 포함되어 있었던 것이다. 문제는 파도의 "푸르고 흰 책등"이 사람의 마을로 가는 징검다리가 되어 줄 것인가 하는 점이다. 이는 고립과 외로움에서 출발한 자연이 그것을 치유할 양식을 내장하고 있으리라는 믿음에 근거한다. 그에게 집은 애초부터 "해안선을 타고 / 다음 항구까지 갈 수 있는" 몽상과 성숙을 가능하게 하는 거소이기 때문이다.

바다 코앞이지만 바다의 일부를 살짝 가려둘 정도로
주인이 바다를 좋아하니
바다도 집을 좋아해 줄 수 있도록
짓는 게 기본

이 성숙은 나와 바다 간의 호혜를 불러온다. 바다를 너무 좋아해 "바다 코앞"에 집을 지었지만 집의 외형상 '바다의 일부'를 살짝 가릴 수밖에 없다. 시인은 이것이 바다에 미안하여 바다도 집을 좋아해 줄 수 있도록 집을 지어야겠다고 생각한다. 내가 자연을 보는 것이 자연도 나를 보는 것과 둘이 아니라는 의식에서 가능하다. 그러나 "바다도 집을 좋아해 줄 수 있도록 / 짓는 게 기본"이라는 말은 바다 앞에서 떠는 호들갑에 불과하다. 왜냐하면 시인은 일상적인 의미의 건축에 대해서는 아무런 대책도 가지고 있지 않기 때문이다. 다만 바다가 미치게 좋다는 것, 바다와 곁에서 함께 사는 행위 자체가 집을 짓는 일이라는 것뿐이다. 그래서 시인은 다시 예의 집짓는 순서와 준비에 대해 다시 말하지만 그것은 그런 집에 대한 기대와 설렘의 다른 표현이다.

순서를 생각하면 순서가 없고
준비해서 지으려면 준비가 없는
넓고 넓은 바닷가
현관문이 아직 먼데 신발을 벗고
맨발인 마음으로 들어가는 집,
내 집터는 언제나 당신의 바닷가에 있었다

세상의 집과는 달리 순서도 없고, 준비를 할 수도 할 필요도 없는 그런 싱그러운 집 생각에 현실적인 집짓기는 계속 유예된다. '집짓는 이야기'라고 운을 떼면서 시작된 이 시는 끝부분에 이르도록 아직 '집터'에서 더 나아가지 않고 있다. 둘째 연에서 언급된 출입문이나 이 연에 나오는 현관문은 "아직 멀" 뿐이다. 다만 "제 안의 어둠에 바짝 붙은 길고긴 해안선"을 따라가면 만날 수 있는 '당신의 바닷가'에 살고 싶다는 갈망만이 간절하다. 이미 마음의 "집터는 언제나 당신의 바닷가에 있었"으니 어쩌면 현실적인 집짓기는 끊임없이 유예될 수밖에 없는 것. 시인은 자연에 얹혀살고 싶다는 간절한 욕망을 '어느 목수의 집짓는 이야기'로 표현한 것이다. 그러기에 우리는 그가 시로 짓는 아름다운 집에 자꾸 들락날락하는 것이고. (『현대시학』, 2009.6)

'화하다'는 말로 세운 생애 한 채

박하사탕은 화하다가

―박정남

박하는 化하다
박하과자는 化하는 흰색이다
박하과자는 마름모꼴이지만 형체가 없다
박하과자는 혓바닥 위에서 화하다가 달아났다
박하과자는 임종을 앞둔 사람들이
혓바닥 위에 올려놓고 눈사람을 만들 듯
눈을 굴리듯

어느 한 눈물 많은 상주가
박하과자 한 봉지를 사서
제상 위에 올려놓으니
제상 한구석이
눈물방울처럼 환해졌다가
녹아내렸다

박하 잎사귀를 따서
잠이 오는 눈두덩에 대고 비벼
잠을 쫓아버렸듯이
깜박깜박 조는 영혼에게도
박하사탕을 녹여 먹여

자꾸만 달아나는 영혼을
잡아둘 수는 없는 것이었을까

박하 잎사귀를 따서
책상 위에 얹어두고
책을 읽었다

박하성분은 눈두덩 위에서 떨고
책장의 행간 위에서 떨고
마당의 눈은 반짝거리며 녹고
박하사탕은 반짝거리지도 않으면서
化, 化, 하다가
혓바닥 위에서 증발하고

(『현대시학』, 2009.4)

다시 감각에 대해 생각한다. 감각, 특히 우리가 항용 좋은 감각, 싱그러운 감각이라고 부르는 어떤 형태의 감각은 이성이 다다를 수 없는 영역으로 우리를 이끌어간다. 감각은 생각과 정서를 통해서도 떠오를 수도 있으며 상상의 그림이나 그 밖의 경험에서 유래될 수도 있다. 그러나 그 상상은 외적 현실의 반영 이상의 어떤 것을 불러일으키는 어구나 구절을 낳는다. 그래서 이 언어들은 "손에 잡히지 않는 말" slippery terms(리처즈)이라 불린다. 그런 점에서 감각은 논리나 이성을 넘어서는 감수성과 상상이라는 주관적인 요인에 좌우된다고 할 수 있다. 이런 점에서 좋은 감각은 '매인 이미지'가 아니라 예상할 수 없는 '자유로운 이미지'를 산출하는 능력이다. 매인 이미지가 일정하고 정적이며 현실적인 데 반하여 살아 있는 감각에서 산출되는 자유로운 이미지는 생생하고 동적이며 계속 미끄러진다. 대부분의 경우에 있어서 좋은 감각이란 진지한 생각이나 탐구를 넘어서는 지점을 갖고 있기 마련이다.

예컨대

> 저 돌은 어느 별에서 날아 왔을까 돌은
> 그곳에서 가시를 발라낸 비교적 딱딱한 참치일 수도 있고
> 저녁 어스럼의 근원적인 고독일 수도 있다
> 아가미가 없는 참치

로 끝나는 신인 최호일의 「저 곳 참치」(『현대시학』, 2009.4)라는 시는 우리의 기존 관념과 감각을 깨는 발랄하고도 또렷한 감각으로 가득 차있다. 시인은 통통한 참치의 외모에서 외로운 모습으로 진화해 온 참치의 과거가 미래를 읽으며 참치를 아끼는 숭배자가 되어 자전거에 싣고 오다가 넘어지게 된다. 거기서 그는 어디에서 온지도 모르는 돌을 만나게 되는데, 돌에게서 아가미가 없는 참치를 발견하게 되는 것이다. "비행접시를 타고 바닷가에 내린 외계인"이 "내용물은 버리고 깡통을 구워먹을지 모른다"는 능청은 도대체 어디서 오는가. 참치와 돌, 그리고 너와 나는 다른 별에서 온 존재처럼 근원적으로 외롭다. 외로움이 유발하는 천진한 상상력은 이 신인이 가진 감각의 돌올한 부분이다.

이와 비슷한 동심이 작동되는 시를 우리는 신현정의 시에서도 발견할 수 있는데,

> 발 디딜 때 마다 해가 볼록볼록
>
> 달이 볼록볼록
>
> 별들이 볼록볼록

그리고 꽃송아리들이 볼록볼록 올라오는

보도블록으로 교체해 주셨으면 하고 존경하는 시장님

갓 구워낸 말랑말랑한 빵도 한 번쯤은 밟고 지나가게 해주셨으면
하고 시장님.

–신현정, 「볼록볼록」(『현대시학』, 2009.4) 부분

경쾌한 리듬과 진술이 따르는 발랄한 묘사로 우리는 해와 달과 별, 그리고 꽃송아리와 빵이 볼록볼록 올라오는 보도블록을 디디는 감각의 촉수를 누릴 수 있다. 여기 어디 발바닥이 뜨겁다거나 발에 밟히는 꽃과 빵들이 아깝다는 생각이 개입될 여지가 어디 있으랴. 이런 천진한 동심과 익살을 읽으면 이 지상은 어느새 딴 세계가 되고 우리는 모두 시의 나라의 시민이 된다. 그렇다고 이런 시가 현실을 도외시한다고 생각하면 오산이다. 이런 발언의 이면을 떠올리는 힘만으로도 시의 존재가치는 충분하다. 시인은 감각으로 이런 세계를 떠올리고 창조하고 구성한다. 오늘 우리가 읽을 박정남 시 「박하사탕은 화하다가」(『현대시학』, 2009.4) 역시 감각으로 지은 집이다. 앞 시들의 감각이 발랄하다면 박정남 시의 감각은 유연하고도 짠하다.

박하는 化하다
박하과자는 化하는 흰색이다
박하과자는 마름모꼴이지만 형체가 없다
박하과자는 혓바닥 위에서 화하다가 달아났다
박하과자는 임종을 앞둔 사람들이
혓바닥 위에 올려놓고 눈사람을 만들 듯
눈을 굴리듯

박정남의 감각은 그것을 떠올리는 시인이 능동적인 지각으로 구성하는 것인데 그 감각은 우리들이 받아들이는 감각적인 정보를 조직하고 변형하는 속성으로 우리로 하여금 속수무책 그 감각에 가탁(假託)하게 하는 힘을 가진다. 그의 시에서 두드러지는 감각적 성질은 이미지로서의 생생함보다 감각과 특이하게 연관된 하나의 심적 사건으로서의 성격이다. 시인은 한없이 낮고도 처연한 사람들의 생애를 박하를 통해 시화한다.

시인은 슬쩍 박하의 화한(알싸한) 속성을 化(소멸)의 감각으로 전이시킨다. 그 化하는 속성 때문에 "마름모꼴"인 박하과자의 형체는 없다. (휘발이 얼마나 빠른지) 달아나는 동물의 속성까지 가졌다. 휘발과 형체 없음의 연상의 띠는 죽음으로 가는 존재("임종을 앞둔 사람들")를 불러내고 계속하여 (사탕의) 희고 둥근 속성과 결합하여 녹는 눈, "혓바닥 위에 굴리는 눈사람"을 불러낸다. 연의 마지막 부분도 종결어미로 끝내지 않고 부사형의 녹는 모양을 취했다. 다양한 감각의 작동방식이다.

어느 한 눈물 많은 상주가
박하과자 한 봉지를 사서
젯상 위에 올려놓으니
젯상 한구석이
눈물방울처럼 환해졌다가
녹아내렸다

1연에 등장하는 한 사람이 죽었는가 보다. 시인의 감각은 "눈물 많은 상주"를 호출한다. 그러면서 느닷없이 사라짐에 주목한다. 아마 젯상에 놓을 것이 박하과자 한 봉지밖에 없는 가난한 상주였을까. 그에게 박하과자 한 봉지가 녹는 과정은 "젯상 한 구석이 / 눈물방울처럼 환해졌다가 / 녹아내"리는 것과 같다. 젯상 한 구석이 녹다니. 이는 상주의 애끊는 울음이다. 녹는 박하과자는 애간장이 녹는 상주의 울음으로 화학적인 변용을 한다. 차릴 제물이 없는 가난한 상에서 박하과자는 상주의 울음을 대신한다. 당연히 이 눈물의 눈(眼)은 앞 연의 눈(雪)과도 내밀히 연결되어 있다. '눈(雪)과 눈(眼)'의 교차. 이 시의 감각은 절실한 한 생을 다루면서도 위티즘을 잃지 않는다.

박하 잎사귀를 따서
잠이 오는 눈두덩에 대고 비벼
잠을 쫓아버렸듯이
깜박깜박 조는 영혼에게도
박하사탕을 녹여 먹여
자꾸만 달아나는 영혼을
잡아둘 수는 없는 것이었을까

박하 잎사귀를 따서
책상 위에 얹어두고
책을 읽었다

박하성분은 눈두덩 위에서 떨고
책장의 행간 위에서 떨고
마당의 눈은 반짝거리며 녹고
박하사탕은 반짝거리지도 않으면서
化, 化, 하다가
혓바닥 위에서 증발하고

이번에는 어릴 적 나의 경험으로 이어진다. 우선 박하의 효용성. 박하 잎사귀는 눈두덩에 비비거나, 책상 위에 얹어두어 잠을 물리치게 했다. 그러나 여기서 이미지는 한번 역전한다. 물질이 영혼에 대한 개입 쪽으로 물길을 튼다. 자신은 사라지면서 "달아나는 영혼을 잡"는 주술도 하리라는 믿음이 내재되어 있다. 박하 한 잎의 크기가 어찌 작다고 할 수 있으랴. 그러나 결국 박하 성분은 휘발되게 되어 있다. 박하 잎사귀는 가지에서 분리되어서도 사람을 위해 존재하다가 소멸한다. 마지막 연은 1연과 대응을 이루는 부분이자 이 시 전체를 요약하는 부분이다. 이는 종결 부분 역시 연결어미로 증발의 외양을 띠고 있는 데서도 드러난다. 눈두덩 위에서, 책장의 행간 위에서 떨다가 혓바닥 위에서 "化, 化," 알싸하게 증발하는 박하성분은 반짝거리며 녹는 마당의 눈과 짝을 이룬다. 그것은 안과 밖, 내면과 외면, 내밀한 공간과 큰 공간에서 각각 녹으며 사라지는 순결한 영혼에 대한 비유이다.

이 시가 짠하다는 것은 박하와 처연한 사람들의 생애가 겹쳐져 있기 때문이다. 이 시에는 박하에서 출발한 감각이 어디로 미끄러지는지 알 수 없을 정도로 발랄하고도(형식) 처연하게(내용) 구른다. 우선 '박하'라는 사물은 하나의 시편 속에서 '박하→박하과자→박하 잎사귀→박하사탕'으로 化한다. 그러나 이 감각을 작동시키는 두 가지 대상은 첫 연과 끝 연에 나타나는 '박하(과자)와 눈'이다. 결합되기 어려운 이 박하과자(사탕)와 눈은 둥긂과 흰색, 휘발과 용해의 속성으로 결합된다. 또 이 눈은 눈(眼)으로 대체되면서 한없이 낮은 우리의 삶과 연결된다. 요컨대 박하는 순결하게 녹는다는 것이다. 녹아 소멸된다는 것이다. 그 녹는 것을 시인은 '化하다'라는 말로 잡아내고 있는데, 이는 '알싸하다'라는 뜻의 전이이다. 시인은 이것을 외면하지는 않으면서 사라짐에 주목한다. 그래서 '化하다'는 말의 감각은 녹아내리다, 달아나다, 달아나는 영혼, 죽다(임종), 눈사람을 만들다, 눈이 녹다, 눈물, 환하다의 연상의 띠로 변형된다. 위티즘의 수사학마저 녹아든 박정남의 이 시편은 스스로 녹이며 세상의 한 부분을 녹이는 순결한 영혼에 대한 감각을 보여준다. 시인은 '화하다'는 말로 가난한 사람의 생애를 일으켜 세우고 있는 것이다. 스스로의 육체를 녹이면서 타자를 살리는 것은 여성성의 중요한 덕목이다. 그런 점에서 이 시는 여성성을 추구해온 이 시인의 시작과정의 연장선상에 놓인다. 박하성분은 녹지만 세월이 지나도 녹지 않는 중견시인의 녹록치 않은 감각을 보는 즐거움이 이 시에는 있다. (『현대시학』, 2009.5)

생명, 그 진실하고도 아름다운 풍경

빈 들

– 정수자

일을 마친 소처럼 순하게 엎드린 들판
지친 숨소리에 하늘 가만 내려와
더불어 들을 쓸면서 끄덕이고 있다

반추의 안개 속에 반쯤 풀린 눈빛이여
여름내 바삐 달린 잔도랑물 뉘어주고
집 놓고 떠돈 낟알들 묻어주는 큰 집이여

미꾸라지 샅에 들고 새떼 먼길 갈 동안
진기 빠진 흙 당겨 촘촘히 다질 동안
타관의 춥고 멍든 발 하마 올까, 귀 모은다

(『유심』, 2000. 봄)

1.

나는 시의 엄격주의자는 아니다. 그러나 다른 것도 아니고 시라는 투명한 장르에서만큼은 소리 내어 읽으면서 감동받고 싶은 욕구를 감출 수는 없다. 수긍하지 않는 사람도 있겠지만 시는 원래 음악이었다. 시어와 문장에는 우리를 감동하게 하는 요정 같은 존재가 있어서 의미와 리듬이 분리될 수 없는 지점에서 심금을 울리고 제 존재를 증명한다. 아마도 이런 속성이 아무리 시대가 변해도 시의 존재 이유가 될 것은 틀림이 없다. 소리와 의미는 사실 한 몸이어서 떨어질 수 없는 것인데, 작금 생산되고 있는 많은 시들은 요설과 다변의 줄글로 이런 기본에서조차 멀어져가고 있으니 영 재미가 덜하다. 이 때 내가 찾아드는 것이 시조다. 그런 점에서 나의 시조 읽기는 어쩌면 외로움에서 비롯된다는 말도 맞겠다.

말이 나온 김에, 아직도 우리 민족시에서 정형의 부자유스러움을 이야기하고 있는 사람들도 있는 것같이 보이지만 형식을 위해 언어가 복무하고 있지 않은 제대로 된 시편들에서는 정형의 흔적을 전혀 느낄 수 없다. 심지어 3장의 앞 두 구절 3자, 5자마저 씻은 무처럼 잘 뽑혀 나와 자세히 살펴보지 않으면 그런 틀이 있었느냐는 사실조차도 분별할 수 없다. 그만큼 이 시대의 시조 가객들은 언어와 붙안고 밤을 지새웠던 것이다. 시대의 삶과 결곡한 정서를 담기에 시조는 얼마나 부단한 변신을 시도하여 왔던가. 이제 형식으로 시조를 가둘 수는 없지만, 그 형식으로 시조를 나무랄 수는 더더욱 없다. 시조의 내용과 정서는 그 형식의 구차스러움을 훨훨 날려버린다. 구태여 정형의 틀을 벗어버리지 않는 시조가 있다면, 그도 의도된 기획으로 된 것. 말들은 또 얼마나 피돌기를 가진 언어들로 꿈틀거리고 있는지.

필자도 한 번씩 가지를 다 잘라버린 채 외롭게 떨고 있는 단연 시조를 만나기도 하지만 각 장이 한 연으로 처리된, 세 개의 뼈대만으로 버티고 있는 문장들은 극소로 응집된 공간이 확산된 최대치의 공간 속으로 촉수를 드리우고 있다. 굳이 양장, 엇, 사설, 혹은 이것들이 합쳐진 '옴니버스'라는 관형어를 시조라는 말 앞에 붙이지 않더라도 민족시인 시조는 얼마나 우리 삶과 체온을 나누고 있는가. 하여 나는 시조의 새로움을 위한 인위적인 몸짓을 바람직하지 않게 생각한다. 현재의 상태만으로도 충분히 시조는 그 역할을 감당하고 있다고 본다.

다시 본론으로 돌아가서, 나의 시조 읽기는 소리 읽기와 의미 읽기라는 시 읽기의 기본조건이 이루어지는 곳에서 출발한다. 내가 발한 그 소리들이 나의 귀와 온 몸과 핏줄을 통과해갈 때 내 몸의 떨림이 온다. 감동이 올 때는 단어를 깨문다. 그때는 달큼한 과육의 향내가 내 입안에서 온몸으로 퍼져나가려고 안간힘을 쓴다. 하지만 어떨 때는 피 같은 것을 한 입 가득 깨물었다는 뭉클한 실감이 온다. 그러나 그건 쉽사리 뱉어버릴 수 있는 것은 아니다. 온몸이 싱그러움과 단내로 물드는 순간도 아름답지만 뱉어내고 싶은 불편함으로 답답해지는 순간도 나는 사랑한다. 앞의 것이 감흥을 일으키는 순간들이라면 뒤의 것은 내가 서 있는 실존을 일깨워주는 순간들이기 때문이다. 그러나 나는 싱그러움과 불편함이 함께 교직되어 있는 시를 사랑한다.

2.

여러 편의 시조들을 만나다 어렵사리 정수자의 「빈들」 앞에 한참을 서 있으면서 그런 감흥을 느꼈다. '빈들' 자체가 생산이 끝난 현장을 가리키는 말이기 때문에 우리를 숙연하게 하지만, 이 시조에는 서정적인 행간의 여백 속에 깊은 울림을 함축하고 있는 진국 같은 것을 맛보게 한다. 먼저 전문을 인용한다.

일을 마친 소처럼 순하게 엎드린 들판
지친 숨소리에 하늘 가만 내려와
더불어 들을 쓸면서 끄덕이고 있다

반추의 안개 속에 반쯤 풀린 눈빛이여
여름내 바삐 달린 잔도랑물 눠어주고
집 놓고 떠돈 낟알들 묻어주는 큰 집이여

미꾸라지 살에 들고 새떼 먼길 갈 동안
진기 빠진 흙 당겨 촘촘히 다질 동안
타관의 춥고 멍든 발 하마 올까, 귀 모은다

시인은 가을걷이가 끝난 들판의 모경을 잡으려 했던 것 같다. 첫째 수에서 들판이 순하게 엎드린 한 마리 소로 완전히 화육된다. 어떻게 첫 구절부터 눅진하게 녹아드는지 자연을 보고 감응하는 시력과 감성에 빨려들 수밖에 없는 상황이다. 들판과 소는 절묘하게 어울린다. 들판이 소처럼 숨을 쉰다. 그 지친 숨소리는 하늘을 당겨 하늘이 내려온다. 그것은 예삿일이 아니다. 시인은 땅의 일에 하늘이 관여하는 장면을 보고 있는 것이다.

그렇다. 우리가 나무에게라도 가 있을라치면 사운거리는 몸짓들이 그 빛과 향기와 소리를 하늘과 땅 어디엔가 끊임없이 보내고 있음을 알아차릴 수야 있지만, 풍경 속에 들어 있는 삶의 이치를 이만큼이라도 감응할 줄 아는 것은 놀랍다. 향가 「彗星歌」의 산을 오르는 청년들을 위해 발밑을 쓸고 있는 별들과 같이 사람의 일에 하늘이 간섭하는 이 경지는 우주적 공간에 있는 사물들이 따로 떨어져 있는 것이 아니라 모두 하나의 호흡으로 존재하고 있다는 유기체적 사고의 흔적이라 할 만하다. 사실 이 유기체적 사유는 고대 이래로 우리 믿음의 저층을 형성해온 풍류 정신의 핵심적인 부분에 해당한다. 그래서 하늘마저 한 마리 소이거나 그와 같은 체온을 가진 것으로 감응된다. 빈들이 주는 애처로움과는 사뭇 다른 정겨운 '두 마리의 가을'이 등을 쓸면서 다독이는 이 온기. 땅이 하늘을 끌어당기는 대위법적 구도 속에 들판은 상실의 공간이 아니라 성스러움마저 지니는 한 폭의 동양화로 아연 생기를 띤다.

두 번째 수는 되새김질하는 소의 이미지로 그려져 있다. 여기서 우리는 소가 모성적인 심상과 결합되어 있는 것을 본다. "잔도랑물 뉘어주고", "집 놓고 떠돈 난알 묻어주는 큰 집"과 같은 잔주름살이 많은 헌신과 희생의 이미지로 드러나기 때문이다. 여기서 "집 놓고 떠돈 난알들"은 자기 품에서 키운 존재만이 아닌 것은 물론이다. 이 때 들판은 그 자체로 쓸쓸함과 처연함을 지니지만 집 없는 안쓰러운 것들을 자기 속에 '뉘어주고' '묻어주는' 품을 가진 땅의 어머니, 대지모신과도 같은 존재가 되는 것이다.

셋째 수는 생명의 순환을 그리고 있다. 어떤 것들은 들어오고 또 어떤 것들은 떠나지만("미꾸라지 샅에 들고 새떼 먼길 갈 동안"), 그 들어오고 남에 말이 없다. 다만 다음 해에 받을 생명을 위해 "진기 빠진 흙 당겨 촘촘히 다"진다. 비어 있는 공간이면서 끊임없이 무언가 생성하는 노자적 허(虛)의 공간. 그러나 시인은 거기에 현실적 문맥을 더하고 싶었을 것이다. 종장의 "타관의 춥고 멍든 발 하마 올까 귀 모"으는 장면은 한국의 전통적인 어머니상으로 오버랩된다. 이 때 우리가 주목해야 할 것은 땅으로 스며드는 하나의 이미지(미꾸라지)와, 땅에서 이탈하며 하늘로 확산되는 또 하나의 이미지(새떼)의 길항, 그리고 그것을 지그시 누르며 걸러내는 또 하나의 눈길("타관의 춥고 멍든 발 하마 올까, 귀 모은다")을 배치하고 있다는 것이다.

전체적으로 이 시의 그림은 정(靜)과 동(動), 땅과 하늘, 떠남과 머묾 같은 두 대별되는 이미지들의 동력학으로 구성된다. 첫째 수가 땅이 하늘을 끌어당겨 '땅이 품어 안은 하늘의 모습'을 그리고 있다면, 둘째 수는 땅의 모습으로, 셋째 수는 땅으로의 하강과 하늘로의 상승의 다이나믹한 결합과 그 가운데서 만나는 하나의 지점을 그린다. 이는 들판을 한 마리의 소로 밑그림을 그린 것에서 촉발하지만, 그 소는 가장 따스한 이미지로 우리네 어머니를 내재함으로써 오랫동안 한국인의 근원적인 숨결의 무늬를 만들고 있다는 점에서 의미심장한 하나의 풍경을 만들고 있는 것이다.

시인은 결국 사람이 없는 '빈들'을 통해서 다 떠나버린 어떤 쓸쓸한 공간, 어떤 적막 속에 일렁이는 생명의 회임, 오랜 시간 계속되어 왔고 아직도 계속되고 있는 우리네 모성의 기다림의 풍경을 성공적으로 묘파하고 있는 것이다. 우리는 그것을 요즘 농촌의 현실로 혹은 생명의 근원공간인 모성상징으로 읽어도 상관이 없다. 정수자가 한 마리의 순한 소로 잡은 들판의 모습은 그런 점에서 '진실하고도 아름답다'. 여기서 진실은 현실적인 문맥을, 아름다움은 형상화를 두고 이름이다.

사족으로 이 「빈들」이라는 제목의 시로는 1987년에 이미 고진하가 형상화한 바 있음을 밝혀둔다. 고진하의 시는 황폐한 빈들이 꼬물거리며 채우고 있는 '신성'의 모습을 담고 있기에, 현실적인 문맥과 형상화 방식은 두 편의 시가 확연하게 다르다. (『유심』, 2001. 여름)

주체의 흔들림, 혹은 삶의 전복(顚覆)으로서의 시

축구소년

–함기석

소년은 무엇이든 차버린다
소년의 주특기는 빠른 땅볼이다. 새를 기르던
소녀 앞에서 멋진 슛을 날리면 날릴수록
공은 늘 담장 위로 도망치며 소년을 배신했지만
소년의 꿈은 최고의 축구선수가 되는거다 그래서

소년은 무엇이든 차버린다
소년은 책상을 찬다 책상은 발을 아파한다
소년은 국어책을 찬다 국어책은
교실 유리창을 깨고 겨드랑이에 떨어져 소년을 읽는다
소년은 시계를 찬다
시계는 손목에 떨어져 소년의 내일을 아파한다
하얗게 타들어가던 겨울하늘을 아파한다
불기둥 사이 예쁘게 발광하던 소녀를 아파한다
소년은 구두를 찬다 아니
구두가 소년을 차버리고 소년을 가둔다

소년은 힘껏 가난을 차버린다
가난은 골대에 정면으로 맞고 튀어나와

소년의 얼굴을 더 세게 때린다
코피를 닦으며 소년은 아빠를 차버린다
아빠는 포물선을 그리며 술병 속으로 똑 떨어진다
술병은 아빠를 아파한다 소년은 새벽마다
아빠의 늑골 사이에서 울려나오는 삽질소릴 아파한다
술병 속으로 석탄을 실은 화물열차가 연달아 들어가고
만취한 아빠는 비틀비틀 어두운 술병을 걸어나온다

운동장은 한장의 낡은 지폐, 허리가 찢겨 있다
소년은 울먹이며 허공으로 제 머리를 차올린다
머리는 살짝 구름에 걸려 떨어지지 않는다
구름 뒤로 흰 부리의 새떼들이 날아오르고
운동장으로 수 천의 깃털들이 떨어진다

눈내리는 겨울저녁
머리없는 소년이 운동장을 뛰어다닌다
목에 축구공을 붙이고 천막집으로 돌아가는
소년의 내부에 공의 내부보다 캄캄하게 휘어진
아빠의 금간 어깨뼈가 달그락 흔들리고
소녀를 닮은 3층집이 아파하며 커오른다

밤새도록 눈이 차오르는 겨울 하늘아래
펄럭이는 지붕소릴 들으며 뒤척이는 소년
소년의 앙상한 등줄기를 밟고 캄캄한 머리 속으로
새떼들이 차례로 등불을 들고 걸어들어 간다
소년은 겨우 발가락 끝까지 환해지며 잠이든다

(시집 『국어선생은 달팽이』, 세계사, 1998)

1.

함기석의 시들을 주목한다. 그것은 합리적 이성 즉 '큰 타자'라고 불리는 상징계의 질서를 전복하고자 하는 주체의 의지를 보여주는 드문 시도를 하고 있으면서 만만치 않은 시적 완성도를 가지고 있기 때문이다.

> 왜 사물들은 한 가지 이름으로만 규정되는 거지?
> 왜 철공소는 철공소고 타조는 타조여야 하는 거야?
> ……그건
> 인간들이 인간만을 위해 만들어놓은 질서잖아!
>
> ―「타조와 소년」 부분

주제가 문맥으로 너무 불거져 나온 문맥이기는 하지만 "인간들이 인간만을 위해 만들어놓은 질서"는 무엇인가? 바로 상징계로 표상되는 '큰 타자'의 문화적 코드이다. 아이는 어머니의 욕망을 포기하고 아버지의 법, 질서를 따름으로써 언어활동의 상호주관적인 세계로 들어가게 된다. 그 세계 안에서 이질성은 존재할 수 없고, 인간과 사물, 자연은 전혀 소통할 수 없다. 함기석의 시들은 '큰 타자'(라캉에 있어서 '큰 타자'는 언어로 나타난다)의 욕망의 언술 안에 종속되어 있는 획일화되어 있는 이 세계를 뚫고 만물이 서로 넘나드는 소통을 꿈꾸는 욕망의 문법이다.

인용되지는 않았지만 윗 시에서 소년은→염소→체육관→소화기→타자기→의자로, 타조는→칠면조→무덤→선풍기→당나귀→책상 등 전혀 연관을 지을 수 없는, 혹은 끊임없이 미끌어지는(floating) 시니피앙의 연쇄체계로 나타난다. 시의 끝 부분인 "타조와 소년이 멱살을 움켜쥐고 싸우는 사이 / 장의사와 노파가 팔짱을 끼고 걸어가며 중얼거렸다 / 책상과 의자가 또 싸우기 시작했군!"과 같은 구절은 '사물들'이 "한 가지 이름으로만 규정되는" 상징계의 거부를 시작 모티프로 삼고 있음을 단적으로 드러내 보여 주고 있다.

다분히 동화적 구성을 가지고 있는 「산수시간」 역시 같은 맥락이다.

> 삼삼은 9 삼사는 12 삼오는 15
> 자 아무 생각 말고 따라해봐! 선생이 말한다
> 교실 밖으로 새끼 앵무새가 날아다닌다
> (중략)
>
> 새는 창문을 넘어 교실로 날아든다
> 금붕어 소년이 재빨리 새를 가방에 감춘다
> 선생이 소년에게 묻는다. 삼삼은 얼마지?
> 파란 하늘이다 앵무새가 대답한다
> 아이들이 까르르 웃는다
> 왜 대답을 않는 거지? 어서 말을 해봐!
> 삼삼은 금붕어가 날고 싶은 하늘이에요
> 선생이 회초리를 흔들며 다시 묻는다. 얼마라구?
> 앵무새가 큰소리로 말한다
> 삼삼은 아무것도 아니야 구도 팔도 다리도 아니야
> 삼삼은 앵무새야 당나귀야 산수선생이야
>
> –「산수시간」 부분

"삼삼은 9"로 표상되는 문화적 코드는 개인보다 선행해서 있고 미리 결정하는 상징적 체계이고 언어로 인해 습득되는 규범적 법칙성의 영역이며 사회적 체계이다. "아무 생각 말고 따라해"야 하는 그 세계는 아이들에게는 감옥("제발 우리 좀 구해 줘, 여긴 감옥 같아")이며 아이들은 그 감옥에 갇혀 있는 금붕어가 된다. 함기석은 동물(앵무새)을 매개로 그 표정 균은 문화적 코드며 법칙을 해체시키고 갱신시킨다. <삼삼은 9>라는 단일의미는 아무것도 아닌 것으로, 다시 9→8, 8→팔(腕)로("삼삼은 아무것도 아니야 구도 팔도 다리도 아니야"), 앵무새로 당나귀로 산수선생으로, 마침내는 흰 구름, 자전거로 끊임없이 이동되며 그 이동은 필연적으로 대상의 변화를 끌어내면서("유리창은 모래밭이 되고 / 천장은 하늘이 되어 둥글게 솟아오른다"), 상징계의 영역을 추방시킨다.("선생이 귀를 틀어막으며 교실을 나가버린다"). 기존 언어의 세계를 전복시키는 언술의 문법으로 함기석이 창조한 세계가 "아이들이 / 하늘과 땅을 자유롭게 날아다니며 뛰어"노는 상상계의 세계라면 그와 마주보이는 세계에 「축구소년」이 있다. 「축구소년」은 상징계의 지배를 받고 있는 주체(소년)의 현실태가 육체 절단이라는 그로테스크한 모습을 보여 준다는 점에서 훨씬 리얼하다.

2.

「축구소년」은 소년과 소녀를 축으로 짜여진 한편의 드라마이다.

소년은 무엇이든 차버린다
소년은 책상을 찬다 책상은 발을 아파한다
소년은 국어책을 찬다 국어책은
교실 유리창을 깨고 겨드랑이에 떨어져 소년을 읽는다
소년은 시계를 찬다
시계는 손목에 떨어져 소년의 내일을 아파한다

－「축구소년」 부분

이 짜증나는 세계를 모두 차버릴 수만 있다면 얼마나 좋을 것인가? 축구가 삶의 유일한 목표이지 희망이 되어버린 소년, 표면적으로 보면 그의 공차기에는 모든 사람의 삶이 걸려 있다. 그러기에 그의 공차기는 신나는 공차기이고, "이 우스꽝스런 상상력이 고리타분한 생을 즐겁게 한다."는 말[2]은 상상력적인 측면에서의 평가라 할 수 있다. 그러기에 현실은 소년에게 호락호락하지 않다.

소년의 '차기'는 사회적 코드 안에 있는 하나의 시니피앙이기를 거부하고 내가 주체적으로 창조하려는 상상계적 생명성의 리듬이다. 그러나 사회, 역사, 문화적 코드 안에 감금되어 어떻게 해도 '큰 타자'의 상징적 질서를 벗어날 수 없다. 인용된 구절은 그것을 극명하게 보여 준다. 국어책과 시계, 책상은 큰 타자의 상징적 질서의 세목이다. 그가 차버리는 큰 타자인 책상과 국어책과 시계는 오히려 그의 발을 아파하며, 그를 읽으며, 그의 내일을 아파한다. 큰 타자는 육체마저도 점령해 버리며 온통 둘러싸고 있는 것이다. 그 진술은 물론 표면적 진실은 아니며 은유구조이다. 우리는 그것을 "겨드랑이에 떨어져"와 "손목에 떨어져"라는 두 구절로 확인할 수 있다. 즉 소년은 책도 시계도 차버리지 않는다. 현상적으로 소년은 책을 겨드랑이에 끼고, 시계를 손목에 낀 채 책상에 앉아 있을 뿐이다. 그것은 가난을 찬다는 문맥에서도 마찬가지다. 그러나 끊임없이 미끄러지는 시니피에의 배반 가운데서도 우리는 더 이상 의미의 근원이 될 수 없고 시니피앙의 결과물이 되어 상징계의 지배를 받고 있는 인간 주체의 모습을 확인할 수는 있다. 그것은 가난의 문맥을 밑그림으로 하고 있다. 가난은 아버지의 무능과 함께 주체의 소외를 더욱 심화시킨다. 여기서 한 가지 생각해 볼 것은 아버지의 문제이다. 함기석의 시에 있어 아버지는 어머니와의 나르시시즘적 2자 관계를 파괴하고 주체 안에 들어오는 제3자로

2) 안도현, 『그 작고 하찮은 것들에 대한 애착』, 나무생각, 1999, 197면.

서 언어와 함께 들어오는 상징계로서의 아버지는 아니다. 그것은 자본주의 체제의 문화적 코드 안에서 가난의 문맥을 더 강화시키는 존재로서의 기능을 한다. 아버지 역시 상징계의 자장 속에 들어 있는 것이다.("술병은 아빠를 아파한다 소년은 새벽마다 / 아빠의 늑골 사이에서 울려나오는 삽질소릴 아파한다")

소년은 울먹이며 허공으로 제 머리를 차올린다
머리는 살짝 구름에 걸려 떨어지지 않는다
구름 뒤로 흰 부리의 새떼가 날아오르고
운동장으로 수천의 깃털들이 떨어진다

눈내리는 겨울저녁
머리없는 소년이 운동장을 뛰어다닌다
목에 축구공을 붙이고 천막집으로 돌아가는
소년의 내부에 공의 내부보다 캄캄하게 휘어진
아빠의 금간 어깨뼈가 달그락 흔들린다

–「축구소년」 부분

우리는 "울먹이며 허공으로 제 머리를 차올린다"는 구절에 주목할 필요가 있다. 아이는 자본주의가 그의 육체를 조아 누르는 운동장("운동장은 한 장의 낡은 지폐, 허리가 찢겨 있다")에서 가난을 차지만, 가난은 "골대에 정면으로 맞고 나와 / 소년의 얼굴을 더 세게 때"린다. 오히려 상징적 아버지의, '큰 타자'의 문화적 체계 안에서 꼼짝 못하고 있는 자신의 위치성을 깨닫게 되면서 극단적인 공포를 느끼게 되고 마침내 그는 자신의 육체를 절단하기에 이른다.

육체절단의 이미지는 나르시시즘적 동일시가 약화될 때 거울단계 이전의 단계로 돌아가려는 욕망인데 그것은 곧 상징계에 의해 문화적으로 사회적으로 코드화된 깨끗하고 적절한 몸에 대한 반란이다.

그러나 소년의 내부에는 "공의 내부보다 캄캄하게 휘어진 / 아빠의 금간 뼈가 달그락 흔들"리고, "소녀를 닮은 3층집이 아파하며 커오른다". 3층집은 우리에게 프로이트의 ID, EGO, SUPER EGO 즉 인간 내부의 심리의 3층집을 연상시킨다. 첫 연에서 소녀는 공을 차는 소녀 앞에 서서 새를 날리는 존재로 나타나 있다. 그렇다면 소녀는 소년이 흔들림을 극복하고 정립해야 할 주체, 즉 '또 하나의 나'에 다름 아니다. 그러므로 마지막 연에서 소년의 "캄캄한 머리 속으로" 소녀가 키우는 "새떼들이 차례로 능불을 들고 걸어들어 갈 때 / 소년이 겨우 발가락 끝까지 환해지며 잠이" 들 수 있는 것이다.

함기석의 시들은 큰 타자가 덮어씌운 규범과 의무, 요구와 금지 등의 법칙 안에서 사회적 질서 안에 존재하게 되는 개인의 모습과, 상상계의 지배를 받고 있는 거울 이후 단계에서도 거울 이전 단계를 버리지 못하는 주체의 흔들림, 나아가 상징계의 문화적 코드에 대한 억압을 벗어나 상상계로 돌아가려는 욕망의 문법을 보여 주는 수일한 예이다.

탄탄한 구성과 특이한 개성은 그의 세계가 더욱 깊어지고 있음을 실감케 하지만 글의 서두에서 인용한 생경한 문맥들의 불거짐과 같은 것들은 지양해야 할 부분으로 보인다. (『현대시학』, 1998.6)

3부

생의 형식과 조건
- 유홍준의 신작시에 대하여

유홍준의 신작들을 읽는다. 그의 시는 일상에 놓인 생의 단면들을 우리에게 제시함으로써 오늘의 우리 삶을 구성하고 있는 징후들을 매우 생생하게, 예각적으로 드러내 보여 주었다. 또한 그의 시들은 매 편마다 단단한 균질미와 뜨거운 시혼들이 담긴 생동하는 형식으로 육박함으로써 유홍준이 있어 비평계가 즐겁다는 문단 일각의 평가를 얻어내기도 했다. 이는 그의 시가 지나간 시간에 대한 기억과 죽음의 흔적으로 생을 바라보는 관점을 유지하고 있었고 자연생태를 즐겨 다루는 현 시단의 풍토와는 다르게 피가 번지는 그로테스크 이미지를 주로 사용하고 있기 때문에 가능한 일이었다. 이번에 발표된 유홍준의 신작들은 그가 지금껏 다루어온 '자아의 서사'의 연장선상에 있는 작품들도 있고 여기서 더 나아간 지점을 보여주는 시들도 있지만, 변화의 가장 주된 징후는 무인칭의 삶과 거기에서 재구되는 인간존재에 대한 깊어진 시선에 있다.

자아의 서사를 구성하는 「몽유도원도」, 「移葬」 같은 작품들에 드러나는 특징은 여전히 아버지에 대한 적의가 보인다는 것이다. 그러나 우리는 이 같은 아버지에 대한 태도를 일반화하는 오류를 범해서는 안 된다. 이는 시집을 낸 후에 발표한 「물고기꿈」에서 아버지는 "보름달처럼 환한" 모습으로 드러나고 있고, 「포도나무 아버지」에서는 "굵은 당신의 팔뚝에서 핏줄 한 가닥을 뽑아 나에게 내미"시고, 마침내 "넝쿨마다 아버지의 심장이

주렁주렁 달리는” 포도가 되어 나와 손자들에게 먹히시면서도 “껍질눈이 되어 여전히 웃고 계시”는 희생물의 모습으로도 나타나기 때문이다. 이때의 아버지는 오히려 세대론적인 관점으로 읽는 것이 자연스럽다.

오늘도 어머니
흰 머릿수건 덮어쓰시고
하루 종일 복사꽃만 따요
흰 배꽃만 솎아요

(한숨 쉬지 마세요 어머니
제가 조금만 더 자라면 아버지를 죽여 버릴 게요
그러면 이 나무 밑에 아버지를 끌어 묻으면
틀림없어요 어머니 우리 동네에서
제일로 큰 과일들이
우리 집 과수원에
주렁주렁 달릴 거예요
어머니 한숨 쉬실 일도 없을 거예요)

–「몽유도원도」 부분

해골 해골 개복숭아나무 아래 해골

돌 너덜겅 지나

양 손에

아버지와 형의 두개골을 들고 가는 봄날

누가 귀신 붙었다고 내 등짝 개복숭아나무 가지로 안 후려쳐 주나

–「移葬」 부분

두 편의 시는 모두 괴기한 분위기마저 풍기고 있다. 이는 복숭아나무에 담긴 속신도 일정한 몫을 하고 있다고 보이는데, 예부터 복숭아나무는 귀신을 쫓는다 하여 집안에 키우지 못하게 하거나 집안으로 가져오지 못하게 하는, 신비한 힘을 가진 신목으로 알려져 있다. 또 꽃은 봄에 앞서서 피는 나무로 양(陽)을 상징한다. 앞의 시에서 "흰 머릿수건 덮어쓰시고"하루 종일 복사꽃을 따는 것은 "어머니의 가슴 속에" 있는 "내가 알지 못하는 / 이상한 과일 한 덩어리" 때문이다. 이 이상한 과일은 아마도 양(陽)의 존재인 아버지에 대한 증오와 같은 감정이라 판단되는데 그것을 눈치챈 "열 살배기 나"의 내면은 어머니를 위해 아버지를 죽여 버리겠다는 마음을 품는다. 이 정도의 분석에서도 이 시에서 아버지는 가족들에게 상처를 안겨주는 불편한 존재(이는 시집의 「노란 주전자」에서 잘 드러나 있다.)로 환기되지만, 아버지를 끌어 묻는 것과 제일 큰 과일이 달리는 것을 연계하면 「포도나무 아버지」에서처럼 세대론적인 관점으로도 읽을 수 있는 것이다. 「몽유도원도」에는 이 두 요소가 함께 섞여 있다. 「移葬」은 어려서 또 젊어서 죽은, 개복숭아 나무 아래 묻힌 형과 아버지의 두개골을 양손에 들고 가면서 "누가 귀신 붙었다고 등짝 개복숭아나무 가지로" 후려쳐 주기를 은연중에 기다리는 시적 화자의 모습을 그리고 있다. 여기서도 복숭아나무가 나타나지만 이는 풍요와 다산과는 일정한 거리를 두고 있는 '개복숭아나무'일 뿐이다. 그래서 시적 화자는 유물과도 같은 아버지와 형의 두개골을 이장하려 하고 있는 것이다. 자신의 괴기스런 행동에 누가 불쑥 자기를 후려치더라도 자아를 구성하는 현재는 과거로 인하여 생명을 부여받을 수밖에 없는 것이다. 이를 우리는 자아의 이질적인 재구조화라 이름붙일 수 없을까. 이렇듯 불편하기까지 한 과거의 질료를 생명의 자양으로 삼은 '나'와 '무수한 나'들인 익명성의 존재들이 우글거리는 공간이 도시이다.

도시로 나와 이십여 년, 소음굴 속에서만 살았다
소음 중독자가 되었다
태양인에서
소음인으로
마침내 騷音人으로 나의 체질은 바뀌었다
24시간 연중무휴 製紙기계가
고속으로 돌아가는 종이공장에서
소음 없이는 못 사는 이제
소음 없이는 못 자는 소음인

–「소음은, 나의 노래」 부분

구절에서 독자들의 귀에 익은 대중가요를 패러디하고 있는 이 시는 자신의 생에 대한 깨달음과 연민을 기저로 하고 있는데, 화자는 도시로 나와 산지 이십여 년이 된 지금에서야, 소음 없이는 잠시도 못 살고 못 자는, 소음이 자신의 삶을 이루는 생의 형식임을 아프게 깨닫게 된다. 그만큼 풍자와 반어가 주조를 이룰 수밖에 없는데, 사상체질의 하나인 '소음(少陰)'과 시끄러운 소리 '소음(騷音)'의 대비, "매음굴보다 더 지독한 / 나의 정든 소음굴"이라는 말은 자조와 연민을 동반한 수사라 할 만하다. 봄 언덕에 꽃이 피는 것과, 가을 들판에 벼가 익는 것을 바라보며 생을 키웠던 '태양인'의 시절에서 어느덧 멀리 떨어져 나와 노래가 되고 자장가가 되어버린 도시의 소음 속에서 '소음인'으로 살아가고 있는 자화상이다. 이는 또한 '무수한 나'인 '무인칭'들의 삶을 그리는 바탕이 된다. 이 시가 생의 형식을 노래한 것이라면 다음의 시편들은 주로 생의 조건들을 그린다.

그는 늘 한 번도 고개를 들지 않고 먹는다 그는 늘 깊은 생각에 잠겨 먹는다 자, 회색 벽에게 한 순갈–자, 차갑고 축축한 구석에게 한 순갈–자, 누런 봉투 너에게도 한 순갈– 그는 신문을 뒤적거리며 먹는다 그는 자기와는 아무런 상관도 없는 기사를 읽으며 먹는다 그는 자기와는 아무런 상관도 없는 기사를 읽으며 먹는다 그는 언제나 지나간 일자의 신문만을 읽으며 먹는다 아니다 밥을 읽으며 신문을 먹는다 그는 왜 먹는지 모르면서 먹는다 (중략) 오늘도 그는 밥을 먹지 않는다

밥이 그를 먹는다

–「지하급식소」 부분

백년 정거장에 앉아
기다린다 왜 기다리는지
모르고 기다린다 무엇을 기다리는지
잊어버렸으면서 기다린다 내가 일어나면
이 의자가 치워질까봐 이 의자가
치워지면 백년 정거장이
사라질까봐
기다린다 십년 전에 떠난 버스는
돌아오지 않는다 십년 전에 떠난 버스는
이제 돌아오면 안 된다 오늘도 너는 정거장에서 파는
잡지처럼 기다린다 오늘도 너는 정거장 한 구석에서 닦는
구두처럼 기다린다 백년 정거장의 모든 버스는
뽕짝 노래를 틀고 떠난다 백년 정거장의
모든 버스는 해질녘에 떠난다 백년
정거장의 모든 버스는 가면
돌아오지 않는다 바닥이 더러운 정거장에서
천장에 거미줄 늘어진 정거장에서
오늘도 너는 왜
기다리는지……

모르면서 기다린다 무엇을
기다리는지 모르면서 기다린다

—「백년 정거장」 전문

두 시는 모두 익명의 무인칭을 내세우고 있다. 뒤의 시가 무인칭이라 할 수 있는 것은 이 시의 주체가 '나'와 '너'가 섞여서 드러나기 때문이다. 아울러 두 시는 무력한 인물을 통해 인간존재의 무의미성을 일깨운다. 그들은 먹고, 기다리고 있지만 '무엇'과 '왜'의 의미를 모른다. 먹고 기다리는 그들 삶의 한 부분을 이루는 일상적인 행위는 의미가 없다. 오히려 대상에 의해 그 행위가 전도될 수밖에 없다. 「흰 종이라는 유령」에서 무서운 것("밥은 무서운 것이기에")이라는 생존의 조건으로 나타나던 '밥'이 오히려 "그를 먹"(「지하급식소」)어 버리거나, 죽음이 기다리는 '너'를 역으로 기다리고 있을(「백년 정거장」) 뿐이기 때문이다.

그들은 과거지향적 퇴행성을 가졌지만("지나간 일자의 신문만을 읽으며 먹는다"—「지하급식소」, "십년 전에 떠난 버스"—「백년 정거장」) 그것은 돌아오지 않는다. 그들은 이제 인격이나 능력을 가진 인간이라기보다는 사물이 된다. '나'는 밥에 먹히거나 잡지나 구두가 될 뿐이다.

뒤의 시는 사무엘 베케트의 「고도를 기다리며」를 연상시킨다. 시적 형식이나 주제 면에서 접근 가능성과 기억 촉진적인 이유로 시인이 의도하고 썼다고 볼 수 있다. 그러나 이 시는 「고도……」와는 다른 새로운 풍경을 보여준다. 백년 정거장을 구성하는 요소는 나와 의자, 해질녘에 떠나는, 십년 전에 떠나 이제는 돌아오지 않는 버스, 정거장에서 파는 잡지, 한 구석에서 닦는 구두이다. 정거장은 바닥이 더럽고 천장에는 거미줄이 늘어져 있다. 우리는 이를 생의 목적과 의미를 상실한 무인칭들의 일생의 알레고리로 읽어도 무방하겠다. "정거장의 모든 버스는 가면 / 돌아오지 않는다", "십년 전에 떠난 버스는 이제 돌아오면 안 된다"는 비관적인 세계인식을 기조로 하고 있는 이 시에서 버스는 시간 혹은 세월이라는 기호로 치환할 수 있다. 아울러 이 생은 "뽕짝 노래를 틀고 떠"나는 버스라는 말에서 알 수 있듯이, 시시하고 잡다하고 시끄러운 것의 질료로 구성되고 있음을 보여준다. 끊임없이 무언가를 기다리는 것은 인간의 본능이지만, 해질녘과 같은 순간에 떠오르는 지나간 시간은 영원히 회귀할 수 없다. "정거장에서 파는 잡지, 정거장 한 구석에서 닦는 구두"가 되어버린 침묵과 혼돈의 생을 시인은 백년 정거장의 의자에 앉은 인간을 통해 건조하게 묘사하고 있다. 이런 생의 조건은 다음의 시들에서는 더 선명한 지점을 얻고 있다.

그러므로 무색무미무취
제지공들의
삶은
무늬가 없다, 그림자가 없다, 화면도 자막도 없는 스크린이다

묻는다, 누가 홀로 극장도 아닌 공장에 앉아
날이면 날마다
여덟 시간씩
화면도 자막도 소리도 없는 無의 스크린을 하염없이 바라보고 있겠는가

―「흰 종이라는 유령」 부분

한 장 한 장 넘겨 쓰다보면
무엇보다 편편해 보이는 공책에도
오르막과 내리막이 있다는 걸 느낄 수 있다
오른쪽 페이지를 쓸 땐 글씨가 좀 나아졌다가
왼쪽 페이지를 쓸 땐
필체가 엉망이 되는 것이 그 증거다

(미안하다 공책아, 나는 네 오른쪽 페이지만 쓴 적이 여러 있다)

공책! 空의 冊……
무한허공
하늘공책 아래 오늘도 서성거린다

다시 한 번
새 공책을 갖게 된다면
아직 첫발자국의 흔적도 새하얀 공책 한 권 얻게 된다면

–「공책」 부분

우리는 두 편의 시를 종이와의 관련과 무(無)와 공(空)의 세계를 담고 있다는 점에서 연속선상에 놓고 읽어도 되겠다. 제지공들의 삶은 '무색무미무취', 무늬도 그림자도, 화면도 자막도 없는 스크린이다. 그것을 날이면 날마다 바라보고 살아야 하는 것이 제지공으로 표상되는 인생들의 조건이다. 그러나 그들은 "온통 흰 빛뿐인 세상"을 "눈을 감고 잠이나 청"하면서 스쳐 갈 수 없다. 생존, 밥은 무서운 것이기에 눈이 근시가 되어가는 줄도 모르고 백태가 끼어 가면서도 출근을 하여 종이를 만든다. 그들은 주변과 세계를 보는 시력을 상실한 채 끊임없이 무의 스크린인 흰 것, 유령만 바라보고 산다. 그것이 그들의 생이다. 「공책」은 다시 시작할 수 없게 된, 이미 더러워진 생에 대한 알레고리를 담고 있다. "첫발자국 내딛는 두려움과 필체가 점점 나빠지는 포기"마저도 상실한 채 더러워지는 그 삶은 "오른쪽 페이지를 쓸땐 글씨가 좀 나아졌다가 / 왼쪽 페이지를 쓸 땐 / 필체가 엉망이 되는" 굴곡을 가지지만 그걸 안다고 해서 개선될 기미는 보이지 않는다. 다만 "空의 冊"인 "하늘허공 아래" 놓여 서성거릴 수 있을 뿐이다.

유홍준의 시에서 무(無)는 철저하게 없음의 세계이지, 비움으로써 생성의 공간을 마련하는 동양적 사유와 연결되지는 않는다. 공(空)의 세계 역시 만물의 생성의 골짜기와 관련되는 노자의 '허(虛)'와 같은 개념으로 읽히지는 않는다. 그만큼 그의 무(無)와 공(空)의 세계는 황막하다. 이는 아직 도시에서 살아가는 무인칭들의 삶의 형식들과 삶의 조건들에 대한 그의 시선이 너그럽지 못하다는 것을 반증해 준다. 그러나 풍자가 약간 얹혀지기는 했지만 "동생네 식구들이랑 어울려 한나절 푸른 지폐를 따고 / 돈다발 묶는, 이 얼마간의 기쁨"으로 "겨울이 오면 / 흰 쌀밥 위에 시퍼런 지폐를 얹어 먹자"(「들깻잎을 묶으며」)고 할 때의 긍정성은 인용된 시들의 부정성과도 맞물린 지점에서 여전히 싱싱하게 살아 있다는 것을 기억할 필요가 있다. 도시와 농촌의 삶에 대한 태도의 차이라고 쉽게 단정해버릴 수도 있지만 시의 전개라는 게 꼭 그렇게 단순한 도식처럼 흘러만 갈 수 있을 것인가. 도시적 삶에서 그가 도달한 이 무(無)와 공(空)의 세계가 어떻게 자신의 목소리를 가지며 어떤 방향으로 전개될 지 우리는 관심을 가지고 지켜 볼 따름이다.

타자와의 경계 지우기로서의 시
– 황동규 시집 『풍장』, 『외계인』을 중심으로

1.

시집 『몰운대행』 이후의 황동규의 시들은 소박하게 말한다면 사물과 대상을 마음으로 잡아낸 스냅 사진의 풍경이라 할 만하다. 현저히 여행 시들로 기울어지는 이들 시의 특징은 시집 『풍장』과 『외계인』에 이르면 그 극치를 이룬다. '풍장'은 죽음, 즉 장례의 한 형식이다. 그러나 그것은 오히려 삶과 죽음의 경계 허물기와 함께, 죽음에 의하여 생명의 참모습이 드러날 수 있다는 역설적 인식까지를 담고 있다. 죽음에 의해 더욱 풍성해진 삶. 어느 평자의 지적[1])처럼 1982년에 시작되어 1995년에 종결된 『풍장』은 죽음 길들이기이면서 죽음에 의해 열린 삶의 충만한 지평을 탐닉하려는 자유로운 정신으로 읽혀야 한다. 그것은 아울러 자연과 외계에 노출된 자아의 모습을 통해 나와 타자의 구분 지우기를 시도하는 시인의 의도가 담겨 있다. 『외계인』 역시 일상의 무감각을 뚫고 신생하는 그의 감각의 충일을 잡아내는 하나의 기호다. 그는 감각의 극대화를 통한 우주와 주체의 하나됨을 포착한다. 삼라만상과 교호하는 시인의 자유자재한 상상력의 진동이 문장들마다 실핏줄이 보일 정도로 녹아 있다. 그것은 화

1) 이숭원, 「삶의 풍광 속에 죽음 길들이기」, 『서정시의 힘과 아름다움』, 새미, 1997, 112면.

자가 발가벗고 들어가서 만난 세상이 화자의 마음 바탕에 찍은 삶의 무늬이다편의를 위해 한 편을 인용한다.

땅에 떨어지는
아무렇지도 않은 물방울
사진으로 잡으면 얼마나 황홀한가?
(마음으로 잡으면!)
순간 튀어올라
왕관을 만들기도 하고
꽃밭에 물안개로 흩어져
꽃 호흡기의 목마름이 되기도 한다.

땅에 닿는 순간
내려온 것은 황홀하다.
익은 사과는 낙하하여
무아경(無我境)으로 한번 튀었다가
천천히 굴러
편하게 눕는다.

—「풍장 17」

"땅에 떨어지는" 물방울은 일상적인 시각으로는 정말 "아무렇지도 않" 다. 그러나 시인은 그런 때 묻은 시선, 즉 대상적 인식과 관습적 맹목으로 사물을 보지 말고 사물의 이법으로 몸을 실으라고 우리들에게 권한다. 시인은 마음의 무늬를 나타내기 위해서 사진을 예로 든다. 사진은 살아 있는 순간을 보여주는 것이기는 하지만 그것의 형태는 죽은 것이라는 이중성을 가진다. 그 사진조차도 물방울을 왕관 모양의 스냅(언젠가의 "서울우유" 광고를 한번 생각해 보라.)으로, 물안개로, 꽃 호흡기의 목마름으로 나타낼 수 있는 것이다. 문제는 그것의 황홀을 보는 것, 마음으로 잡는 것이다. 시인은 먼저 "땅에 닿는 순간 / 내려온 것은 황홀하다"는 해석적 진술을 동원하고, 크고 둥근 하나의 물방울이라 할 수 있는 사물을 자연스럽게 끌고 나온다. 익은 사과는 사과 자체로서 존재하기도 하지만 익은 사람의 유비일 수도 있다. 사물과 자연의 이치를 깨달은 사람은 삶과 죽음의 차이를 두지 않는다는 뜻일 터. 죽음의 모습조차 얼마나 그윽한가. 그는 거기에서 황홀을 본다. 사과가 떨어지는 장면을 천천히 관찰하고 적은 듯이 보이는 마지막 3행은 절묘하다. 무아경으로 튀고, 천천히 구르고, 편하게 눕는다. 삶과 죽음의 구별이 없기 때문에 의식도 없고(무아경), 여유(천천히)와 자재(편하게)를 가질 수 있는 것이다. 화자가 꿈꾸는 풍장은 죽고 난 뒤에 거치는 제의로서의 절차가 아니라 지금 이 순간 삶 속에서 진행형으로 지속되고 있는 것이다. 그것은 전 세계가 참여하는 죽음이며 역으로 전 세계를 활성화시키는 것이다. 따라서 풍장에서는 주체의 탈골, 폭발 해체를 수반할 뿐만 사물 역시 끊임없이 움직이고 있다. 고정된 실체란 없다. 사물에서 생기를 보는 능력! 고정되어 있는 사물의 움직임을 한번 보라.

> 인간만이 아니라
> 살아 있는 모든 것의 속에 사는,
> 미물(微物) 속에서도 쉬지 않고 숨쉬는,
> 혹은 채 살아 있지 않은 신소재(新素材)도
> 날카로이 깎아놓으면
> 원래의 편안한 모습으로 되돌아가려는,
> 저 본능!
>
> 바람에 흔들리는 저 나무, 저 꽃, 저 풀,

도토리를 먹는 다람쥐의 오르내리는 저 목젖이
동식물도감의 정밀한 사진 속에 숨지 않으려는
바로 그것!

—「풍장 21」

대상에 대한 시인의 촉수는 참으로 예민하여서 살아 있는 것은 물론, 죽어 있는 것조차도 움직이지 않는 게 없다. 이것이 오랜 시간에 걸쳐 시인이 깨달은 진리다. 삼라만상의 사물, 심지어 물질인 광물에서 삶을 볼 뿐만 아니라, 생물학적인 의미의 죽음 뒤에까지도 살아 움직이는 본능을 시인은 본다. 그것은 정밀한 움직임의 형상을 잡았더라도 한 순간에 죽음의 폭력으로부터 그 움직임을 정지시키는 사진의 폭력으로부터 저항하면서 매순간 살아 있다는 것이다. 정물로 떨어지기 쉬운 소재를 잡은 다음의 시. 그 정중동의 미학.

언젠가 마음 더 챙기지 말고 꺼내놓을 자리는
방파제 끝이 되리.
앞에 노는 섬도 없고
헤픈 구름장도 없는 곳.
오가는 배 두어 척 갈 데로 가고
물 자국만 잠시 눈 깜박이며 출렁이다 지워지는 곳.
동해안 어느 조그만 어항
소금기 질척한 골목을 지나
생선들 모로 누워 잠든 어둑한 어물전들을 지나
바다로 나가다 걸음 멈춘 방파제
환한 그 끝

—「방파제 끝」

섬도 그냥 있는 것이 아니라 논다. 구름도 헤프다. 그러나 그것마저 없다. 배마저 갈 데로 간다. 물자국도 인격을 부여한다. 눈 깜박인다. 생선들은 모로 누워 잠든다. 움직인다. 더 환한 묘사. 방파제는 바다로 나가다 말고 걸음을 멈춘, 안 움직이는 듯 움직이는 곳. 움직임과 멈춤이 길항하는 두 힘을 시인은 환한 것으로 잡아낸다. 사물의 실핏줄이 보이는 그 정밀에 마음을 꺼내놓고 싶어 한다. 시인은 '자서(自序)'에서 "침묵 속에 섬세하게 뻗어있는 저 말의 뿌리들"이라고 말하고 있지만, 그에게 고여 있는 존재란 없다.

안동군 천등산 봉정사
오백 살 먹은 늙은 기와집들이
(칠백 살 넘은 극락전도 있지)
돌계단 뒤뚱뒤뚱 올라가
축대 위에 의좋게 모여 살고 있는 것을 보면
그래도 모여 사는 것이
흩어져 사는 것보다 낫다는 생각이 든다.
'그래도' 너무 바투 지어
고려 극락전 지붕과 조선 고금당 지붕이 겹쳐진 극락전 뜰에
아 가을이구나, 하기도 전에
천등산 낙엽이 온통 쏟아져 굴러올 때
여기 구르다 발에 밟히고
저기 날다 용케 발 피해 혈연 밝히고 눕거나
끝까지 굴러가 마당 귀에 무더기로 쌓이는,
쌓여 잠시 서로 몸을 숨겨주는,
바람 불면 무더기의 허리가 잘려
반이 또 어디론가 날아가버리는,
날아가는 곳 어딘지 통 보이지 않는 그런 가을날,

봉정사 뜰을 정신없이 걷다 보면,
바보처럼.

–「가을 어느 날, 바보처럼 2」

시간의 층위를 보여 주는 시이다. 지금 현재의 시간 속에 다른 시간의 층위들이 함께 놓인다. 고려의 시간과 조선의 시간의 의좋은 어깨동무. 거기에 뛰어드는 현존재인 낙엽. 이 시간들의 지속. 시간의 층위는 낙엽 속에서도 존재한다. 낙엽은 "부더기의 허리가 잘려 / 반이 또 어디론가 날려가"면서 바람의 시간 속에 몸을 맡기고 유영한다. 자신의 일부를 시간 속으로 돌리기도 하고, 다른 시간 하나를 자신의 일부로 받아들이기도 하는 존재들. 봉정사는 말하자면 여러 존재들이 바로 그러한 시간의 운행에 몸을 싣고 있는 곳이다. 그 곳은 베르그송 식으로 말한다면 지속으로 이루어진 공간이다. 순간의 연속성과 변화의 다양성뿐만 아니라, 연속과 변화 내에 관류하는 지속성의 시간경험이 이루어지는 그 현장에 시인은 취해 있다.

아 색깔들의 장마비!
바람 속에 판자 휘듯
목이 뒤틀려 퀭하니 눈뜨고 바라보는
저 옷 벗는 색깔들
흙과 담싼 모래 그 너머
바다빛 바다!
그 위에 떠다니는 가을 햇빛의 알갱이들.

소주가 소주에 취해 술의 숨길 되듯
바싹 마른 몸이 마름에 취해색깔의 바람 속에 둥실 떠……

–「풍장 2」

시인은 바다의 아름다움과 그것에 동화되고자 하는 심정을 압축적으로 담아낸다. 화자의 시선에 포착된 것은 바다 위에 비치는 가을 햇살이다. 그 때 바다는 가을의 청명한 하늘을 반사하며 푸르게 빛난다. 존재들의 속살과 맨몸의 세계에 들어갈 때 햇빛의 알갱이까지가 보이고, 바다는 고정관념의 고삐를 벗긴 채 비로소 바다 빛 바다로 보이는 상태가 된다. 시인은 사물이 타고난 생래적인 아름다움을 드러내는 가장 사물다운 한 순간을 목격한다. 그것은 인간의 자의적 인식에 의해 치장된 세계가 아니라 스스로 그러한 자연의 세계, 그 속에서의 도취가 만들어내는 희열이다. 그 실감을 시인은 목이 뒤틀린다고 말한다. "색깔들의 장마비!", "옷 벗는 색깔들"에 목이 뒤틀리는 화자는 마침내 그 색깔의 바람에 한 점 알갱이로 둥실 떠오르게 된다. 그것은 생동하는 존재의 시간의 운행에 몸을 실은 화자의 모습이다.

풍란(風蘭)이 터진다.
손가락 넣으면
빵꾸난 주머니 시원 너덜너덜 너덜.

옷 궤맨 곳 터져
살 드러나고
살 궤맨 곳 터져
뼈 드러나는가.

가만,
말 궤맨 곳 터질 때
드러나는 말의 뼈.

실과 바람 사이

바람과 난(蘭) 사이
풍란과 향기 사이
에서 노란 색깔과 초록 색깔이 알록달록 가벼이 춤추는
뼈들이 골수 속에 코를 박고 벌름대는
이 향기.

—「풍장 7」

터진 존재의 상쾌함이라니. 풍란의 터짐은 옷→살→뼈로, 다시 말→말의 뼈로 상상력을 넘어서 몸(말의 몸까지)을 열어 놓는다. 존재가 터지는 순간은 사물이 자신의 빛깔을 버리는("노란 색깔과 초록 색깔이 알록달록 가벼이 춤추는") 뼈들조차도 코를 박고 벌름대는 순간인 것이다. 꽃이 피어나듯 수도관이 터지듯 존재는 폭발하여 향기와 수액을 뿜어낸다. 터짐에서 죽음을 보는 것이 아니라 생명을 함께 사는 시인의 시선이 드러난다. 이 때 자아는 맨살로 세계를 만나게 되는 것이다.

사물과 주체의 거리가 완전히 소멸되는 다음의 시를 보라.

함박꽃 가지에서
사마귀가 성교 도중 암컷에게 먹히기 시작한다,
머리부터.
머리가 세상에서 사라지는 이 쾌감!
하늘과 땅 사이에 기댈 마른 풀 한 가닥 없이
몸뚱어리 몽땅 꺼내놓고
우주공간 전부와 한번 몸 부비는
저 경련!

—「풍장 30」

자아와 세상 사이의 한 치의 빈틈도 없는 만남을 보여 준다. 암컷에게 자기 몸이 먹히는 수컷의 동작을 따라 잡은 시에서 시인은 죽음을 공포라 하지 않고 "머리가 이 세상에서 사라지는 이 쾌감!"이라 표현한다. 기댈 풀 하나 없지만 그것은 몸뚱어리 "몽땅"과 우주 공간 "전부", 몽땅 전부가 한번 몸 부비는 축제이다. 분별적 인식에서 벗어나 내장으로 느끼는 경지를 획득한 이 시에서 시인은 결국 나와 세계의 완전한 합일과, 그 합일이 우주와 하나가 되는 모습을 보여 준다.

세계를 맨살로 만나는 또 하나의 시를 우리는 본다.

쓸쓸한 화령길
어려운 길 석천(石川)길
반야사는 초행길
황간 지나 막눈길

돌다리 위에 뜬 말없는 달
(그 달!)
등지고
난간 위에 눈을 조금 쓸고
목숨 내려놓고.

부처를 만나면 부처를 죽이고
루카치 만나면 루카칠
바슐라르 만나면 바슐라를
놀부 만나면 흥부를……

이번엔 달을 내려놓고.

–「풍장 4」

분별을 없애야 진정한 삶을 누릴 수 있다는 마음의 상태를 날것으로 보여 준다. 시인은 위태로운 길을 가면서 목숨(자아)마저 버린다. 그리고 그 때 사물과 직접적으로 맞닥뜨리는 것에 방해가 되는 분별지(分別智)를 없앤다. 임제 선사의 어록의 변형이다. 루카치가 누구인가. 바슐라르가 누구인가. 좌파와 우파의 대표적인 학자가 아닌가. 그런 분별은 자아가 자신의 좁은 틀에서 벗어나려 할 때 찢고 나와야 할 껍질인 것이다. 특이한 것은 놀부를 만나면 흥부를 죽인다는 구절이다. 버려야 한다는 사실조차도 버린다는 것을 보여 준다. 그 경지에 도달했을 때 하늘의 달조차도 내려놓을 수 있는 자유가 탄생하는 것이다.

2.

이러한 주체와 대상간의 경계 지우기는 세계를 맨살로, 맨살의 실감으로 만나는 것이다. 그것은 결국 만상간의 차별 지우기로 연결된다. 따라서 이러한 분별지를 놓아버리면 인간중심주의적 사고에서 당연히 놓이게 된다. 아래의 시를 보라.

> 여름날 연천읍 변두리
> 시인 조정권의 스무 평 일요농장에서 풀을 뽑는다.
> 잡풀 질긴 것은 미리 알고 있었으나
> 머리를 갈퀴처럼 땅에 뿌리박고 있어
> 뽑아도 뽑아도 드러나지 않는 풀의 얼굴
> (마지막 얼굴 채 드러나지 않는 저 추억들!)
> 하나가 드디어 뿌리채 뽑히는가 힘을 주면
> 가슴 부분이 끊겨 땅 위에 나온다.
> 저편에서 허리 꺾고
> 열심히 풀 뽑고 있는 조정권을 흘끗 쳐다보고

고추 줄기를 대신 뽑으니
거짓말처럼 뿌리 끝까지 쉽게 빠져나온다.
세상 만물에 정신이 스며 있다면
잡풀에 고인 정신이 제일 끈질기지 아마.
인간의 허리를 꺾고
그의 손 힘을 시험하고
보이고 싶은 것만을 보여준다.
내 손을 피하려다 말고
풀 한 줄기가 손가락을 벤다.
허리 꺾고 휘어잡자 그가 낮은 목소리로,
"잡풀."

–「잡풀」

잡풀의 정신을 이야기하는 시다. 분별지에서 벗어났을 때 그는 잡풀 속으로 들어갈 수 있는 것이다. 그러나 쉽게 생각하는 잡풀 속으로 들어가기는 얼마나 어려운가. 사물의 중심에 가닿기가 얼마나 어려운가를 시인은 "뽑아도 뽑아도 드러나지 않는 풀의 얼굴"이라는 절묘한 수사로 표현한다. 그것은 얼굴 드러내지 않는 추억으로 변용된다. 그러나 시인은 풀에 심각한 의미를 부여하지는 않는다. 짐짓 "세상 만물에 정신이 스며 있다면"이라는 한정사를 붙여 능청을 떨고 있는 것이다. 그러나 잡풀이 "인간의 허리를 꺾고 / 그의 손 힘을 시험하고 / 보이고 싶은 것만을 보여"준다와 같은 시점(주체와 대상의 바뀜)의 전환을 한번 보라. 그는 잡풀에게서 정신을, 정신의 깊이를 본다. 인간의 손에 형편없이 뜯기는 잡풀조차도 그 생리(다 뽑히지 않는다는)로 인간을 가지고 놀 수 있는 것이다. 그는 사물에(엄밀히 말해 그것은 사물의 정신이다.) 손가락을 베이고 마침내 사물이 속삭이는 소리를 듣게 된다. 휘어잡는 (잔인한) 손에 한숨처럼 내뱉는 (애절한) "잡풀"이라는 말, 인간과 사물과의 한 치의 빈틈도 없는 만남!

위의 시와 연속성에서 파악되는, 사물에 놓인 생명의 힘을 보는 다음의 시는 또 어떤가.

남태평양에서 매년 태어나는 70여 척 태풍 가운데 많은 것이
바다에서 태어나 바다를 헤매다 바다에서 죽고
몇몇은 일본에 상륙해 옥쇄하고
몇은 중국에 들어가 열대 비바람이 되고
두엇이 한반도에 쳐들어 온다 그렇지 않아도 연천 철원의 망측한 수해 현장
소들이 지붕 위로 올라가 물을 내려다보며
깊은 생각에 잠겨 이마 주름살 조이는 광경이틀이나 지켜 본 마음
이번엔 커크 북상한다는 말 듣고 속 조이던 마음
그가 오키나와에서 문득 진로를 동북으로 틀었다는 말 듣고
그럼 내가 한번 태풍으로 태어났으면, 상상해 본다.
섬과 섬 사이에서 눈 하나로 태어나
점점 자라며
지구에서 제일 크고 아름다운 바다를 신명 들려 헤집고 다니다
어디서나 방향 틀어
방수 처리 잘 된 어느 땅에 상륙하여
몸 털며 인간의 산야를 한번 쓰다듬고
슬쩍 열대성 저기압으로 몸을 바꾸는
태풍
혹은 몸 바꾸기 전 힘 빼고 해남 대흥사쯤에 들러
유선여관에서 하룻밤 머리맡 물소리에 자다 깨다 하다가
잠결에 일주문이나 하나 부수고
새벽녘 가벼운 잠으로 녹아버리는
사라져 몹쓸 이름만으로 남는
태풍.

바람 한 점 없는 열대야 보름째.

―「1996년 8월 13일 밤 태풍 커크 방향 틀다」

70여 척 태풍과 배를 동일시한다. 이 때 "쳐들어온다"는 태풍의 폭력성이 물질성을 획득할 수 있는 것이다. 망측한 수해 현장의 폭력성은 소들이 지붕에 올라가 깊은 생각에 잠겨 이마 주름살 조이는 풍경으로 극적인 상황을 하나 만들어낸다. 그러나 그 폭력성의 태풍은 진로를 바꾸며 장난기를 발동한다. 이 때 극적 상상력에 의해 내가 태풍으로 태어났으면 하는 바람이 생겨난다. 폭력성의 저편에는 아름다움과 자유의 이름이 같이 태어나는 것이다. "슬쩍" 몸을 털어 여유를 부리다가 대흥사쯤에서 "잠결에 일주문이나 하나 부수고" 능청을 부리며 힘 빼는 태풍의 모습을 상상해 보라. 유쾌하고 극적인 상상력! 더욱이 그것이 "바람 한 점 없는 열대야 보름째"의 현실에서 이루어진 것을 한번 생각해 보라.

태풍의 인격은 빗소리의 인격으로 다음과 같이 변이된다. 사물에게서도 자신을 버리는 몸짓을 본다. 빗소리를 소재로 한 다음의 시를 보라.

지난 몇 해 이맘때쯤이면
어김없이 찾아오는 빗소리.
아침부터 시작해서 낮은 보내고
오후에도 잊힌 듯이 내리는 빗소리.
오늘은 연구실 창밖 까치집을 적시고
보이지 않아도 몸 뒤척이는 까치 새끼들
바알간 발톱까지 적시고
발톱에 묻은
거미줄 남은 한 가닥까지 적시고
더 적실 것이 없어
맥을 놓아버린 빗소리

발 하나쯤
시간 밖으로 내어놓은 빗소리.

―「꿈의 꿈」

"더 적실 것이 없어 / 맥을 놓아버린 빗소리", "발 하나쯤 / 시간 밖으로 내어놓은 빗소리." 빗소리(비도 아니고)에 인간의 육체를 부여하는 능력을 보여 준다. 빗소리의 발. 그것은 보이는 시간 밖으로 나와 있다. 표면적으로는 사물을 완전히 적시는 비 성노의 말이다. 그러나 시인은 맥을 놓는다는 말을 쓴다. 그것은 집착에서 벗어난다는 말, 의도나 구별을 없앤다는 이야기와 통한다.

3.

황동규의 시는 '날 것'으로 만나는 세계다. 전신 황홀, 겅중겅중 뛰는 무중력 상태! 그때 지구마저 굴러온다. 자신이 외계인이 되는 것(「외계인」 2). 그러기에 봄도 그냥 봄이 아니고, 늘 새로 만나는 숫봄!이다. 버스정류장도 출렁댄다. 시간도 푸른색으로 칠해 놓고 출렁댄다.(같은 시)

사물의 취안과 자신의 취안을 마주 대고 보는, 오 출렁이는 말들의 빰! 이런 상태에서 사물은 커졌다가 작아졌다가 자유자재로 굴신한다. 사물뿐만이 아니다. 그 속에 나도 사물과 함께 출렁댄다. 답답하고 지루한 일상, "뱅뱅 네거리 뱅뱅 매연", 개인과 사회가 얽어놓은 가치 체계와 욕망의 그물이 만든 그 상처 속에서도 사물은 취해 있는 것이다. 이 근원적 세계는 어떠한 매개도 거치지 않고 무심히 바라보는 시선과 자신이 스스로 빛을 내어 맨몸을 드러낸 존재가 직접 부딪힐 때 순간적으로 빛나는 진실의 모습이다. 그것은 인식하는 주체와 인식되는 객체로 분열되어 있는 대상적 인식의 지평 너머에서, 자아와 타자가 무화된 경지에서 성취되는 것이다. 이 때 자아와 세계는 서로 끌어들이는 힘의 중간에서 서로를 볼 수 있는 것이다.

다음 시는 그것을 극명하게 보여준다.

양재동 술집 '장유'가 불어나
서초동 압구정동으로 기어들어가기 전
혹은 작아져
성남 한 골목 속으로 졸아들기 전
어느 봄 며칠만
걸어 오 분 거리에 살고 싶다.
전신 골절상에 사지 절단당한 가로수들
눈 휩떴던 상처 가라앉고
죽은 듯이 살다가
건드려도 기척 없다가
뱅뱅 네거리 뱅뱅 매연 속에서
상처마다 도도히 취한 줄기와 이파릴 터뜨릴 때
'장유'에서 나와 가로등 불빛을 받으며
일 대 일로 취안과 취안을 맞대고 싶다
기척 없이.

—「취안과 취안을」

이 때 자아와 사물이 장력으로 서로를 당긴다. 주체의 문제가 개입되는 것은 물론이다. 황동규는 인간이 이 세계의 주인이라는 의식에서 벌써 멀찌감치 물러나 있는 것이다. 세계를 인간중심이 아니라 열린 인식으로 인간과 사물이 동일한 지점으로 끌고 가는 것, 그것이 황동규의 타자 지우기의 기저에 놓인 인식이 아닐 수 없다.

안도현과 함께 하는 시작 연습
– 시집 『외롭고 높고 쓸쓸한』, 『그리운 여우』를 중심으로

안도현의 시는 쉽고 편안하게 읽히면서도 순간순간 시적 재능을 보이는 구절이 많다. 그러면 그 시들은 어떤 발상과 시적 태도에서 연유하는가. 그의 시의 입구에서 우리는 그것을 먼저 알아두는 것이 필요하다.

그는 언어에 민감한 시인이다. "언어를 풀 때는 풀고 당길 때는 당길 줄 아는 시인이어야 겠다"라는 시인의 말에서 우리는 여타 시인들과는 구별되는 하나의 태도를 발견한다. 바로 언어의 세공 문제이다. 이는 그의 자전적 에세이[2] 한 대목에서도 여실히 드러난다.

> 나는 스스로를 타고난 시인이라고 생각해 본 적이 한 번도 없다. 내가 정말로 타고난 시인이라면, 적어도 한 편의 시를 쓰기 위해 끙끙대며 수십 번의 퇴고 과정을 거치지는 않을 것이며, 서점 잡지 대 앞에서서 직원의 눈치를 보아가며 매달 문예지에 발표되는 시들을 거의 다 읽을 필요도 없을 것이다.

한 편의 시를 쓰기 위하여 시인이 들이는 노력은 가히 놀랄 만하다. 수십 번의 퇴고와 그달치의 문예잡지 다 읽기라는 통과의례를 거치는 시인의 모습은 시를 쓰는 문청들에게 귀감이 되는 태도라 하지 않을 수 없다.

---

2) 안도현, 『고래를 기다리며』(제13회 소월시문학상 수상 작품집), 문학사상사, 1998. 이하 인용은 이 책에서 했음.

그의 말마따나 그는 언어를 수십 번이고 매만지고 다듬는다. 그의 시가 '매끄럽다'는 평가를 받는 이유는 바로 그런 점 때문이다. 미끈하게 뽑혀 나온 무 같은 그의 시는 그 자체로 많은 독자를 확보하는 요인이 되기도 하지만, 문학을 치열하게 하려는 젊은이들에게는 패기가 부족하다거나 사회 현실에 대한 고민이 없다는 비판을 받고 있기도 하다. 그러나 이러한 비판도 그의 시의 이면에 있는 수없는 바느질 자국을 보지 못한 데서 나오는 것일지도 모른다. 말하자면 두루뭉술하게 보이는 그의 언어는 고통의 쐐기풀에 긁힌 수많은 상처를 내장하고 있는 셈이다. 계속해서 그는 말한다.

> 가능하면 갈등보다는 화해의 편에 시를 세워 두는 것, 복잡하고 미묘한 것보다는 되도록 단순한 것을 찾아 나서는 것, 게다가 도시 한복판으로 선뜻 발을 옮기는 것을 두려워하고, 거대 도시를 시 속으로 불러들이는 것도 께름칙하게 여기는 것, 남들이 새롭다고 떠받드는 형식이며 사상을 쉽게 받아들이지 못하는 것, 기상천외한 상상력의 나라를 만들지 못하는 것, 그런 것도 모두 저의 남루에 속하는 일입니다.
>
> 저는 시를 쓰면서 어느 쪽이든 극단으로 가지 않으려고 무척 애를 쓴 게 사실입니다. 그러다가 양쪽에서 돌멩이가 날아온다고 해도 말이지요. 제 시 쓰기의 방법이나 목적은 모든 이분법을 무화시키는 일이라 할 수 있습니다. 이 또한 남루라면 저는 남루를 재산으로 삼고 살아갈 도리밖에 없겠습니다.

우리는 여기서 그의 시의 지향이며 형식, 정신의 면모를 만날 수 있다. 그는 보통 사람의 입장에서 시선을 낮춰 시를 쓴다. 그리고 자연의 속삭임에 귀를 기울인다. 도시시, 해체시 같은 새로운 조류에도 민감하지 못하다. 발랄하고 기괴한 상상력을 추구하지 않는 것은 더 말할 나위가 없다. 우리의 정신의 결이 지켜지고 있는 자연과 공동체, 그리고 이웃을 즐겨 다루는 것은 그와 같은 맥락에서이다. 근본적으로 그는 자신의 경험의 테두리 속에서 세상 사람들의 찢기고 남루한 것들을 싸매고 깁는 시를 쓰기 원한다. 그만큼 쉬우면서 공감이 가는 내용이고 대립을 피한 자리에서 싹트는 것이다.

그는 대상을 감각적 이미지로 변용시키는 시를 쓰지 않는다. 다만 그는 일상에서 사소하게 지나치는 아주 작고 하찮은 것들을 자신의 마음으로 끌고 들어와 뜨겁게 껴안으면서 그들의 입장에서 드러낸다. 그는 마음의 눈을 통해서 호흡하면서 현상적 차원에 내재된 어떤 본질적인 것을 쓰고자 한다. 다시 말해서 그는 현실의 대상을 경험적 시지각(視知覺)으로 인식하되 그것을 다시 마음을 통해 느낌으로써 가시적 대상에 내재된 보이지 않고 들리지 않는 본질적인 것들을 시화하는 재능을 가졌다.

그의 이러한 시관은 아래와 같은 명료한 진술을 가진 시에서 뚜렷하게 드러난다. 애기똥풀의 존재, 소중함을 모르는 인간은 안도현의 시에 존재할 수 없다. 애기똥풀과 일체가 되는 세계, 애기똥풀의 말을 알아듣고 그들의 말을 시로 쓰는 세계, 식물(사물, 동물, 자연)을 모르면 오히려 그쪽에서 섭섭한 세계, 인간과 사물이 서로를 반영하는 세계, 이처럼 인간과 자연과 시와 시인이 조화롭게 어우러지는 세계를 지향하는 시(그들은 모두 스며든다. 강물과 눈발, 시냇물과 송사리, 애기똥풀과 나, 우물물과 두레박, 연탄과 구들장·처녀의 등이 그렇다.)가 안도현의 시다. 그의 말을 빌면 이 세상하고 나란히 어깨를 대고 걸어가기, 혹은 세상의 키에다 시의 키를 맞추기. 세상이 아프면 그 상처에다 빨간 약이라도 발라주기. 안도현 시의 감동적 울림은 여기에서 온다.

나 서른다섯 될 때까지
애기똥풀 모르고 살았지요

해마다 어김없이 봄날 돌아올 때마다
그들은 내 얼굴 쳐다보았을 텐데요

코닥지 같은 어여쁜 꽃
다닥다닥 달고 있는 애기똥풀
얼마나 서운했을까요

애기똥풀도 모르는 것이 저기 걸어간다고
저런 것들이 인간의 마을에서 시를 쓴다고

–「애기똥풀」 전문

자기에게 쏟아지는 반성의 어조로 시가 구성되어 있다. 식물에게 인격을 부여하는 것은 기본이다. 우리는 때로 작은 것 하나 알지 못하며 큰 것이라며 부질없는 것을 쫓는 경우가 많다. 그러나 정작 그런 마음에는 사람의 마음을 움직이는 진실은 없기 마련이다. 누가 큰 사람인가. 누가 진실한 사람인가. 우리가 작은 것이라고, 사소한 것이라고 치부하는 것을 관심 갖고 크게 볼 줄 아는 사람이 아닌가. 이 시는 애기똥풀의 목소리를 통해 말하고 있다. 사물에 눈길을 줄 줄 모르는 인간, 자연도 모르는 인간은 시를 쓸 자격조차 없다는 말, 그 빈정거림과 재치가 얼마나 재미있는가. 이는 "쑥부쟁이와 구절초를 / 구별하지 못하는 너하고 / 이 들길 여태 걸어왔다니 // 나여, 나는 지금부터 너하고 절교다!"(「무식한 놈」)는 구절과도 같은 맥락이다.

시인은 눈에도, 강에도, 연탄에도, 우물물에도, 게에게도, 송사리에게도, 깃털, 빈집 등 모든 사물들에게도 스며들어가서 그들의 언어로 시를 만들어 낸다.

어린 눈발들이, 다른 데도 아니고
강물 속으로 뛰어내리는 것이
그리하여 형체도 없이 녹아 사라지는 것이
강은,
안타까웠던 것이다
그래서 눈발이 물위에 닿기 전에
몸을 바꿔 흐르려고
이리저리 자꾸 뒤척였는데
그때마다 세찬 강물소리가 났던 것이다
그런 줄도 모르고
계속 철없이 철없이 눈은 내려,
강은,
어젯밤부터
눈을 제 몸으로 받으려고
강의 가장자리부터 살얼음을 깔기 시작한 것이었다

—「겨울 강가에서」 전문

시인의 눈이 먼저 포착한 것은 강물 위로 떨어지는 작은 눈발이다. 눈발은 강물에 떨어지자마자 녹는다. 눈은 기온이 떨어져 강에 살얼음이 낄 때까지 계속해서 내린다. 그 때 내린 눈은 녹지 않는다. 이게 현상적으로 보이는 것이다. 그러나 시인은 이런 대상 자체에 감각적 이미지를 부여하는 식으로 시를 만들지 않는다. 오히려 대상을 마음에 껴안음으로써 대상에 내재된 본질적인 것을 자신의 눈으로 읽는다. '의인화'라고 우리가 일반적으로 말하는 비유로서 말이다. 눈과 강, 살얼음 등은 따로 놀지 않고 그의 마음에서 의미 있는 하나의 풍경—철없는 자식과 모성이라는—을 만들어 낸다. 이 시에서 작은 눈발은 '어린' 눈발로 변용되면서 뛰어내리고, 형체도 없이 녹아 사라진다. 반면 강은 안타까움과 사랑으로 충일해 있다.

눈발이 물 위에 닿기 전에 몸을 바꿔 흐르려고 뒤척인다. 그것은 세찬 강물 소리로 나타난다. 그러나 자식의 철없는 행동이 계속되자('철없이 철없이'의 반복을 보라.) 매서운 결단으로 자신을 희생한다. 어린 자식을 제 몸으로라도 받으려는 어머니의 희생적 결단의 산물, 살얼음이 깔리기 시작한다. "강의 가장자리부터"는 얼음이 어는 물리적인 환경을 그대로 가져온 것이다. 그만큼 현상을 관찰하는 눈에도 어긋남이 없다. 이 시에서 내리는 눈과 강물의 흐름에 인간의 육체를 부여하는 방식은 아래와 같다.

내리는 눈에 인간의 육체를 부여하는 방식: 뛰어내린다. 형체도 없이 녹아 사라진다(물리적 환경과 동일), 철없이(계속), 내린다.(물리적 환경과 동일).

강물의 흐름에 인간의 육체를 부여하는 방식: 몸을 바꿔 흐른다(세찬 강물소리-녹이지 않겠다는 의지.) 제 몸으로 받는다.(살얼음). 살얼음을 깐다(살얼음이 언다에 의지 부여)

우리는 여기에서 시를 창작할 때 사물을 새롭게 보려는 나머지 모든 언어를 비유로 처리할 필요는 없다는 사실을 확인할 수 있다. 이는 "나는 처마 밑에서 비 그치기를 기다리고 있다가 / 모과나무, 그가 가늘디가는 가지 끝으로 / 푸른 모과 몇 개를 움켜쥐고 있는 것을 보았다 / 끝까지, 바로 그것, 그 푸른 것만 아니었다면 / 그도 벌써 처마 밑으로 뛰어들어 왔을 것이다"(「모과나무」 부분)에서도 여실히 드러난다.

그 다음 우리가 살펴볼 것은 '사물을 통해 삶의 방식을 다루는 시'이다. 그는 대체로 모양이나 생리로 삶의 지혜를 잡아낸다.

> 고여 있는 동안 우리는
> 우리가 얼마나 깊은지 모르지만
> 하늘에서 가끔씩 두레박이 내려온다고 해서
> 다투어 계층상승을 꿈꾸는 졸부들은 절대 아니다

잘 산다는 것은
세상 안에서 더불어 출렁거리는 일
누군가 목이 말라서
빈 두레박이 천천히 내려올 때
서로 살을 뚝뚝 떼어 거기에 넘치도록 담아주면 된다
철철 피 흘려주는 헌신이 아프지 않고
슬프지 않은 것은
고여 있어도 어느 틈엔가 새 살이 생겨나 그윽해지는
그 깊이를 우리 스스로 잴 수가 없기 때문이다

–「우물」 전문

잠언술적 깨달음이 승한 시다. 아마추어들이 시도할 수 있는 패기를 가진 작품이기도 한다. 시인은 우물물에서 발상이 가능한 모든 것을 이끌어 내고 있다. 전체적으로 이 시는 '우물'에서 다음의 네 가지 사실을 잡아낸다.

1) 우물물은 고여 있을 동안에는 얼마나 깊은지 모른다.
2) 그러나 낮게 있다고 해서 계층상승을 꿈꾸는 졸부들은 아니다.
3) 잘 산다는 것의 덕목은 더불어 출렁거리는 것이다.
4) 스스로도 잴 수 없는 그윽한 깊이를 가지는 것은 누군가의 갈증을 채워 주기 위해 서로의 살을 뚝뚝 떼어, 철철 피 흘려주는 헌신을 할 때다.

생각의 깊이를 보여주는 진술은 8~9, 12~13행이다. 시인은 우물물에서 가진 것 없는 낮은 자들의 함께 살아가는 모습(연대)과 함께, 비굴하지 않고 남을 위해 희생하는 그들의 자세에서 생의 깊이와 건강한 생명력(헌신으로 그윽해지는)을 발견한다.

다분히 사회학적인 상상력으로 접근다. 그만큼 시각에 따라서는 아기자기한 면이 부족하다는 견해가 있을 수도 있다. 전체적으로 인생론적 진실을 유도해내는 진술을 묘사보다 훨씬 많이 사용하고 있다.

언젠가는 나도 활활 타오르고 싶은 것이다
나를 끝닿는 데까지 한번 밀어붙여 보고 싶은 것이다
타고 왔던 트럭에 실려 다시 돌아가면
연탄, 처음으로 붙여진 나의 이름도
으깨어져 나의 존재도 까마득히 뭉개질 터이니
죽어도 여기서 찬란한 끝장을 한번 보고 싶은 것이다
나를 기다리고 있는 뜨거운 밑불 위에
지금은 인정머리 없이 차가운, 갈라진 내 몸을 얹고
아래쪽부터 불이 건너와 옮겨 붙기를
시간의 바통을 내가 넘겨받는 순간이 오기를
그리하여 서서히 온몸이 벌겋게 달아오르기를
나도 느껴보고 싶은 것이다
나도 보고 싶은 것이다
모두들 잠든 깊은 밤에 눈에 빨갛게 불을 켜고
구들장 속이 얼마나 침침한지 손을 뻗어보고 싶은 것이다
나로 하여 푸근한 잠자는 처녀의 등허리를
밤새도록 슬금슬금 만져도 보고 싶은 것이다

–「반쯤 깨진 연탄」 전문

일상에서 우리가 사소하게 넘기는 것들을 안도현은 결코 그냥 지나치지 않는다. 모든 것들을 자신의 마음으로 끌고 들어오거나 자신이 사물의 마음이 되어서 시를 만들어낸다. 반쯤 깨진 연탄조차도 남을 위해서 자기 몸을 내어 줄 가치가 있다는 것을 보여 준다. 여기서 '반쯤 깨진 연탄'은 넓게는 태워보지 못한 인생을 상징한다고 할 수 있다. 그래서 자신의 이

름, 자신의 정체성으로, 개성으로 자신을 온전히 태워보고 싶은 마음을 연탄은 갖게 되는 것이다. 한 가지 특기할 만한 사실은 반쯤 깨진 연탄이 자신을 태우는 것은 세상(타자)이라는 밑불과의 연대에 의해 가능하다는 것이다. 이는 누구든 혼자서는 살아갈 수 없다는 진리를 말하려 함이었을까? 드디어 자신의 몸에 불이 옮겨 붙었을 때 연탄은 "모두들 잠든 깊은 밤에 눈에 빨갛게 불을 켜고" 가족과 이웃의 안위를 걱정하는 자애로운 마음씨를 보여준다. 그러나 이 시가 인간적인 정감을 가지는 것은 연탄이 몸을 녹여주는 대상을 '처녀'로 설정한 데 있다. 연탄의 열기는 손으로 변용되면서 "잠자는 처녀의 등허리를 / 밤새도록 슬금슬금 만져도 보고 싶은 것이다"에 나타나는 능청과 유머는 이 시를 더욱 감칠 맛나게 한다. 25개나 되는 눈을 뜨고 남을 데워주는, 그러면서 인간적인 면모도 갖고 있는 연탄이 안도현에 의해 새로이 창조되었다.

게는 이 세상이 질척질척해서
진흙 뻘에 산다
진흙 뻘이 늘 부드러워서
게는 등껍질이 딱딱하다
그게 붉은 투구처럼 보이는 것은
이 세상이 바로 싸움터이기 때문이다
뒤로 물러설 줄 모르고
게가 납작하게 엎드린 것은
살아남고 싶다는 뜻이다
끝끝내

그래도 붙잡히면?
까짓것, 집게발 하나쯤 몸에서 떼어주고 가는 것이다

언젠가는 새살이 상처 위에
자신도 모르게 몽게몽게 돋아날 테니까

—「삶」 전문

시인은 인간을 포함한 자연 일반의 보편적인 생각을 '게'를 통해 보여주고 있다. 엄밀히 말하면 게를 통해 인간이 탐욕을 버리고 달관의 자세를 취할 것을 은근히 권면하고 있는 시라고 할 수 있다. 게의 거주 공간이 진흙 뻘과 투구처럼 보이는 딱딱한 등껍질, 뒤로 물러설 줄 모르고 납작 엎드린 게의 생리는 모두 인간에게 우리를 둘러싼 환경을 떠올리기 위한 매개로 작용한다. 2연에서 게는 인간이 가지지 못한 지혜를 소유한 존재로 나타난다. 게는 삶이 그의 앞을 가로막을 때, "까짓것, 집게발 하나쯤 몸에서 떼어주고" 자신의 길을 간다. 집게 발 하나에 적이 빠져 있을 동안 유유히 가는 게를 보아라. 당장 자신이 상처를 입는 것 같지만 게는 먼 곳을 본다. "언젠가는 새살이 상처 위에 / 몽게몽게 돋아날" 것을 믿는다. 게는 떼어줌으로써 다시 얻을 것을 아는 영물이라는 것이다. 그러니까 게는 결국 인간의 삶을 비추고 새로이 갱신시키는 존재로 이 시에서 나타나는 것이다. 안도현은 인간우월주의에 사로잡혀 있지 않다. 오히려 인간보다 동식물을 더 우위에 둠으로써 인간중심의 사고를 깨트리려 하는 것이다. 그것만이 아니다. 이 시에서는 언어를 보는 재미도 만만치 않다. '까짓것'과 '몽게몽게'라는 시어가 바로 그 예이다.

동물과 자연과의 관계를 살펴보자. 아래 시는 자연이 동물의 일에 개입하는 양상을 보이고 있다.

송사리떼에게 거슬러 오르는 일을 가르치려고
시냇물은 스스로 저의 폭을 좁히고
자갈을 깔아 여울을 만들었네

송사리 송사리들 귀를 밝게 하려고
여울목에 세찬 물소리도 걸어놓았네

시냇물의 힘줄을 팽팽하게 당기며
송사리는 거슬러 오르고

그 때

시냇물이 감추어 둔 손가락지 하나가
물 속에서 반짝, 하고 빛나네

—「여울가에서」 전문

안도현에게 홀로 떨어져 존재하는 사물은 없다. 사물끼리의 상호 작용을 통해 '우리'를 만들어나간다. 이 시에서 사용되고 있는 기법은 사물의 인격화일 것이다. 시냇물은 송사리떼를 키운다. 송사리떼에게 거슬러오르는 일을 가르치려고 스스로의 폭도 좁히고 송사리들 귀를 밝게 하려고 여울목에 세찬 물소리도 걸어놓는다. 그리하여 송사리는 "시냇물의 힘줄을 팽팽하게 당기며" 거슬러 오르는 것이다. 그러나 이 시의 가장 큰 비밀은 끝부분에 와야 밝혀진다. "시냇물이 감추어 둔 손가락지 하나가", "물 속에서 반짝, 하고 빛나"는 장면을 시인은 훔쳐본 것이다. 이 부분에 이르러 우리는 시냇물이 송사리에게 프로포즈라도 할 듯 사랑을 키워왔다는 것을 눈치 채는 것이다. 햇살과 물무늬의 관찰을 통해 이미지화한 이 부분에서 이 시는 아연 새로움을 더했다고 할 수 있다. 시냇물이 송사리에게 연정을 품고 있다는 것은 바로 자연이 동물에 개입하는 방식을 보여주는 사례라 할 수 있다. 아래 시도 산의 의인화가 주도적으로 시도된 작품이다.

山은 저 홀로 푸르러지지 않는다네
한 山이 그 빛깔 흐려지며 그 너머 山에게 자기를 넘기면
그 빛깔 흐려진 山이 또 빛깔 흐려지며 그 너머 山에게 자기를 넘긴다네

山은 또한 저 홀로 멀리 사라지지 않는다네
한 山이 한 山을 받아 앞에 선 山에게 짙어진 빛깔 넘기면
그 山은 또 그 앞에 선 山에게 더 짙어진 빛깔 넘기고
그 빛깔 넘겨받은 山은 그 앞에 선 山에게 더더욱 짙어진 빛깔 넘긴다네

소나무 푸른 것은
우리 동네 앞산
우리 동네 앞산은
소쩍새를 키운다네

–「山에 대하여」

송수권의 「지리산 뻐꾹새」에서 발상을 얻은 것으로 보인다. 산은 "짙어진 빛깔 / 흐려진 빛깔"을 그 너머 산에게, 너머 산은 다음 산에게 지속적으로 넘긴다는 것, 이런 집단적인 힘이 산의 푸르름을 만들고 먼빛을 또한 가지게 된다는 인식을 가지고 있다. 사실 산의 푸르름이나 잎 떨어져 먼빛을 가지게 되는 현상은 신록이나 단풍의 남하 같이 시간대별로 점차적으로 번져가는 속성인데, 그것을 안도현은 넘김이라는 표현으로 처리하고 있는 것이다. 그런데 이 시의 별미는 3연이다. 3연은 1, 2연을 새롭게 한다. "소나무(가) 푸른 것은 / 우리 동네 앞산"이며, "우리 동네 앞산은 / 소쩍새를 키운다네"라는 말을 통해서 정작 소쩍새가 울음을 울어 그 울음이 푸르름을 계속해서 만들어나갔다는 진술을 끌어내고 있는 것이다. 우리는 여기서 푸른빛과 먼빛을 넘긴 매개가 소쩍새였다는 것을 새로이 알게 된다. 소쩍새 한 마리가 이루어놓은 이 기적의 사실 유무와 관계없이

우리는 생명이 불러일으키는 힘에 놀라는 것이다.

그는 사물과 인간의 자유로운 소통을 노래하고 있는 그의 시는 생명에서 떨어져 나가, 이제는 사물이 된 하나의 조각에서도 원래의 몸을 복구해 나가고 있다.

> 거무스름한 깃털 하나 땅에 떨어져 있기에
> 주워 들어보니 너무나 가볍다
> 들비둘기가 떨어뜨리고 간 것이라 한다
> 한때 이것은 숨을 쉴 때마다 발랑거리던
> 존재의 빨간 알몸을 감싸고 있었을 것이다
> 깃털 하나 무게로 가슴이 쿵쿵 뛴다
>
> –「깃털 하나」

부분에서 전체를 읽어내는 감수성이라고 하기에는 무언가 표현이 부족하다. 깃털 하나, 아무 무게도 드리우지 않는 거무스름한 깃털 하나가 생명풀무를 일으킨다. 그것은 "숨을 쉴 때마다 발랑거리던 / 존재의 빨간 알몸을 감싸고 있었"던 옷깃이었기에 내 손 안에 있는 깃털 하나로 나는 이미 들비둘기와 소통과 교감의 순간을 살고 있는 것이다. 생명에서 분리된 것도 생명과의 일체감을 가지고 있으며, 그 생명 하나의 무게가 우리의 가슴을 쿵쿵 뛰게 한다는 것을 보여주고 있다. 이런 복구, 생명의 원상 찾기는 인간과 식물 사이의 교감도 너끈히 가능하게 한다. 명명하자면 인간의 일에 식물이 개입하는 방식이라 할 수 있다.

> 너 보고 싶은 마음 눌러 죽여야겠다고
> 가을산 중턱에서 찬비를 맞네
> 오도 가도 못하고 주저앉지도 못하고

너하고 나 사이에 속수무책 내리는 빗소리
몸으로 받고 서 있는 동안
이것 봐, 이것 봐 몸이 벌겋게 달아오르네
단풍나무 혼자서 온몸 벌겋게 달아오르네

—「단풍나무 한 그루」

비는 정확하게 나와 너 '사이'에서 내린다. 그 비는 너 보고 싶어 달아오른 내 마음을 눌러 끄기 좋은 매개다. 나는 속수무책, 그 빗소리를 온몸에 받으면서 마음을 식히고 있는데, 그렇게 내 마음은 진정되었다고 느끼는데, 그 마음이 그렇게 눌러 꺼질 수 있느냐는 듯, "단풍나무 혼자서 온몸 벌겋게 달아오르"는 것이다. 자연은 그렇게 보고 싶은 마음 즉 인간의 본성은 숨길 수 없는 것이라는 것을 나대신 온몸으로 나타내고 있는 것이다. 안도현의 시에서 인간과 자연의 교감은 이렇듯 자유롭다. 이는 인간을 주체로 보는 입장에서 벗어나 만물도 인간과 똑같이 주체가 될 수 있다는 인식을 바탕에 깔고 있기에 가능하다. 아래 시에서는 집이 인격을 가지고 있음을 보여준다.

주인 내외는 어디 일 갔나?
사립문은 열려 있고
기울어진 울타리 위에는
호박덩굴이 마음껏 달릴 듯하더니
잠시, 멈춰 하늘을 만지고 있고
마당에는 쉬고 있는 경운기 한 대
삽 두 자루, 빈 경유통 하나
툇마루 끝에는 걸레가 하얗게 말라가고 있고
나는 좀 기다릴 요량으로 뒤뜰로 가본다
오동나무가 한 그루 서 있고

오동나무 그늘 아래
낯선 객이 왔는데도 짖지 않는
잠든 똥개 한 마리
햇살이 그 주변에서
아차, 하고 짐짓 뒤로 물러서는 것이 보이고

이 집은 저 혼자 산다
이럴 때도 있어야 하는 것이다
나도 이렇게 한번쯤은 나를 비우고
누가 나를 두드리면 소리가 나도록
텅텅, 살고 싶어지는 것이다

—「혼자 사는 집」

집은 식구들로 붐빌 때에도 집이지만, 혼자 자신을 비우고 서 있을 때 더 본연의 집이 되는 것이다. 늘상 제 안에 인간을 넣어두었던 집이 오랜만에 자유를 가지는, 그래서 "텅텅" 비운 채 살고 있는 한가롭고도 여유 있는 집을 우리는 볼 수 있다. 엄밀히 말하면 이 시는 집을 중심으로 쓰였지만, 인간이 배제된 풍경이다. 인간이 나타나지 않음으로 인하여 오히려 집안에 있는 식물과 동물, 그리고 각종 농기구와 사물들이 한껏 자신에 취해 있는 모습은 신선하고도 새롭다. 스스로 익어가는 존재의 그윽함과 아름다움이 느껴지지 않는가. 사물이 자유를 누리는 이런 묘사는 인간이 더 이상 이 세계의 주인이 아니라는 것을 은연 중 드러내고 있는 것이다. 이 글은 안도현 시를 창작교육 대상으로 선택하여 학습주체들에게 그의 시에 나타나는 방법을 창작에 활용하도록 쓰여진 원고임을 밝혀둔다.

*함께 고민하여 볼 문제

1. 다음 시를 감상하자.

학교 관사 옆 공터가 심심하지 않게
거기에다 호박을 심자 했더니
선생님, 우리가 우리를 어떻게 심나요?
깔깔대더니

어느새 호미와 삽과 괭이가 모이고
비료가 한줌씩 오고,
쇠똥거름도 한 리어카 달려왔지
사실 이런 일이 생전 처음인 나는
구덩이마다 호박씨 서너 개씩을 꼭꼭 심으며
이것들이 땅속에서 부디 숨결 이어주기를
그리하여 이 세상하고 다시 관계를 맺어주기를
얼마나 조마조마 기다렸는지 몰라

떡잎이 삼삼오오 오종종 돋은 날
나는 고것들이 햇볕의 끈을 부디 놓치지 않기를
빌었지, 덩굴손을 가지게 되면
자기 존재 아닌 존재가 이 세상에 있다는 것을 알게 되고
그것을 손 뻗어 툭, 건드려보는 재미로 살아가기를
수업 없는 빈 시간에 둘러보고 물을 주며
또 빌고는 했지

사는 게 뭐 별거 있겠어
자꾸 물을 주다 보면
호박꽃은 필거야
그러면 어느 날 아침 한때

나, 호박꽃 주위에서 붕붕거리는 한 마리의 벌이 될지도 몰라
세상 속으로 뚫린 귀가 있다면
두두둥 둥둥둥 두둥두 둥둥두둥
호박이 익어가는 소리도 들을 거야
그래, 그래, 삶의 뜨거운 날 다 지나간 뒤에
우리 반 여학생 궁뎅이 같은 놈이나
드문드문 열렸으면 좋겠어

–「나의 희망」

2. 같은 경향의 다음 두 작품을 1) 시가 주는 맛(구수하다, 시원스럽다, 달콤하다, 통쾌하다 등), 2) 느낌(느낌이란 시를 읽는 동안, 또 다 읽고 난 뒤에 오는 머리 속 그림자를 붙드는 일이다.), 3) 시가 주는 정경, 4) 마음에 쏙 드는 부분, 5) 전체적인 구조, 6) 이미지, 7) 형식과 내용상 특이한 점을 중심으로 비교하여 보자.

산서에서 오수까지 어른 군내버스비는
400원입니다.

운전기사 모르겠지, 하고
백원짜리 동전 세 개하고
십원짜리 동전 일곱 개만 회수권함에다 차르륵
슬쩍, 넣은 쭈그렁 할머니가 있습니다

그걸 알고 귀때기 새파랗게 젊은 운전사가
있는 욕 없는 욕 다 모아
할머니를 향해 쏟아붓기 시작합니다
무슨 큰일 난 것 같습니다

30원 때문에

미리 타고 있는 손님들 시선에도 아랑곳없이
운전사의 훈계 준엄합니다 그러면,
전에는 370원이었다고
할머니의 응수도 만만찮습니다
그건 육이오 때 요금이야 할망구야, 하면
육이오 때 나기나 했냐, 소리 치고
오수에 도착할 때까지
훈계하면, 응수하고
훈계하면, 응수하고

됐습니다
오수까지 다 왔으니
운전사도, 할머니도, 나도, 다 왔으니
모두 열심히 살았으니!

—안도현 「열심히 산다는 것」

천북행 시내버스 운전사는
사람이 겁이 난다. 출입문을 열 때마다
사람은 한 둘 그것도 경로우대권이지만
파리는 열댓마리 더구나 무임승차라

그냥 놔두시게 기사 양반
그놈들도 광천 장에 왔다 가는 겨

운전사는 파리 때문에 골치가 아프다
놈들 쫓으려고 문 열고 수선 떨어봤자

생선비늘처럼 악착스런 쉬파리들까지
합승할 게 뻔한 일, 파리떼를 지고라도
사이 사이 사람이 타는 게 고맙다
건성으로 파리채를 휘젓는다

미안유
먼저 장날 것도 다 못잡었슈
잘 보면 집이 것도 있을뀨
낯익은 놈들 있으면 인사들이나 나눠유

예끼 이 사람, 자네 등어리가
파리들한테는 아랫목이여
우리야 손님들인디
자네 식속들을 면면 알 수 있간디

노인정 같은 천북행 시내버스가
푸른 논둑을 달린다, 바닷바람
출렁거리는 들판에 무선 다리미가 지나간다
주름은 그대로 놔두고, 소나기 한 떼가
파리채처럼 天北을 친다

—이정록, 「파리」

'비장'에서 '애련'에 이르는 길

– 엄원태의 삶과 시

엄원태는 낙관주의자다. 사람을 사귀는 데도 말하는 데도 노는 데도 두루 막힘 없이 활달하다. 이는 다른 예술 장르에서도 마찬가지다. 서울대 재학 시절 그가 보컬 그룹 '샌드페블즈'의 기타 주자이자 싱어로서 한 시절을 보냈다는 것을 아는 이는 많지 않을 것이다. 그의 노래 솜씨는 모임이 있을 때마다 요즘도 드물게 한 번씩 발휘되곤 한다. 아마 핏줄 속에 흐르는 이런 낭만적인 감성이 그의 시를 있게 했으리라.

그는 조숙한 문사였다. 10대 중반(그의 경우는 중학교 3학년 때)에 아버지를 여의고 홀어머니 밑에서 가계를 어깨에 떠맡은 그 시대의 장남들이 갔을 법한 길이란 뻔하지 않은가. 무너진 가계를 일으켜 세우려 이를 악물거나 입신출세를 꿈꾸며 뒤도 돌아보지 않고 정진하는 것. 그러나 어린 영혼 앞에 너무 빨리 노출이 된 가파른 가계의 과도한 짐과 상처는 오히려 세상의 틈을 보게 했고, 사물의 안과 밖을 숙성시켜 읽게 했다. 이는 시라는 원형질로 결실되기에 최적의 환경을 가지고 있었다고 할 수 있다.

그는 1976년에 이미 『시문학』에서 주최하는 '전국대학생시집' 공모에서 당선되어 지금도 쟁쟁한 김혜순이니 장석주니 하는 시인 지망생들과 함께 문학을 지망하는 이들의 입에서 그 이름이 오르내린다. 1978년에는 『한국문학』의 대학생 문예작품 공모에서 당선되고, 『시문학』에 「꽃을 보면서」

등으로 천료되었다. 또 같은 해에 『세계의 문학』에 「邦畵 보는 가을」 외 4편을 발표하면서 급속히 문단으로 진입한다. 당시의 시들은 인식이 감정을 통제하고 있기에 건조하다는 느낌을 준다. 당시 그의 의식세계의 편린을 살펴보기 위해 등단작의 한 구절을 인용해 보자.

> 몇 사람의
> 苦痛이 화면에서 떠난다
> 이내 또 다른
> 몇 사람의 마른 열 손가락이
> 빨리 행동하며 잠시 멈칫거리다가
> 하나 둘, 꼽아 세어 보고는
> 재빨리 떠난다.
>
> –「邦畵 보는 가을」 1연

화자는 냉정할 정도로 시에서 거리를 유지하고 있다. 인물의 행위는 "마른 열 손가락"이라는 객관적 상관물을 통하여 엄격히 통제되고 감성의 어떤 기율만이 정제되어 나타난다. 고통이라는 관념도 가을이라는 상실과 소멸의 이미지와 결합되어 분말처럼 정서화된다. 무엇보다 이들 시들은 영화라는 소재가 암시하듯, 화자가 그 속으로 진입하기 어려운, 아니 의도적으로 들어가지 않는 구조를 가지고 있다. 감정을 감추기에는 적절한 양식이지만 그만의 개성이 드러나기는 어려운 형태라고나 할까.

이런 그의 시적 경향은 그 이후에도 큰 변화를 보이지 않고 수년간은 지속된다. 이를테면 1987년 동인지 『낭만시』에 발표된 「라라가 아닌 지바고의 아내에게」 같은 그의 시편들을 보자.

> 이루지 못한
> 人間의 꿈보다 슬픈 것은

이루어 보려고 애씀이 없는
착하디 착한 사람들의
잠시 주고 받는 짧은 사랑이다

—「라라가 아닌 지바고의 아내에게」 부분

김춘수의 「忍冬잎」이라는 시의 끝부분 "越冬하는 忍冬잎의 빛깔이 / 이루지 못한 인간의 꿈보다도 / 더욱 슬프다"를 연상시킨다. 관념은 거의 탈색되고 순수하게 이미지 자체를 서술함으로써 무의미시의 단초를 마련하고 있는 이 시에서 김춘수는 눈의 흰빛 속에서 겨울을 나는 인동잎의 짙푸른 색을 강조함으로써 인간의 꿈에 앞서는 인동잎의 강인한 생명 의지를 드러낸다. 그러나 「라라가 아닌 지바고의 아내에게」에서 시인은 '이루어보려고 애쓴 적이 없는 착한 이들의 잠시 주고받는 짧은 사랑'에 주목함으로써 삶의 해석에 있어서는 김춘수의 시에서 더 나아간다. 그럼에도 이 진술은 화자가 삶에 깊숙이 밀착되어 있기보다는 쉽게 일반화시켜버리는 위험에 노출되어 있다. 그만의 개성이 약하다는 것이다. 그에게는 자신의 정열과 의지를 소진해서 자신의 광맥을 탐사하는 일이 남아 있었다.

그는 자신만이 쓸 수 있는 득의의 영역을 개척하기 위해 몸부림친다. '오늘의 시' 동인에 가입하여 문학은 물론 일상과 삶, 의식을 교류한 것도 시인 자신이 고통스런 자기 인식의 과정을 새로이 거치면서 새로운 시의 내질과 형식을 끌어내기 위한 몸부림이었다고 할 수 있다. '오늘의 시'는 필자 역시 5집부터 관여하게 되었지만 김춘수와 신동집으로 대표되는 대구문학의 인문주의적 전통을 이어가기 위해 몸부림쳤던 일군의 시인들 모임이었다. 그들은 정기적으로 만나 서로의 시를 토론하고, 다른 지역의 시인들과 소통하며 당시(唐詩)와 바슐라르, 미학, 팝과 미술 등 현대예술의 흐름들을 소화하고 시에 원용하는 일들을 지속적으로 전개해나갔다. 이런 전통은 이하석, 문인수, 박기섭, 송재학, 장옥관 등의 선배, 동료들과의 폭넓은 교감과 함께 주말이면 뜻을 같이하는 이들이 삼삼오오 국토의 외진 곳으로 차를 몰아 풍경에 탐닉하고 포커와 음주 가무를 시적 인식과 결합시키려는 양태로 이어진다. 여행을 풍광으로만 처리하려는 것이 아니라 몸과 현존재를 결합시키는 일련의 시들은 바로 그런 의식의 소산이라고 할 만하다.

엄원태 역시 이런 일들에 누구보다 열려 있었으며 여건이 허락되는 한 열심히 참가했다. 그의 새로운 시는 바로 이런 과정이 씨앗이 되고 자양이 되었음은 본인도 굳이 부인하지 않을 것이다. 몇 달에 한번쯤은 짬뽕 한 그릇을 먹기 위하여 서너 시간을 내는 수고를 마다하지 않는 것, 이때 짬뽕 국물은 자신을 타이르는 한 손길이라는 것은 젊은 시인 이병률이 한 말이지만, 이런 몰두의 방식을 통해 시는 숙성되고 거듭나는 것이다. 그러나 이런 몰두가 어디 마음먹는다고, 행동의 양식을 바꾼다고, 독서와 여행 같은 것으로 다 채워지겠는가. 세계는 가끔 우리의 몸과 정신에 느닷없이 부딪히는 충격의 질량으로 갱신되기도 한다. 이는 엄원태에게도 예외는 아니어서 주어진 세계에 대해 거리를 가지고 냉정하게 바라보던 그의 시적 인식과 미학은 일상의 욕망에 소진되고 있는 그의 육체를 느닷없이 방문한 고통의 시간을 통해 자신의 존재를 들여다봄으로써 그의 시는 현저한 비감의 양식을 띠게 된다.

이 고통을 계기로 그는 새로운 출발을 하게 된다. 『문학과 사회』 겨울호에 「나무는 왜 죽어서도 쓰러지지 않는가」 외 4편으로 12만에 재등단의 과정을 거친다. 이를 통해 그의 시는 거듭났다고 하는 편이 옳다. 그의 첫 시집 『침엽수림에서』는 자신에게 닥친 고통을 피해가지 않고 정직하게 대면하고자 하는 자의 기록이다. 첫 시집이 젖줄을 대고 있는 세계관의 빛깔은 한쪽 모서리가 서서히 부서져가는 버려진 자동차와 같은, 소멸하는 것들이 뿜어내는 '느닷없는' 아름다움과 눈부신 현존의 세계이다. 그는 고통을 통하여 "다시금 어떤 한계에 이른 세상의 아름다움을 보게 되었다"고 말한다. '세상의 아름다움'이라고 말했지만 보다 엄밀히 말하면 자신의 존재라는 말이 더 옳다. 그는 자신의 한계와 고통을 통하여 그에게 달라붙어 있던 욕망들이 떨어져나가는 것을 보았던 것이다. 그는 모든 감각과 의식의 촉수를 더듬어 고통에 부딪히며 흡인력을 다해 그것의 실체를 빨아들인다. 대상에 거리를 두고 절제된 자세를 취했던 시인의 태도는 대상 속으로 들어가서 그것의 내밀한 부분까지 탐사한다. 대상 혹은 자신의 존재 속으로 내밀히 스며들수록 내밀한 묘사와 삶과 죽음에 대한 진술로 교직되는 그의 시의 호흡은 깊어지고 또 길어진다. 1부의 시들은 모두 한 면을 넘어서고 있고, 어떤 시들은 5면에 달하는 분량을 보인다. 이는 그만큼 존재에의 탐사가 깊어졌다는 방증이다. 그러나 외형상 길어진 그의 시들은 길다는 생각이 전혀 들지 않는다. 불필요한 언술이 제거된 그의 화법은 가라앉아 있고 내밀하기 때문에 그것을 따라가면서 읽는 동안 독자는 그 길이를 인식하지 못하도록 흡수되기 때문이다. 이 변화를 그는 어떻게 기술하고 있는지 우리는 살펴볼 필요가 있다.

> 원형적 이미지들은 누군가에 맡겨지고, 교양적인
> 내 삶은 살해된다. 그럼에도 불구하고, 나는
> 認識의 시들을 쓰기로 한다, 느낌이 내부에서 타올랐다가
> 사그러들 때, 그 재 위에 글씨를 쓰며, 깨달음이란
> 재 날리듯, 흩어진 子母의 파편들일 것이니,
>
> 아아, 너무 지독한 부끄러움이
> 나를 쓰러뜨렸다, 나는 죽었다,
> 가슴이 참을 수 없이, 아파왔다

―「놀라운 죽음, 침엽수림에서」 끝부분

굳이 어떤 이들의 죽음을 전제로 이 시가 씌었다는 말을 이 자리에서 할 필요는 없을 것 같다. 다만 확실한 것은 시인을 둘러싼 존재론적 상황이 그의 글쓰기에 대한 일대 전환을 이끌어냈다는 것이다. 그는 이전의 삶을 "헛살아온 삶"으로 규정한다. 그리고 원형적 이미지들에 눈길을 주었던 시세계로부터 절연하기로 한다. 이는 남들도 충분히 할 수 있다는 것("누군가에게 맡겨지고")이다. 아울러 교양적인 삶은 베어버리기로 한다. 이런 문학적 살해행위는 이전의 글쓰기를 원형적 이미지 혹은 교양적인 것으로 그가 규정하고 있음을 드러낸다. 글쓰기뿐만 아니라 그는 지독한 부끄러움으로 자신의 삶 역시 살해한다.

그가 자신의 존재와 자신 속의 어둠, 소멸해가는 대상에 대한 탐사를 통해 얻은 것은 무엇인가. 먼저 그것은 삶과 죽음이 결국 하나의 연쇄 속에 있는 자연스런 과정의 일부이며, 더 엄밀히 말해서 죽음은 그리움으로 싶어셔서 만나야 할 피안의 세계에 있다는 인식이다. 그는 "그리움 없이, / 그곳으로 부서진 육신을 떠나보낼 수 있는가"고 말하고 있으며, "죽음을, / 바닥없는 깊푸른 강물 너머 내가 건너야 할 피안을 / 만약 땅이신 어머니께서 보여주신다면 / 마지막 순간까지, 놓아버리지 않을 그리움으로, / 서늘히 깊어진 강물에 여윈 두 발과 가슴을 / 담가보리라"(「강, 깊어지는」)고 나직이 되뇐다. 그는 죽음을 삶의 영역으로 끌어들여 우리에게 친숙한 어떤 그리움으로 바꾸어놓는다. 그 길을 따라가 보노라면 우리는 죽음의 두려움을 잊은 채 마음이 편안해지고 어느덧 안온한 그리움의 세계로 빠져들 것 같다. 이런 정련의 과정을 통해 시인의 영혼은 한없이 맑고 순결해진다. 시인은 아울러 맑아진 영혼으로 그것의 반대편에 있는 도로 위의 삶 혹은 속도로 대변되는 자본주의적 신화와 황폐와 불모성을 읽는다. 「Road Warrior」, 「轢葬」 같은 일련의 시들은 우리 삶에 드리워진 죽음의 흔적과 문명에 대한 비관적 몽상으로 읽힌다. 이 점이 그의 첫 시집이 획득한 균형의식이라 할 수 있다.

두 번째 시집이 이룩한 세계는 또 얼마나 신선한가. 그는 직장(그는 대구가톨릭대학교의 교수이다.)이 있는 경북 하양에서 인근 금호읍으로 점심을 먹으러 다녔는데, 그곳의 삶과 사물과 사람들에게서 그의 시를 건졌다고 한다. 그의 글을 따라가 보기로 한다.

> 추어탕을 먹으러 다니던 금호읍은 얼핏 너무나 평화롭게 한적했다. 엎어진 듯, 나지막한 처마들을 맞댄 함석지붕들과, 텅 빈 여관의 잔자갈 주차장, 낡은 역사(驛舍)와 시외버스 정류장 앞의 시멘트 공터, 그리고 주변의 어두컴컴한 구멍가게들, 찌들어가는 중화요리집의 격자유리 미닫이문…… 그것들은 안으로 허물어져 가면서, 현존과 소멸의 경계에서, 그 한계에서 앙버티듯 '견디고 있는' 버려진 존재들의 아득한 현존으로서 내 뇌수에 인화되듯 새겨졌다.
>
> 나는 그 '견딤'들에서 위안을 얻은 셈이었다. 나만 견디고 있는 것이 아니라, '세상'이 거기엔 견디고 있었다, 버려진 듯 살아가는 허술한 차림새의 사내들의 노동과 흡연에 절은 초췌한 얼굴과 손마디들, 혼자 밥 먹는 여자의 눈물……그 현존의 가장자리에서 아슬아슬하게 매달려 '견디고 있는 존재'들은 모두 내 육체 속으로 흘러 들어와 한 몸을 이루었던 것이다.
>
> –엄원태, 「『소읍에 대한 보고』를 쓸 무렵」(『시와시학』, 97. 겨울)

그의 몸과 작은 소읍의 세목들이 '견딤'이라는 공통분모로 연결된다. 이 말은 보충되어야 한다. 그의 문장 역시 소읍의 삶과 사람들처럼 느릿하고 차분하고 침착하게 독자를 구석구석까지 따라가게 하고 있다. 따분하고 지리멸렬한 삶을 클로즈업하는 것은 시 양식으로는 쉽지 않은 일이다. 그러나 그는 그것을 용의주도하게 세밀 묘사와 중간 중간의 판단과 진술만으로 해낸다. 그것이 그의 개성이다. 예를 들어 다음과 같은 시.

사실 그 인생을 건 무료함을
고기맛 하나로 그는 견뎌내고 있는 것이다

언제나 바쁜 것은 마음씨 착한 그의 아내,
고기 구하는 일 빼고는 모든 일이 그녀의 몫이다
그런데 불행한 것은, 그 집 고기맛이 질긴 편이라는 것이다
사람들은 불쌍한 그의 아내를 생각해서 그 집을 이용해 주지만
덤으로 더 불쌍한 우리 주인 사내의
질긴 고기맛 자랑을 도와주고 있는 셈인 것이다

–「정육점 사내」 끝부분

그의 시가 탄력을 유지하고 있는 비결은 가상 청자인 '당신'을 사용한다든가, 이야기 속의 주 인물에 '우리' 같은 말을 넣어 공감을 이끌어내는 것에서도 기인한다. 이쯤 되면 그의 몸과 소읍의 세목의 일치를 만드는 데 문체의 힘이 얼마나 중요하게 작용하는가를 알 수 있을 것이다. 시에서 '나'(혹은 '우리')와 너(혹은 '당신')은 화자의 청자의 관계를 형성하는 의미의 두 축이다.[3] 그것은 1920년대의 한용운의 『님의 침묵』에서부터 1980년대 초 이성복의 『남해금산』, 그리고 최근 시들에 이르기까지 하나의 뚜렷한 개성으로 작용하여 왔다. 아울러 이야기 속에 '우리'라든가, '당신' 같은 말을 끼워 넣는다는 것은 '사실'을 그의 '상상' 쪽으로 끌고 오려는 전략이기도 하지만 그가 세상을 바라보는 눈이 한없이 너그러워지고 여유로워졌다는 것을 보여주는 징표이기도 하다. 첫 번째 시집의 시편들이 '나'를 비롯한 존재탐구에의 깊은 몰두로 비장미가 느껴졌다면, 이제 그는 한없이 낮은 자리로 주변의 삶을 관조하고 있는 것이다.

---

3) 장석원, 「김수영 시의 인칭대명사 '나'와 '너' 연구」, 『한국현대문학의 수사학』, 월인, 2006, 131면.

올 2월에 낸 시집 『물방울 무덤』에 나타나는 엄원태 시의 눈에 띌 만한 변화는 '연시(戀詩)'의 시도라 할 수 있다. 연시는 시인이라면 누구나 한번쯤 욕심을 내볼 만한 형태의 시양식이지만 엄원태의 연시풍 시는 예기치 못했기에 새롭고도 반갑다. 물론 그는 이번 시집에서 실제인물을 모델로 하는 인물시편을 16편이나 할애하고 있고, 그들은 대부분 절망과 고통에 시달리는 사람들이다. 변방 낮은 자리에 있는 사람들을 시로 되살려내며 우리 삶의 지극함을 펴 올리는 시인의 마음은 얼마나 웅숭깊은지 모른다. 시인은 그들을 묘사할 때 있어서도 위에서 바라보는 것이 아니라 그들과 어깨를 나란히 하면서 존재의 한계에서도 그것을 쓸쓸히 긍정하고, 고통을 통해 성장해가는 모습을 그린다. 「메간」이라는 시의 "천사처럼 와준 메간을 통해 사랑이란 걸 알게 되었어요!"라고 확신에 찬 어조로 말하는 어머니를 보라. 이런 변화는 "아그배나무 잔가지마다 / 별무리처럼 맺"힌 물방울이 "거꾸로 매달려 있"는 "수많은 나"(「물방울 무덤」)임을 확인하는데도 그것이 슬픔의 감염력으로만 다가오지 않는 것에서도 드러난다. "우도에 사랑 잃은 사람은 가지 마라"(「서빈백사」)고 할 때도 마찬가지다. 그것이 비련(悲戀)의 무늬라고 할지라도 연시 형식은 얼마나 진전된 감정의 결정체인가. 쟁강쟁강 부스러져 내릴 것 같은, 글썽거리는 유리우주(「물방울 무덤」)에서도 정지용의 「유리창」에서처럼 정서는 한없이 맑아지고 정화되는 느낌을 받는다. 이는 "노을 핏빛을 빌려 첼로의 저음 현이 되겠다"(「애가」)에서 보이는 '울음의 감정' 앞에서도 마찬가지다. 더욱이 "하귀에서 애월 가는 해안도로는 / 세상에서 가장 짧은 길이었다"(「애월」)는 시에 이르러서는 회심의 미소까지 머금을 수 있었다.

> 하귀에서 애월 가는 해안도로는
> 세상에서 가장 짧은 길이었다

밤이 짧았다는 얘긴 아니다
우린 애월포구 콘크리트 방파제 위를
맨발로 천천히 걷기도 했으니까
달의 안색이 마냥 샐쭉했지만 사랑스러웠다
그래선지, 내가 널 업기까지 했으니까

먼 갈치잡이 뱃불까지 내게 업혔던가
샐쭉하던 초생달까지 내게 업혔던가
업혀 기우뚱했던가, 묶여 있던
배들마저 컴컴하게 기우뚱거렸던가, 머리칼처럼
검고 긴, 밤바람 속살을 내가 문득 스쳤던가

손톱반달처럼 짧아, 가뭇없는 것들만
뇌수에 인화되듯 새겨졌던 거다

이젠 백지처럼 흰 그늘만 남았다

사람들 애월, 애월 하고 말한다면
흰 그늘 백지 한 장, 말없이 내밀겠다

–「애월」 전문

사랑의 감성보다 우리 영혼을 정화시키는 것이 있을까. 애월포구 방파제, 달빛 속에서 너를 업었던 기억은 현재는 흰 그늘 백지 한 장으로 남겨져 있다고 하더라도 백지보다 흰 그 사랑은 얼마나 애틋할 것이며, 그 기억만으로도 얼마나 설레는가. 가장 황홀했던 사랑의 순간이었으므로 해안도로는 가장 짧은 길이 된다. 아름다운 시간은 언제나 짧은 것. 내가 너를 업을 때 풍경은 사랑하는 대상과 함께 하기에 같이 업힌다. 시인이 말하지 않겠다는 것은 그것이 너무 간절한 그리움이기 때문이기도 하고, 손가락에서 빠져나간 덧없는 시간이기 때문이기도 하다.

샐쭉했기에 사랑스러워지는 세계는 애련의 무늬이기는 해도 확실히 엄원태가 다다른 새로운 시적 차원이다. 이런 세계에 들어섰기에 그는 「나무 성당」이라는 소홀치 않은 싱그러운 사원에도 깃들이게 된 것이다. "허물이래야 기껏 / 발치에 매단 허물 몇 개가 전부인 나무는 / 하지만 단 한 번도 내 허물 탓한 적 없네" 같은 정련된 언어유희를 쓸 수 있게 된 것이다. 여기서 당연히 '벗다'라는 동사와 어울리면서 허물은 죄, 거듭남(상승), 용서라는 함의를 지닌다. 어떻든 엄원태의 연시 세계는 그가 첫 시집의 비장에서 둘째 시집의 견딤의 단계를 거치면서 엄숙의 옷을 벗어버린 상태에서 나온 것으로 앞으로의 세계에도 중요한 지향점으로 작용할 것으로 보인다. 본격적인 엄원태론은 후일의 과제로 남겨둔다.

가난, 기억, 그리고 슬픔의 시적 지형학

– 박태일의 신작시 읽기

박태일의 신작 다섯 편은 그 이전의 시보다 더욱 넓어진 시야를 보여주고 있다. 그것은 그의 지나온 삶과 몽골 체류체험이 그 바탕에 깔려 있기 때문일 것이다. 실제로 다섯 편 중 「말」, 「수흐바트르 광장에 앉아」, 「사막」, 「장조림」 등 네 편이 몽골 체류체험을 바탕으로 하고 있고, 「상추론」도 나와 타자를 아울러 보는 시선에서 창작된 시편이라 판단된다. 그는 몽골이라는 낯선 땅에서 일 년을 체류하면서(그 체류기는 올해 그가 펴낸 『몽골에서 보낸 네 철』이라는 책에 기록되어 있다.) 그곳의 풍물과 사람들과 사물들을 만나고 그것을 오랜 사유의 체로 걸러서 자신의 삶과 우리 민족의 삶으로 톺아내는 의욕적인 작업들을 진행한다. 이번의 신작시는 그 결실 중의 하나다.

이국의 풍경과 풍물에서 느끼는 정서는 처음에는 호기심으로 다가오겠지만 그것이 점점 자신의 내면 안에 뿌리를 내리는 과정을 거치면서 자신의 것으로 체화된다. 박태일은 우리와는 여러 가지 면에서 다른, 그러나 그 근저에는 많은 것이 닮아 있는 몽골인들의 삶에 자신의 젊은 시절을 가지런히 배치하는가 하면, 어떤 때는 그 생각의 프리즘으로 우리 민족의 지난 역사를 반추해보기도 한다.

다섯 편의 시에서 원형질적으로 드러나는 정서는 '슬픔이다. "길게 흩어 태웠던 소총 화약 매운 연기처럼 / 좁은 허파꽈리 속으로 들썩이던 슬픔"(「수흐바트르 광장에 앉아」), "슬픔을 둥글게 머금은 아이가 / 지는 해를 본다"(「사막」), "슬픔은 졸아드는 소리도 큰가"(「장조림」), "저문 마을에 도로도로 놓일 한 끼 / 슬픔을 씹는 것인데"(「상추론」). 「말」에는 슬픔이란 말이 직접 드러나지 않지만 그 정서도 슬픔을 형상화하고 있다는 점에서 동일하다.

물론 그 슬픔의 저변에는 가난과 기억이 깔려 있다. 시인은 몽골 아이들의 현재를 보며 가난을 떠올린다. 그것은 기실 그의 기억에 각인된 어린 시절의 모습이기도 하다. 그 가난은 민족의 역사로 옮아갔을 때도 여전히 드러난다. 그러나 시인은 일관되게 시를 끌어가는 틀을 '슬픔'이라는 정서로 초점화한다.

그 슬픔은 개별적인 정서(「장조림」, 「사막」, 「말」)로, 서로의 조응 관계(「수흐바트르 광장에 앉아」)로, 역사적인 맥락(「상추론」)으로 확산되는 양상을 보인다. 작품들을 한편씩 인용하면서 그 양상을 구체적으로 살펴보기로 한다.

삶은 되새김질할 수 없는 일
너희는 울며 기며 먹을거리로 내 뒤를 씹지만
나는 내 뒤를 돌아보지 않는다
서서 잠든다고 비웃지만
등 기대 지새는 버릇
소젖에 빠진 파리인 양 재갈을 물었지만
종마만 남기고 거세를 당했지만
너희처럼 핏줄끼리 몸을 섞지는 않는다
우물 곁 사람이 퍼 주는 물을 마셔야만 사는 집짐승
그래도 너희 양 낙타와 같이
사람 올 때까지 물냄새만 맡다 쓰러질 수야

염소 뿔 떨어지는 추위
갈기와 눈썹을 내려 접고
바람 가는 남쪽으로 서 있다만
이 바람 자면 달려갈
저 들 저 지옥이
내 집이다.

-「말」 전문

이 시에는 두 부류의 짐승이 드러난다. 양, 낙타, 염소와 같이 길들여진, 사람에게 의존하는 집짐승과, 말과 같이 길들여지지 않고 강한 자기 중심을 가진 짐승이다. 말은 지나간 인생에 대해서는 곱씹지 않는다("삶은 되새김질할 수 없는 일"). 끊임없이 인생을 향해 도전하는 적극적인 운명 개척의 자세를 보여준다. 편안한 안주나 소극적이고 무력한 삶의 자세를 취하지 않는다("서서 잠"들고, "핏줄끼리 몸을 섞지 않"고, "사람 올 때까지 물냄새만 맡다 쓰러"지지 않는다.). 위험하고 거칠지만, 눈앞의 현실보다 마음 속의 현실을 위해 모험을 던지는 생("이 바람 자면 달려갈 / 저 들 저 지옥이 / 내 집이다.")을 살고자 한다. 몽골의 말을 보고 쓴 듯한 이 시는 단순히 말의 생리를 말하고자 함이 아니다. 박태일이라는 시인이 지금까지 살아온 혹은 앞으로 살아갈 시적 지향을 그리고 있다고 말할 수 있다. 시인은 혼자서 지옥을 집으로 삼는 자이며, 고정된 집을 갖지 않는 자이다. 시인이 외로움과 쓸쓸함을 무릅쓰고 몽골이라는 이국에서 그곳의 새로운 사람들과 생물을 관찰하며 새로운 길을 열어가고 있는 것도 바로 그런 자세다. 야생의 삶은 누가 동행해주지 않으니 외롭고 또 슬프다. 이 시의 정서가 '슬픔'이라고 한 것도 그런 맥락이다.

화요일에 태어난 아이와
토요일에 태어난 아이 그리고 나

셋이 웃는다
화요일햇빛 토요일햇빛 그 이름으로 살아갈 누리
길어 여든 짧아 서른인데
어버이들은 어찌 명줄 오랠 일만 걱정했던가
십대 이후 나는 자주 불행했다
길게 흩어 태웠던 소총 화약 매운 연기처럼
좁은 허파꽈리 속으로 들썩이던 슬픔
미끄럼틀 위에서 미끄러지던 정치에 불행했고
비루하던 치정에 불행했다
자주 불행했던 나와 자주 불행할 몽골 아이 둘이
함께 소젖차를 마시노라니
벅뜨항 산 위로
오갈 데 없이 머문 구름
제 혀 끝을 씹는 매화
낭자한 핏발.

–「수흐바트르 광장에 앉아」 전문

이 시는 '화요일햇빛' '토요일햇빛'이라는 몽골 아이들의 이름이 시의 발상이 된 작품이다. 그들의 짧은 수명 때문에 명이 길기를 바라 이런 이름을 짓는다. 참고로 몽골인들은 평균 수명이 60세라고 한다. 주로 양고기나 말고기를 먹고 채소를 먹지 않아서 생긴 현상이라 한다. 그들에게 채소는 짐승이나 먹는 것이지 사람은 먹을 것이 아니라고 생각한다. 가난하게 살았던 우리 어버이들 역시 오래 살 일을 걱정했다("어버이들은 어찌 명줄 오랠 일만 걱정했던가").

그래서 '나'와 몽골 아이들에 대해 시인이 느끼는 감정은 슬픔이다. 나는 자주 불행했던 자신의 과거에 대한 기억에 슬프고 저 아이들의 미래의 불행을 생각하니 또 슬프다. 그 슬픔이 서로를 마주하며 연대를 형성하고 있다. 그래서 웃고 있는 셋의 모습이 마냥 즐겁지만은 않다. 나의 불행의 목록은 민주화의 실패와 같은 정치적 파행("미끄럼틀 위에서 미끄러지던 정치")과 개인의 어리석은 사랑("비루하던 치정")이다. 몽골 아이 둘의 불행의 목록은 이름에서 드러나듯 잦은 병고와 가난, 짧은 수명, 그리고 앞으로 만날 운명으로 인한 불행 등일 것이다. 그래서 함께 소젖차를 마시고 있는 나와 아이 둘의 삶은 "벅뜨항 산 위로 / 오갈 데 없이 머문 구름" 같은 방랑자의 삶이거나 스스로가 자초한 상처를 가진 삶("제 혀끝을 씹는 매화 / 낭자한 핏발.")이다. 이는 「말」에서 드러나는 야생의 삶과도 별반 다르지 않다.

게르는 둥글다
게르에선 발소리도 둥글다
게르 앞에서 아이가 돌멩이를 굴린다
둥글게 금을 긋고 논다
아이 얼굴도 둥글다
햇볕에 씹혀 검고
마른 꽃을 잔뜩 심었다
아이는 여자로 잘 자랄 수 있을까
더위를 겉옷인 양 걸친 양 떼
헴헴헴 게르 앞을 지나간다
슬픔을 둥글게 머금은 아이가
지는 해를 본다

—「사박」 전문

소녀에 대한 연민이 느껴지는 시다. 해—게르—아이 얼굴—발소리—돌멩이—금—슬픔 등의 둥근 이미지로 짜여 있는 이 시에서 가장 두드러지는 것은 더위다. 여자 아이는 "햇볕에 씹혀 검고 / 마른 꽃을 잔뜩 심"은 얼굴을 하고 있어 “여자로 잘 자랄 수 있을”지 다 걱정이 되고 양 떼는 “더위를 겉옷인 양 걸”치고 “헴헴헴 게르 앞을 지나간다.” 이 의성어는 양떼의 우는 모습과 아이를 잡으러 온 늙은 사자의 외모를 동시에 나타낸다. 그래서 아이는 “슬픔을 둥글게 머금은” 채 죽음의 부정적인 이미지를 풍기는 “지는 해”를 보고 있는 것이다. (몽골 소녀에 대한 이 관찰은 「상추론」에서 우리 역사상의 어린 소녀에 대한 성찰과 대응된다고 할 수 있다.)

네 형제 도시락을 위해
교사댁 어머니가 아끼셨던 장조림
돼지 소 없이 오른 날은 즐거웠다
어머니는 자라는 자식이
별식으로 힘을 얻기만 바라셨을까
어느 때 도시락 뚜껑을 여니 장조림에서
하얀 실구더기가 나온 것인데
젓가락으로 슬쩍 들어내고 먹었던 일은
어머니 그 마음을 헤아려서일까
이제 내가 장조림을 담근다
암소 살고기 피를 뺀 다음
인중까지 불기운을 당긴다
마늘에는 고기가 한 맛 더한다는
아내의 어제 전화 목소리를 얹고
설탕과 설탕보다 흰 바깥 눈발을 섞는다
슬픔은 졸아드는 소리도 큰가
아는 이보다 모르는 이가 즐거운
어리석은 행복을 슬퍼하면서
한 시간 두 시간

올랑바트르 둘레의 하늘과 강
지난 가을을 끓인다.

—「장조림」 전문

시의 9행까지는 별식으로 힘을 얻기를 바라셨던 어머니가 만들어주신 장조림에 관한 추억을, 10행부터 끝 행까지는 이제 이국에서 혼자 장조림을 담그면서 느끼는 슬픔의 감정을 형상화한다. 장조림은 어머니가 네 형제들의 건강을 위해 별식으로 만들어주시던 음식이다. "돼지 소 없이 오른 날은 즐거웠다"는 표현에는 우리말의 묘미를 마음껏 누리게 하는 구절로("인중까지 불기운을 당긴다"는 말도 참 재미있다.), 원 없이 기뻐하는 어릴 적의 모습이 담겨 있다. 하얀 실구더기가 나와도 "젓가락으로 슬쩍 들어내고 먹었"던 것은 어머니의 마음을 헤아렸던 기특한 마음이었던 것. 그런 사연이 들어 있는 시큰한 음식을 오늘은 내가 담근다. 지금 내가 슬픈 것은 그 어머니 생각과 함께 물 대신 "바깥 눈발을 섞어"넣어 졸아들 때 나는 큰 소리에서 연유한다. 그러나 실제로는 그보다는 "아는 이보다 모르는 이가 즐거운 / 어리석은 행복" 때문이다. 고국보다 아무도 모르는 곳이 더 즐겁고 편안하니 그 감정이야 얼마나 슬플 것인가. 그러면서 시인은 "올랑바트르 둘레의 하늘과 강" 그리고 "지난 가을" 자신의 이곳 생활을 넣어 끓이듯 침잠하는 것이다. 시간이 지나도 지워지지 않는 그리움의 매개물이었던 음식이 이제는 슬픔의 음식으로 변해버린 상황이 들어있는 시라 할 수 있다. 음식에 관한 그의 생각이 더 깊이 진전되는 것이 아래의 시다.

적치마상추 뚝섬적치마상추 조선흑치마상추 청치마상추 먹치마상추가 중엽
쑥갓 치마아욱 곁에 있다
상추와 상치를 왔다 갔다 하는 사이

치마를 입었다 치매를 벗었다 하는 사이
입맛이 바뀌고 인심이 달라졌단 뜻인가
아 조선 흑치마라니 청치마라니 오늘은
알타리무가 치마아욱 곁에 쪼그려 앉았다
할매약초 중앙종묘사 부전시장 어느 새벽보다 먼저
꽃치마 주름치마 짐짓 접은 씨앗 아이들
그래서 상추는 앞뒤 모르고 걸쳤던 세월 같고
잎잎이 떠내려간 누비질 추억이었던가
무심한 무와 상추 사이에서 허전한 상치와 상처 사이에서
출근길 시장 골목 글로벌타워 높다란 커다란 상점 위로
귓불에 솜털도 가시지 않은 채
겉옷 속옷 밟히며 눈물 뭉텅뭉텅 닦으며
마냥 찢긴 구름을 보는 것인데
쌈쌈을 밀어 넣다 울컥거리는 네모 밥상
저문 마을에 도로도로 놓일 한 끼
슬픔을 씹는 것인데

적치마상추 뚝섬적치마상추 조선흑치마상추 청치마상추 먹치마상추가 중엽쑥갓 치마아욱 곁에 있다.

—「상추론」 전문

지금까지 그의 시를 이끌어왔던 슬픔의 모티프는 이 시에 이르면 민족사적인 맥락으로까지 수렴된다. 이 시의 발상은 적치마, 뚝섬적치마, 조선흑치마, 청치마, 먹치마 등 상추 앞에 붙는 이름에서 시작된다. 그는 상추라는 사물에서 수난의 역사성을 읽는다. 그 수난의 내용은 "앞뒤 모르고 걸쳤던 세월"이며 "잎잎이 떠내려간 누비질 추억", 즉 무지와 더럽힘의 집단기억이다. 그 더럽힘은 구체적으로 "귓불에 솜털도 가시지 않은 채 / 겉옷 속옷 밟히며 눈물 뭉텅뭉텅 닦으며 / 마냥 찢긴 구름"에 대한 것이

다. 조선조나 일제강점기의 전쟁에서 귓불에 솜털이 보송보송한 우리의 어린 소녀가 이민족에게 순결을 유린당한 역사를 시인은 떠올리고 있는 것이다. “쌈쌈을 밀어 넣다 울컥거리는 네모 밥상 / 저문 마을에 도로도로 놓일 한 끼”는 그 아비 어미의 심사를 그리고 있는 표현일 것이다. 그 상실감이 시인의 마음에 그대로 전이되고 있다. 우리가 일상적으로 먹는 상추의 맛과 빛깔 속에서 민족의 아픈 역사와 그것을 먹는 사람들의 마음이 들어 있으며 그 마음의 본질은 슬픔이라는 것이다.

우리는 지금까지 박태일 신작시 다섯 편을 ‘슬픔’이라는 정서를 중심으로 살펴보았다. 「말」에서는 야성적 생명력으로 충일한 시인의 모습에 도사린 슬픔을 읽을 수 있었으며, 「수흐바트르 광장에 앉아」는 자주 불행했던 자신의 과거와 자주 불행할 몽골 아이 둘의 미래가 상호조응하면서 “오갈 데 없이 머문 구름”의 방랑의 이미지로 표출되었다. 또 「사막」에서는 게르 앞에서 노는 소녀에 대한 연민이 둥근 이미지로 묘사되었고, 「장조림」은 그리움의 매개물이었던 음식, 장조림이 “이제는 아는 이보다 모르는 이가 즐거운 / 어리석은 행복” 때문에 슬픔의 음식으로 변해버린 상황이 투영되어 있으며, 「상추론」은 상추의 이름 속에서 우리의 아픈 역사와 그것을 먹는 사람들의 마음을 읽어내는 시인의 예지가 들어 있다.

시인의 슬픔은 개인적인 것인가 하면 그 슬픔의 촉수는 어느새 타자에게로 뻗어있고, 기억으로 향하는가 하면 미래로도 열려있다. 내 쪽에서 그 쪽을 관찰한다고 생각하면 그 슬픔은 어느새 서로를 바라보며 조응한다. 그 슬픔은 일상적으로 먹는 음식물, 그 가시적 사물 뒤에 개인과 민족의 감정으로 흐른다. 시인은 아마 이 시편들을 통해 ‘슬픔’을 우리 속에 내재한, 우리가 간직해야 할 가장 본질적 요소로 여기고 있었던 듯하다.

영원 · 자연 · 죽음이라는 화두

– 이정환의 신작시에 대하여

이번 이정환의 신작 시편들에서 두드러지게 나타나는 변화는 자연에 대한 관찰이 많아졌다는 것이다. 생활주변의 것들에 대한 또 다른 정감의 해법을 제시하던 『가구가 운다 나무가 운다』, 우리의 전통사회의 삶의 세목을 구성했던 사물이나 도구들의 근본정서를 '원융의 정신'으로 녹여낸 『圓에 대하여』에서 그의 시선은 매우 구체적이었고 묘사는 사물의 디테일까지 섬세하게 드러났다. 그런 정신은 이제 안으로 많이 스며들었고 이제 그는 조심스럽게 자연을 통해 내면에 접근하려는 태도를 보이고, 죽음이며 영원에까지 촉수를 드리우려 한다.

관찰 태도의 변화도 눈에 띄는데, 달라진 점은 정곡을 찌르는 직설의 말이 아니라 에둘러 말하고 생의 깊이가 두드러지는 인식에서 드러난다. 그래서 이번 시편들에서는 대상에서 일정한 거리를 두고 물러 앉아 스스로의 마음을 보살피는 성스러운 즐거움마저 느끼게 한다.

이런 변화는 느닷없이 나타난 것이 아니라 그의 시의 원형질 속에 내재되어 있다가 점진적으로 나타나고 있다는 데 주목을 요한다. 아래의 시들에서 그런 변화의 흐름을 읽어보기로 하자.

①한밤중 한 시간에 한두 번쯤은 족히
찢어질 듯 가구가 운다, 나무가 문득 운다

그 골짝
찬바람 소리
그리운 것이다

곧게 뿌리내려 물 길어 올리던 날의
무성한 잎들과 쉼 없이 우짖던 새 떼

밤마다
그곳을 향해
달려가는 것이다

일순 뼈를 쪼갤 듯 고요를 찢으며
명치끝에 박혀 긴 신음 토하는 나무

그 골짝
잊혀진 물소리
듣고 있는 것이다

–「가구가 운다, 나무가 운다」

②사랑을 아는 바다에 노을이 지고 있다

애월, 하고 부르면 명치끝이 저린 저녁

노을은 하고 싶은 말들 다 풀어놓고 있다

누군가에게 문득 긴 편지를 쓰고 싶다

벼랑과 먼 파도와 수평선이 이끌고 온

그 말을 다 받아 담은 편지를 전하고 싶다

애월은 달빛 가장자리, 사랑을 하는 바다

무장 서럽도록 뼈저린 이가 찾아와서

물결을 매만지는 일만 거듭하게 하고 있다

―「애월 바다」

③유난히
깊고 또렷한

환하고도
발그레한

스물 갓
넘었을 무렵

명 여사의
볼우물

눈앞에
여든 해를 둔

명 여사의
볼우물

―「대여 김춘수의 아내 명숙경 여사의 볼우물」

①시에서 두드러지는 것은 직관이다. 시인의 귀는 한밤중 한두 번쯤 우는 가구의 울음을 듣는다. 그 울음은 나무로 있던 골짝의 새떼와 바람소리와 물소리가 그리워서 달려가는 것이다. 그런 점에서 이 시는 진술(해석)만으로 이루어져 있다. 그럼에도 이 진술은 한 방향으로만 진행되는 것이 아니라 물, 바람, 새떼 등 자연 전체로 향하고 있어 원융의 정신을 내장하고 있는 것이다. 이번 시들에서 드러나는 영원의 정신만 하더라도 "마주 앉아서 / 말없이 천년 // …… // 흰 뼈만 / 남습니다, 아아 / 또 다시 / 천년"(「千年」) 같은 시에서 이미 충분히 예견된 것이었다.

②시는 이번 시들에서 다루고 있는 구름 바람 물과 같은 자연의 비의를 캐는 작업과 관련된 계열이다. 그러면서도 "노을은 하고 싶은 말들 다 풀어놓고 있다"든지, "무장 서럽도록 뼈저린 이가 찾아와서 // 물결을 매만지는 일만 거듭하게 하고 있다" 같은 눈부신 진술을 붙이고 있는 것이다.

그러나 신작시인 ③시에 이르면 시인은 그런 해석과 관조적 진술을 자제하는 대신 여운과 암시로 암향(暗香)을 더하는 기법을 주로 쓰고 있는 것이다.

볼우물은 볼에 우물처럼 깊이 파인 아름답고도 발그레한 영상이다. 스물 갓 넘었을 무렵에 떠오르던 첫사랑 꽃분홍의 그 빛은 여든 해를 앞에 둔 시점에서도 변하지 않는다. 즉 명 여사는 여든 살 얼굴에도 스무 살 얼굴을 하고 있다. 시인은 이것을 '여성적인 영원성의 이미지'로 본다. 볼우물은 회감(回感)으로서의 기능을 할 뿐만 아니라, 후생에 가서도 삭지 않을 하나의 형상으로서 간직하고 있는 것이다. 그 우물은 현실의 우물이 그러하듯 무시로 꿈과 그리움의 두레박을 내려놓고 적실 수 있는 그 가슴 안의 영상 혹은 잔상으로 깊이 팬 빛과 촉감의 길이며, 상상력의 길과도 통한다. 이를 우리는 영원의식이라는 말로 명명할 수 있는 것이다. 휘발되지 않는 이러한 '여성적인 영원성'은 영상은 다음 시에서도 나타난다.

> 통영 바다 밤바람 소리 파도 소리 듣는다 여황산아 여황산아 밤새 부르짖는다
> 뱃전에 붙들린 채로 남몰래 울먹이며,
> 남망산아 남망산아 밤새 부르짖는다 잠들었어도 대여는 천사를 외쳐 부른다
> 명숙경 명숙경하며 달을 뒤좇아 가면서……
>
> —「잠들었어도, 大餘는」

영원의식. 이번 시들에서 이정환이 새로이 인식하고 있는 것은 바로 영원의식이다. 그래서 죽은 대여는 죽지 않은 모습으로 밤바람 소리 파도 소리를 듣고 여황산아 밤새 부르고, 그의 천사인 명숙경 여사를 외쳐 부르며, 달을 뒤쫓아 가는 것이다. 시인이 본 것은 영원히 죽지 않는 젊은 인간 대여(大餘)다. 시인에게 대여는 통영에서 놀았던 젊은 시절의 모습으로, 천사의 모습으로 간직했던 명숙경을 따라 달을 뒤쫓아가던 모습으로 형상화된다. 그것은 시인의 의식 속에 이런 영원의식이 더해짐으로써 가능한 것이다. 이 여성적인 영원성은 자연에서 발견되면서 깊이를 더한다. 「주산지」가 그 대표적인 시이다.

> 비로소 너와 나는 마주하고 서 있다
> 왕버들 수십 그루 가슴에 심은 너와
> 수심의 즈믄 가지가 뻗어 아픈 내가
>
> 그리움이 저렇게 고인 것이라 믿는다
> 수십만 뿌리를 돌아 마침내 다다른 곳
> 사랑이 이룬 둘레와 깊이라고 믿는다
>
> 머물다 곧 떠나는 발걸음은 알 길 없다

너의 너른 품을, 네 사유의 폭과 깊이를
꿈꾸는 이들에게만 얼비치는 구름결을

—「주산지」

중년의 시인이 만난 깊고도 넓은 물에 대한 체험은 이렇듯 웅숭깊다. 못은 물의 흐름이 마침내 도달하여 모인 곳이다. 또 그 물은 모든 돌부리들의 기억을 간직하고 있기도 하다. 그러기에 이 시에는 시인이 그동안 지나온 여러 산과 여러 길이 응축되어 있다. 그 길은 공간적일 뿐만 아니라 시간의 길, 생의 여정이 응축된 삶의 길이기도 하다. 왜냐하면 내 속에는 구비 구비 등 굽은 근심의 언덕을 넘어 가슴 속 잔주름이 깊은 "수심의 즈믄 가지가 뻗어 아프기" 때문이다. "그리움이 저렇게 고였다"고 하지만 그 그리움은 사적인 것을 넘어선다. 생생한 삶의 굴곡들을 넉넉히 품어 안는 여성적인 영원성의 물 앞에서 시인은 비루수 그리움의 실체를 만난다. 근심과 시름의 잔가지가 천 갈래나 뻗어 아픔이 소태 같은 길만을 걸어온 시인이 "왕버들 수십 그루 가슴에 심고"는 아직도 넉넉히 물을 대주고 젖을 먹여 길러내는 구원의 여성을 만난다. 여성적인 영원성, 저수지의 물은 인고의 여인의 형상, 그것도 영원히 늙지 않고 다른 이를 이롭게 해주는 생명의 형상이다. 물은 모든 것을 다 품는다. 나무도 산도 구름도 거기에 깃들어 먹고 쉬었다 가게 한다. 물은 욕망이 없다. 자기 가슴에 들어오는 모든 것에 있는 것을 다 베풀어주고 비춰주고 그냥 보내준다. 더 깊숙이 평화롭고 고요하고 그윽하다. 그러기에 시인은 불꽃처럼 일어나는 사랑을 이야기하는 것이 아니라, 기다림과 그리움의 시간을 살면서 완성되는 사랑을, "사랑이 이룬 둘레와 깊이"를 발견하는 것이다. "머물다 곧 떠나는 발걸음은" 알 수 없는 "너른 품, 사유의 폭과 깊이", 이런 넓어진 시야가 이번 시편들에는 있다.

이 시야는 말로 이루어지는 것이 아니다. 뜻으로 침묵으로 도달되는 세계이다.

너는 나에게 말하지 말 것을 이른다
너는 나에게 바람의 뜻 읽으라고
구름과 물소리의 속내 헤아리라 이른다

나는 더 이상 아무런 말도 못한다
그저 귀를 열고 듣고 있는 것이다
이따금 하늘을 아프게 쳐다보는 것이다

– 「폭포」

끊임없이 이어 떨어지는 폭포는 가열한 정신을 일깨우면서 인간을 압도한다. 그 정신 앞에서는 우리는 자연의 말씀을 들어야 하는 것이다. 우리는 그동안 얼마나 말하는 것에 익숙하고 듣는 것에 닫혀 있었는가를 일깨운다. 낙하라는 자연 현상에서 시인은 바람의 뜻과 구름, 물소리의 속내가 무엇인지를 찾아내라는 메시지를 듣는다. 폭포를 읽는다는 것은 그 속의 바람과 구름과 물소리의 경전을 독해하는 것과 관련된다. 그러면 이들이 암시하는 생과 사의 비의는 무엇인가. 이 바람의 뜻과 구름, 물소리의 속내는 아래 시에서 드러나고 있다.

1
한 줌뿐인 너와 우뚝한 산 같은 바위
자로 재기에는 퍽 아득한 일이라
벼랑 끝 소나무 한 그루 구름을 부른다

오르고 내려감은 바람의 일이지만

천년을 머물 수 없는 물은 소리치며
바위를 뛰어 내려가 깊은 소를 이룬다

2
이젠 더는 돌이킬 수 없는 길을
표표히 돌아 나온 물빛 그림자 두엇
버리고 갈 것만 남은 바람이 불고 있다

—「주왕산의 詩」

그것은 우주의 도처에서 작용하는 불가사의한 힘, 내적 필연성을 지닌 에너지라 할 수 있다. 바람과 구름, 물소리가 만들어내는 소리와 움직임을 통해 "한줌뿐인" 우리가 고착화하는 의미가 아니라 그들이 몸으로 전해주는 비의를 받아 적을 뿐이다. 자연은 거리를 재는 일을 따져서 하는 것이 아니라 오히려 그러한 상태로 있는 것을 자신의 근원적인 조건으로 받아들임으로써 존재한다. 소나무가 구름을 부르는 것은 우뚝한 산 바위 같은 것을 재는 것은 아득한 일이기 때문이다. "바위를 뛰어 내려가 깊은 소를 이루는" 물은 돌이킬 수 없는 길을 걷는 것의 표상이다. 바람은 후회도 안달도 없이 버리고 가는 존재들의 상징이다.

그것뿐인가. 이정환에게 자연은 감은 눈에도 쏟아져 들어온다.

1
눈 감아도 초록
눈을 떠도 꿈길

툇마루에 나와 앉아 볕살을 받으면
이윽고
졸음에 겨워

홀로, 잠드는 목어

2
이젠 아무것도 모자람이 없는 것이다
이젠 아무것도 아쉬움이 없는 것이다

눈물을
보일 일이사
더는 없는 것이다

―「오월」

무생명마저도 졸음이 쏟아지게 할 만큼 한국의 오월, 이렇게 밀려오는 햇살 앞에서 모자람을 말한다는 것 자체가 사치다. 그 빛에 무엇을 더 보탤 것인가. 햇살이 금을 사는 시간. 눈을 떠도 감아도 막 쳐들어오는 햇살에 에워싸는 시간(에워쌌으니 아아 그대 나를 에워쌌으니 향기로워라 온 세상 에워싸고 에워쌌으니 온 누리 향기로워라 나 그대 에워쌌으니,「에워쌌으니」), 순도 100%의 생의 순전한 기쁨이 잦아드는 시간이다. 온통 봄볕이 충만한 오월에는 생명이 없는 무생물인 목어마저 그 생명의 양수의 기운에 싸여 잠들 수밖에 없는 법. 눈을 감아도 초록이 밀려오고 / 눈을 떠도 찬란한 꿈이 밀려오는 순전한 생명의 시간인 오월에는 우리가 항용 주고받는 슬픔이란 것이 깃들일 공간은 없다. 어디를 가나 천지에 가득한 생명만으로 배부른 때가 아닌가. 이 충일한 시간에 아쉬움인들 모자람인들 있을 수 있겠는가. 생명성의 타고난 기쁨은 특별한 목적을 가지고 있는 것이 아니어서 가장 순수하고 따라서 가장 값지다. 이정환의 이런 태도는 현재의 삶을 긍정하는 표상이 된다. 이정환은 영원에의 지향을 보여주면서도 현재의 삶을 긍정하는 정신을 잃지 않는다.

못물만 보면 소스라치는 이가 있어

봄꽃들은 연방 물결 위에 덧쌓이고

덧쌓여 못물 한복판 붉게 번져 흐른다

잡지 말라, 바람 따라 흔들리는 꽃가지

못물 한복판 쪽으로 벋어난 꽃가지를

이젠 더 붙잡지 말고 지켜보라 이른다

–「서출지」

자연의 조건 없는 베풂만큼 자비로운 것이 있으랴. 시인의 말대로 "봄날의 못물은 영혼이 마지막으로 가서 드러누울 둥근 물의 관"이다. 못물만 보면 소스라치는 이(시인에 의하면 새와 바람과 구름, 산개여울물과 송사리 떼, 조약돌들, 산의 푸른 아가미, 산의 젖은 아가미, 고라니)를 위해 못물은 말없이 떨어져 덧쌓이고 덧쌓여 붉게 번져 흐르는 낙화들을 선사한다. 자연은 그 찬란한 한때, 바람따라 흔들리는 꽃가지, 못물 한복판으로 벋어난 꽃가지를, 붙잡지 말고 지켜보라고 말없이 타이른다. 살아가다 보면 붙잡지 말고 지켜보아야 할 시간이 이른다. 그것은 주로 자연과의 부딪힘에서 상상력이 삶의 뇌관을 건드렸을 때 나타나는 섬광에서 파생된다. 이정환은 이번의 신작에서 그것의 가장 극명한 순간을 낙화에서 찾는다.

1
저 수천의 꽃송이들, 떠난다는 말 한 마디 없이
바람이 불든 불지 아니 하든 제 길을 가고 있다

한 줌의 하늘이기를
마다하지 않고 있다

2
꽃이 아니라
자줏빛 새 떼로다

꽃잎 죄다 떨어져
흙으로 돌아갈 때

자줏빛
새떼들도 홀연히
날아오를 것이다

3
꽃잎의 길을 이제 뒤좇아 가리라

눈물 흩뿌려도
저만치 가는 봄날

저만치
날아오른 새떼들의
자줏빛 하늘 길을

—「자목련의 詩」

낙화는 꽃잎의 죽음이다. 그런데 시인은 그 죽음을 새로운 세계로의 비상으로 읽는다. "물속에 숨어 있던 수천의 새 떼들"(「새와 수면」)을 발견했던 시인의 시선이 더 깊어진 지점이다. 이 비상은 외적인 강제에 의해 이루어지는 것이 아니라 "바람이 불든 불지 아니하든 제 길을 가는" 자유의지의 행위이다. 여기서 "꽃잎 죄다 떨어져 / 흙으로 돌아갈 때" "자줏빛 / 새떼들도 / 홀연히 날아오를 것이다"에는 시인의 생과 사에 대한 인식이 놓여 있다. 육신은 지상에 남지만 영혼은 하늘로 날아오른다는 인식. 이는 "아득한 벼랑 끝에 별빛 내리듯 내 영혼 몸 밖으로 빠져 나가고"(「千年」) 같은 구절에서도 이미 드러난 바가 있었는데, 시인은 육체와 영혼을 명확히 구분하고 있는 것이다. 그래서 시인은 "날아오른 새떼들의 / 자줏빛 하늘 길을" 뒤쫓아 가리라는 다짐을 하게 된다. 시인은 자줏빛 새떼들이 날아오르는 마음의 행로를 가지고 있다. 생의 표면만을 쫓는 일상의 눈길이 닿지 않는 깊은 눈으로 보면 그 꽃들은 '신성한 날기'를 시도하는 것이다. 이 신성한 날기의 시간이 없다면 시가 시 될 까닭이 없어진다. 마찬가지로 신자들이 영생에 대한 비전 역시 가질 필요가 없는 것이다. 그래서 이번 시들의 귀결점은 죽음 이후에 이어지는 자줏빛 하늘 길을 따라간 비상으로 읽힌다. 그러나 이런 신성한 비상 이후에도 새로운 삶은 지속될 수밖에 없다.

꽃 지는 자리마다 새순은 연푸르러
꽃송이 달고 있던 기억을 떨쳐 버리고

하늘로
뻗어 오르네
저 수많은 꽃가지들

잎의 기억 속에 꽃송이들은 하나 없고
그늘을 이루기 위해 흔들리고 있나니,

자줏빛

옷고름 푸는
속절없는 꿈이여

—「자목련의 詩 · 2」

꽃들이 날아간 자리에 꽃가지들은 하늘로 뻗어오르지 않는가. 꽃 이후에 잎들은 또 그 지향을 계속하고 있지 않은가. 그러나 "잎의 기억 속에 꽃송이들은 하나 없"다. 안톤 체홉의 『귀여운 여인』에 나오는 올랭까처럼 지금의 삶에도 충실한 삶이 이정환의 시에는 있다. 그 때 새로 표상되었던 "자줏빛 옷고름은" 속절없는 꿈으로 변환된다. 자주빛 비상이 신비로웠던 만큼 "그늘을 이루기 위해 흔들리는" 잎들 역시 그 못지않게 신비로운 것이다. 시인이 '남은 때'에 주목하는 이유가 여기에 있다.

꽃나무의 남은 때
바위벼랑의 남은 때

강물의 남은 때
뭉게구름의 남은 때

그 뉘도
헤아리지 못할
그날은 그예 오리

그예 오리, 그날은
사슴뿔의 남은 때

마천루의 남은 때
천년 탑신의 남은 때

당신의
두 어깨와 잔등
눈물의 남은 때는

–「육체의 남은 때–베드로전서 4장 2절」

꽃이 피면 질 때가 있다. 뭉게구름은 일렁이다 흩어질 때가 있다. 강물 역시 바다에 흘러갈 때가 있다. 사물은 차면 이울 때가 있는 것이다. 육체 역시 마찬가지다. 그리하여 우리는 현재의 시간을 잘 보내야 한다. 그 시간은 바로 자신의 존재를 진중하게 들여다보는 성찰을 가능하게 하는 시간, "밤이 오리니 그 때는 아무도 일할 수 없느니라"(요 9:4)에서 드러나듯, 육체를 가진 '인간의 시간'이다. 존재의 소슬한 경지가 드러나는 지점은 현상의 소멸 직전에 가장 극대화되어 나타난다. 시인은 "육체의 남은 때, 목숨의 남은 때를 아무도 모른다. 구름과 같다. 바람과 같다. 물결과 같다. 흰 나비의 날갯짓과 같다. 하여 그 때에 매여 가만히 앉아 있을 수는 없다. 다함없는 도전, 다함없는 불길 속을 달려가야 하는 것이다."라고 말한다. 그날이 오기 전 서둘러 자신의 일을 하겠다는 이 다짐은 바로 이번 시들에서 영원의 시간을 상정하는 시인의 기획 속에서 나온 것이라 하더라도, 시인은 그 영원의 한 순간을 뜨겁게 도적으로("나는 도적이다, 그리움으로 채워진 / 궤짝을 훔친 도적이다 // 분화구에 뛰어든 / 슬픈 도적이다", 「너의 肖像」) 살겠다는 것이다.

이정환은 이번 시들에서 여성적인 영원성을 인간에서 발견하여 내재화시키고 이를 자연과 우주로 확대시키는 한편, 죽음 이후까지 그 비전을 심화시켜 놓았다. 이정환은 부분적으로 자연에 접근하는 태도에서 나아가 바람과 구름, 물소리 등을 우주를 구성하는 불가사의한 힘, 내적 필연성을 가진 기운으로 파악하면서 그들이 전해주는 비의를 몸으로 받아 적는다. 아울러 현생 너머를, 죽음의 의미를 영원으로 탐구한다.

이정환의 이런 기획과 심상이 의미를 가지는 것은 영원의 비전을 가지면서도 현실의 매순간을 "분화구에 뛰어든 도적"처럼 살겠다는 양가성의 의지가 팽팽하게 당겨져 균형감각을 획득하고 있기 때문이다. 이들 작업은 영원을 현실에 접목시켜 한국시의 지경을 넓혔던 서정주의 중기시를 즐겨 연상하게 한다. 그로 인하여 한국의 시조가 새로운 국면을 개척할 수 있기를 기대해 본다.

외로이 설산 암벽을 오르는 시인을 위하여
– 권기호의 시

권기호는 시력 반세기에 가까운 시인이다. 그는 시에 대한 염결성을 가지고 있다. 그동안 공식적으로 낸 시집은 『서쪽의 풍경』(1970)이 전부이다. 그렇다고 그가 시 쓰기 작업을 게을리 한 것은 아니다. 1960년대 이후 강단에서 줄기차게 시와 시론을 강의하는 학자로서 왕성한 활동을 보이면서도 꾸준히 시를 창작하여 그는 몇 권 분량의 시를 써서 보관하고 있다. 몇몇 출판사에서 시집 출판 제의가 들어왔지만 그는 번번이 거절했다. 그는 그만그만한 시집들이 양산되는 우리 시단의 현실을 탐탁지 않게 여긴다. 오히려 새로운 세계를 열어 보이지 못한다면 구태여 시집을 낼 이유가 뭐 있겠느냐 하는 생각을 가지고 있다. 그만큼 그는 세상의 평판에 대하여 신경을 쓰지 않는다. 그러나 눈에 뜨이지 않는 곳에서도 그가 얼마나 큰 스케일로 시를 창작하고 있으며 한국시의 변경을 넓히고 있는지를 알 만한 사람은 다 안다. 이번의 제8회 유심문학상 특별상 수상도 그런 면에서 당연한 귀결이라 생각된다. 만발한 아카시아 꽃이 어찌 지나가는 사람의 오관과 가슴에 향기를 풍기지 않겠는가. 우리는 이 글을 통해서 아무런 막힘이 없이 흘러나오는 권기호 시인의 마음의 세계를 음미하게 될 것이다.

권기호의 시는 전통적인 시적 관습에의 의존을 과감하게 떨쳐버리는 지점을 거느린다. 그의 시는 우리의 굳어 있는 감수성의 틀을 깨트려 버리고, 기존의 낯익은 가치관까지도 없애는 데서 출발한다. 이 예기치 못한 무의미성, 기존 개념의 부정 등이 그의 시가 여타 시와 변별되는 중요한 요소이다. 시 「아라베스크」를 보자.

백번이라도 되풀이해서 말 할 수 있다.
자 다시 시작해 보자
빨강에서 노랑으로 모든 회색은 퇴색된다
초록에서 검정으로 모든 노랑은 퇴색된다
별빛에서 원자로 모든 뼈들은 추락한다
죽음에서 거머쥘 모든 粒子는 추락한다
청색에서 공포로 모든 고양이는 환원된다
꽃에서 문둥이로 모든 이빨은 침투한다
묘지에서 버섯으로 모든 여인은 침투한다
無에서 無로 모든 無는 침투한다
그렇다
無에서 無로 모든 無는 침투한다
자 다시 계속해 보자
그것은 강물 안에서 역행하는 구름
갓 빗겨올린 올챙이의 얼굴
놀랜 가슴에서 울려오는 피리
빠져나온 뱀이 찾는 구멍
별들의 잠
觀念의 숲속에서 건져낸 이빨
이러한 것들과 더 많은 사건 속에
찾아지는 노예
아니 파도를 낀 도시의 얼굴
식은 땅 속의 도시의 얼굴, 惡寒

―「아라베스크」 전문

이 시는 우선 하나의 의미로 환치될 수 없는 이미지 구성의 돌연성에서 오는 경이감이 새롭다. '~에서 ~로 모든 ~는 ~한다(된다)'의 문장으로 구성되는 시의 상반부에서 나타나는 색상은 이미지의 연결성이 전혀 없다. 퇴색된다, '추락한다', '환원된다', '침투한다'의 동사군도 마찬가지다. 이 논리적 절연은 무의식적이고 돌발적인 행위에서 온다. 명사형으로 끝나는 후반부의 문장에서 우리는 구름, 올챙이의 얼굴, 피리, 구멍, 별들의 잠, 이빨, 노예, 도시의 얼굴의 연결성을 찾을 수 없다. 단어의 돌발적인 병치는 데뻬이즈망 기법, 살바도르 달리가 말하는 '무의식적 행위를 실현시킴으로써 환기될 수 있는 환상적인 영상과 표상'을 노리는 작품들의 기법과 유사하다. 주술적이고 동적인 리듬으로 구성되고 있는 것도 묵은 지식의 껍질과 개념을 벗기고 자동화된 인식의 틀을 부수고 있는 데서 기인한다. 그러나 이런 기법과의 근본적인 차이는 데뻬이즈망이 우연의 소산이라면 이 시의 이미지들은 전체적으로 어떤 감각적인 분위기를 거느리고 있다는 점이다. 그것은 끝부분에 나오는 노예, 도시의 얼굴, 惡寒에서 보이듯이, 도시에서 발견되는 헤어날 길 없는 암울한 존재인식이다. 이 암울함을 그는 이런 형식으로 시화하고 있는 것이다. 아래 시 역시 의미의 절연이 두드러진다.

> 달빛이 지구 내부 깊숙이 스며든다
> 유월의 과일로 지구의 가슴은 부푼다.
>
> 얼굴을 드러내지 않고 모든 것을 애무할 줄 아는
> 신들은
> 털이 무성한 손으로
> 지구의 가슴을 문지른다.
>
> 잘 닦여진 식탁 위에서

나프킨은 모두 피리가 되고

그림자 짙은 골짜기에서
신의 정수를 내리며
모든 여인은 더워진다.

몇 개의 침대 위에서
푸른 빛 나는 알을 잉태한 여인은
가장 무성한 나뭇가지에 은하를 걸어둔다.

—「달밤」 전문

이 시는 사물이 무한으로 도달하는 사유("유월의 과일로 지구의 가슴은 부푼다.")를 자재로 구사한다. 아울러 "얼굴을 드러내지 않고 모든 것을 애무할 줄 아는 / 신들"에서 법신이 곧 허공이며 허공이 곧 법신이라는 것을 말해 준다. 허공 가운데 법신이 머무른 것이 아니다. "그림자 짙은 골짜기에서 / 신의 정수를 내리며 / 모든 여인은 더워진다."는 구절은 신과 중생이 다르지 않음을 보여준다. 시인이 일체의 상을 떠나 있음을 알게 한다. 그러나 3연 "잘 닦여진 식탁 위에서/ 나프킨은 모두 피리가 되고"에서 나프킨이 피리가 되는 구절은 새롭고도 특이하다. 기존의 논리로서는 도무지 해독할 수 없다. 시인은 비논리로서 어떤 정서를 환기하며 그 환기된 정서로 무엇을 제시하고자 한다. 그런 점에서 이 시는 의미를 벗어난 의미, 새로운 의미의 갱신을 노래하고 있다고 할 수 있다. 이런 무의미는 자연스럽게 '달밤'의 정서를 환기한다.

근작들에서도 권기호 시의 그런 특징들은 도처에서 발견된다.

커피포트 속엔 언제나 잃어버린 의치(義齒)가 있다
엑스포엔 언제나 복제된 백조가 있다

밀납으로 된 소녀들이 하얗게 웃고 있는
빈 교실이 있다
분리되지 못한 검은 탯줄의
일기장이 있다

-「도시- p. 네루다에게」 부분

의치나 복제된 백조, 밀납으로 된 소녀, 분리되지 못한 검은 탯줄의 일기장 같은 언어는 논리적인 질서가 없다. 앞뒤가 맞지 않는 당돌한 느낌을 주는 기상천외한 문장의 병치는 미적인 스피드나 경이로움으로 가득차 있다. 이 시를 가히 '선시'라 할 수도 있다. 그만큼 대상을 의식하지 않고 있다고 할 수 있다. 왜냐하면 도시를 생각할 때 선뜻 떠오르는 이미지가 아니기 때문이다. 그렇다고 하더라도 이 이미지들은 자세히 관찰하여 보면 생명성이 약하거나 희미하다는 공통점이 있다. 시에서 우리가 희미하게나마 느낄 수 있는 것은 도시의 불모성이다. 이런 느낌은 4연 "기중기에 매달린 오랜 도시가 있다"와 3연 "세계는 예고 없이 열렸다 닫히는 문과 같다"를 볼 때 더욱 강화된다. 그러나 그것은 시로서는 걸러내기 어려운 속성("시의 필터로도 걸러내지 못한 / 터널 속 역사가 있다.")을 가진다.

시인은 세속의 구속, 그 완강한 규격뿐만 아니라 이성의 힘을 싫어한다.

우수와 허무도 짐짓 투박하게 빚으면
아마 저 같을 것이다

허물 벗어 홀가분한 영혼까지
제 규격 속에
완강하게 눌렀을 것이다

떨어지는 꽃잎
침묵 안에 가두는 것 보면 알 수 있다

여기선 세월이 나이테가 아닌 중량이어서
민들레처럼 가벼운 할머니 몸도
다가오는 저 무게 어쩌지 못해
지팡이로 고누어야 하는 것이다

결국은 빈 속내 덩그런 이 누각도
한때 사람들
탄력받은 날개의 눈부신 하늘 품었으리라
폭포 거스르는 연어의 빗살치는 무늬 지녔으리라

지금은 권태에 겨운 처마가
저녁 어스름에 묻히고 있다

한낮 뙤약볕 헤맨 내 자취도
마침내 이런 풍경뿐이라면
나는 아무래도 억울하다

꽃들 문 열어 다시 펼치고 있는데
내 무게가 스스로 풍경 가둔 채
캄캄하게 저무는 것이라면
나는 아무래도 분하고 억울하다

—「고인돌」 전문

태양계에 있는 우리나라 7月은 옷들을 거의 벗고 다녀야 할 계절이지만 우주전체로 보면 우리의 은하계는 북북서 변두리를 지나고 있기 때문에

사람들 가슴 밑엔 자신도 모를 성에 같은 것이 끼게 된다

정(情)이란 원래 온천수로 비유되는 따뜻한 액체였다
그런데 은하계가 이 궤도에 접어들수록 찰진 온기는 없어지고
다루기 위태한 유리완구처럼 변해 버린다

–「7월의 신화」 부분

앞의 시에서 시인의 내성적 인식은 고인돌에서 감정(우수와 허무)뿐만 아니라 영혼(홀가분한 영혼), 물체(꽃), 관념(세월), 자아(빈 속내 덩그런 누각, 내 자취)까지 제 규격 속에 완강하게 누르는 힘을 본다. 사실 깨달은 마음에는 물체와 물체 사이에 본질적인 차이가 있을 리 없다. 돌은 내적으로는 아무런 동요나 움직임이 없는 상태를 나타낸다. 그런 점에서 "우수와 허무(를) 짐짓 투박하게 빚어놓"은 고인돌은 동양적 무아의 풍미마저 풍긴다. 이는 세속의 구속 속에 들어가 놀면서도 오래 침묵을 지키며 그 곳을 안주처로 삼아 필연의 운명에 몸을 맡긴 상태라 할 수 있다. 그러나 이 침묵과 응축은 허공과 같이 막힘이나 장애가 없는 상태를 동경하는 영혼("한 때 사람들 / 탄력 받은 날개의 눈부신 하늘 품었으리라 / 폭포 거스르는 연어의 빗살 치는 무늬 지녔으리라")에게는 오래 갈 수가 없다. "나는 아무래도 분하고 억울하다"는 외침은 돌이라는 원소 자체에 대한 저항이면서, 그 형태가 시간 속에서 영(零)으로 돌아가지 못하는 대상에 대한 절규일 것이다.

뒤의 시는 정(情)의 영역마저도 합리적이고 이성적인 지식으로 이해하려는 현실을 그리고 있다. 정이란 원래 "온천수로 비유되는 따뜻한 액체", 스며들고 흘러드는 따뜻한 경지의 정서였다. 그것은 안다는 생각 없이 체험되는 어떤 충만한 경지였다. 그런데 꼭 "은하계가 (지구라는) 이 궤도에 접어들"수록 유리완구, 파편이라는 부분적인 지성의 예단으로 바뀌어버린

다. 이 금간 지식으로는 심지어 경전을 아무리 많이 알고 있더라도 체험이 없는 지식에 불과하다. 온 세상이 지식으로 만연하고("파편들로 밤새 떠돌고 있다.) 있으며, 시에서마저도 알록달록하고 물기 없는 지식으로 나돌고 있("시의 중심에서 수상한 보석으로 빛나기도 한다." "습기는 아예 지니지 않는다.")는 "GDP나 뉴스해설에서도 나타나지 않는 이런 현상을", "몇몇 수행자만 짐작하고 침묵하고 있을 뿐"이라고 한다. 논리나 의미로 모든 것을 예단하려 하는 태도에 대한 풍자이다. 이래서야 "가슴으로 듣고 귀로 보아야 알 수 있는" 울림(「폭포」)을 어떻게 짐작이나 하겠는가.

우리나라를 옆으로 누워 있는 여인의 모습으로 보면
대전 밑 옥천은 단전 부근이 되고
그 아래 옥계 폭포가 있다

이 부근에서 여인은 대퇴부를 비스듬히 세워
가끔 바로 누운 자세가 되는데 은하가 기슭까지 내려오는 때가 되면
폭포 소리는 몇 개의 능선을 지나도 메아리쳐
처음 우주 전자파의 아득한 울림이었다

이런 밤 선대 여인들은 놋요강 위에서의 그 울림이
폭포의 음자리됨을 가슴으로 듣고
그제야 남정네를 유달리 안채로 맞이하였다

율곡의 어머니도 그랬고, 퇴계의 어머니도 그랬다

사나이기 때문에 사나이라는 이유만으로 폭포에
팻말을 내거는 사람들이 있다

그것은 합성수지로 된 일회용 깃발이거나
알 수 없는 상형문자의 영역표시일 뿐이다

문화의 소음시대,
침묵으로 일관하던 마르셀 뒤샹이
임종에서 조각 한 점 전시하였다
어두운 공간
달빛 등잔을 든 알몸의 여인이
해초처럼 숨쉬며 누워 있었다

가슴으로 듣고 귀로 보아야 알 수 있는 옥계 폭포의 울림을
나는 거기서도 들을 수 있었다

—「폭포」 전문

"귀로 듣지 말고 마음으로 들어라"는 말이 있다. 귀는 소리를 들을 뿐이며 마음은 사물을 상대하기 때문이다. "은하가 기슭까지 내려오는 때"도 모든 대상을 떠난 순수한 의식으로 알 수 있다. 우리의 "선대 여인들은" 그 때 놋요강 위에서의 울림을 폭포 소리의 음자리로 알아듣는다. 선대의 여인들은 원래의 마음자리를 간직하고 있었고 처음부터 그 무엇에도 구속되지 아니하는 선(禪)에서 말하는 무(無)에로의 침잠을 통해 그 소리를 듣는다. 이런 무위는 보고 들음이 심상하여 어떤 객관세계도 상대할 수 없고 망령된 감정도 생길 수 없다. 그러기에 이 세계와의 교섭을 유지하면서도 그것에 동화되지 않은 삶을 사는 것이다. "사나이라는 이유만으로 폭포에 / 팻말을 내거는"(아내와 행위를 하려하는) 사람들은 그 근처에도 다가가지 못한다. 여인들의 이런 센스는 마르셀 뒤샹이 남성용 변기를 전시장에서 「샘」이라는 제목으로 전시함으로써 전혀 새로운 의미를 띤 것과도 같은 것이다. 그것은 이 세계에 대한 우롱, 빈정거림을 내포한다. 시

인은 옥계폭포의 울림을 거기서도 듣는 것이다.

시인은 "치마 속 두 반달 내려 / 조심스레 몸에 고인 온기 뿜"는(배뇨하는) 그녀의 "반달 사이 핀 말미잘"(성기)이 "바다 속 말미잘과 대면하는 장면"을 통해 그녀와 우주와의 교감을 읽으며(「어떤 풍경」), 가면을 쓴 시인들의 토론을 "꺼집어낸 흰 코끼리가 겨자씨보다 작게 눈 속으로 사라지"게 하는 도(道)의 세계로 일순에 뒤집어 버리는 만해 시인의 칼(「두 개의 에피소드」)을 본다. 이글거리는 눈매와 맹렬한 파도의 등줄기를 가진 짐승은 기실 시인의 초상이 아닌가.

축제의 날이 와도
설산의 암벽 오르며
늘 혼자일 것

어쩌다 포획자의 유탄 맞으면
아린 무명(無明) 혀로 핥으며
야성의 포효 노을에 담금질할 것

그래서 그 열기 언젠가
밤하늘 건너는 은하로 갈무리되기까지
되풀이되는 혼절의 시간 마다하지 말 것

시인은 언 가슴
봄 아지랑이 데워 내는 사람이지만
빈 하늘 자맥질해
숨은 곡조 드러낼줄 아는 사람이지만
그 중에서도
가장 높은 별자리 찾아 맨발로 세상을 돌아본 사람

태양 속 옹달샘 찾다 덧없이 눈이 먼 사람

–「맹수를 위하여」 부분

더 팽창할 수 없는 튜브 속 밀도에서
도시가 기진해 있다
이미 예견 되었거나 설정된 듯이
적도는 무더운 기압
계속 펌프질 하고 있다
기상특보에 옥죄인 한반도 시간은
뻘 속에
지친 혀 늘어뜨리며
종일 허우적대고 있다
(중략)
분명 파괴와 약탈을 예고하고 있는
이 현상은
역사적 질곡에서 흔히 보는
거친 전환기를 내비치고 있다
급류는 하류민초들의
격한 몸짓인가 하면
강풍은
불특정 다수에게 휘두르는
익명의 광기와 같다
그 어느 것이든 영원의 시간과는
많이 빗겨나 있다
그러나 영원에서 벗어난 캄캄한 파괴의 섬광이
때로 예기치 못한 본질을 던져 줄때가 있다
나는 그것을 기다리고 있다

–「태풍이 오고 있다」 부분

「맹수를 위하여」라 제목 붙인 앞의 시에는 시인의 자세 내지 삶의 지향이 드러나 있다. 시인은 세속에 함몰되지 않고 홀로 우뚝해야 한다. 세상으로부터 받은 상처도 스스로 치료하며 무심의 상태를 지향해야 한다. 그런 무심이 깊어지면 나와 우주의 경계가 무화되는 무한으로 도달("그 열기 언젠가 / 밤하늘 건너는 은하로 갈무리되기까지")한다. 마침내 시인은 "태양 속 옹달샘" 즉 물체가 응당 가지기 마련인 그 형태가 나기 이전의 상태를 찾아 눈이 먼 사람이 되어야 한다. 그걸 위해 시인은 끊임없이 순환해 마지않는 혼돈 속에 몸을 맡기고 무위의 덕과 일체가 되어 만물의 근원인 자연에 통달하기 위한 고투를 하고 있다.

두 번째 시는 시인의 내성적 인식의 활동이 돋보인다. 시인은 태풍에서 역사적 질곡의 거친 전환기를 읽어낸다. 예컨대, 급류는 민초들의 격한 몸짓인가 하면, 강풍은 불특정 다수에게 휘두르는 익명의 광기 같은 것이다. 이 때 도시는 터지기 직전의 튜브다. 우리는 여기서 태풍을 통해 도시의 모습을 보게 되고, 하늘과 땅의 이치를 알 수 있을 뿐만 아니라, 우주 전체가 하나 됨을 알 수 있다. 또한 이 하나 됨의 근원을 따라가게 되면 비로소 만물의 조화도 알 수 있게 된다. 여기서 하나는 중유(衆有)의 본이요, 만상의 근(根)이다. "영원에서 벗어난 캄캄한 파괴의 섬광이 / 때로 예기치 못한 본질을 던져 줄 때가 있다"는 것은 천지의 형태와 운행을 꿰뚫어 볼 수 있게 된다는 것이다.

시인은 "한 번도 얼굴을 드러낸 일이 없"는 시의 광활하고도 높은 정상(산정)을 향해 끊임없이 주파수를 맞추고 전파를 쏘아 올리며(「시법」) 오늘도 스케일 큰 시 작업을 하고 있다. 그 발밑에서 점심이나 먹고 올 뿐이라고 넌지시 말하지만, 더욱 생활의 투정 같은 가마우지의 언어로 시를 낭송하고 꽥꽥거리는 박수의 깃을 받고 있다고 위트를 부리지만(「가마우지」) 시인은 이성이나 미학, 윤리적 관여가 없는 영혼을 꿈꾼다. 언어가

의미에 종속되는 기존의 낯익은 가치관을 넘어 예기치 못한 이미지의 돌발성, 비논리의 세계로 모든 대상을 떠난 순수한 의식을 노래하며 세계와 우주의 비밀을 열어가기 위해 오늘도 가파른 시의 설산 암벽을 혼자 오르고(「맹수를 위하여」) 있는 것이다.

그림자에 대한 통찰과 놀이의 깊이
– 고영조의 신작시에 대하여

그림자만큼 다양한 파장으로 열려 있는 현상과 실체가 또 있을까. 그림자는 빛의 작용이라는 외물(外物)의 간섭을 통해 생긴다. 그것은 공간 속에 시간이 작동하는 방식으로 형성된다. 그렇다고 바람처럼 덧없지는 않다. 그림자는 그늘보다는 외연이 넓고 크다. 그늘을 만드는 그림자도 있고 그늘을 만들지 못하는 그림자도 있다. 그러나 "그 사람의 그늘에 가려서 아무것도 못했다."라는 말과 "그 사람의 그림자에 불과했다."라는 말의 뜻은 그리 다르지 않다. 그림자는 어둠과 다르다. 어두운 건 암흑이지 그림자가 아니다. 그러나 반드시 어둠과 다르다고만 할 수도 없다. "아침의 그림자는 밤"이라는 식으로 외물의 외연을 확대하면 그림자는 '대척점'이라는 뜻으로 그 개념을 확장할 수 있는 것이다.

그림자는 본체의 경계를 물질적 덩어리 밖으로 확산시킨다. 스스로 변화해가면서 짧게 때로는 길게 머물다 사라질 뿐, 담을 수는 있지만 잡을 수도 잡힐 수도 없는 실체라는 점에서 정신적 가치를 지니기도 한다. 고영조의 그림자 시편들은 이렇듯 그림자에 대한 입체적인 사유와 발상으로 예기치 않은 즐거움과 생의 깊이를 획득한다.

새 한 마리 날고 있다
새 두 마리 날고 있다

한 마리는 공중에
한 마리는 땅 위에
커다란 날개를 펄럭이며
날고 있다
이 나무에서 저 나무로
이쪽에서 저쪽으로
날고 있다
나르다 문득
고욤나무 가시에 앉을 때
땅 위를 나르던 그림자도
사뿐히 날개를 접고 새의 몸 속으로
들어간다
언제부터인가
새 두 마리가
고욤나무 가지에 앉아 있다
어제보다 약간 더
휘어져 있다

―「그림자 · 2―새」 전문

이 시에서 우리는 그림자는 빛과는 구별되는 독립적 세계를 가지고 있음을 알 수 있다. 그림자는 더욱 형상의 윤곽을 갖고 있다. 새는 형상을 땅 위에 옮겨 그린다. "새 두 마리 날고", "새 두 마리가 고욤나무 가지에 앉아 있다"고 했지만 날고, 앉고 하는 새는 실상 한 마리이다. 즉, 본체와 그림자는 독립적 세계이면서도 하나의 몸이다. 새가 고욤나무 가지에 앉을 때 "땅 위를 나르던 그림자도 / 날개를 접고 새의 몸 속으로 들어간다"는 것이 그 사실을 말해준다. 하나이면서도 둘인 그림자의 세계. 우리는 여기서 고영조 시의 그림자 발생학을 볼 수 있는데, 그의 시에서 그림자는 빛이 만들어낸 형상의 측면을 가지지 않은 것은 아니지만, 근본적으로는 몸이 낳고 있다는 것을 알 수 있다. 그림자는 몸이 산출하고 다시 몸으로 들어가는 생리를 가지고 있다. 이 점이 일반적인 그림자론에서 더 나아간 지점이라 할 수는 없을까.

같은 그림자의 발생과 사라짐을 다루고 있다고 하더라도 아래의 시는 그림자의 형상이 다르다.

해가 기울자
609호 그림자가 슬그머니
제 몸 밖으로 나와
그 여자가 살고 있는
뒤쪽 608동 유리벽을
맨손으로 기어오른다
수직빙벽에 아이젠을 박으며
까마득히
저녁노을에 반짝이며
그 여자의 창까지
그 여자의 하늘까지
맨 몸으로 오르고 있다
어두워지자
공터에서 놀던 아이들
한 둘씩 집으로 돌아가고
그림자도 몸을 숙여서
그 여자의 자궁 속으로
천천히
걸어간다

―「그림자 · 3」 전문

그림자는 아침이면 생겼다가 저녁이면 스스로를 거두어들인다. 이 시는 그 중에서도 일몰 무렵의 시간을 중심으로 하여 본체(사물)가 그림자를 통하여 다른 사물(옆건물)에 다가가는 상태와 그림자가 사라지는 현상을 새롭게 그린다. 본체는 스스로 움직일 수 없다. 그림자를 통해 활동을 한다. 이를 인접한 건물에 적용시켜 보자. 그림자는 시간이 경과하면서 공간에 예기치 않은 흥겨움을 불러일으킨다. 사람의 눈으로는 볼 수 없는 지붕의 모습을 보여주기도 하다가, 계절에 따라 벽에 을씨년스런 냉기와 따스한 온기를 불어넣기도 한다. 스스로 테두리를 둘러 모자를 쓰면서 자신을 가두기도 하다가 그것도 심심해지면 옆 건물에 걸어가기도 한다. 아침에 해가 뜨는 방향에 있는 옆 건물에 간여되던 건물은 황혼이 되면 반대로 옆 건물에 간여한다. 두 건물에 미치는 이 흥미로운 그림자의 작용은 다양한 생각을 불러일으킨다. 그 중에서 가장 재미있는 발상은 에로틱하기까지 한 사랑에 대한 것이다. 시인은 바로 이런 생각의 회로를 건물에 불어넣는다.

이 시에서 현상의 작동방식은 철저하게 에로틱하게 의인화된다. 609동의 몸에서 나온 그림자는 (바람둥이처럼) "해가 기울자 / 그녀가 살고 있는 / 뒤쪽 608동 유리벽을 / 기어오른다." "빙벽에 아이젠을 박으며", "저녁노을에 반짝이며" 맨몸으로 기어오른다. 마침내 그 여자의 창까지, 그 여자의 하늘까지 기어오른 그림자는 "공터에서 놀던 아이들"이 "집으로 돌아가듯이" "그 여자의 자궁 속으로" 들어간다. 「그림자 · 2」에서 제 몸 속으로 들어갔던 그림자는 여기서는 여자의 자궁 속으로 들어감으로써 음양의 교합으로 나아가는 것이다. 고영조의 그림자 시는 이렇듯 다양한 각도로 우리의 삶의 실상에 접근하고 있다.

「그림자 · 6」과 「그림자 · 13」, 「그림자 · 4」는 시인의 존재론적 천착이 돋보이는 시편들이다. 첫째 작품은, 이름은 본질의 그림자이며 본질은 가상의 존재를 앞선다는 인식을 보이고 있으며, 둘째 작품 역시 노래는 혁명이라는 실체의 그림자라는 인식에서 기초하고 있다. 아무도 목장의 소를 본 적 없어도 " '영진목장'이란 부서진 간판 때문"에 사람들은 "커다란 젖통을 출렁거리는 암소"가 있다고 생각하듯이, 벨칸토 창법의 "볼가강 뱃노래"는 혁명을 떠올리게 한다는 것이다. 이에 비해 셋째 작품은 같은 존재론을 다루면서도 현실에 훨씬 더 밀착되어 있다. 즉 어머니의 일생을 그림자로 형상화하면서 빛, 기쁨, 즐거움, 밝음, 말 등 아버지의 세계에 대비되는 슬픔, 고통, 어둠, 침묵의 세계를 놓는다. 당연히 시인은 후자에 주목하고 '구멍이 숭숭 뚫린 내 몸의 그림자들'로 소통하고 있음을 밝힌다.

「그림자 · 11」과 「그림자 · 12」에 나타나는 시인의 태도는 유희성은 사라지고 진지해진다. 두 시들은 각각 시인의 개인사와 민족사에 연결되어서 시인의 삶에 짙은 그늘을 드리운 사람들에 대한 이야기를 다룬다. 그림자가 혼의 형식으로 남아 있고 자라나서 어느 때는 '나'를 덮기도 한다는 것을, 시인의 몸은 세월이 가도 잊히지 않는 그림자들로 무거워 먼 길을 갈 수 없는 지경에 이르렀다(「그림자 · 11」)고 고백하기도 하고, 이데올로기의 희생양이 되어 날뛰던 '그'도 그에게 당했던 심생원도 역사의 그늘에서 왜소해진 인생으로다 사라져버린 것을 쓸쓸하게 떠올리기도(「그림자 · 12」) 한다. 특히 「그림자 · 12」에 드러나는 그림자는 융이 이야기하는 인간의 악마적인 속성과 궤를 같이하는 것으로 보인다.

그런가 하면 그의 그림자는 생의 한 순간에 집중되기도 하고(「그림자 · 10」), 무덤과 관동정사와 같은 살아 있는 실체로 열려있기도 하다(「그림자 · 7」). 말하자면 그의 그림자는 바깥 경계를 한정하는 울타리가 없다. 피어날 때도 경계 없이 피어나지만, 사라질 때도 깨끗이 잠적한다. 사물의 몸속에서 나고 자라다가 소멸하는 그의 그림자는 '허(虛)'의 양상으로 드러날 때가 그

파장이 가장 크고 미묘하다.

> 오늘은 집 앞 새 노래 천에 살고 있는 피라미들의 집을 지어주었다 수백 마리 새끼를 거느린 어미를 대신해서 거처를 마련해 주었다 넓적한 아름돌 열 개를 맑은 물 속에 겹겹이 지그재그로 쌓아 만들었다 내 발자국 소리에도 놀라 모래 바닥을 우왕좌왕 헤엄치는 놈들을 위해 작은 오두막을 지어주었다 쉬고 잠자고 숨을 수 있는 그늘을 만들어 주었다 틈새를 만들어주었다 그림자와 틈을 만들어주었다 피라미들이 내 뜻을 알고 쏜살같이 그림자 속으로 몸을 숨긴다 피라미들이 바위 틈에 피어난 꽃처럼 아름답다 오늘은 놈들과 한바탕 시냇물에서 놀았다 정말 큰일했다.
>
> —「그림자 · 14」 전문

이 시에 이르면 스스로 테두리를 두르며 가두기도 했던 그림자(「그림자 · 11」)의 상처는 말끔히 가셔지면서 사물에 온기를 불어넣는다. 돌이 만드는 그림자는 신성(神聖) 같은 것이 깃들면서 인간과 미물, 자연이 서로 다치지 않고 놀라지 않는다. 피가 돈다. 피라미를 꽃으로 만들어주는 바탕이 된다. '대 그림자가 계단을 쓸어도 티끌 하나 쓸려나가지 않는다(竹影掃階塵不動)'는 채근담의 구절처럼, 비어 있으나 한없이 다른 것으로 가득 차 있는 도덕경(道德經)의 계곡처럼 다른 사물에게는 하나도 상처를 주지 않으면서도 스스로는 자재함으로 충만한 상태를 그의 시는 근본적으로 지향한다. 그래서 지극히 큰 것과 없는 것, 보이는 것과 보이지 않는 것, 본체와 허상이 다르다고 할 수 없는 상태에 시인은 이르고 있으며, 이 상태를 '놀았다', '정말 큰일했다'고 하는 것이다. 이 순진하고도 그윽한 단계에서 놀고 있는 시인의 모습이 싱그럽다.

'길 위의 명상'과 '길에 관한 명상' 사이
– 김복연의 시세계

김복연 시인의 발걸음은 길 위에 서 있다. 그런 점에서 그는 길 위의 명상가라 할 수 있다. 그 길은 매일 걷는 마을의 골목길에서 지도의 곳곳, 심지어 티벳까지 이어지는 끝도 없이 이어지는, "집이 멀었으면 좋겠다" 고 말한 무한의 길이다. 거기서 그는 힘겹게 자신의 생의 불을 밝히고 있는 존재들을 만난다. 이 주변적인 존재들과의 우연한 조우가 생의 길눈을 밝히고 사유의 길을 굴절시킨다. 예컨대 '가배신'이라는 커피집 앞에서 한 번도 만난 적 없는 가배의 神을 "반 병 소주 한쪽 손에 든 채 / 한밤중처럼 앉아 있는" 행려자에게서 우연히 발견하는 섬광(「가배神」) 같은 것 말이다. 그래서 그녀에게 사물은 자신의 존재만을 위해 불을 켜지 않는다. 타자에게 자신의 존재의 음악을 연주하고 있는 것이다. 어떤 음악은 멀리 울려 퍼질 것이고, 희미한 어떤 선율은 얼마 가지 못해 어둠 속에 묻혀버릴 것이다. 그녀는 사물에 기대어 혹은 사물 속으로 들어가서 존재가 연주하는, 우리가 항용 짐작하는 음과는 전혀 다른 차원의, 미세한 음을 잡아낸다. 그 지점에서 울림이 생긴다. 그 울림에서 바로 시의 이미지와 비유가 발생한다.

먼 곳에서 온 배 같다

속은 다 파먹고 빈 껍질만 남은 폐선

내부가 저리 깊고 어둡다

사람들은 합장하고 지전 없는다

언젠가 다시 떠날 모양이다

그 출항의 시간이 어느 생과 맞닿을지

배 삯은 선불이다

—「백거사」 부분

티벳의 절 백거사는 시 속에서 완벽한 한 척의 배로 형상화된다. "속 다 파먹고 빈 껍질만 남은 폐선"은 언제라도 다음 생을 향해 뱃머리를 향할 태세다. 이는 시를 과거와 현재, 현재와 미래, 과거와 미래 사이의 이행 지점으로 파악한 그녀의 눈에게 기인한다. 김복연의 성공적인 시들은 이렇듯 순간적인 것에서 영원한 것을 발견하는 데까지 나아간다. 이는 고분군의 주민과 불로동의 주민이 서로 호흡을 바꾸는 시 「불로동에는 고분군이 있다」와 같은 시들에서 두루 적용된다.

김복연의 '길 위의 명상'이 '길에 관한 명상'으로 바뀌는 순간이 있다. 시인의 시선이 자신의 가계와 삶으로 향할 때이다. 시인 자신의 청춘이 그 의식에 남긴 빛과 그림자의 환한 구멍들을 담고 있는 이 길은 시간의 길, 즉 세월의 흔적이 담긴 내면의 길이다. 이 때 시인과 함께 지상에 자신의 몸을 내어 묵묵히 자신을 복무한 한 사람의 인간, 하나의 사물은 모두 하나의 길이 된다. 그 사물이며 인간 하나하나에 지나온 생의 주름이 웅크리고 있기 때문이다. 한 때 육체만으로도 빛나는 길이었던 그 생들은 이제 기호만으로 고즈넉하게 남아 있다. 여기에는 자신의 환한 어린 시절은 물론 "마당 귀퉁이에 쌓인 아름드리 통나무" 잘도 날랐던 육손이 방씨(「꽃 2」), "연장 몇 개만 있으면 / 가는 곳마다 환영받았다"는 "울어도 웃는 것처럼 보이던" 아버지(「목수 김씨」), 가벼움으로 이승과 저승의 경계를 넘고 있는 친구 아버지(「가벼워진다는 것」) 뿐만 아니라, 제 몸에 문 하나 내고 참 험한 세월을 살아온 나무(「문」)가 포함된다.

제 몸에 문 하나 내고 서 있는 저 나무는
참 험한 세월을 살았다
수액 뽑아낸 군데군데 칼집자국
그 중에서 제일 깊게 패인 상처가
문이 되었다
(중략)
가끔 바람이나 별처럼
똑똑, 계십니까
안부 묻고 싶다

–「문」 부분

김복연의 시는 떠돎이 자신의 내부로 향하든 몸의 외부로 가서 여정이나 방랑의 질료로 활용되든 유비적인 사유 혹은 전체성의 사유로 접근하며 은유나 의미에 더 집중한다. '길 위의 명상'과 '길에 관한 명상'으로 요약되는 김복연의 시가 더욱 더 깊이 자신만의 득의의 영역을 채굴해 나갈 수 있기를 기대한다.

4부

세상의 모서리를 풀어내는 둥근 율의 세계

– 서숙희 시집 『손이 작은 그 여자』

서숙희는 누구보다도 섬세하고도 적확한 시적 감각에 승한 시인이다. 그는 절제를 기율로 하는 동양적 전통에 뿌리를 둔 시인답게 삶의 고양된 한 순간을 이미지로 불러오는 데 어느 누구도 근접할 수 없는 감각을 가졌다. 예거할 수 있는 시들은 많지만 편의상 그의 첫 시집 『그대 아니라도 꽃은 피어』에 나오는 한 편의 시를 인용해보자.

풀벌레 울음소리 옥양목의 가위 같다
차가운 별빛은 물에 씻어 박은 듯
잊고 산 세상일들이 오린 듯이 또렷하다

–「처서 무렵」 전문

이 시에서 과거를 불러오는 매개는 가을 풀벌레 울음소리다. 그 소리를 그는 아득한 시절 우리네 어머니들이 옥양목 천에 대던 가위질 소리로 은유한다. 이와 함께 중장의 물에 씻어 박은 듯 빛나는 별빛은 회상을 위한 거울에 해당한다. 무엇보다 우리를 놀라게 하는 감각은 종장의 "오린 듯이"라는 표현이다. 그것은 과거의 일들이 내 눈앞에 다가오는 고양(高揚)의 한 순간을 근래의 어떤 시들보다 또렷하게 보여준다. 자세히 보면 "오린 듯이"라는 직유는 외따로 있는 것이 아니라 초장의 "옥양목의 가위"와 연결되어 구사된다. 그는 이 이미지 계열체를 쓰면서 내적 긴장을 의식한다. 우리는 이 시에서 '가위질'이 아니라 '가위'라고 쓴 시인의 조사법(措辭法)에 유념할 필요가 있다. 사실 이 한 음절의 차이가 이 시의 품격을 바꾸어 놓았다고 해도 과언이 아니다. 초장에서는 "옥양목의 가위"라는 말로 가위질 소리를 대신하고 종장에 와서야 그 억제해 왔던 소리를 "오린 듯이"라는 말로 제시하는, 표현하고자 하는 바를 다 써버리지 않고 조금씩 나누어 배치하는 엄정한 균형의식이 여타 시인들과의 변별점이다. "오린 듯이"라는, 다른 문맥에 놓이면 무덤덤할 수도 있는 그 구절이 '잊고 산 세상일들'이라는 과거시간과 결합됨으로써 돌올한 빛을 낸다. 이 두 단어의 배치로 인하여 잊고 있던 어진 어머니와 지난 시절 인연들이 순결하고 환하게 떠오르는 축제를 만든다. 그것은 독자를 공감하게 하는 담백한 서경적 구도를 끌고 왔다 잔상을 남기고 천천히 사라진다. 일견 수수하게 보이는 그의 시가 평범하지 않은 깊이와 날카로움을 획득하는 것은 바로 비워내면서도 많은 것을 불러오는 이런 시적 기율을 알고 있기 때문이다.

서숙희의 이런 시적 자질들은 이번 시집에서 더욱 농익은 상태로 우리에게 적시된다.

조그만 쪽편지 오래오래 접은 손
그 편지 다 닳도록 차마 건네지 못한 손
가만히 호주머니 속에서 깃털처럼 파닥인 손

그 여자 손이 작아 그 사랑 잡지 못했네
그 여자 손이 작아 그 상처 다 못 가리네
그 여자 손이 너무 작아 그 눈물 다 못 닦네

-「손이 작은 그 여자」 전문

아름답고도 슬픈 연시다. 이 시는 쪽편지를 써서는 그 편지가 다 닳도록 건네지 못하고 호주머니에서 만지작이다 결국 사랑을 떠나보내고 울먹이는, 소심하고도 심약한 어떤 여자에 대한 이야기지만, 시인은 독자로 하여금 '작은 손'을 중심으로 읽게 하는 즐거움을 선사한다. 좋은 시에는 세상에 존재하는 흔한 대상을 온통 자기의 것으로 만들어 버리는 힘이 있다. "호주머니 속에서 깃털처럼 파닥인"다거나, "손이 작아 그 사랑 잡지 못했"다거나, "상처 다 못 가"린다거나, "눈물 다 못 닦"는다고 할 때 그 '작은 손'은 새로운 생명을 얻는다. 망설이기만 하다가 사랑을 보낸 후 상처를 받고 눈물을 흘리고 있으나 "그 작은 손"은 가벼움, 맑음, 순결이라는 말로는 표현할 수 없는 아련한 매력에 감싸여 있다. 손이 작다고 해서 어찌 그런 일들이 가능하겠는가. 이성적이며 논리적인 분석으로는 가닿을 수 없는 서정 시인으로서의 자질은 이렇듯 언어를 장악하는 힘에서 연유한다. 서숙희는 말을 골라 문장 속에 앉힐 때 행간의 어느 부분에 불이 켜지는가를 알고 있는 시인이다.

감각을 노래하거나 삶의 신산과 상처를 노래하거나 간에 그의 시는 꽉 짜여 빈틈이 없는데도 기운 흔적을 남기지 않는다. 한 편의 시 안에서도 독자들의 기대지평을 여지없이 허물며 새로운 물길을 튼다. 그만큼 그의 시는 살아 꿈틀거린다. 예컨대, 독자가 견고하고 서늘한 세계에 한껏 빠져 있을라치면 어느새 달관의 모습을 보여주는 식이나. 열편이 넘는 시를 위한 시, 시작 과정을 보여주는 시 가운데 한 편을 골라본다.

> 내 탄탄한 상처 쪼아 주춧돌로 놓아두고
> 내 검은 뼈 내리찍어 기둥으로 세우고
> 내 질긴 머리칼 올올 지붕으로 엮어 놓고
> 내 붉은 울음 뚝뚝 뜯어 단청으로 올리고
> 내 높고 푸른 이마 풍경으로 걸어두는
> 눈부신 말의 사원 한 채, 나 짓고 싶어라

무량의 맑은 율 허리 풀고 노니는 거기
햇살이며 바람 또한 한껏 들여 어우러지니
오오 나, 말은 버리겠네 마침내 버리겠네

—「시작詩作」 전문

시작 과정이 한 채의 집으로 형상화되어 나타나는 시다. 전반부인 첫째 수와 둘째수에서 지어진 그 집은 뼈와 이마, 머리칼과 같은 신체의 부분은 물론 상처와 울음이라는 몸에서 짜 올린 감정 현상까지 교직하여 지은 집이다. 한 채의 집짓기와 시 짓기 과정이 유비되는 이 시에서 가장 두드러지는 것은 "쪼아, 내리찍어, 뜯어, 엮어, 걸어" 등의 가학적이고 공격적인 신체훼손 동사군의 사용이다. 그것은 시 쓰기의 어려움과 함께 혼신의 힘을 다해 언어를 빚는 고투의 과정으로 읽힌다. 한 편의 시가 창작되기까지는 잘 닦인 상처를 질료로, 뼈를 깎는 각고의 노력으로 그 얼개를 세우고, 머리칼처럼 쭈뼛한 정신으로 문장을 보듬고, 울음을 빛나는 장엄으로 채색하며, 거기다가 높푸른 이마를 익은 고요를 깨우는 풍경으로 걸어 둘 줄 알아야 한다. 비장한 기운은 정감 있는 곡선의 둥근 율로 무르익어야 한다. 셋째 수에서 그의 시는 일순 방향을 튼다. 고통스런 정신의 발효 과정을 배경으로 하고 눈부신 집을 전경화시키는 것이다. 내 몸은 햇살이며 바람, 지상 천상의 맑은 기운과 구분 없이 하나로 화답한다. 내 삶의 상처와 고통 울음은 객관화된다. 그 때 "무량의 맑은 율(이) 허리 풀고 노"닐 수 있고 엄숙함을 벗고, 언어의 굴신(屈身)도 자재하여 말의 사원을 짓겠다는 그가 마침내 말도 벗는 홀가분한 상태에 이르는 것이다. 기운 흔적이 없다는 것은 바로 이런 경우에 적용되는 말일 터이다. 이는 그의 시에서 우리가 자수를 맞추어 쓴 정격의 굴레를 의식하지 않고 읽을 수 있는 이유가 되기도 한다.

말을 버리겠다는 그의 선언은 언어에 대한 그의 염결 의식을 보여주는 기호로 읽힌다. 그는 "무너질 것 다 무너지고" "상처를 헤집"을 때 "뼈보다 희고 단단한 / 한 줄 시"가 일어선다.(「불온한, 시詩」)고 한다. 언어는 만드는 것이 아니다. 심층의 가장 깊은 곳에 대상의 껍질을 벗겨낼 때 오롯이 남는 몸이다. 육체다. 이것은 "곧은 연필로 / 저 극점 한 방울 피를 찍어 / 쓰리라"(「다시 연필을 깎으며」)는 다짐에서도 그대로 드러난다. 그를 지탱시켜 주는 힘인 언어는 "정신의 시린 칼날"이 키운 "내 안의, 푸른 독毒!"(「독毒, 내 안의」)이며, "내 앞에 던져진 모반의 날刀"(「동백지다 2」)이다. '독'이며 '모반의 날刀'이라는 말은 상식과 예측을 뒤집는 퍼렇게 날이 선 고갱이로서의 언어를 지칭한다. "겹겹이 화려한 수사修辭 따윈 두어라 / 닳고 닳은 매끄런 웃음도 거두어라"(「직선을 꿈꾸다」)에서 보이듯, 덜어낼 수 있는 것 다 덜어낸 그의 언어는 그러기에 지금도 우리에게 "말하라, 시를 위해 너는 / 무얼 잘라 바칠 거냐고"(「해바라기, 고흐」) 고문하듯 묻는다. 음절 하나가 우리들의 인지와 정서에 주는 충격은 엄청나다. 서숙희 시의 언어는 이런 점에서 그의 예술론과도 통한다고 할 수 있다.

무우에는 우-하고 고여드는 것이 있다
낡고 해진 것들을 둥글게 껴안아
따스한 즙으로 젖는 겨울밤의 아랫목

낯선 표준어에게 흰 메아리도 내어 주고
더 잘라낼 것도 없는 무가 된 무우는
딱딱한 플라스틱도마, 칼질 아래 누웠다

—「무우에서 무로」 셋째, 넷째수

예외 없이 "둥글게"라는 어사가 나오는 이 시에서 우리는 언어라는 것이 그것을 사용하는 사람들의 심성, 풍물, 자연의 냄새까지를 포괄하고 있는 실체로 사용되고 있음을 확인할 수 있다. '무우'라고 발음할 때 그 '우' 속에는 "우-하고 고여드는 것", "낡고 해진 것들을 둥글게 껴안아 / 즙으로 젖는 겨울밤의 아랫목"이, 고향과 어린 시절이 주는 그리움과 평화에의 소환이 있다. 그러나 한 음절만 없어졌을 뿐인데도 '무'에는 그것을 사용하는 사람의 "흰 메아리도" 없어지고, 더 잘라낼 어떤 것도 남아있지 않다. 이 낯선 표준어에 잘린 "무가 된 무우"는 "딱딱한 플라스틱도마" 아래 잘려서 누워 있을 뿐이다. 무우와 무의 사이에는 인정 / 몰인정, 고향 / 도시, 과거 / 오늘, 둥긂 / 직선 등등의 무수한 대립항이 들어있다. 사실 시란 유식한 언어를 표준으로 하기보다는 밑바닥에서 형성되어 온 생활인들의 정서, 그러한 매력을 다룰 때 훨씬 더 간절함이 있다. 왜냐하면 말은 그것을 낳은 토양의 풍물이며, 근원으로서의 토양 그 자체이며, 토양이 배태한 정신과 생명의 통로이기 때문이다. 이 때 언어는 성화되면서 신비적인 힘마저 부여받는 '물질'이 된다. 이는 앞서 다룬 '가위질'과 '가위'의 차이와는 또 다른 미묘한 촉수의 세계이다. 서숙희의 시는 그런 점에서 음절 하나의 운용이 시의 정서와 내용을 새롭게 세우는 감각을 거느린다.

그렇다면 서숙희의 이번 시집에서 가장 눈에 띄게 보이는 감각이나 이미지의 특질은 무엇인가. 그것은 물활론적 상상력이라고 부를만한 생명성에 있다. 서정성의 원형이라 부를 수 있는 식물적인 생명성은 시집 도처에 흐르며 둥글게 넘쳐난다. 그것은 때로 "막 터진 장미의 혀에 감겨드는 바람"(「한밤, 5월」)이나, "흰공이 튕겨져 오를 때마다 / 둥근 종아리가/ 푸르게 부푼다"(「풍경, 테니스 치는 여자」)에서처럼 담백한 서경적 구도 속에 초록의 출렁임으로 드러나기도 한다. 그런가 하면 "얇아진 햇살의 입에 파르라니 날刀이 물린다"(「입동 무렵」) 같은 표현에서는 계절이 바뀌는 한 순간을 잡아내는 날카로움으로 포착되고, “천천히 열려오는 가지런한 마음귀에/ 화분 속 하얀 뿌리가 성성하게 자라는 소리”(「휴일」)에서는 가구를 유물로 바꾸어버리는 나른한 휴일의 정서와 그 반대편에 놓인 생명성의 병치로 나타나기도 한다.

서숙희의 시에서 사물과 시인, 그리고 우주 사이에는 긴장된 대립의 무거움이 없다. 서로 스며들고 혼융하며 섞인다. 원융한 이러한 세계관 속에서 사물은 원래 가지고 있었던 고립된 응축의 자세를 풀고 세계 속으로 풀어지며 이 화해로운 풀어짐 속으로 자아가 흡입된다. 그것은 어느 것 하나 없이 “둥근 율”(「물소리를 듣다」)이라는 기본 정서를 깔고 있는데, 이러한 서경적 구조 속에서 시인이 자아를 위치시키는 방법을 우리는 살펴볼 필요가 있다.

> 더는 참을 수 없어
> 벙글어 터진 양수
> 향그런 날비린내
> 분통을 쏟은 듯
> 꽃대궁 하나 기진하니, 숨막혀라
>
> 살과 살 뼈와 뼈 발갛게 엉겨늘어
> 사이와 사이
> 틈과 틈
> 다투어 부풀고
> 살 오른 밤의 허리는 활처럼 휘어졌다
>
> 겨운 숨 가쁘게 풀무질 하는 대지
> 들숨의 저 흡입력
> 날숨의 이 후끈함

내 안의 욕망과 허무가
아슬하게 교차하는, 오!

—「봄밤」 전문

이제 막 터지기 시작하는 세계의 최소 질료 중의 하나인, 기진한 꽃대궁에서 쏟아져 나오는 날비린내는 어둠의 살과 살, 뼈와 뼈의 틈과 사이로 스며들어 밤의 허리를 활처럼 휘게 한다. 가장 왜소하고 연약한 육체 하나가 무한의 허파를 가진 몸으로 무르익는 순간이다. 대기가 살아 있는 것으로 충만하려면 향기와 숨결로 진동해야 한다, 이 향기와 숨결은 대지를 부풀어 오르는 육체로 만든다. 꽃대라는 여린 집에서 나온 향기는 어디든 집으로 삼으나 어디에도 갇히지 않는다. 이 때 밤은 진동하는 집이다. 밤은 향기를 받아들여 스스로의 몸과 영혼을 둥글게 연다. 시인 역시 이 풀무질, 진동을 바라보는 자가 아니라 이 세계 속에 거주하면서 세계를 들이쉬고(욕망) 내뿜는(허무) 존재로 녹아 있다. 말하자면 자아와 세계는 혼연일체로 녹아 흐르는 존재이다. 자아가 세계에 개입하는 방식은 아래의 시에 극명하게 드러난다.

씻을 것도 없는 파란 하늘 한 잎 따내서

흰 구름 담뿍 얹고

붉은 단풍 고명 놓아

두 볼이 미어지도록 먹고픈

저 잘 익은

가을 한 쌈

—「천고마비의 시詩」 전문

맑은 가을날을 선명하게 묘사한 이 시에서, 우주와 인간의 유대는 이제 너무 친근한 것으로 다가오는 것이어서 세계와 나 사이가 얽혀있다는 것을 우리는 조금도 눈치 채지 못한다. 나의 둥근 입은 우주를 먹는다. 파란 하늘 한 잎과 흰 구름, 그리고 붉은 단풍은 내 볼 속에 미어터지도록 들어간다. 먹는다는 것은 입에 세계를 녹인다는 것이다. 자아는 스스로 거주하는 공간의 가치조차 인식하지 못할 정도로 가깝게 다가가 있다. 그 때 공간과 먹는 것은 구분되지 않는다. 세계는 공간이기 이전에 육체로 존재한다. 위의 것(하늘, 구름) 아래의 것(단풍), 그 무한과 작은 것들이 내 속으로 들어간다. 들어가서 내 몸을 구성한다. 그것은 내가 세계의 질료이며 세계 또한 내 몸의 질료라는 것이다. 그것은 '잘 익은'이라는 한정어의 사용에서 드러난다.

세계와 친근하고 화해로운 태도를 가지고 있다고 해서 서숙희의 이미지는 일방적으로 경도되지 아니한다.

> 적도를 행군하여 온 뜨거운 지열이
> 무겁게 불어난 군화끈을 고쳐 맨다
> 꽉 다문 짐승의 잇자국, 하루는 침묵이다
>
> 하투夏鬪에 돌입한 노동자들의 붉은 머리
> 완전무장으로 막아선 진압대의 퍼런 대오
> 밀지도 밀리지도 않은, 중천은 팽팽하다
>
> 주머니 속 핸드폰은 며칠째 울리지 않는다
> 기다림과 기다리지 않음이 질기게 대치 중인
> 오늘은 낮의 길이가 가장 길다는, 하지

–「하지夏至」 전문

폭발 직전의 에네르기로 충만해 있는 시다. 전체적인 밑그림은 역시 둥근 이미지다. 첫째수에서는 터질 기세로 무겁게 불어나던 지열이 "꽉 다문 짐승의 잇자국"이라는 최소의 공간으로 수축된다. 그렇다고 공격성이 줄어든 것이 아니다. 작은 이빨 속에는 오히려 더 거친 난폭함과 임박한 시간이 웅크리고 있다. 둘째 수에서 끓어오르는 에너지의 열기와 초록 풀들의 대치는 팽팽한 중천으로 확장되어 나타난다. 이어 셋째 수에서는 언제 울릴지 모르는 주머니 속 핸드폰으로 이미지가 다시 축소된다. 말하자면 이 시에서 터지기 직전의 불안함은 공간의 확장→축소→확장→축소의 양태를 보이면서 공격성을 지연시킨다. 이는 현상 너머에 있는 공격성의 뿌리와 움직임을 역동적인 이미지의 신비로 드러내기 위한 전략이다. 그의 시는 이렇듯 엄정한 균정성(均整性)을 획득한다. 많은 시인들이 상상력의 스케일만을 보여주다가 대상이 원초적으로 거느리고 있는 디테일을 놓치고 있는 것과는 다른 양상이다.

때론 보이지 않을 때 열려오는 귀가 있다
달 없는 밤 냇가에 앉아 듣는 물소리는
세상의 옹이며 모서리를 둥근 율律로 풀어낸다

물과 돌이 빚어내는 저 무구함의 세계는
제 길 막는 돌에게 제 살 깎는 물에게
서로가 길 열어주려 몸 낮추는 소리다

누군가를 향해 세운 익명의 날刃이 있다면
냇가에 앉아 물소리에 귀를 맡길 일이다
무채색 순한 경전이 가슴에 돌아들 것이니

—「물소리를 듣다」 전문

감각의 독재라고 불리는 시각에서 해방되자 비로소 소리가 들리기 시작한다. 그것을 시인은 (마음의) "귀가 열려오는" 충일한 시간이라고 명명한다. 귀 속에는 "세상의 모서리를 풀어내"는 물소리의 "둥근 율律"이 그득히 고인다. 밤은 사물의 소리를 근원부터 듣는, 귀가 성숙하는 시간이다. 그 속에는 시간성이 개입되어 있다. 사실 물과 돌이 서로 길 열어주는 저 소리는 처음부터 났던 것이 아니었다. 처음의 소리는, 돌은 물의 길을 막아서고 물은 돌의 살을 깎는, 거친 소리였다. 그러던 것이 사물들의 모서리가 조금씩 부서지고 닳아지면서 틈이 생기고 마침내 사물은 "서로가 길 열어주려 몸 낮추는" 신성(神性)을 가지게 된다. 덩달아 낮은 두 몸이 만들어낸 물소리는 경전이 되어 "가슴에 돌아"든다. 성숙한 귀에게는 자연 하나하나와 그들이 이루어가는 삶 자체가 경이다. 물과 돌의 둥근 헤아림은 서로를 낮추어 관계하지 않는, 마음의 날이 선 인간이 비춰보아야 할 거울이다. 그러므로 그들에게서 아름답고 신비로운 화음을 듣게 되고, 이명의 날刀을 세우는 인간의 삶을 반추하는 것이다.

그러면 어떻게 둥근 것에 이를 수 있는가. 둥근 것은 "아득한 중심에 닿고픈 마음"을 "안으로 꺾"어야, 스스로 주변이 되어야 도달할 수 있다. 세상의 "어둠 제 살 다 허물도록 삭"여서 비로소 "둥두렷이 둥근" 달이 된다(「이 세상 둥근 것에는」). "치솟는 울컥임과 / 혀 끝에 벼리어진 말의 화살들을 / 혼자(서) 삼켜서"(「목에 대한 반성문」), "볼볼볼 / 둥글고 부드러운 자음과 모음으로" 세상의 몸을 덥혀(「나의 보일러씨」) 줄 수 있는 것이다.

이렇듯 서숙희는 인간과 더불어 거대한 유기체를 구성하는 중심적 존재인 뭇생명에게서 세상을 둥글게 감싸는 존재의 신비를 읽어낸다. 여기에는 인간만이 세계의 중심이 되는 자기 중심적 사고를 찾아보기 어렵다. 그래서 우리가 사물에게서 인간의 모습을 읽고 유추하는 것은 너무나 자연스럽다.

하늘 한 끝 걸터앉은 옥탑방 앞에 걸린
외줄기 빨랫줄에 바지가 펄럭인다
한사코 바람을 미는 김씨의 두 다리

쉰 나이 다 되도록 쉼 없이 달리고 달린
바지에 밴 관성은 아직도 탄탄하여
제 힘껏 하늘을 당겨 스스로 길이 된다

오늘도 달려간 만큼 또 멀어질지라도
희망이라는 허공, 허공이라는 희망을 향해
소리쳐 달려나가는 저 눈물겨운 바지 하나

—「김씨의 바지는 달린다」 전문

빨랫줄에 걸려서도 김씨의 두 다리인 바지는 한사코 바람을 민다. 바지에 밴 생의 관성 탓이다. 얼핏 보면 우스꽝스럽다. 전화기에 대고 꾸벅 절을 하는 「외투」(고골리)의 주인공 아까끼 아까끼에비치의 형국이다. 달려가는 만큼 멀어지는 세상, 이 세계는 살아가는 장소이면서 조락하는 장소이고, 구원의 희망이 허공이 되는 곳이기도 하다. 흔들림과 분열이 상존하는 곳, 그러기에 쉰 나이 되도록 달려왔지만 그만큼 뒤로 물러나 제자리가 되는 현실, 외줄기 빨랫줄은 외줄기 인생이라고 불러도 무방한 줄이다. 그러나 시인은 이 세계 내에 거주하면서 그 소모를 응시하고 견디어내기를 반복한다. 세계는 비정한 곳이지만 그러기에 더욱 더 "소리쳐 달려나가"야 하는 것이다. 절망과 어둠과 고통과 폐허 속에서, 이마가 부딪히고 무릎이 헤지고, "찢기고 멍이 들수록" "뼈 하나로 깨어있"(「등대는 잠들지 않는다」)어야 하는 것이다.

서숙희는 "세상의 뭇생명들에게 젖을 물리"(「여름 우포를 읽다」)는 모성의 둥근 율을 가진 시인이다. 적확한 시적 기율에 의거하여 언어를 고르고 시행 속에 앉힐 때 우리의 모난 일상과 세상, 우주를 감싸 안는 에네르기가 발산된다. 이는 이성적이며 논리적인 분석으로는 가닿을 수 없는 그의 서정 시인으로서의 자질에서 기인한다.

이 시집은 서정성의 원형이라 할 수 있는 식물적인 생명성이 도처에 흐르며 둥글게 넘쳐나는데, 여기에서 사물과 시인, 우주는 대립이 없이 서로 스며든다. 이러한 원융한 세계관 속에서 사물은 원래 가지고 있었던 각진 상태를 풀고 세계 속으로 풀어지며 화해한다. 그것의 근저에는 어느 것 하나 없이 "세상의 모서리를 풀어내"는 "둥근 율律"이라는 정서가 깔려있다.

소리와 빛의 잔상으로서의 시

–이정환 시집 『분홍 물갈퀴』

이정환의 『분홍 물갈퀴』만큼 소리와 빛깔이 잔상으로 남는 시집을 최근에 보지 못했다. 시조가 원래 응축과 잔상의 미학적인 요소가 있기는 하나 이정환의 이 시집은 다 읽고 나서도 소리와 빛깔이 애잔하게 남았다가 여차하면 마음의 뒤안에서 다시 불이 붙는다.

가슴뼈 마디마디 온통 빠개 젖히며
못 견딜 속울음 벼랑 끝에 흩뿌리던

한 생애
어두운 그림자
얼어붙은 못물이다

–「결빙에 대하여」 부분

서로를 제대로 눈여겨볼 틈도 없이

버겁고 숨 가쁘게
부대끼며 사는 동안

나뭇잎

한 장의 정맥
섬세하게 뻗는다

-「그 동안」 전문

앞의 시는 결빙된 못물과 한 사내의 생이 '뼈마디'라는 매개를 통해 결합되고 있으며, 뒤의 시는 나뭇결이 살아온 생의 내력과 겹쳐 읽힌다. 현상의 표면 뒤에 응결되거나 표백되어 나오는 삶을 환기하는 이미지로 기능한다. 그 뿐인가. 「결빙에 대하여」의 수평은 벼랑같은, 고독한 뼈와 같은 수직(직립)의 한 생애가 만들어놓은 그림자, 한(恨)의 공간으로 기능한다. 한 삶의 내면과 외면이 틈을 주지 않고 만들어낸 수직과 수평의 교직이 그렇게 묘사되었다. 우리는 여기서 한 생이 감내해온 뼈가 된 고독과 어떤 것으로 다 풀어내지 못하는 못의 깊이와 넓이에 다다른 속울음의 잔영을 가슴 속의 파문으로 오래 간직하게 되는 것이다. 그 결빙은 한 계절이 지나 해빙 시에 쏟아질 그 많은 울음이 자정되고 응축된 상태이므로 우리는 미래 시간대의 정서까지를 당겨서 담는다. 「그 동안」은 우리 삶의 다른 면을 보게 한다. 자신에 갇혀 있음으로 제 안의 고뇌에 주목하고 제 안의 고통만을 과장하기에 바쁜 우리네들로 이승의 한 귀퉁이에 사는 누군가의 삶이 균열되어 있음을, 이제 돌이킬 수 없이 되었음을 일깨운다. 우리가 모르는 사이에 앓는 이웃이 있다는 것, 천지간에 흩뿌려지는 울음이 있다는 것을 고조곤히 묘사한다. 사실 그 울음의 무늬는 어떤 것보다도 섬세하고도 처절한 것이다. 이 시는 간결한 형식미에도 불구하고 최근의 우리 시단의 병폐 중의 하나인 자기 허세와 엄살을 꾸짖으며 '나와 너'의 균형잡힌 인식이라는 시작의 방향에 대한 암시도 하고 있어 눈길을 끈다.

애월은 달빛 가장자리, 사랑을 하는 바다

무장 서럽도록 뼈저린 이가 찾아와서

물결을 매만지는 일만 거듭하게 하고 있다

—「애월 바다」 부분

"하고 싶은 말들 다 풀어놓"는 노을이나 "물결 매만지는 일만 거듭하"는 달빛은 "무장 서럽도록 뼈저린 이"의 객관적 상관물이다. 애월 바다가 생겼을 때부터의 일이었을 터이니 노을의 행장(行狀)이나 물결을 매만지는 달빛의 행위는 가히 우주적이면서도 나날이 새로운 것. 더구나 그 말들은 "벼랑과 먼 파도와 수평선이 이끌고 온", 수많은 선남선녀들의 인생의 굴곡과 깊이를 저 살뜰한 자연이 대신해주고 있는 것이다. '애월'이라는 말의 음상에 서 출발하는 사랑은 먼 과거와 미래를 다 훔쳐 읽을 수 있을 애련한 것이다. 애절하게 그리워하고 눈물을 부리고 만지고 하는 명치 끝이 저린 사랑은 벼랑과 먼 파도와 수평선, 그리고 노을 달빛과의 정서합일로 어느 것으로도 비견할 수 없는 무한진폭의 잔상으로 우리의 가슴을 내장을 훑는다.

「새와 수면」은 잔상의 미학으로 존재하면서도 상상력의 진폭이 가장 큰 시로 읽힌다.

강물 위로 새 한 마리 유유히 떠오르자

그 아래쪽 허공이 돌연 팽팽해져서

물결이 참지 못하고 일제히 퍼덕거린다

물 속에 숨어 있던 수 천의 새떼들이

젖은 날갯죽지 툭툭 털며 솟구쳐서

한 순간 허공을 찢는다, 오오 저 파열음!

–「새와 수면」 전문

시인은 새 한 마리 날아오르고 난 뒤에 일어난 강물의 파문을 상상력을 통한 감각의 확대라는 기법으로 구사하면서 새로운 풍경을 만든다. (감각이 승한 시여서 이 시에서는 무슨 새인가는 그다지 중요하지 않다.) 3연(행)까지 이 시는 새가 떠오른 높이에서 점점 아래로 시선이 내려오며 진행되는데, 그 공간의 밀도는 아래로 갈수록 점점 빽빽해지고 동적으로 바뀐다. ('유유히' →'돌연 팽팽해져서' →'일제히 퍼덕거린다') 특히 이 시에서 주목할 만한 점은 "물결이 참지 못하고 일제히 퍼덕거린다" 아래의 구절에서 나타나는 물질적 이미지이다. 첫 번째 연의 새는 '유유히'라는 부사에서 암시되듯 공기 속으로 스며 그 속성이 사라지는 반면, 셋째 연의 물결은 반대로 물의 속성을 잃고 완전히 새로 화육된다. 새와 물결의 화학적 변용으로 인해 이 시는 묘사의 새 경지를 개척한다. 여기에서 그치지 않는다. 시인의 눈은 물 속에 숨어 있던 수 천의 새떼를 만지는 감각을 수행한다. 시인은 현상적으로는 공중의 새를 보지만 감각은 물속의 새를 본다. 새가 접촉했던 물은 시인의 감각 안에 수많은 새떼를 부화했다고 할까. 위 쪽으로 돌기를 세우는 물결은 모두 다 새의 형상으로 전이되면서 마침내 허공을 찢는다. 이게 시인이 혼자 본 새떼이며 시인이 혼자 만진 육체이고 혼자 들은 소리이다. 잔상의 미학으로 돌아가 보더라도 새가 날아가면서 일순 가만히 있다가 다시 격렬해지는 물결의 움직임은 새의 날갯짓으로 퍼덕이고 허공을 찢는 것이다. 말하자면 일정한 시간차를 두고 움직이는 물결은 온통 새와 닮아서 일순 강은 새의 소란으로 가득차는 것이다.

시는 기존의 관습을 거부한다. 과거 시인들이 시의 영역으로 삼지 않았던 부분을 시의 새로운 지점으로 끌어들인 것은 그러므로 시인의 개성이고 그만큼 그의 시가 더 나아간 지점이다. 새와 물의 완전한 몸 나누기는 그런 점에서 우리 시조의 새로운 모습으로 읽힌다. 그는 그것을 문장으로 남겼다. 그런 점에서 이 시의 마지막 부분 "오오 저 파열음!"은 미지의 영역을 더듬어 발견한 새로운 시가 되었다고 할 수 있다.

전통서정과 감각의 조화

– 조동화 시집 「낮은 물소리」

1.

조동화의 시는 정형미학이 가지는 틀을 벗어나지 않으면서 자연과 우주의 리듬을 내재적 운율 속에 훌륭히 녹여내고 있다. 현대 서정시가 전통적 서정시의 현대성 결여를 문제 삼아 실험적 언어의식과 문명비판의식의 모더니즘과 포스트 모더니즘적 경향으로 나아가거나, (지금은 그런 흐름이 줄어들었지만) 서정시를 시대 현실과 결합시킴으로써 역사성과 현실성의 색채를 띤 민중시적 경향을 보이고 있다면, 조동화의 시는 서정시를 해체하려는 이러한 원심적 경향에 대항해서 사라져버린 인간과 자연, 우주의 교감을 회복하려는 의지가 시 창작의 바탕으로 작용한다. 그동안 우리 시조단에서도 시조전통의 형식을 깨트리면서 달라진 시대 현실을 담으려는 많은 시도들이 있어 왔지만, 진정한 의미에서 그들이 우리 민족 가락의 정수인 시조의 혼과 정신을 제대로 담아온 경우는 드물다고 볼 수 있다. 오히려 미학적 완결성에 있어서나 내용의 유연함에서 어정쩡한 태도를 취함으로써 의욕적인 시도와는 달리 시조 정신의 계승과 발전에 걸림돌이 되어 온 점도 부정할 수 없다. 조동화의 시조는 그런 점에서 우직하게 시조의 정형을 고집하면서도 그 절제된 언어 속에 담긴 심미적 복합성으로 미적 인식을 새롭게 해 온 전통적 서정의 맥을 이어 왔다고 할 수 있다.

그래서 조동화 시에서 우리는 '시는 무엇보다도 언어의 문제다.'라는 하나의 명제를 발견할 수 있다. 이는 시에 대한 생각의 틀을 엿볼 수 있는 '명시조 탐방'이라는 산문들 도처에서 발견되는 의식인데, 그는 시의 경지를 시 구절의 오묘함으로 파악하는 백수 정완영 선생의 시관에 전적인 공감을 표명한다.[1] 그는 평범한 사람으로서는 도달할 수 없는, 극소수의 사람만이 누리는 오묘한 비유의 경지[2]를 시작의 과제로 생각하고 있다.

이 글은 이러한 사실들을 전제하면서 조동화의 신작 시조집 『낮은 물소리』(동학사, 2003)를 중심으로 『낙화암』(현문각, 1984), 『산성리에서』(신원문화사, 1992)를 포함한 조동화 시조의 사유구조와 정신의 발전과정을 살펴볼 목적으로 쓰여졌다.

2.

헤겔은 "서정시는 그 안에 들어올 수 있는 특수한 것들이 개별화되는 원리에 의해 내용이 다양해질 수 있으며 삶의 모든 측면과도 관계할 수 있다"[3]고 말한다. 이 개별화의 원리에 의해 주관적이고 내면적인 정서나 의식을 압축된 형식과 비유적인 언어로 표현할 수 있고 또 자아와 세계의 동일시를 이룩할 수 있는 것이다. 조동화의 시조는 세계를 인식할 수 있고 지배할 수 있다는 근대적 자아의 존재방식과는 다르게 자연과의 합일을 추구한다. 그는 세계가 합리적이고 이성적인 사고로는 파악하기 힘든 질서와 깊이를 가지고 있음을 시인하는 입장에서 출발한다.

---

1) 조동화, 「백수 정완영 선생의 '조국'」, 『시조 21－2』, 2002년 상반기호, 48면.
2) 조동화, 위의 글, 위의 책, 49면.
3) Hegel(두행숙 역), 『헤겔미학 Ⅲ』, 나남출판, 1996, 597면.

땅의 부끄러움을 이미 다 보았거니
굳이 남은 것을 들추어 무엇하리
하늘이 무명옷 한 벌 밤새 지어 입힌다

지상에 은성(殷盛)하는 어둠보다 더 큰 사랑
한없이 다독이며 안아주는 용서 앞에서
아기의 젖니가 돋듯 태어나는 세상이여

달과 별이 숨었어도 스스로 차는 밝음
나무들 하나같이 뿔 고운 순록이 되어
한잠 든 마을을 끌고 어디론가 가고 있다

–「눈 내리는 밤」

여기서 우리는 전통적 서정과 모더니즘적 기교가 적절히 결합하여 새로운 의미자원으로 승화되고 있는 예를 볼 수 있다. 이 시에서 시인은 눈 내리는 모습을 일상적으로 묘사하지 않고 지상의 모든 사물을 위무하는 모습으로 표현한다. 이 때 강설은 천상적인 물질이 지상으로 이동하는 우주적 운행의 일부로 받아들여진다. 이 같은 사유방식은 흰 구름의 안부를 수련으로 파악하는 「수련」을 비롯, 시조집 도처에서 발견되고, 그의 이전 시집에서도 드러나는데, 예를 들어 비는 "숨겨진 생명까지 / 낱낱이 기름을 치"고 "두루 불을 붙이"는 은총의 존재(「봄비」)로 기능한다. 강설이라는 일상적인 소재가 만들어내는 동적인 움직임을 통해 그의 시적 언어는 고조되고 확산되면서 하늘이 무명옷을 지어 입히는 동작(용서)이라는 새로운 의미차원으로 승화된다. 이런 화해와 용서는 어두운 지상을 밝히는 기능을 하며 생명 자체의 충족으로 기능하기에 "달과 별이 숨었어도 스스로 차는 밝음"이라는 고양의 상태를 유지할 수 있는 것이다. 이 시는 천상에서 내리는 눈에 대한 지상의 반응으로 한 번 더 그 의미가 고조된다.

바로 천상의 움직임에 협력인자로 기능하는 나무들의 행위를 통해서이다. 고운 순록이 된 나무들은 잠든 마을을 송두리째로 어디론가 끌고 간다. 비로소 마을은 세상이 다시 만들어지는 태초의 어떤 순간으로 새로운 삶을 시작한다. 시인은 강설이라는 자연현상을 통해서 한 세계가 지워지고 탄생하는 자신만의 신화를 창조하고 있는 것이다. 우리는 이런 행위들이 밤에 이루어지고 있다는 사실에 주목할 필요가 있다. 깊은 밤, 시끄럽던 사람들이 다 잠들고 사위가 조용해질 무렵에야, 그런 순간을 기다렸다는 듯이 자연은 활동을 시작한다. 이 시에서 시도된 눈과 마을, 나무의 관계 맺음은 「무제(無題)」라는 시에서는 나무와 새들의 관계로 변용되는데, 이 시는 특히 시조의 형식을 독자들이 눈치 못할 정도로 정형의 틀 속에 자신의 목소리가 동화되는 유연함을 이룬다. “오늘 저 나무들이 파릇파릇 눈 뜨는 것은, 이 며칠 새들이 와서 재잘댔기 때문이다. 고 작은 부리로 연신 불러 냈기 때문이다.”가 전문인 이 시는 동양적인 사유의 오랜 지혜 속에 발효된 정신임은 물론이고 카프라 류의 ‘만상의 그물’ 이론과도 맥을 같이한다. 외부를 향한 접근이 차단되었을 때 활동을 시작하는 이러한 미묘한 변화를 지켜보는 깨어 있는 존재가 바로 시인이다.

이 시선은 나를 둘러싸고 있는 우주 운행의 질서나 섭리뿐만 아니라, 이 순리 속에 놓여진 자아 쪽으로도 공히 향한다.

> 자다가
> 눈뜬 밤은
> 내가 나를 바라보네
>
> 별들이
> 반짝이는
> 우주는 더욱 넓고

진실로 겨자씨만큼
작은 나를
내가 보네

—「내가 나를」

밤은
어둠을 펼쳐
숨은 별을 떠올리고

사람은
세월을 헤쳐
제 인생을 찾거니와

허공에
흔들리는 저 꽃
누가 쪼아 내는가

—「허공에 흔들리는 저 꽃」

구절초 눈이 부신 맞은편 등성이로
불현듯 적막을 깨고 풀무치 날아간다
미답(未踏)의 그 한쪽 끝을 저는 안다는 듯이

—「가을 언덕에서」

한없이 넓고 큰 우주와 자아의 왜소에 대한 인식은 같은 맥락과 세계관에서 읽힌다. 중요한 것은 "겨자씨만큼 작은 나"와 숨은 별을 떠올리는 밤, 어떤 호흡이 쪼아내는 꽃을 하나의 운행과 질서 속에서 읽어낸다는 것이다. 인간은 '어디서 와서 무엇을 하다가 어디로 가는가' 하는 근원적 물음은 나를 둘러싼 질서와 섭리의 세계와 연결되어 있는 물음이다. 이는 자연스럽게 허공에 흔들리는 꽃을 쪼아내는 '부드러운 신'(Gentle Theism)의 세미한 음성을 듣는 순간에까지 이르게 된다. 공중의 새와 들의 백합화에서 절대자의 손길을 느끼는 부드러운 신관은 친밀한 하나님의 임재 체험과 뿌리를 함께 하는 것이다. 이는 인지가 넘어서는 영역으로 자연의 운행과 섭리에 몸을 담고 있는, 적막을 깨고 날아가는 풀무치 같은 존재가 도달하는 미답의 한쪽(「가을 언덕에서」)이다. 시인이 '玄妙'라고 이름 붙인 시들은 한결같이 자연의 섭리에 대한 시인의 경이를 담고 있다. 즉, 꿀과 꽃가루를 모아 인간에게 제공하는 벌(「현묘 I」), 가을바람 속에 흩어진 풀씨들의 행방을 헤아려 햇볕과 물과 바람의 눈금에 맞추는 봄 (「현묘 II」), 환약 같은 이승의 자취 남김없이 밀어내고 홀연히 섶으로 올라 천상의 집을 엮는 누에(「현묘 III」), 얼음보다 가벼운 속성으로 얼음장 밑에 길을 열어 많은 생명들이 엄동설한을 건너게 하는 물(「현묘 IV」), 만상을 지어내는 빛(「현묘 V」) 등 작은 생명체와 계절, 현상들 속에서 발견하는 섭리에 대한 눈뜸이라고 할 수 있다. 이 시각은 내 중심에서 나의 필요와 이익에 의해 사물을 선택적으로 보게 하였던 시선의 붕괴를 의미한다. 이는 나를 둘러싼 미미한 사물, 현상과의 합일을 나타내는 시적 인식의 표지일 뿐만 아니라, 만물이 서로 화합하고 조화를 이루는 우주적 질서에 대한 인식과 다르지 않다. 이는 삶과 죽음, 작은 것과 큰 것, 개아와 우주가 합일을 이루면서 평상적 인식이나 분별지(分別智)에서 깨어나는 순간에 도달하는 미학이다.

썰물이 버리고 간
한 개 빈 소라껍질

오가는 발길에나
차이는 줄 알았더니

보아라,
달밝은 이 밤
찰랑찰랑 괸 달빛!

–「소곡(小曲)」

생명이 죽어버린 한 개의 빈 소라껍질에 달빛이 찰랑인다. 버려진 작은 무기물이 자연과 우주를 그 안에 담으면서 생명의 거울로서 생명을 비춘다. 지상과 천상, 삶과 죽음은 상관성 속에 생명의 그물로 이어져 우주를 구성한다. 작은 것은 그 자체로 큰 것을 비추며 만상은 서로 조응한다. 이런 자아를 에워싸는 거대한 힘의 실체에 대한 깨달음은 자신이 그 힘의 일부이면서 우주의 질서 속에 함께 흘러간다는 전형적인 동양적 세계관을 바탕으로 시 창작을 하고 있음을 우리는 알 수 있다. 그러면 이러한 동양적 세계관이 지향하는 지점은 어디인가.

3.

그곳은 모든 죽음과 신생이 함께 모여 있는 존재의 시원이 깃든 곳, "나무들 하나같이 뿔 고운 순록이 되어 / 한잠 든 마을을 끌고 가"(「눈 내리는 밤」)는 곳이다. 삶과 죽음까지를 초월한 공간으로 드러나는 조동화 시의 이상향을 그러나 우리는 피안에서 찾을 필요는 없다.

쳇바퀴 같은 일상
하루쯤 벗어놓고
가랑잎 묻힌 골을 한나절 올라가면
억새꽃 구름을 흩는

하늘 아래 산성리

산보다 가난이 싫어
모두들 떠났는가
빛 바랜 분교(分校) 한 채
우두커니 남은 고원(高原)
유자빛 물든 노을은 저렇게도 고운데…

방 한 칸 부엌 한 칸
그만하면 넉넉하리
버려진 산밭엘랑 더덕 씨나 뿌려두고
나와 나
이름 없이 살고지고, 한세상

–「산성리에서」

일상과 세속을 넘어선 이상향은 한나절 올라가면 도달할 수 있지만, 가난이 싫어 "모두들 떠"난 곳이다. "하늘 아래 산성리"는 위계상으로는 하늘과 가장 가까이서 하늘의 기운을 직접 받아들일 수 있는 곳으로 해석의 여지가 가능하지만, 우리는 이 공간을 높이로만 재단할 필요는 없을 것이다. 이승과 구분되는 공간으로 나타나지 않는다. 오히려 이 공간은 "유자빛 물든 노을", "방 한 칸 부엌 한 칸", "산밭", "더덕 씨" 등의 매재로 인해 토속적인 냄새를 풍긴다. 서양의 이상향이 유토피아라면 동양의 이상향은 무릉도원이다. 그러나 그 도원도 엄밀하게는 우리의 것은 아니다. 조동화는 토속적인 그리움의 공간으로 이상향을 설정하고 있다. 이 공간 속에서의 시적 자아는 조동화의 대부분의 시가 그렇듯이 우주의 운행에 몸을 맡기고 있다. "이름없이 묻혀" 개체로서의 자의식을 망각하고, 자연에 묻혀 동화가 된다. 이 공간은 생성과 소멸이 하나의 둥근 원환을 이룬

곳이고, 인간과 자연은 화해로운 공존의 상태에 있다. 그러기에 자아는 즐겨 현실과의 단절과 고립을 선택한다. 이런 주객이 동화되는 체험은 유년의 경험과 본질상 통한다.

정말 너무 오래 잊은 채 지냈구나
허망한 세상 불빛에 눈멀고 마음 홀려
밤이면 저 하늘 가득 반짝이는 별들을

채우면 채울수록 허전한 삶에 매여
우러러 넉넉했던 먼 옛날의 순수를
아, 정말 너무나 오래 버려두고 살았구나

–「별을 보며」

역시 토속적 이상향에 대한 추구가 드러나는 이 시에서 별은 "허망한 세상 불빛"으로 표상되는 현실과 일상성에 지배받지 않는 영원성으로 존재한다. 고향에서 체득한 이 영원성에 대한 기억은 도시적, 근대적 일상에서 살고 있는 자아에게 삶의 원형이자 방향타로 존재한다. 경험이나 비전이 집중되는 결정의 순간들 속에 서정적 자아는 현재와 과거, 미래를 모두 회감할 수 있다. 다양한 시간상의 체험이 서정적 자아의 의식 속으로 흘러들어간다. 그래서 서정적 자아는 "아, 정말 너무나 오래 버려두고 살았구나"라는 한숨과 같은 자탄을 내뱉으며 현실의 자아를 돌아본다. 이 유토피아적 기억은 주체와 객체가 엄밀하게 분리되지 않은 영원성으로 허전한 삶에 매어 있는 자아에게 분열과 소외가 없는 영원성을 회복하는 경험으로 기능한다. 조동화의 이런 시적 지향은 사라져버린 신라천년의 역사마저도 이 자장 안에 끌어들이는 미적 지향으로 승화시킨다.

묻혀진 세월들이 그리운 저녁답은
더러는 호젓하니 옛 성터를 걸어보자
해 저문 고향마을을 찾아가듯 그렇게

얼마나 고운 꿈이 피고 진 자리길래
흡사 그루터기 같은 주춧돌이 이냥 남고
밟히는 기와쪽 하나도 꽃잎인 양 아픈가

저녁놀 쓸며 오는 저 오랜 어둠 속에
첨성대 머리 위로 별들은 다시 뜨고
오히려 핏빛 선연한 소쩍다새 울음소리

흰 달빛 그날다이 질척이는 고갯길을
토주(土酒) 몇 잔 기울이고 흥얼흥얼 넘노라면
한 천년 거슬러 나도 처용이어라

—「반월성」

서정적 자아는 반월성이라는 현실적 공간을 걸으면서 몇 겹의 시간 체험을 자아 속으로 융합시키고 있다. 아울러 감각은 정신의 숙도와 깊이와 적절하게 어울려 새로운 미학적 체험으로 변용된다. 즉, 신라 천년의 시간과 해 저문 고향마을을 찾아가는 시간은 저녁답이라는 몽상을 불러일으키게 하는 현재의 시간의 도움을 받아 적절하게 서정적 자아의 의식 속으로 넘나들면서 시의 탄력을 살리는 기능을 하고 있다. 여기서 옛 성터, 기와, 주춧돌, 첨성대 같은 역사적 소재들은 별, 소쩍다새 등의 매개물을 통해 고향마을, 꽃잎, 고갯길, 토주 같은 토속적인 소재와 빈틈없이 결합되면서 서정적 자아는 처용으로 얼굴을 달리하는 것이다. 그러나 이러한 미학적 긴장에도 불구하고 이 시가 근본적으로 의도하는 것은 토속적 이상향에 대한 향수이다. 저녁이 불러일으키는 몽상에 이끌려 가는 서정적 자아의 마음은, "핏빛 선연한 소쩍다새 울음소리", "밟히는 기와쪽 하나도 꽃잎인 양 아픈가"에서 드러나는 애절함과 "호젓하니", "흰 달빛 질척이는", "토주(土酒) 몇 잔 기울이고 흥얼흥얼 넘노라면"에서 나타나는 흥겨움이 반쯤씩 섞여 있는 상태이지만, 전체적으로는 넉넉하고 관조적인 느낌을 주면서 자아에게 분열과 소외가 없는 영원성을 회복하는 계기를 제공한다. 이 토속적 이상향에의 추구와 함께 역사마저 그 속으로 끌어들여 미학적인 차원으로 승화시키고 있다는 점에 조동화 시의 변별점이 있다.

4.

조동화의 시조는 정형을 유지하면서 그 형식 속에 새로운 비유의 언어를 담는 전통적 서정의 맥을 이어 왔다고 할 수 있다. 이 같은 특징을 우리는 전통적 서정과 모더니즘적 기교의 조화라고 표현할 수 있겠다. 이 글은 이러한 조동화 시의 이런 특징을 전제하면서 사유구조의 원형과 정신의 발전과정을 살펴보았다.

조동화의 시조는 근대의 합리적 이성에 반대하며, 자연과의 합일을 추구하는데, 이는 세계가 인간의 이성으로는 파악하기 어려운 질서와 깊이를 가지고 있다는 전통적 동양적 세계관에서 기인한다. 이런 시선은 사물과 자아, 우주가 내적으로 연결되어 있다는 인식 하에 나를 둘러싸고 있는 우주 운행의 질서나 섭리, 이 순리의 흐름 속에 놓여진 자아에 대한 성찰을 유도한다. 이 과정은 결국 조동화의 시가 추구하는 근원으로 수렴되는데, 죽음과 신생이 함께 모여 있는, 존재의 시원이 깃든 그 곳은 토속적 이상향의 모습으로 나타난다. 이 토속적인 그리움의 공간은 조동화 시가 가닿는 정신적 지향인데, 생성과 소멸이 하나의 원환을 이룬 이 공간에서 시적 자아는 자연과 화해로운 공존의 상태에서 우주의 운행에 몸을 맡긴다. 그러기에 자아는 즐겨 현실과의 단절과 고립을 선택한다. 이런 주객 동화의 체험은 유년의 경험과 맥을 같이 하는데, 토속적 이상향은 역사마저도 수렴시키는 미학적 특징으로 그 개성을 확보한다.

‘지독한’ 사랑 노래
– 이승은 시집 『시간의 안부를 묻다』

1.

이승은은 동국대 국문과 재학시절인 79년 문공부 주최 전국시조백일장에 「한가위」가 장원으로 뽑혀 등단, 그동안 『내가 그린 풍경』, 『시간의 물그늘』, 『길은 사막 속이다』, 『술패랭이꽃』과 같은 시집을 냈으며, 한국시조작품상과 대구시조문학상을 수상하며 한국 시조의 미래를 열어가고 있는 실력 있는 시인이다. 그동안 그가 이룩한 시적 성과에 대해서는 “늘 따스하게 대상을 포용하는 모성적 자세로 사물을 읽어내고 있다.”[4]거나, “사랑의 영원성과 존재론적 인식에 뿌리를 두고 있다”,[5] “거리의 미학에서 그리움의 미학으로 출발, 닫힘과 열림의 세계로 확대 지향되며, 세계와 자연과 인간의 조화로운 공존의 공간 설정으로 동일성을 획득한다.”[6]는 내용에 대한 평가에서부터, “정제된 호흡 속에 고도의 시상을 응축하면서 신선한 감각과 정신의 숙도를 보여준다.”[7]거나, “관념이나 정서를 감각화하고 객관적 상관물로 새로운 정서를 환기한다.”[8]는 시작 방식에 대한 평

---

4) 이우걸, 「거친 세상, 깊은 노래」, 『현대시』, 1998.12, 168면.
5) 박기섭, 시집 『길은 사막 속이다』 해설.
6) 박진환, 시집 『시간의 물그늘』 해설.
7) 박기섭, 위의 글.
8) 박진환, 위의 글.

가, "열림과 닫힘, 자유와 구속의 긴장이 형식적 안정을 되찾으면서 삶의 구체적 감각을 살려내고 있다"9)는 형식과 내용 양면에 대한 평가에 이르기까지 다양하게 개진되어 왔다. 그러나 지금까지의 이승은 시에 대한 평가는 너무 헐겁거나 구체적이지 못하다고 할 수 있다. 중요한 것은 시적 이미지와 구성 방식, 그리고 의미화를 통해 드러나는 시적 발전의 무의식적 자기감응을 통해 그의 시가 드러내고 있는 내질은 무엇인가를 천착하는 데 있는데 그것이 소루하게 진행되어온 감이 있다. 이 글은 신작 시집 『시간의 안부를 묻다』에 실린 시들을 중심으로 이러한 문제의식을 해명하기 위해 쓰인다.

2.

그의 시에는 사설의 양식이 별로 눈에 띄지 않는다. 대신 품위 있는 단수가 얼마나 많은 의미공간을 확보할 수 있는가를 보여준다. 이는 철학적인 사유가 서정적인 예술언어와 결합하여 시적 성취를 이루고 있다거나, 서정의 본질과 삶의 궤적이 내적으로 만나는 지점을 거느리고 있다는 말이 될 것이다. 그는 여백과 행간의 의미를 중시한다. 삶의 현장에서 채굴해내는 절실한 언어들로, 한 시대를 관통하는 어둠의 정서를 시인의 경험과 상상 속에 은밀하게 장치한다. 그러나 다른 시인과의 차별성은 상상력이 내밀하게 그 깊이를 드러냈다고 생각한 순간 이미지가 순간적인 도약을 이룩한다는 것이다. 우리는 이승은의 시에서 섬세하고 탄력적인 어휘, 효과적인 구성, 시어 선택에 기울인 혼신의 노력을 스쳐 지나서는 안 될 것이다. 예를 들어 「늦눈」을 "성글게 얼비치는 / 낡은 필름의 기억 // "풀

9) 구모룡, 「형식의 죽음, 생의 감각」, 『현대시』, 2000.8, 205면.

었다 도로 감아쥔 / 옷고름"으로 잡아내고, 반딧불이에서 "고단한 한 벌 목숨을" 물어 올리는 순간으로 포착하는(「반딧불이」) 그의 눈에서 우리는 다양한 이미지 구사를 통한 시상의 확장이라는 시조 본연의 미학이 웅숭깊게 자리 잡고 있음을 확인할 수 있음은 물론, 절제의 미학을 통한 침묵의 깊이와 넓이, 그리고 인생론적 의미까지를 잡아낼 수 있다. 그의 시어 선택은 심상을 확장하고 이 심상은 시조의 형식이라는 호흡을 타고 여울진다. "어둠 속에 너무 흰", "다 식은 밥 한 그릇"을 "어느 역리의 때늦은 귀가 시간"에 배치(「밥 한 그릇」)할 수 있다는 것은 삶의 깊이에 닿아 있는 시인의 시선을 읽게 해 준다. 시가 우리 삶의 그늘과 개별 존재에 대한 탐구를 통해 삶의 현실을 일정한 형식 안에 담을 수 있어야 한다고 할 때 그는 담담한 허정(虛靜)의 세계를 그만의 시선으로 보듬을 줄 아는 것이다.

3.

이승은에게 세계는 와락 덮치고는, 모르는 척 눈을 감는 것이 미만해 있는 것(「아침 안개」)으로 읽힌다. 사람 사이의 관계 속에서 예측불허의 극심한 일기변화가 있어서 바람 밖의 체감온도(「눈치」)를 느끼며 살아야 하며, 무턱대고 삼켜야 하는 물과 불의 시간을 쓸어내려야(「흘림체로 쓰다」) 한다. 그것은 "빵틀 속에 젖어드는 늦은 귀가길마다 눈뜬 채 식어가는 붕어빵의 시간"(「붕어빵의 시간」)이라는 도시의 피로에도 촉수를 드리우고 있다. 여기에서 파생된 슬픔은 「立冬」이라는 시에서 전면적으로 드러나는데, 이 시는 자연을 끌어들여 세상의 슬픔과 고단함에 대한 인식에 고차원적인 질서를 마련한다.

세상을 건네주던 튼실한 징검다리도
이렇듯 물에 잠겨 발목 다 적셔놓지
온몸에 퍼지는 냉기, 그런 날의 어질머리

저것 봐, 하늘 좀 봐 더는 깊지 못하고
깡마른 칼바람에 눈 다친 하늘 좀 봐
참았던 목 울음 울며 먼길 가는 저 새들 봐

돌을 삼킨 가슴에도 허기는 아직 남아
서너 개 까치밥으로 감나무가 공양하는 날
잠 못 든 그늘 쪽으로 무서리가 내린다.

–「立冬」 전문

첫째 수에서 세상의 건너기의 가파름은 차디찬 물을 통해 암시된다. 세상을 건네주던 징검다리가 물에 잠기면서 그 곳을 건네는 이의 발목이 적셔지고 전신에 냉기가 퍼진다. 이는 당연히 생의 고통과 설움을 암시한다. 둘째 수에서 시적 화자의 눈길은 하늘로 향하는데, 하늘 역시 더 깊어지지 못하고 칼바람에 눈 다친 채로 떠 있다. 여기에 참음으로도 다하지 못할 울음을 죽지에 묻고 먼 길을 가는 새의 모습은 현세적인 고통과 범속한 슬픔이라는 정서의 절실함을 배가시킨다. 셋째 수는 앞의 두 수를 통합하는 자리에 놓인다. 돌을 삼키고 가야 하는 암울함과 고통, 슬픔에서 야기되는 낮은 곳의 허기를 하늘의 감나무가 까치밥 몇 개로 달래고 어루만지면서 질긴 생명의 의지를 지속하고 있는 것이다. 이 시는 정(靜)과 동(動), 어둠과 밝음, 물과 불이라는 대립적 요소가 하나의 화폭에 결합됨으로써 극적 긴장과 고전적 조화가 동시에 성취되고 있다. 이 시는 아울러 시인의 현실관만이 아니라 이 고통의 시대를 살아가야 하는 가인(歌人)의 운명이 "참았던 목울음 울며 먼 길 가는 새"로 그려지고 있다고 해도 지나치지 않다. 결국 이 시는 지상, 천상, 지상과 천상의 통합이라는 큰 틀 속에 이미지의 역동성을 내밀한 구조로 보여주면서 개별적 존재의 현실에 대한 인식을 특유의 상징을 통하여 감각화하고 현실의 질곡을 넘어서려는 생명의지를 보여주고 있는 것이다.

이런 인식과 동궤로 시적 자아는 "난바다에 떠 있는 외대박이 돛배", "밀물도 썰물도 없이 부침하는 목숨"(「외대박이」)으로, "지금 막 벼랑을 뛰는 겨울 햇살"(「마지막 겨울」), "웅크린 채 시간에 안긴 낯선 그림자"(「허줏굿」)로 자신을 현상하기도 한다. 눈을 다치게 하는 덧없는(「송당시편」), 그 "가벼운 맹물의 시간들"(「문 안에, 혹은 문 밖에」) 건너편에 자연이 있는데, 시인이 인간사에 대신하여 발견한 그 자연은 눕고 눕히며 스스로의 생성운동을 거듭하면서 겨우 몇 마디의 몸말, 울음 몇 점을 부려놓는다(「송당시편」).

4.

이렇듯 이승은의 시에서 말의 생성은 자연과 결합하면서 이루어진다는데 특징이 있다. 무심히 뱉은 말이 앙금으로 가라앉은 것(「석류, 목에 걸리다」)이 석류라는 구절에서도 우리는 말과 자연의 넘나들기를 볼 수 있다. 아울러 말은 휘발되기 쉬운 것(「巖鹽」)이며 내 안의 어휘들이 메마른 입술 끝에 절로 결이 삭아 벼랑 끝을 떠도는 것이 시(「떠도는 詩」)이다. 그는 시 한 줄을 얻기 위하여 바닷물을 다 삼키고는 맺힌 말을 다시 뱉어버리고 남은 것이 말(「巖鹽」)이라고 할 정도로 혹독한 언어 선택의 고투를 보인다. 말이 자연과 결합되어 있다는 것은 부풀린 말과 표면의 일상언어에 대한 대응을 근거로 해서 이루어지는 언어의 심도와도 관련된다.

그는 햇살 속에 굴러오는 말(「겨울 예감」), 허공이 소리를 먹는 고요의 순간, 생명의 움직임이 있는 대기와 섞이는 말의 순결(「마이크」)을 놓치지 않는다. 자유롭고 무한한 생명의 거소인 고요의 공간에서 그의 말은 태어나는 것이다. "한순간에 나를 끌어올"려 모반의 푸른 길을 낼 때 "무중력의 내 사랑"은 보채는 듯 달려든다(「하늘에 길을 내고」)고 그는 말한다.

그 때 자신 안의 어휘들은 헤프게 뱉어지는 것이 아니라 사물의 내질과 결합하면서 결이 삭는 것이며, 그의 시는 벼랑 끝을 떠도는 시로 거듭나게 되는 것이다(「떠도는 詩」). 그것은 메일이나 팩스 음성 사서함으로 빠져나오는 싱싱한 안부들에 신열과 공복감을 느끼는 시적 자아의 태도에서도 드러난다(「후유증」). 이승은은 이런 언어를 통해 대상에 다가간다. 그것은 시 「봉숭아꽃물」에서 드러나듯, 매달리는 바람, 시들어갈 향기와 같이 대상의 중심에 가 닿지 못하고 합일하지 못하는 언어가 아니라 생명의 내밀한 중심 속으로 불사르고 자지러지는 목숨으로 존재하는 것이다. 「후무사」는 사물과 세상의 존재방식을 보여주는, 이승은 시의 상상력의 비밀이 담겨 있는 시이다.

한 입 꽉, 베어 물면
오, 거기
붉은 亂場

미세한 신경에 물린
체세포가 터지면서
시큼한 세상 바닥이 맥없이 드러난다
돌아갈 곳이 없다
살이 발린 채 떨고 있는,

팔월 한 낮 매미소리가
단물에 스며들고
온 종일 질척거리는
여윈 몸이 시리다.

–「후무사」 전문

이 시는 세계의 축소와 확산이라는 변증이 들어 있다. 작을 대로 작아진 열매 속에는 무한한 동성을 가진 몸이 확장되면서 세계를 여는 힘이 내장된다. 생명의 핵을 감싸고 있던 껍질은 터지면서 그 세상을 연다. 이 때 가장 미세한 것은 그 자체에 무한으로 뻗어가는 속성을 가지며, 생명 자체가 세상을 품고("체세포가 터지면서 / 시큼한 세상 바닥이 맥없이 드러난다") 있는 것이다. 사물과 세계, 유한과 무한이 틈입되어 있는 이 원심성과 구심성이 이승은 상상력의 힘이다. 사물의 살은 세계를 구성하는 질료가 된다. 아울러 사물의 살은 간절한 매력으로 세계를 담을 수도 있는 것이다("더러는 하늘 한 자락 / 실구름도 한 자락." –「반지」). 이 때 소리마저도 살을 가지며 발리게 되며 단물 속으로 스며드는 데, 나 역시 작은 열매가 열어놓은 세계의 개진 속에 여윈 몸으로 합류한다("온 종일 질척거리는 / 여윈 몸이 시리다"). '복사꽃' → '세상 가려움증' → '봄의 비늘'로 확장되는 상상력의 진폭을 보여주는 「복사꽃」에서도 작은 사물이 세계 전체로 확산될 수 있음을 보여주는데, 사물의 몸이 터지면서("터져버린 내 몸이여", 「셔터와 물수제비」) 몸은 세계 전체로 확산된다. 이는 생명현상에 만물들이 관여하고 있기에 가능하다. 한 생명의 탄생의 순간에 "내 몸 어디에서 미열이 묻어"날(「꽃이 피어」) 수 있는 것은 만물들이 우주의 동적 리듬에 연결되어 있다는 인식에서 비롯되는 것이다.[10)]

---

10) 이 점에서 이 시는 이호우의 「개화」와 연결시켜 읽을 수도 있는데, 「개화」 역

5.

이승은의 시에서 자아는 피를 식히고 자신을 맑힌 상태를 유지한다. 열정보다는 서늘함을, 감정보다는 예지를 취하며, 낮고 속된 현실의 마당에서 떠나 자유롭게 세계와 몸으로 만나고자 한다(「處暑 무렵」). 달아오르던 꽃잎의 시간을 가라앉힌 고요하고 불순물이 없는 순수한 잠, 정화된 시간에 가벼이 뜨는 상승이 이루어지며 "불을 물리"는 어떤 들려 올려짐의 단계에 도달한다. 이 때 세사의 표피에 연연하는 마른 잠이 벗겨진다(「잠을 벗다」) 떫은 맛 다 우려낸 不惑의 강(「강」)은 바로 시적 자아의 다른 이름이다. 여기서 자아는 일정 부분 수동성과 견인의 자세를 유지한다.

이승은의 이런 자아의 태도는 그의 시의 본령이라 할 수 있는 사랑 시편에서 그대로 드러난다. 「꽃길」은 한 편의 아름다운 연시이다. 그러나 여기서도 그리움은 "쪽문 밖 사잇길에" 날아가 버린 "나비의 날개 죽지에 묻어나는 몇 점 꽃잎"으로 현상될 뿐이다. 「그 날 이후」 같은 시에서도 그리움의 정서는 "목젖에 매달"린 "낯선 별 하나"로 제시된다. "그리운 것은 / 멎을수록 목이 멘다"(「물은 물끼리」)라는 역설이 내장된 것은 바로 에둘러 가는 방식 때문이다. 칼금 한 쪽 게워내는 생의 흔적(「초승달」), 풀었다 도로 감아쥔 옷고름(「늦눈」), 가겠다는 한 마디에 무릎을 꿇는

시 이 시와 마찬가지로 '개화'의 협력인자로 작용하는 바람, 햇살, 나의 참여가 이루어지고 있다는 점에서 같은 시작 방식을 보인다. 그러나 「개화」에서는 꽃 자체의 생명의식이 위주로 되어 있고 협력인자는 수동적인 입장에 서 있다면, 이승은의 「꽃이 피어」는 못물의 입자가 꽃을 피우게 하는 동인으로 참여하고 있고, 나, 바람, 여름 한낮이 협력인자로 참여하는 복합성을 지닌다는 점이 새로운 면이다. 아울러 못물의 입자들이 갯솜체로 밀려들면서 생명을 틔우는 이 고요의 공간을 무의 공간이 아니라 자유롭고 무한한 생명력이 꿈틀거리는 생성과 창조, 숨죽이는 공간으로 만들어놓은 점도 새롭다. 생명의 창조에 관계된 이승은 시의 시간은 간절한 매력과 지속력을 가진, 생명체와 내밀하게 연결되어 있는 시간으로 구성된다.

나(「장마」) 같은 일련의 구절들은 바로 이승은 시의 일관된 태도와 관련된다. 다음의 시는 '나'와 '그대'라는 의미의 겹을 뚫어볼 수 있는 작품이다.

부르튼 입술로 지는 봄밤의 목련처럼
그대 적막 속에 쓰러져 묻히기까지
강물은 또 몇 번이나 내 안턱을 넘을까

넘나드는 그 물길에 모래톱은 덧쌓이고
손을 풀고 돌아서도 술래의 시간은 남아
때늦은 안부를 묻네, 더듬거리는 빗줄기로.

—「시간의 안부를 묻다」

그대에 대한 지고지순한 사랑과 고백이 들어 있는 시이다. 그러나 그 고백은 끝내 발화하지 않은 채 "부르튼 입술로 지는 봄밤의 목련"으로 그대 적막 속으로 묻히려는 결의를 다진다. 말 한 마디 못한 채 무너지기까지는 "강물이 내 안턱을 넘는" 엄청난 시간성이 내재되어 있다. 사랑의 완성에 대한 욕망이 화자의 수동성을 야기하면서 지순한 사랑의 상태는 "때늦은 안부를 묻는" 술래의 시간으로 지속되고 그대에 대한 미련이 아직도 남아 있음을 암시한다. 이것은 당연히 '한(恨)'의 문제와 결부된다. 우리는 시의 전체 문맥으로 보아 이승은의 사랑노래가 우리의 전통시가의 정서와 굳건히 연결되어 있음을 어렵지 않게 눈치 챌 수 있다. 이 정서는 고려가요인 「가시리」가 그랬고, 근대에 와서는 소월과 미당이 그 내질을 이어왔다. 우리는 아울러 이 시를 통해 이승은의 사랑노래가 가지는 함의를 유추해볼 필요가 있는데, 이들 노래가 이성애적 한의 문제만을 다룬 시인가 하는 것이다. 당연히 그렇지 않다. 이는 누구보다도 시대성의 문제에까지

명민한 촉수를 드리우고 있는 이승은 자신이 의식하지 않았을 리가 없다. 이승은의 사랑노래는 일상성이 거부된 공간에서 무한을 향해 존재의 눈을 뜨는 초월지향의 표출이며 그럼으로써 보편적인 인간이 지닌 생의 근원문제, 즉 어떻게 하면 완전하고 자유로운 존재에 이를 수 있는가를 우리에게 제시하고 있는 것이다. 그것은 "눈부신 것들만이 저희끼리 몸 부비며 달라붙는"다는(「예감」) 일상적 삶에 대한 그의 허무주의가 야기한 것이다.

그대를 찾아나서는 행로가 대단히 아름답고도 절실한 이유가 여기에 있다. 찾을 수 없는 술래의 시간을 견디면서 그대 찾기를 지속하고 있는 화자에게 그대는 "내 앞에 허기를 벗"기도 하고(「마지막 겨울」), 생살점을 발겨내어 환하게 들고 있"기도 하며, "꽃숨의 핏방울 받아 정수리에 붓"기도 하는 존재(「가을 편지」)이다. 그는 또 "홀로 열어가던 길을 잠시 놓쳤을 때 / 저만치 등을 보이"는 이(「비, 놓친 길」)로 현상되기도 한다. 더욱 그대와 나 사이에는 늪이 존재한다. "그대 내게 던진 / 말의 뼈"가 혼곤히 엉긴 채로 닫혀버리는 늪의 시간 속에 우리의 목숨이 부유한다(「늪」). 그대 찾기의 어려움은 '나'와 '그대'의 관계가 화살과 과녁의 관계로 유비된 「판화」에 이르면 절정에 달하게 된다. "서둘러 길을 만들고 / 길을 버"리는 과녁을 맞출 수 없기에 "시위를 떠난 화살은 / 저리 푸르게"운다(「판화」). 여기서 과녁이 길을 만들고 지우는 것은 "닳아 없어졌을 / 시간의 지문"때문이라는 데 우리는 주의할 필요가 있다. 대상은 시간성 안에서 시시각각으로 몸을 바꾸기에 그 대상에 다가가는 것은 지난하다. 대상에 다가가는 고투 속에 시간은 덧쌓이고("움켜쥔 일력 한 장에 / 강물은 허리를 꺾고"), 길은 마침내 화살 끝에 매여 있게 된다. 그래서 시인에게 그대로 표상되는 대상에게 다가가는 일은 "무수한 (시간의) 발자국(을) 지우며 / (다시 또) 찍어내는 판화"가 되는 것이다. 짧은 시조의 형식 안에 주체와 대상의 신축성을 이렇게 탄력 있게 담아낸 것은 그간의 시조에서 매우 드물게 보는 풍경인데, 이는 이승은의 대상 파악과 직관능력의 뛰어남을 반증하는 것이라 할 수 있다.

「雪日」 역시 그리움의 정서가 자연물을 매개로 형상화되고 있는 수작이다.

수런대는 소문 마냥 먼데 눈발은 치고

에굽어 아스라한 철길을 비켜가듯

욕망도 희망도 없이 또 그렇게 저무는 하루.

그 하루를 다 못 채우고 그예 누가 떠나는지

낮게 엎드린 채 확, 번지는 진눈깨비

더불어 살 비비던 것 먼 길 끝에 남아 있다.

저물 무렵 한때를 떠도는 영혼처럼

덜 마른 건초더미 어설픈 약속처럼

찢어진 백지 한 장이 가슴 속으로 날아든다.

–「雪日」 전문

시는 전체적으로 원경에서 근경으로 전개된다. "수런대는 소문처럼 먼데 눈발"이 친다. 아직 화자에게 그 소문의 진원은 어렴풋할 뿐 확실하지 않다. 하지만 화자의 감각에 현상되는, 비켜가는 철길은 덧없는 시간성 속에 화자가 살고 있음을 드러내 보여 준다. 4행 이후에 오면 눈발은 이제 진눈깨비로 바뀌며 화자를 다른 시간 속에 살게 한다. '그'가 그예 떠나고 있음을 직감하며, “먼 길 끝에 남아 있”는, 그와 “더불어 살 비비던 것”을 추억하게 되는 것이다. 아, 하는 탄성을 뱉게 하는 생의 순간에 엄습당한 화자의 회한은 그러나 그 존재가 자신에게 다가와 곁에서 머물고 있음을 보면서 심리적 평정을 유지한다. “떠도는 영혼”, 그가 찢어진 백지다발로 화자의 가슴에 무수한 전언을 새기고 있는 것이다. 화자는 눈발 속에서 그가 백지에 써서 자신에게 보낸 메시지를 보게 되고, 가슴으로 파고드는 그의 목소리에 둘러싸여 안정을 회복한다. 그러나 역시 ‘그’는 “저물 무렵한 때”를 떠돌 수밖에 없기에 화자인 ‘나’는 더욱 애련해지며 슬픔은 배가될 수밖에 없는 운명에 놓여 있다. 앞선 언급처럼 이미지가 순간적인 도약을 이룩한다는 말은 바로 이런 경우를 두고 한 말이다. 「텅 빈 길이 젖는다 」에서 역시 새벽잠을 깨워놓는 창밖의 바람은 그의 “아픈 형상”으로 감지된다. 화자 대신 별빛이 그에게로 가는 길을 닦아준다. 그러나 어둠은 그 속에 언 강물을 내장할 뿐, 얼음장 속에 얼비치는 “금이 간 마음의 틈새로 텅 빈 길이 젖는” 슬픔의 무늬만 확인할 뿐이다. 이 때 ‘그’는 부리 끝이 바알간 ‘새’가 되어 비 듣는 저물 녘 나로 환치된 나무 둥지 속에서 비를 긋고 가기도 한다(「최면」). 여기에 이르면 ‘그대’를 향한 ‘나’의 마음은 무한을 향하여 나가는 도정에 들어서게 된다.

6.

우리는 앞에서 이승은의 사랑 노래가 무한을 향해 존재의 눈을 뜨는 초월지향의 표출이라는 말을 했는데, 지정된 수신자도 없는 메시지를 띄우는 아래의 시는 우리 시조사에서 이승은 시학이 도달한 새로운 지점이라 할 수 있다.

수취인 불명으로 돌아온 엽서 한 장

말은 다 지워지고 몇 점 얼룩만 남아

이른 봄 그 섬에 닿기 전, 쌓여 있는 꽃잎의 시간.

벼랑을 치는 바람 섬 기슭에 머뭇대도

목숨의 등잔 하나 물고 선 너, 꽃이여

또 한 장 엽서를 띄운다, 지쳐 돌아 온 그 봄에.

―「동백꽃 지다」 전문

지정된 수신자도 없는 메시지를 우리는 '지독한' 사랑 노래라 부르지 않을 수 없다. 왜냐하면 그런 설정은 표증을 넘어선 어떤 정신의 경지를 보여주고 있기 때문이다. 여기에 이르면 보이는 존재와 보이지 않는 존재의 구분은 쓸모가 없어진다. 사랑에 대한 안목이 넓어지면서 그의 사랑은 육신을 가진 대상(그대)뿐만 아니라 목숨을 가진 생명 일반과 그들의 혼까지를 융융히 울림 있는 것으로 만들어간다. 그래서 이 '지독'은 지독(至毒)이면서 지독(至篤)이다. 뭇 생명의 미세한 음성까지도 보듬는 그의 시작 태도는 영원·자연을 향한 고투와 영혼의 과제로까지 향하게 된다. 여기가 이승은 시의 시적 발전의 무의식적 자기 감응력이 다다른 지평이다. 이곳을 이승은은 붙들고 늘어지고 있다. 이 시는 그 과정을 '엽서'라는 매개를 통해 수행하고 있다. 첫 행에서 수취인 불명으로 엽서가 돌아왔다는 것은 그 엽서를 받는 대상이 이미 특정한 대상을 넘어서 있다는 것을 함의한다. 아울러 말의 문제로 볼 때는 이승은의 언어가 대상의 심장[心部]이면서, 깊은 곳[深部]인 '심부'에 닿지 않았다는 자기반성의 발화이기도 하다. 대상의 중심에 닿지 못할 때 말은 얼룩이 된다. 이 얼룩은 또 다른 객관적 상관물인 "쌓여 있는 꽃잎의 시간"으로도 환치된다. '쌓인 꽃'은 시인 쪽에서 본다면 중심에 못 닿은 무수한 말들의 무덤이고, 대상 쪽에서 본다면 무수히 떨어뜨린 세계의 껍질인 것이다. 세계는 호락하게 자신을 개진하지 않지만 시인은 대상의 마음에 가 닿기 위한 이러한 무수한 고투의 과정을 거치면서도 "목숨의 등잔 하나 물고 선 꽃"의 이미지를 그의 혼속에서 지우지 않는다. 이 '꽃'은 눈앞의 꽃이 아니라 사물의 심부(心部)를 닮고 있는 존재이기 때문이다. 시인은 정신의, 영원의, 꿈의 전망을 위해 '바람 앞에 흔들리는 꽃'이라는 이미지를 이데아로 설정한다. 이 때 시인의 언어는 대상이 피워 올리는 그 뜨거운 중심에 데기 위해 고투한다. 이 지독한 사랑이 "지쳐 돌아온" 일상 속에서도 "벼랑에 치는 바람"에 버티며 목숨의 등잔을 물고 있는 꽃을 향해 "또 한 장의 엽서를 띄우는", 대상에 대한 투신(投身)을 계속 감행하게 하는 것이다.

결국 이승은 시학은 '그대'라는 인물을 차용하면서 그것을 넘어서고 자연과 생명 일반으로 변용되는 지점을 거느리면서 새로운 광맥 하나를 일구어냈다고 할 수 있다. 그것이 대상의 중심에 가 닿기 위한 고투와 함께, 말을 일으켜 세우려는 혼의 작업과 내밀하게 연결된다는 점에서 이 새로운 사랑의 존재방식은 한국 시사에서 하나의 이채로 존재할 수 있는 것이다.

사물의 시간, 인간의 시간
- 이구락 시선집 『와선』

이구락 시를 풀어내는 하나의 기호는 시간이다. 그 시간의 양상은 매우 다양하고도 의미 있는 전개를 이룬다. 그 시간은 사물과 인간, 오래된 것과 소멸의 미래를 앞두고 있는 현재적인 것에도 공히 적용된다. 어떨 때는 존재론적인 양태로 나타나고, 어떨 때는 우리 삶의 조건을 다루기도 하며, 또 이미지의 옷을 덧입으며 현현되기도 한다. 그러면 그는 시에 대한 어떤 태도를 지향하고 있는가? 우리는 무엇보다 먼저 여기서 시간을 다루는 그의 태도를 살펴볼 필요가 있다. 이구락의 시는 주체와 대상간의 미세한 균열과 갈등을 다루기보다는 주체와 대상간의 조화로운 소통을 지향한다. 그리하여 그의 시에 나타나는 시간성의 양상이 어떠하든지 간에 그 안에는 서정성이라는 미학적 바탕이 깔려있다고 할 수 있다. 그의 시는 서정성이라는 시의 근본적 속성을 바탕에 깔면서도 그 안에 복합적이고도 다양한 현대성의 징후들을 시간을 통해 녹여내고 있는 것이다. 그 시간의 양상을 우리는 여기서 크게 '사물의 시간'과 '인간의 시간'이라는 말로 요약하기로 하자.

시간은 공간과 함께 우리의 삶을 구성하고 또 규율하는 존재조건의 한 축이다. 현재 생존하고 있거나 사멸의 운명을 맞고 있거나 시간은 흐름 혹은 퇴적의 양상으로 우리 앞에 드러난다.

돌은 사물이 아니라 시간이다 돌을 길러본 이는 한 겹씩 시간을 벗겨 내는 인고의 맛 아느니, 돌에 물주고 돌에 햇빛 쬐이고 돌에 바람 쐬이다 보면 어느 순간 돌은 속살을 드러낸다 켜켜이 가슴에 쌓아온 물소리 바람소리도 토해낸다 그게 하루 이틀이 아니고 한두 해가 아니고 일이십년이 아닐 수도 있다 깊은 골짜기 모암에서 떨어져 나와, 수십 억 년 물과 바람에 씻기고 다시 흙 속에 묻혀 군살 털어내고 다시 흙 밖으로 나와 물길 따라 뒹굴며 흐르는 동안, 돌은 누가 불러내 해독해줄 때까지 겹겹의 무늬로 온몸 감싼다 그 무늬 속 나이테 따라가다 보면 억 년 전 불의 제단과 만 년 전 얼음궁전과 천 년 전 먼 우레의 들판이 바람벽처럼 우우우 일어서서 삼년 홍수와 칠년 가뭄까지 불러낸다 오늘 돌 앞에 서서 우러러 경배하는 나의 아침이 아, 천길 물속처럼 고요하다

—「돌의 시간」 전문

"돌은 사물이 아니라 시간"이라는 진술은 사물에 대한 시인의 관점을 말해주고도 남는다. 시인은 사물 앞에서 겸허하게 기다리는 태도를 견지한다. 시간의 기원을 읽는 것은 인위적인 것으로는 안 된다는 것을 안다. 오히려 사물을 생물처럼 "길러야" 한다. 이 양생의 과정을 통해 사물과 합치되기 위해 시인은 일이십년이 넘는 시간을 마치 계시를 기다리듯 "우러러 경배하는" 사제(司祭)의 태도로 일관한다. 혹은 사물에 심기고 뿌리내려진 시간의 켜와 흔적, 꺼풀과 더께를 벗겨내는 고고학자의 시선을 유지한다고 해도 좋겠다. 그 인고의 시간을 거쳐 시인은 마침내 번뜩 자연이 시간을 불러내는("억 년 전 불의 제단과 만 년 전 얼음궁전과 천 년 전 먼 우레의 들판이 바람벽처럼 우우우 일어서서 삼년 홍수와 칠년 가뭄까지 불러낸다"), 계시처럼 들리는 시적 현현의 순간을 맞이한다. 광대무변의 시간이 마침내 시인 앞에 옷을 벗는 순간이다. 생각해 보자. 오래된 사물 앞에서 수 십 년의 시간 동안 사물을 양생하면서 서서히 속살을 드

러내는, 물소리 바람소리를 토해내는 사물을 보는 이는 시간과 무관한 시간의 집행자인가. 그 역시 시간과 교섭하는, 시간의 흐름 속에 있는, 생멸하는 과정 중의 시간이 아닌가. 시인은 기실 다른 시간의 관찰자에 의해 벗겨질 시간의 한 점이요 더께이다. 광대무변의 시공간 앞에서 선 유한자이다. 그래서 그의 마음은 천길 물속처럼 고요하다. 먼 시간에 이끌리면서 사회적 존재로서의 분주함을 떠나 있는 것이다. 한편으로 사물의 시간을 보다가 자신의 심층을 깨닫게 되는 이 지점은 사물의 시간과 인간의 시간이 둘이 아니라 하나로 연결되어 있다는 것을 말해준다. 사실 사물과 떨어진 인간, 인간과 떨어진 사물이 어디 있겠는가. 이구락의 시는 인간의 시간과 사물의 시간이 합치되는 지점을 균형 있는 태도로 보여준다. 이 치우침 없는 균형 감각이 이구락 시의 특장이다. 아래의 시를 보자.

> 사천만 개펄 속엔 먼 가야시대 토기 묻혀 있다 천 년 동안 곰삭아 저녁노을에 농익어 토기는 짙은 적갈색이다 수석인들이 고기석古器石이라 부르는, 사천만 종포리 개펄 속의 돌이다
>
> 종포리 늙은 어부의 집, 바다가 멀리 물러서고 개밥그릇에 노을 혼자 남아 오래 저물고 있다 개펄에 몸져누운 목선 한 척 바람 속에 늙어가고 세상 모든 길들이 돌아와 잠자리에 드느라 개펄이 오래 소란스럽다
>
> 천 년을 이어온 어부의 노동이 느릿느릿 끌고 오는 개펄의 저 깊고 푸른 길은 늘 마음이 캄캄하다 캄캄한 사람의 길이 천 년 동안 돌 속에 제 몸 구겨 넣고 나니, 돌은 이제 더 이상 야윌 데 없어 그저 환한 적막 속에 새 한 마리 풀어 놓는다
>
> –「깊고 푸른 길」 전문

시인에 의하면 사물과 인간이 제 존재를 가장 잘 드러내는 시간은 저물

녘의 시간이다. 이 시간은 모든 존재들이 집으로 귀소하는 시간이다. 시인은 거기서 토기(돌)와 목선을 본다. 두 사물은 곰삭고 농익었고, 또 야위었다. '곰삭다', '농익다', '야위다'라는 말은 음식을 포함하는 생물에나 붙일 수 있는 표현이다. 이렇듯 이구락의 시간 속에서 사물은 생명으로 기능한다. 물(개펄)과 불(해), 그리고 바람이 만드는 시간의 풍화 속에서 적갈색으로 삭아가고 농익어가는 생명 속에서 시인이 결국 발견하는 것은 "깊고 푸른 길"이다. 그 길이 돌 속에 제 몸을 구겨 넣고 있다. 천 년 동안 어부가 목선을 끌고 올 때마다 그 노동의 시간이 하나씩 쌓여 돌 속에 들어가 있다는 것이다. 큰 것들이 작은 것 안에 들어가 쌓이는 이 경이! 이것은 인간의 시간과 사물의 시간이 결합되는 가장 명징한 예일 것이다. 인간의 노동의 시간을 품고 있는 돌은 야위다 못해 "그저 환한 적막 속에 새 한 마리(를) 풀어놓는다." 이는 사물과 인간, 동식물이 어울려 하나로 화육되는 순간이리라. 더 정확히 말하면 오랜 시간의 풍화 속에 삭은 돌이 한 마리의 새로 승화되는 순간이다. 여윈 돌이 새로 변신하는 모습 말이다. 아득한 시간을 건너온 사물들이 발현하는 환한 빛 속에서 우주적 상상력이 개화한다. 이런 상상력은 그러나 순간적이다. 사물이 자신의 몸을 열어 보여주는, 그의 표현처럼 "황금빛 모서리"는 "낮과 밤의 경계에서" "잠시 그 본 모습을 드러내"(「황금빛 모서리－박명薄明의 시 · 1」)고 사라질 뿐이다. 시인은 사물이 몸을 드러내는, 이런 시적 순간의 현현을 기다렸다가 시화할 수 있어야 한다. 그것은 "밤이 되면 낮아지는 / 서쪽 마을로 가는 작은 길"(「서쪽 마을의 불빛」)과 같은 것이다. 그러나 시인은 시적 현현의 순간은 앞에서도 살펴보았듯이 「황금빛 모서리－박명薄明의 시 · 1」에서처럼 현상이 새로운 모습을 드러내는 특정한 시간 속에만 들어 있는 것은 아니다. 「깊고 푸른 길」에서처럼 시인의 시선이 사물의 내부로 향하면서 새로운 인식에 도달할 때 드러나는 경우가 더 많다. 지정(至情)

의 세계를 노래한 아래의 시들이 그렇다.

인위와 조작을 배제하는 자연적인 경향이 바로 지정이며, 그 중에서도 가장 으뜸으로 삼는 것이 부자(父子) 간의 지정이다. 자식이 부모를 공경하고 사랑하는 심정이 지정이요, 또한 부모가 자식을 사랑하지 않으려야 않을 수 없는 것이 지정이다.

민들레 피어난 봄길
저만큼 앞서서 산을 내려가시는 아버지의 뒷모습
훤칠한 키에 늘 보기 좋았던
일흔이 넘어도 정정하시던, 아버지의 걸음걸이
아, 오늘은 완연한 노인의 모습이다
어깨가 조금 처지고 보폭도 좁아져
조심조심 내려가시는 저 뒷모습
어찌할꺼나, 아버지
당신의 길 끝을 향해 저토록 조심스레 걸어가신다
낡은 잿빛 중절모 위로
건너산으로 이어지는 황토빛 길 하나 내려와 앉아
아지랑이 피워 올리며 손짓하는
이 봄날에

—「아버지의 뒷모습」 전문

이 시에서 아들의 절박한 감정은 죽음을 목전에 두고 있는, 생의 저물 무렵에 있는 아버지의 뒷모습을 보고 느끼는 안타까움이다. 이런 감정이 더욱 강화되는 것은 계절이 "민들레 피어난 봄"이라는 점 때문이다. 죽음에 가까워져가는 아버지의 모습은 아지랑이와 민들레가 피워내는 봄기운과는 대립된다. 인결 자연의 시간과 아버지의 시간은 미묘하게 어긋나는 듯 보인다. 환한 봄날이기에 생의 끝으로 가는 아버지의 뒷모습은 더 애절하다. 그러나 시의 끝부분으로 오면 땅은 그런 아버지를 받아들일 준비를 하고 손짓을 한다("아지랑이 피워 올리며 손짓하는"). 아버지의 시간은 자연의 시간에 섞일 준비를 하고 있는 것("낡은 잿빛 중절모 위로" / "건너산으로 이어지는 황토빛 길 하나 내려와 앉아")이다. 자연의 시간에 섞이게 되면 인간의 시간은 자연의 시간으로 재생된다. 그것은 바로 지상의 시간이 끝이 아니라, 자연의 시간으로 소생할 것이라는 믿음, 즉 순환론적 시간인식에 다름이 아니다. 존재의 뒷모습에 대해 물끄러미 성찰하는 것은 앞서 살펴본 사물을 다룬 시에서 돌이 새가 되는 홀가분함과는 일정한 차이를 가진다고 할 수 있다. 그만큼 자신의 육친의 문제를 다룰 때 인간은 더 숙연해지는 법일까. 이런 시간인식은 같은 지정의 세계를 다룬 「벌 마시기」에도 그대로 드러난다.

> 청보리밭 바람결만 탐스럽던 오월 스무하루 묘시, 경인생 범띠로 태어났다 아침 햇살 눈부셔 잠도 없이 밤낮 울고 우니 칠七 안에 할아버진 삼신할미께 빌었다 감꽃 노오랗게 깔린 뜨락, 얼굴 한번 찡그리지 않고 소여물 마시며 빌었다 밖에서 어떤 벌 받을 일 하셨는지 몰라도 도포까지 입고 꿇어앉아 소여물 마시며 빌었다 — 아, 서른이 넘고 아이를 길러보니 여물처럼 풋풋했다던 할아버지 눈빛 보인다 — 정화수 하얀 사기그릇 속 물기 많은 봄 하늘 내려와 앉았을 때, 할아버지 무성한 은빛 수염 어느 쪽으로 날렸을까 할아버지 투명한 욕망 그윽이 피어나는 그 오월 아침 한때, 무명 도포자락 스치던 바람 지금 어디쯤 가고 있을까
>
> –「벌 마시기」 전문

시간은 순간적, 과정적 실체이다. 그래서 지나간 과거가 모두 다 기억되는 것도 아니고 , 기억되는 것이라고 하더라도 굳이 지금 나에게 의미 있게 재생되지 않는다. 우리의 기억이란 것은 어떤 특정한 시간에 대한 사

실적 재현이라기보다는 그것을 둘러싼 과정적 속성에 대한 상상적 유추적 구성으로 나타난다. 시인이 떠올리는 할아버지의 모습이 그렇다. 그것은 바로 자신이 태어나던 시절의, 자식을 위한 어버이들의 숙연한 의식의 장면이다. 그 의식은 할아버지가 갓 태어난 손자의 울음을 그치게 하기 위해 정화수 떠놓고 도포까지 입고 꿇어앉아 삼신할미께 소여물을 마시며 자신의 죄를 토설하고 비는 것이다. 그것은 현재 아이를 길러 보고 그 아이에게도 무슨 안 좋은 일이 생겨, 생의 길목에서 소환된 기억이다. 이 때 할아버지의 모습은 자기 존재를 비춰주는 최상의 거울이라 할 수 있다. 할아버지와 시인은 자신이 잘못하면 그 벌로 후손이 아프게 된다는 순환론적인 시간인식으로 이미 동일성을 확보하고 있다. "청보리밭 바람결만 탐스럽던 오월", "무명 도포자락 스치던 바람 지금 어디쯤 가고 있을까"에서 '바람'은 할아버지의 시간과 시인의 시간인식을 매개하는 감각적 대상이라 할 수 있다. '할아버지→손자'는 오늘 '나(아버지)→아들'로 연속되고 있는 것이다. 과거의 시간은 그 자체로 사라지는 것이 아니라 "꽃밭가에 숨겨둔 / 어머니의 간지럼과 아버지의 술병 / 깔깔거리며" 현재에도 따라 나온다(「내 살던 옛집 지나며」). 시인은 시간을 매개로 멀찌감치 떨어져서 존재의 뒷모습을 숙연하리만치 절실하게 돌아보는 예의 그 눈을 이 시에서도 유감없이 발휘한다. 존재의 뒷모습은 시인이 시선을 바깥으로 돌려 사회 현실에 대한 참여를 수행할 때에도 여전히 드러난다.

> 포장술집 <두메>에는 해가 지면 연기가 난다 도시의 네온 사이 유언비어처럼 스미는 연기, 살이 타고 연한 뼈가 타고 그대의 눈물까지 타고 남는 것은 우리들의 식욕뿐이다 <두메>의 문 앞에는 새끼줄에 목을 맨 참새떼가 있고, 털 빠진 메추리 산비둘기가 잘 짜인 조롱 속의 여생을 쪼고 있다 우리는 날마다 일과를 끝내고 초저녁의 어둠과 마주앉아 소주를 마신다 소주 뒤를 따라 목을 넘는 잘 요리된 참새의 슬

픔, 메추리의 슬픔, 산비둘기의 슬픔, 슬픔은 슬픔끼리 만나 더 큰 슬픔이 되고, 더 큰 슬픔은 우리들의 식욕과 만나 더욱 깊게 가라앉는다 슬픔에 취해 벌건 얼굴을 하고 우리는 마지막 잔에 한 줌의 어둠도 섞어 마신다 어둠 속의 일은 어둠 속에서 더욱 잘 보이나니 마침내 어둠은 한 시대의 깊은 속살까지 꽃피우고, 우리는 차고 단단한 바람 앞에 서서 커다란 슬픔의 뒷모습만 보게 된다

—「포장술집 또는 어둠」 전문

제기랄, 오늘도 날 궂으니 공치겠군.
술 취한 도시가 아랫도리 벌린 채 곯아떨어진
새벽 4시, 최씨는 밤새 고인 가래 아스팔트에 뱉으며
잔뜩 목을 움츠리고 걷는다.
마누라는 오늘도 다친 허리 도져 쉬어야 하니
혼자 놉 시장으로 나가는 최씨의 발길은 우중충하다.
저만큼 모닥불이 비치고 불가를 서성이는 검은 그림자
그렇지 저 불빛, 고향생각 나는군.
횃불 비춰들고 어둠 향해 초망 던지면 하얗게
하얗게 걸려들던 여울의 은어 떼, 모닥불 가의 술추렴.
제기랄, 최씨는 조금 엷어진 동녘 하늘
힐끗 쳐다보고, 두 손을 호주머니 깊숙이 찔러 넣는다.

—「놉 시장」 부분

첫 번째 시가 저녁풍경을 그린다면, 두 번째 시는 새벽풍경을 그리고 있다. 먼저 「포장술집 또는 어둠」을 보자. 저녁은 아침이나 낮의 분주와 역동성과는 달리 자신의 존재의 심층을 찬찬하고도 숙연하게 되돌아보게 하는 시간("어둠 속의 일은 어둠 속에서 더 잘 보"인다.)이다. 이 시는 작은 생명들이 우리의 욕망을 위해 죽어가고 있다는 논리로 생태시 쪽으로

만 몰아가서는 안 된다. 중요한 것은 왜 우리가 그런 발가벗겨진 생명, 슬픔들을 안주로 해서 술을 마실 수밖에 없는가에 대한 물음이다. 그것은 근거 없는 소문("유언비어처럼 스미는 연기")에 대한 두려움과 사람 사이의 소통부재("차고 단단한 바람")에서 연유한다. 그 때 남는 것은 식욕이다("남는 것은 우리들의 식욕뿐이다."). 식욕과 슬픔의 거리는 멀지 않다. 소주의 뒤를 따라 우리의 목을 넘어가는 잘 요리된 참새와 메추리, 산비둘기는 바로 그런 식욕에 삼켜지는 작은 존재들이요 슬픔 그 자체이다. "더 큰 슬픔은 우리들의 식욕과 만나 더욱 깊게 가라앉는다", "슬픔에 취해 벌건 얼굴을 하고 우리는 마지막 잔에 한 줌의 어둠도 섞어 마신다"라는 어구는 슬픔과 어둠을 안주삼아 술을 마실 수밖에 없는 세계와의 불화를 말해준다. 그러나 슬픔은 쉬이 그 정체를 드러내지 않는다. 참새도 메추리도 산비둘기도 술도 슬픔인데 왜 슬픔이 보이지 않는가? 도처에 슬픔이 깔려 있으되 그것의 정체가 잘 보이지 않는다는 말이다. 시인에 의하면 저녁 시간은 "슬픔의 뒷모습"이 보이는 시간이다. 존재의 내밀한 모습이 드러나는 시간이다. 인간의 시간이 사회현실, 시대의 어둠까지를 포괄하고 있는 시편이라 할 만하다.

사회현실은 「놉 시장」에서 더욱 선명히 드러난다. 「놉 시장」에 나타나는 주요 인물은 품팔이 최씨이다. 그는 보릿고개 없는 도시에 무지개 같은 환상을 가지고 도시로 이주한 중년을 넘긴 인물이다. 그러나 도시 역시 그에겐 호락호락하지 않다. 맏아들이 죽고 마누라와 함께 놉 시장으로 전전하고 있지만, 그나마 마누라의 다친 허리가 도져 혼자 놉 시장으로 왔는데, 젊은이에 밀려 아침이 될 때까지 팔려가지 못한 신세가 되었다. 상황은 새벽 놉 시장에서 포장마차를 하는 김씨 역시 마찬가지다. 팔팔 끓는 우동 국물을 들여다보며 연신 하품을 해대는 걸 보아 한 그릇도 제대로 팔지 못한 모양이다. "도시가 아랫도리 벌린 채 곯아떨어진 새벽 4

시"의 이른 시간에 나와서 허탕을 치고 가는 이런 인생을 시인은 등장인물의 직접발화를 섞어 그리고 있다. 새벽에서 아침이 되기까지의 시간대를 그리고 있는 이 시는 저물 무렵의 인생이나 세계를 다룬 앞 시와 근본적인 차이는 없다. 낯일을 놓치고 일과마저 없는 쓸쓸한 인간은 결국 고향의 원초적인 시간을 잃고 부유하는 인생이라고 할 수 있다. 그런 점에서 이 시 역시 이 시대의 사람들의 뒷모습을 조명한다고 할 수 있을 것이다. 그는 시간 속에서, 시간의 마모를 견디며 살아가는 존재의 뒷모습을 다양한 방식으로 그림으로써 우리들로 하여금 존재의 실체를 조우하게 하는 소중한 계기를 마련하고 있는 것이다.

이구락은 시간을 만지는 시인이라 할 수 있다. 그는 광대무변의 시간 앞에서 시간의 기원에 다다르려는 장대한 모험을 시도한다. 이 때 그는 대지의 은폐와 개진에 관여하는 성스러운 자세를 견지한다. 때로는 사제(司祭)처럼, 때로는 고고학자처럼 오랜 기간에 걸쳐 그는 시간을 한 꺼풀씩 벗겨내는 경건한 의식을 감행한다. 이 때 오랜 사물에 배어있던 시간은 그 켜를 벗어내며 푸른 길과, 황금빛 모서리의 원초적인 모습을 보여준다. 뿐만 아니라, 그는 그 시간의 조각들인 친족들을 통해 지정(至情)의 세계를 탐색하면서 내면 깊숙이 가라앉아 있는 존재의 경험과 시적 욕망을 전이한다. 할아버지의 눈빛과, 봄 하늘 하얀 사기그릇 속 도포자락을 떠올리는 그의 시각이 예사롭지 않다. 이러한 그의 시선은 우리 사회 현실에까지 두루 촉수를 뻗어 부유하는 존재들의 뒷모습을 그리고 있는데, 이 때 그 존재들은 태초의 원초적인 시간을 잃고 떠돌고 있는 존재들이라고 할 수 있다. 이구락 시에 드러나는 이러한 다양한 시적 스펙트럼은 그가 우리 시사에서 드물게 사물과 인간을 하나로 아우르며 시간을 사유하면서 시간 속에 내재한 욕망을 읽어내는 남다른 재능을 가지고 있다는 것을 말해준다. 광대무변의 시간이나, 시간의 한 점인 혈육이나, 고향을 잃은 인간이나 시인의 입장에서 보면 전체의 시간에 합류하는 과정이라는 점에서는 동일하기 때문이다. 그런 그의 시간 인식이 더 깊어지고 한국시에서 뚜렷한 목소리로 자리 잡아 가는 과정을 지켜보기로 하자.

제유적 비전과 느림의 미학

– 최서림 시집 『구멍』

얼마 전 남도의 어느 휴양림에서 하룻밤 묵을 기회가 있었다. '깊은 산 고요가 뼈를 저리운다'는 어느 시인의 구절을 연상케 하는 그 밤, 잠도 안 오고 마침 수렵을 하는 친구를 따라 산에 올랐다. 각양 나뭇잎들이 밤공기를 깊이 빨아들였다가 뱉어내는 소슬한 소리만이 그 밤 산의 온전한 주인이었다. 그러나 새소리조차도 들리지 않는 자정 넘은 시간의 정적은 불이 비춰지자 일순 다른 표정을 짓는 것이었다. 이쪽저쪽으로 친구는 불을 비추기 시작했는데, 그 불빛에 밤의 씨앗처럼 눈동자가 심겨 있었다. 저건 삵이다. 저건 너구리, 그리고 저건 고라니. 불빛이 닿을 때 반응하는 눈동자의 기미만 보고도 친구는 어느 동물인지를 알아내는 것이었다. 나는 그 눈들 밤의 창(窓)이라 부르고 싶었다. 밤은 우리가 제대로 보지 못하지만 그런 동그란 창으로 숨을 쉬는 것이었구나. 그 숨이 밤의 어둠을 만들게 한 힘이었구나. 그러나 어둠 속의 그들에게 너무 자주 말을 걸어도 안 된다. 부당한 간섭이나 침해를 받을 때 느껴지는 사물들의 피로. 피로가 더해지면 그 창(窓)은 창(槍)의 회오리로 우리를 찌른다. 더 이상 뒤지지 마라. 밤의 더 큰 구멍 속에 심겨져 있는 작은 구멍인 그들 눈은 우리를 향해 달려들 채비를 한다. 쇼핑하듯 어둠을 훑던 우린 아찔했다.

나는 사물 혹은 풍경에 열려진 작은 틈을 목격했지만 그 틈으로 이 세계와 생, 역사는 존재하는 것이 아닐까. 이 '틈'(구멍)을 한 시집을 관통하는 원리로 시를 일구어나간 시인이 최서림이다.

'구멍'은 최서림의 시에 들어가는 키워드와 같다. 그만큼 변화가 깊고 다양한 모습으로 구현된다. 구멍은 태풍으로 치면 '눈'과 같은 곳이다. 모든 세계의 질료를 형성하고 있는 최소 단위요, 세계의 경계를 물질적 덩어리 밖으로 확산시키는 형상의 윤곽을 내장한다. '대허(大虛)'의 개념이라고나 할까. 시작도 끝도 없는 시간과 무궁무변한 공간이 그 구멍 안에 다 들어 있다. 지극히 큰 것은 그 크기의 한계를 말하는 울타리가 없어진다. 거기서는 지극히 큰 것과 지극히 작은 것이 같아진다. 거기서 나(혹은 사물)－세상, 부분과 전체는 제유적 비전을 공유한다. 실제로 시인은 구멍이라는 혈맥의 안쪽에서 하나의 구멍으로 서서 구멍, 그 안에서 출렁거리는 미세한 율동을 받아 적는다. 최서림의 시는 이 율동에 실려 있다.

먼저 그는 주체의 기원이 구멍으로부터 나온 것이었음을 말한다. 「구멍」이라는 표제시에서 그는 "나는 원래 구멍 안에서 만들어졌다.", "언젠가 나는 또 하나의 구멍 안으로 돌아가리라."라고 말한다. 그러나 여기서 구멍은 작은 시작만 있는 것이지 끝은 없는 것이다. 왜냐하면 통로로서 다음의 구멍에 이어지는 것이기 때문이다. 또 이 주체는 그 자체에 내장한 율동의 방식으로 나와 세계를 잇는다.

> 내 몸 안에서 하늘과 땅이
> 드디어 서로 통하는 소리
> 꽉 막힌 구멍이 시원하게 뚫리는 소리
> 생명의 폭죽이 터지는 소리, 소리
>
> －「방귀」 전문

최서림의 시에서 '나'는 하늘과 땅, 그 우주적 공간을 이어주는 매개이면서, 소우주이기도 하다. 내 몸은 우주적 비전의 접점과 고리 역할을 수행하면서 우주의 모든 것이 들어 있는 거소이기도 하다. 부분은 독자성을 유지하면서 우주 전체와 연결고리를 형성하는 제유적 관계를 형성하고 있는 것이다. 이런 제유적 비전은 그의 시 전체를 관통하는 원리로 나타난다. “내 마음 안쪽에서 말캉거리는 여백이 자라나면 세상 쪽엣것도 따라 커지는 법”(「가람의 구멍」)이라는 이런 인식은 부분과 전체가 분리된 것이 아니라 세계가 하나의 숨, 구멍으로 연결되어 확산과 축소를 할 수 있는 유기체적 존재라는 것을 말해주고 있다.

구멍은 사물이 놀 수 있는 자리이다.
구멍이 없는 사물은 자유가 없다.
대나무는 각자 자기의 구멍을 차지하고서
스스로 놀고 있다.
구멍에서 구멍으로 이어지는 큰 구멍 안에서
대나무들은 서로 얽히고 부대끼면서도
각자 따로 놀 줄 안다.

우주도 큰 구멍이면서
더 큰 구멍 안에 둥글게 둘러싸여 있다.

–「대나무」 부분

구멍은 ‘사물이 노는 자리’이다. ‘놀다’라는 동사는 문자 그 자체의 뜻에서부터 개별 사물과 인간, 나아가 우주의 존재 및 작동원리를 보여주는데 그 함의는 참으로 광범하다. 즉 ‘거문고나 피리를 만지며 흥성거려 놀 줄 안다’에서 “대금이나 피리 속에는 천태만상의 마음으로 가득 차 있다”, “울혈진 가락이 하늘과 땅 사이를 진동시”킨다(이상 「오동나무」)에 이르기까지 다 걸쳐져 있다. 그 놀이에는 노는 주체와 대상의 ‘혼과 정신’(“푸르게 여울져 흘러가는 소리가 바로 / 뜨는 이의 혼이자 거문고의 정신인 것"(같은 시)이 들어 있다. 한 가지 확실한 것은 "비어서 가득 찬", 허(虛)이면서 실(實)인 상태에서 그 놀이가 가능하다는 것이다. 그런 점에서 놂은 비어 있음의 충일, 여유에서 나온 것으로 막힌 데서 나오는 "요새 사람들 노는" 것과는 차원이 다르다.

이 놀이는 자유를 또한 가지고 있다. 각자의 구멍을 차지하고 스스로 놀 자유 말이다. 그런데 이 자유는 "구멍에서 구멍으로 이어지는 큰 구멍 안에서" "서로 얽히고 부대끼면서도 / 각자 따로 놀 줄 안다." 바로 이 지점이 부분이 독자성을 견지하면서도 전체와의 관련과 조화를 이루는 제유적 세계관이다. '따로' 또 '같이'로 수렴될 수 있는 쇠서림의 구멍은 바로 그런 제유적 원리로 얽혀 있는 우주를 보여주기에 부족함이 없다.

갓난아이가 열이 나고 코가 막혀 있다
젖을 빨다가 숨이 차올라 쌕쌕거리다 칭얼칭얼댄다
늙은 엄마는 안쓰러워 아기 콧구멍에다
젖꼭지를 갖다 대고 젖을 짜준다
더러운 것을 입 구멍으로 쪽쪽 빨아준다

이윽고 뚫리는 구멍,
구멍과 구멍 사이의 행복한 소통.
돌고 도는 우주의 거대한 혈관
한 부분이 수리되는 순간,
하늘에 애기별, 눈빛이 반짝 회복되는 순간

―「젖꼭지 2」 부분

아기의 막힌 코를 젖을 짜서 뚫어주는 모성을 이야기하고 있는 시이다. 구멍과 구멍 사이의 소통은 "돌고 도는 우주의 거대한 혈관"에 기인한다.

그래서 코 구멍이 뚫리는 순간, 즉 우주의 “한 부분이 수리되는 순간”이 “하늘에 애기별, 눈빛이 반짝 회복되는 순간”으로 내적 연관과 확산을 가질 수 있는 것이다. 이 때 미적 형상화 역시 애기와 애기별이라는 일치의 형태로 드러난다. 이는 아기의 몸이 하나의 소우주이기 때문에 가능한 것이다. 그 몸에는 엄마가 먹은 음식뿐만 아니라, 엄마가 그를 잉태하면서 편만한 공간 속에서 본 모든 것들, 나아가 순정한 영혼과 마음, 기도 같은 정신적인 덕목까지 들어 있다. 젖꼭지라는 것은 바로 이런 소통을 가능하게 하는 이음매요 구멍이다. 제유적 세계관에서 개인은 우주의 축소판이 되고 우주는 개인의 확대판이 된다. 즉 전체는 부분을 재현하며 마찬가지로 부분은 전체를 재현한다. 최서림의 시에서는 소우주를 구성하는 여러 이미지들의 병치를 통해 그것들을 포괄하는 더 큰 세계를 상상하는 작품들이 많다. 초승달을 젖을 먹는 아기와, 두 개의 젖무덤을 산봉우리와 연결시키고 있는 「젖꼭지 1」과 같은 시가 그렇다. 이 모든 것을 가능하게 하는 것은 모든 구멍들 사이, 그 부분과 전체 사이의 ‘相生’이라는 속성에서 기인한다.

봄숲으로 들어간다
나비처럼 떼는 발자국
내 몸 안에서도 햇살가루 찰랑찰랑

찰랑찰랑 넘쳐 오르는 굴참나무마다
南을 향해 창을 열어젖히고 있다
한껏 열려진 부푼 구멍,
봄바람은 환하게 부푼 봄나무로부터 나온다

진달래꽃 따먹으며

찔레꽃 따먹으며
비에 젖은 어린 봄산
바람난 처녀산에 손목 잡혀
두근두근 이끌려 간다

구멍 열리고 있는 봄산도 너울너울
구멍 뚫리고 있는 나도 너울너울
온몸이 진달래고 찔레꽃인데

봄나비는 어디서 오나

—「봄나비는 어디서 오나」 전문

이 시는 봄 산과 내 몸의 경계가 풀어지고 있는 상태를 넘어서 둘이 제 삼의 다른 유기체인 '봄나비'가 되는 과정을 보여준다. 나는 봄 숲으로 들어간다. 봄 숲은 고요하게 정지된 것 같은 데서도 활발하게 움직이는 생명력으로 충일하다. 나는 봄 숲이 만들어내는 그 출렁거림에 동화된다. 봄 산의 세목들인 굴참나무 역시 창을 열어젖히고 부풀어 있으며(2연), 산 자체가 바람난 처녀산이 되어 나를 두근거리게 한다(3연). 그것은 에로티시즘의 양상마저 띠면서 둘 사이의 경계가 허물어지는 데 일조한다. 봄 산의 구멍이 열리면서 내 봄의 구멍은 뚫린다. 자아와 대상은 이런 법열 혹은 흥겨움의 상태에 놓임으로써 서로를 즐기면서 열락한다. 그런데 그 동작 자체가 봄 산도 나도 '너울너울'이다. 시인은 "봄나비는 어디서 오나"라고 딴청을 부리고 있지만, 나도 봄 산도 이미 나비의 상태에 이르고 있음을 드러낸다. 사실 이 상태에서 나비의 출현 유무는 자아와 대상에겐 아무런 의미가 없다. 그러나 시인은 다음 행에선 이를 "온몸이 진달래고 찔레꽃"이라고 흐려놓는다. 진달래꽃, 찔레꽃을 따먹으며 왔던 내 몸은 이미 진달래요 찔레가 되었다는 뜻이다. 내 몸이 나비이면서 꽃이라니. 내가 봄 산에, 봄 산이 나에 동화되는 과정이 나비, 꽃 등의 다양한 유기체적 발현양상을 보이는 것이다. 그것은 바로 대상인 봄 산의 생명력에서 기인한다. 봄은 생명력을 불러오는 계절이다. 봄에는 온갖 자연의 생명력이 최고조로 고양된다.

이 시에서 우리는 구멍이라는 틈새를 통해서 나와 세계가 얼마나 공간적으로 몸을 교환하며 섞일 수 있는가를 알아볼 수 있었다. 이번에는 그 구멍이 시간에는 어떤 원리와 속성으로 작동하고 있는지를 현시하는 시편들을 보기로 한다.

대나무 통 안으로 계시처럼 스며들어가 있는
태초의 소리부터 부지런히 먹어봐야 한다.

–「대나무」 부분

가문비나무숲에는
숲의 나이만큼 오래오래 뒤틀어진 시간이
숲의 공기만큼, 공기의 두께만큼
충만하게 쌓여 있다
이른 아침 가문비나무숲에는 축축한 시간이
물방울처럼 고여 반짝이고 있다
찰랑, 찰랑거리고 있다
이슬에 젖은 숲이 시간을
도요새 알같이
둥글게 품어내고 있다

숲은 나이를 모른다
숲은 늙지 않는다

–「가문비나무숲」 부분

태초의 말씀이 훤히 비쳐 보이는 금잔디 할미꽃 오랑캐꽃 억새풀을 포근히 덮고서 멧새소리로 살살 풀어지고 있다 겨자씨모냥 떨어지는 말씀을 받아먹고,

–「묘지송」 부분

'대나무'는 '오동나무', '국화 대궁' 등과 함께 들숨과 날숨을 하는 대표적인 구멍 이미지에 해당한다. 이 구멍 안에 존재의 기원으로서의 태초의 소리가 보존되어 있다는 것은 해마다 죽음과 재생을 거듭하는 식물적 속성 때문일 것이다. 이는 모든 것이 시작되는 순결한 시간에 다름 아니다. 이는 이어지는 「가문비나무숲」에서 보이듯, "숲은 나이를 모"르고 "늙지 않는" 영속적인 신생의 시간을 살기 때문이다. 그곳에는 "이슬에 젖은 숲이 시간을 / 도요새 알같이 / 둥글게 품어낸"다. 즉 해마다 순환의 고리를 거듭하는 구멍을 가지고 있는 것이다. 박두진이 쓴 동명의 작품을 의식하고 썼지만 일정한 차별성을 가지고 있다고 판단되는 「묘지송」은 서럽고도 힘든 병고와 일상의 신산을 견뎌낸 그의 육친이 죽음에 들면서 비로소 "태초의 말씀이 살아 있는" 순결하고도 갱신된 시간을 살고 있음을 감동적으로 그려내고 있는 작품이다. 이렇듯 최서림의 시에서 그 태초의 시간, 시간의 기원은 자연을 중심에 놓고 있다는 것이 그 특징으로 보인다.

그러나 그 순결한 시간이 더욱 구체적인 함의를 가지고 다가오는 작품들이 「이서꽃집」 같은 시이다. 시인은 "옛것은 새것보다 더 새것이다"(「물확2」)고 말한다. 옛것, 기원에 대한 탐구는 '구멍'이 그 속에 태초의 순결한 시간에 대한 흔적을 가지고 있기 때문이다. 이는 최서림의 시적 출발에 해당하는 「이서국으로 들어가다」 연작에서 시도하고 있는 계열들에 해당한다. 따라서 이번 시집의 시들은 그동안 지속적으로 관류하여 오던 시적 개성을 구멍이라는 매개를 통해 심화시킨 것에 해당한다고 할 수 있다.

21세기 오늘에도 청도땅은 여전히
싱싱한 구멍들로 들숨과 날숨을 한다
이천 년 전 이서국 때 구멍들이
맥히지 않고 그대로 꿈틀꿈틀, 살아 있다
낡은 기와지붕모냥 촘촘히 구멍이 박혀 있는
쭈글렁 바가지 얼굴들

촌티가 그 완성도를 뽐내는 노인들의 패션
무슨 셀로판지 같은, <핑 하트>나 <그린피아> 같은 이름이 아니라
이서국 때의 흙벽 냄새가 그대로 남아 물씬 전해 내려오는 <이서꽃집>,
큰 구멍, 우주 한 모퉁이에 들어앉아서
아가미 같은 기왓장 사이로 숨을 고르고 있는 집
거친 야생화 같은 집

이서꽃집에 찾아오는 손님은 아침 나절 기웃거려 보는 똥개보다 적고
덜컹거리는 문 안, 껌껌한 마루에 안노인이
이서국 때부터인 양 미동도 않고 앉아 있다
가슴에 숭숭 뚫린 구멍들을 통해
구멍과 같은 들창문을 통해 무료하게 내다보고 있다
울퉁불퉁한 세월에다 주절주절 말을 걸어보고
무심하게 그냥 흘려듣는다

–「이서꽃집」 부분

시인은 자본주의적 번잡함에서가 아니라 "쭈글렁 바가지 얼굴"에서 "싱싱한 구멍들로 들숨과 날숨을 하"는 원형의 질료를 발견한다. 이는 21세기 자본주의, 파시스트적인 속도와 비생명적 비인간적 삶 안에서 구멍은 이미 다 막혀버렸다는 인식에서 기인한 것이다. 근대의 흐름 속에서 벗어나 "촌티가 완성도를 뽐내는" 노인들의 패션이나, "아가미 같은 기왓장

사이로 숨을 고르고 있는”, “거친 들판의 야생화 같은” 꽃집에서 구멍들은 아직도 생생하게 숨 쉰다. 이 꽃집에서 안노인은 “이서국 때부터인 양 미동도 않고 앉아 있”으며, “이서국 부족장 안마당에 피어 있던 국화가 시든 채” 졸고 있다. 이 느림의 미학 속에 태초의 시간은 존재하며, 그 기원을 고스란히 전달하는 통로가 구멍인 것이다. 그의 시에서 정지용, 조지훈, 박두진, 이병기 등의 인물과 작품에 대한 그의 시각을 드러낸 것 역시 근대에 대한 미학적 저항 방식으로서 기능한다. 우리는 이러한 일련의 시들을 통해 30년대의 ‘문장파’들이 당대에 가졌던 인식의 지형도를 미학적으로 파악할 수 있다. 이 연장선상에서 「박정희론」을 비롯한 일련의 시들이 있다. 그는 “단단한 것의 가치밖에 모르는” 근대신봉자들을 비판한다. 그는 “초록의 숨결이 스며들지 못하는 땅은 / 자신을 닮은 딱딱한 소유와 계급을 낳지만 / 노동과 결혼하는 흙은 / 말랑말랑한 생명을 잉태한다”(「흙」)고 말한다. 그는 세계와 마찬가지로 자신의 시에 진짜 구멍을 내고 싶어 한다. 그의 시 안에 방을 들이고, 소줏잔을 놓고, 푸른 산과 그리운 시냇물을 놓아 다친 영혼들이 안식을 취할 수 있기를 바란다(「내 詩의 구멍」). 한 마디로 그의 시는 구멍으로 숨 쉬고 사유하는 한 영혼의 정직한 기록이라 할 만하다.

개인적으로는 같은 뿌리를 가지고 있는 작품들이지만, 선명한 그림들이 연상되는 「오래된 항아리」, 「검은 산」, 「묘지송」 같은 시편들에도 마음이 많이 끌렸다. 끝으로 「오래된 항아리」를 인용하면서 지치고 힘든 우리 가슴을 진정 위무해 줄 수 있는 시는 어떤 시일까를 함께 고민해 보고자 한다.

> 플라스틱 통에서 시들시들 다 죽어가던 감들을 장독 안으로 옮겨놓으니 그놈들, 금세 생글생글 되살아난다 배가 둥근 장독을 가만히 들여다보면 꼭 임신한 내 아내 같다 된장이나 감은 장독 안에서 새근새근 자고 있다 그놈들, 자면서 익는다 이따금 벌어진 아가리로부터만 공기

를 마시는 게 아니다 된장이나 감은 항아리 피부를 통해서도 숨을 쉰다 여름날 된장이 천둥번개에도 까무러치지 않고 마음 푹 놓고 익을 수 있는 것은 순전히 엄마 뱃속 같은 항아리 때문이다 오래된 항아리 까칠까칠한 뱃가죽으로 새벽 안개가 여인의 엷은 한숨모냥 스며들고 가을 햇살이 그의 맑은 기름을 풍성히 짜 넣어준다 명태 말라가는 냄새가 뒷간 냄새랑 어깨동무하고 항아리 안으로 숨어 들어와 낄낄 돌아다닌다 자궁 속에서 먹을 것 다 먹고 마실 것 다 마시고 나면, 그야말로 三冬 내내 웅크리고 자고나면, 된장은 이른 봄날에 말캉말캉 갓난아기처럼 노오랗게 태어난다

—「오래된 항아리」 전문

세계에 대한 언어의 대응방식

– 박소유 시집, 『어두워서 좋은 지금』

박소유의 이번 시집의 시들은 자신의 삶에 대한 성찰은 물론 우리 삶을 관류하고 있는 불편한 진실과 낮은 것에 대한 애정, 나아가 자신의 시어에 대한 회의까지를 은폐하지 않고 드러낸다. 그의 시는 사물을 아름답게 표현하려 하기보다 사물을 빌어 삶의 어떤 국면을 과장되지 않게 드러낸다. 이런 점에서 그의 시는 시어의 형식적인 탄력보다는 존재론적인 색채를 가졌다고 할 수 있다. 이런 국면을 효과적으로 드러내기 위해 그는 이들 세계에 대응하는 언어를 어떻게 발굴하여 운용하고 있는가? 이것이 필자가 이번 신작 시집을 읽은 후 박소유의 시가 도달했다고 생각하는 지점이다. 시인의 시라는 것이 어떤 의도에 의해서만 쓰일 수는 없다. 또 그때그때의 상황이 녹아든 것이 시이기 때문에 '이것이다'라고 말하기에는 너무나 다양한 스펙트럼을 가지게 마련이다. 그럼에도 하얀 종이의 여백 위에 진솔하게 때로는 냉소적으로 앉아 있는 그의 시들은 나와 타자들이 섞여들고 압화처럼 스며든 흔적들이란 생각이 든다. 그렇다. 우리 시단에 등장한 이래 그는 20년이 넘는 시간 동안 끊임없이 '나'에게, '타자'에게 다가가기 위한 많은 고투와 갈증, 그리고 회생의 나날들을 지나오면서 그 상황에 맞는 자신의 언어를 발견하기에 이르렀다. 필자는 이 글에서 주로 박소유의 신작 시집 『어두워서 좋은 지금』에서 상황에 따라 다르게 나타나는 언어의 사용방식을 두 가지로 나누어서 살펴보고자 한다.

그의 시에는 누구나 가졌다고 하는 사적 체험들이 많이 녹아 있다. 그러나 그것은 '밀폐된 자기'에 대한 분석이나 성찰을 최종 심급으로 하지는 않는다. 내밀한 자기 서사를 가지고 있는 시들도 개인적이라기보다는 어떤 방식으로든지 밖으로 열려 있다.

처음 엄마라고 불러졌을 때
뒤꿈치를 물린 것 같이 섬뜩했다
말랑고 말랑한 것이 평생 나를 따라온다고 생각하니
어디든 도망가고 싶었다
너무 뜨거워서
이리 들었다 저리 놓았다 어쩔 줄 모르다가
나도 모르게 들쳐 업었을 거다

아이는 잘도 자라고 세월은 속절없다
낯가림도 없이 한 몸이라고 생각한 건 분명
내 잘못이다
절대 뒤돌아보지 말라는 말이 복음이었나
앞만 보고 가면
뒤는 저절로 따라오는 지난날인 줄 알았는데
돌아보니 깜깜 무소식이다

그믐이다
어둠은 처음부터 나의 것
바깥으로 휘두르던 손을 더듬더듬 안으로
거두어들였을 때 내가 없어졌다

어둠의 배역이

온전히 달 하나를 키워내는 것, 그것뿐이라면
그래도 좋은가, 지금

-「어두워서 좋은 지금」 전문

기존의 시에 익숙해 있던 독자들은 우선 위의 시에 표현되는 언어에 놀란다. 당겨서 말하면 우리 삶의 불편한 진실을 드러낼 때 박소유가 사용하는 언어들은 거칠고, 비유는 기괴스럽기까지 하다. 이 시에서 "눈에 넣어도 아프지 않을 자식"이라는 익숙하고도 일상적인 말은 '뒤꿈치를' 무는, "너무 뜨거워서 / 이리 들었다 저리 놓았다 어쩔 줄 모르"는 벌레 혹은 사물로 바꾸어 냉소적으로 묘사된다. 섬뜩함마저 느낄 정도로 철저하게 비루한 사물로 전락된 언어를 볼 수 있다. 아울러 '나'는, 어머니란 존재는 평생을 손을 바깥으로만 휘두르다, 문득 자신을 향했을 때("안으로 / 거두어들였을 때") "내가 없어"진 것을 비로소 알게 되며, 그렇게 인생을 소비하게 된나는 것을 깨닫는다. 그런 점에서 어둠의 배역(어머니의 배역)이 달(자식) 하나를 키워내는 그것뿐인가 라는 근본적인 물음은 의미심장하다. 이런 독특하고도 새로운 상상력은 기존의 은유를 빌린 예쁘고 아름다운 시를 쓰려는 욕망을 버리고 있는 그대로의 진실을 적나라하게 드러내려는 그의 시작 태도에 기인한다.

저문 여자의 일생은 도무지 빛날 줄 모릅니다
멀리 간다는 건 지루한 노래 같은 걸까요
자꾸 하품을 합니다
마포종점은 아직 입안에 맴돌고 있는데
엄마는 어디로 흘러가는 걸까요

-「흘러간 노래」 부분

이 시 역시 자기 체험이 드러난 작품이다. 박소유는 이번 시집들에서 늙음, 사라짐, 죽음 등 시간성에 대한 인식을 보여주는 시편들을 많이 보여준다. 「앞날」, 「은목서에 길을 내다」, 「아직 모르는 채」, 「오, 어쩌면 좋아」, 「꽃의 직전」 외의 많은 시편들이 여기 해당한다. 위의 시에서도 그 점은 유난히 두드러지는데, 어머니의 생일을 맞아 언니와 함께 부르는 '마포종점'이라는 노래는 기다려주지 않는 세월, 그 시간의 덧없음 때문에 "끝까지 불러서도 / 종점까지 가서도 안" 되는 것이다. 존재의 쓸쓸함이 끈적하고도 안쓰럽게 묻어난다.

박소유가 '나', '나의 어머니'에 대해서 노래할 때 그것은 개별자이면서도 무수한 동류항을 거느린다. 이 때 나의 삶은 이 땅의, 나아가 세상의 모든 어머니, 여성들의 삶으로 치환할 수 있다. 이 때 '나'는 '나'로부터 걸어 나와 '너'가 되고 무수한 타자가 된다. 아울러 그의 시는 '나'와 타자는 같은 생김새와 빛깔, 느낌, 정서를 띠고 묘사된다.

단숨에 밤하늘을 두 쪽 내고 튀어 오르는 울음이 있다
누워있던 골목까지 다 따라 솟구친다
몸속에 날선 칼이 있어야만 저렇게 울 수 있을게다
저 울음이 자유로울 동안 모두들 숨죽이고 있어야 한다
어둠도 목덜미 물린 채 꼼짝 못하고
자지러지게 울던 아이도 새파랗게 울던 삐삐주전자도
시도 때도 없이 울던 알람시계도 소리 내지 못한다
울어라 울어 실컷 울어, 고양이만 우는 게 아니다
너도 울고 나도 울지만
한 번도 곁을 주지 않는 울음에는 평생 주인이 없다

—「울음」 전문

다음으로 박소유의 시에 많은 부분을 차지하는 것이 익명의 미미하고도 못난 존재들에 대한 관심을 드러내는 시편들이다. 그러나 그는 그들에 대해 섣부른 동정이나 연민을 표출하지 않는다. “누워있던 골목까지 다 따라 솟구치”고 어둠, 삐삐주전자, 알람시계, 고양이는 물론 그 누구도 끼어들 여지가 없는, 익명성과 고독의 처절한 울음을 시인은 냉정하게 묘사한다. 그러나 그것은 외면이라기보다는 기다림에 가깝다. “울어라 울어 실컷 울어,”에는 타자와의 몸 나누기가 이미 예비되어 있기 때문이다. 시인은 기질적으로 여리고도 못난 존재들에 끌린다.

어쩔 수 없이 내 그림자와 헤어져야겠다 좁은 길에 물지게를 지고 빠져 나가려는 사람을 본 적 있다 지고 가던 물지게가 가로로 턱, 골목 입구에 걸려 있던 걸 십자가를 진 사람처럼 그 자리에 못 박혀 있는 걸

오래 전 골목길에서 보았던 뒷모습이 오도 가도 못하고 내게 걸려 있다 차라리 오동나무에 걸렸으면 보랏빛 오동꽃에 얼굴이나 묻지 서벅대는 오동잎에 발바닥이나 씻지 그 사람 고개 돌리면 천 번 쯤 바뀌었을까 내 얼굴

—「걸려 있다」 전문

참 멀리서도 오는구나
바닥 잠을 자려고 별똥별이 꼬리를 질질 끌며 온다
생은 연속이며 연장이다
가장 빛났던 순간을 뒤로하고
생각지도 못했던 미래를 막 통과하는 중인데

지하도는 앉은뱅이 성단이다
뭐라 말 할 수 없어도 그들은 서로 통한다

동물인형의 쫑긋한 표정이 봉지과자를 바라보고
숨결처럼 부드러운 팬티 브래지어가 눈길을 끌어도
그 바닥에서 가장 인기 있는 건
세상 모든 발자국을 본 뜬 구두다
제 발로 햇빛 찬란한 지상으로 걸어 나가고 싶은 걸까
사람들은 골똘하게 내려다보고
두 손으로 마구 휘저으며 짝을 찾아 헤맨다
미항공우주국에서 캄캄한 밤하늘을 이 잡듯 뒤져
아직도 남아있는 원시별을 찾아내는 것처럼

때 묻고 냄새나는 별 하나가 성단 모서리에 슬쩍 끼어든다
오래전 잃었던 빛의 순간을 찾아보기나 하려는 듯
아련한 표정으로 쪼그리고 앉아 있는데
구두 끝이 다 헤어졌다
여기까지 오느라 긴 시간이 흘러 간 것 같다

―「앉은뱅이 별」 전문

이 시집에서 가장 잘 빚어진 시라 할 수 있는 앞의 시는 힘없는 존재들에 시인이 얼마나 붙들려 있는가를 단적으로 보여준다. 우리는 여기서 지금까지와는 다르게 나타나는 언어 운용의 묘미를 읽을 수 있는데, 낮은 자들에 대한 관심을 보여주는 시편들에 나타나는 언어는 따스하고도 애정어린 표현들이 많으며, 감각적 운용이 두드러진다는 것이다.

물지게를 지고 빠져나가려는, 내세울 것 없는 사내는 시인에게 "십자가를 진 사람", 천안(千眼)의 관세음("그 사람 고개 돌리면 천 번 쯤 바뀌었을까 내 얼굴") 같은 종교적인 문맥과도 회통하는 절대적인 힘으로 기능한다. 중요한 것은 그 힘이 아직 터지지 않은 엄청난 동력으로 시인의 가슴 속에 내장되어 있다는 것이다. 정지되어 있는 듯하면서도 끓고 있는

이 힘은 시인의 가슴 속에서 오래 머물러 있다가 다른 풍경을 만나면서 확산된다. 따라서 이런 경향의 시들은 이 시에서 발원한 감각의 파동점에서 확산된 산물이라 해도 과언이 아니다. 우리는 여기서 삶의 불편한 진실을 다룰 때는 냉소적이던 시인의 태도가 얼마나 따스하고 온기 어린 시선으로 변화되었는지 눈여겨 볼 필요가 있다.

뒤의 시 언어 운용 역시 마찬가지다. 지하도에서 바닥잠을 자러 모인 쓸쓸한 존재들은 따스한 공감과 연민이 가득한 성단으로 묘사된다. 그러나 이 '성단'이라는 표현은 이 시를 치장하기 위한 알레고리가 아님은 말할 필요도 없다. 오갈 데 없는 쓸쓸한 존재들이 더 이상 상처 입지 않도록 배려하는 시인의 방어기제가 작용하기도 했겠지만 말이 없어도 서로 통하는 사이인 그들이야말로 가장 순결한 성단일 수 있는 것이다. 그 앉은뱅이 성단은 지금 "가장 빛났던 순간을 뒤로하고 / 생각지도 못했던 미래를 통과하는 중"이다. 그러나 세상의 폭력성 앞에 떠밀린 그들도 "다 해어졌"을 망정 '구두'에서 시선을 떼지 못한다. 때 묻고 새까만 발가락의 변주인 구두는 그들을 환한 지상으로 인도해줄 상징이 되는 까닭이다.

그러면 박소유의 이 두 언어를 산출했던 배경은 어디에 있는 것일까? 필자는 자신의 시에 대한 시로 볼 수 있는 다음 한 편에서 그 단서를 발견한다.

> 그 말 속에 나는 있었던가 없었던가
> 모과꽃 분홍 부리로
> 쓸데없는 말만 흉내내다 한 생이 흘러간다
>
> 한때 떨림이라는 것이
> 내 깃털의 한 가지로 전해지기도 했지만
> 오래 묻어둔 혀를 내밀듯

아직도 사랑은 쉽게 발음되지 않는다

나 살아있는 동안
세상이 뿌리로만 더듬어가야 할
무덤 속이라 생각하지 않았다
날아가라
나를 떠난 모든 것은 날개를 가졌다
처음부터 너를 가둔 새장은 없었다

바람의 입을 빌어
내 말이 당도했을 땐 휘휘 바람소리뿐
풍장친 무덤같이 흔적 없다고
내 안에서만 중얼대는 사랑이여

–「바람앵무」 전문

시인이 스스로에게서 직접적이고 노골적인 자기보존 욕망인 식욕(「허무맹랑」)을 발견하는 것도, 관성이 되어버린 속도를 "그 간판이 나보다 먼저 속도를 버린 까닭이다"(「그곳 간판」)라고 자못 자위하듯 진술하고 있는 것도 견딜 수 있는 일이지만, 남의 말만 "흉내내다 한 생"을 다 까먹을 수 없다는 것은 더 이상 양보할 수 없는 시인의 언어에 대한 자의식이 아니고 무엇이겠는가. 시인은 "그 말 속에 나는 있었던가 없었던가"라는 말로, "풍장친 무덤같이 흔적 없다고" 자신의 시어에 대한 의심과 회의를 끝 간 데까지 밀어붙이며 자신의 발화에 불을 당긴다("아직도 사랑은 쉽게 발음되지 않는다"). 그것은 자신만의 언어로 감동의 원천("떨림이라는 것이 / 내 깃털의 한 가지로 전해지기도 했지만")을 만들고 자신의 시를 세우는 집짓기를 지속하겠다는 의지의 다른 이름이다. 이러한 방법적 회의 속에서 두 가지 언어는 탄생되었고, 이 언어로 박소유는 자신의 목소리를 확보하고 자신의 시의 키를 키워나가고 있는 것이다.

시인의 언어에 대한 자의식은 무엇과도 바꿀 수 없는 시인의 자산이다. 우리가 박소유의 시를 눈여겨보는 까닭이다.

'몸'으로 인식하는 시의 힘

– 강문숙 시집 『따뜻한 종이컵』

강문숙의 시를 전체적인 지점에서 바라볼 수 있는 봉우리는 어디에 있는 것일까. 어디에 서면 시인의 시의 오밀조밀한 모습이 모두 내려다보이는 걸까. 이런 고민이 시집을 읽는 동안 내내 내 뇌리를 떠나지 않았다. 몇 번이고 반복해서 읽으면서 마침내 그 지점에 이르게 되는 시 앞에 천천히 발걸음이 멈추어졌다.

자루의 주둥이가 풀리면서
묵은 완두콩이 쏟아졌다. 쪼그라든
껍질, 낱알마다 동그랗게 구멍이 뚫린 채
견딜 수 없이 가벼워진 목숨.
아직도 구멍 속에 코를 박고 있는 바구미들.

수많은 낮 밤을 완두콩과, 완두콩을 갉아먹는
벌레들로, 자루의 속은 얼마나 들썩거렸을까.
푸른 떡잎과 싱싱한 넝쿨손을 갉아 먹히면서
완두콩은 또 얼마나 아팠을까.
벌레를 껴안고 사방으로 굴러가는 완두콩
자루가 해탈한 표정으로 보고 있다.

무한천공을 떠다니는 지구 덩어리

거대한 자루 속, 함께 들썩거리며
나도 쉬지 않고 세상을 갉아먹고 있는 중이다.
완두콩과 벌레와 자루가 서로 껴안고 구를 때
삶은 굴렁쇠처럼 반짝이고 있다.

—「자루 속에서」 전문

바구미들은 무수한 질적 차이를 가진 개인들의 집합체이지만 완두콩이라는 현실적, 실존적 조건을 파먹고 있다는 점에서 낱낱의 바구미는 서로 별로 다를 바가 없다. 이 타고난 성질을 가지고 바둥거리고 있는 곳이 삶의 터전인 자루이다. 이 자루 안의 모습은 "주둥이가 풀리"지 않을 때는 완강한 비의를 간직한다. 많은 이들이 터지지 않은 주둥이 앞에서 선불리 애매한 모습을 규정하고 또 예각화하여 작품을 산출하지만, 필연적으로 경험세계를 구성하는 개인들의 구체적 실존과는 거리가 발생할 수밖에 없다. 삶은 어느 순간 문득 자신의 본래 모습을 열어 보일 때가 있다. 강문숙은 그 때를 기다려 완두콩에 코를 박고 있는 무수한 개인 주체들의 양태에서 경험세계 내의 인간의 모습이며 생리를 읽는다. 우리 삶의 실제 모습 속에서 불변의 본질을 설정하고 우리라는 모호한 다수의 주체를 포괄시키는 시인의 방식은 다소간 거시적이고 종교적인 색채를 가진다고 할 수 있다. 시인에 의하면 우리들은 현실적, 실존적 조건("묵은 완두콩")에 "코를 박고 있는 바구미들"이다. "나도 쉬지 않고 세상을 갉아먹고 있는 중이다." 이게 우리가 살을 비비고 살고 있는 이 땅의 진솔하고도 비루한 모습이다. 그러나 이 비루가 지구를, 그 안의 모든 개인들의 삶을 "굴렁쇠처럼 반짝이"게 하는 역설적인 힘이라는 걸 시인은 역설한다. 그러니 개체의 삶은 무엇과도 바꿀 수 없는 소중함을 간직한다.

그것은 시인의 몸이 만들어낸 개념이다. 이 때 몸은 정신, 생각, 육체를 포괄하는 복합개념이다. 시인의 몸은 '자루'를 통과했다. 자루 깊숙이 들어갔다가, 자루 속에서 천 리를 보고 만 리도 본다. 자루가 되기도 하고 자루에서 나와 자루를 보고 있기도 한다. "자루가 해탈한 표정으로 보고 있다"고 할 때이다. 그렇게 시인은 세상을 본다. 그것 역시 시인의 몸에서 나온다. 자신의 위치, 자신의 삶이 어디에 있는지를 보여주는 구조라는 것이다. 나와 자루, 대상이 하나가 되는 이런 존재론적인 지점은 그의 몸의 조건(두번째 시집을 낸 후 그는 큰 수술을 받았다고 한다.)에서 기인하는 바가 클 것이다.

그런 점에서 이 시는 시집의 밑그림에 해당한다고 생각한다. 우리의 전통 서법에서는 획을 사획(死劃)과 생획(生劃)으로 나눈다. 생획은 한번 그어도 열 번 그은 효과를 낸다. 이 시는 길이는 짧지만 이 시집 전체를 읽을 수 있는 여러 시야를 가진 '생획'이다. 여기엔 삶의 기쁨과 슬픔, 일상의 세사(細事)를 단순화하는 압축의 묘가 있다. 한번 붓질에 태산을 담는 안목이 있다. 아울러 거기서 뻗어나갈 시인의 생각도 읽을 수 있다. 이 시가 이 시집의 개괄화이라면 다른 시편들은 세미화다. 개괄화가 대담함을 가지고 있다면 세미화는 섬세함을 가진다.

움직이지 않는 건 없습니다
시간이 흐르며 등 떠밀기 때문입니다

쌀대궁에 붙어서 붕붕거리는 새끼풍뎅이
흔들리면서 자라는 명아주 잎들
돌멩이 들추면 놀란 듯 기어나오는 쥐며느리
정적을 이겨내느라 사각거리는 공기의 입자들

숨쉬는 모든 것들은 움직입니다
그 여린 것들이 빈터를 채웁니다
안 보이게 조금씩, 우주를 끌고 갑니다

–「4월 아침」 전문

앞에서 우리는 강문숙의 시선이 몸에서 나온 것이라는 말을 했다. 생명의 소중함을 깨친 그이기에 세상의 모든 것은 그냥 그렇게 존재하는 것으로 예사롭게 보아 넘길 수 없는 것이 되고 우리의 시각이 넘어서는 지점 또한 감지할 수 있기 때문이다.

이 시에서 우리는 그런 에너지를 느낀다. 시에 있어서 개체를 포함한 모든 사물은 생각을 구현하기 위한 토대이다. 시인은 지금 야외에 나와 있다. 거기서 시인은 쌀 대궁의 풍뎅이를 발견하고, 명아주의 미세한 '자람'을 본다. 돌멩이 들출 때 "놀란 듯 기어나오는 쥐며느리"도 몸으로 느낀다. 그러면서 시인은 그 미세한 생명들을 감싸고 있는 사이, 관계를 점유하고 있는 물질, 공기입자들도 사각거리고 있는 것을 실감한다. 시인은 움직임을 말하고 있고, 정확하게 말하면 몸이 감촉하는, 움직임이 만들어내는 소리에 주목한다. 미세한 소리들이 공간을, 그 여린 것들이 빈터를 채워 안 보이게 우주를 끌고 가고 있다는 것을 인지하는 것이다. 움직이는 것처럼 유기적 상태를 잘 표현하는 것은 없다. 움직인다는 것은 살아 있다는 증거이다. 그러나 세상 모든 개체들의 움직임은 자발적이고 능동적인 축제가 아니다. "흐르며 등 떠"미는 시간이 촉발한 것이다. 이렇듯 강문숙의 시에는 몸이 느끼는 시간성이 개입한다. 해방감 속에는 동시에 구속이 있다. 사물이 양면을 가지고 있다는 것이 시인의 몸에 대한 인식이다. 앞서 읽은 「자루 속에서」에서도 이 소모(消耗)의 이미지는 드러났다. 그러나 삶의 이런 이중성은 자신을 비롯한 주변에 대한 잔잔한 시선을 갖기에 가장 적합한 여건을 마련해 준다.

종일 대문 닫고 칩거 아닌, 칩거다
다급한 전화벨 소리에 귀닫는다.
간간이 울리는 초인종 소리
아무도 없는 듯 대답하지 않는다.

그건 누군가를 속이거나
무시하는 게 아니라 스스로 지우기였다.

있어도 없는 내가 욕실로 간다.
세면대에서 얼굴 없는 얼굴을 닦는다.
주방에서 커피를 내린다.
닫힌 입으로 후루룩 마신다
컴퓨터 커서가 깜빡인다.
빈 의자가 삐거덕거린다.

아무도 없는 대문 안으로 툭,
떨어지는 석간신문, 우편물을 챙긴다.
'이이는 그새 또 시집을 냈구나.'

시인이 죽으면, 언어는 뒤에 남아
그의 무덤 위에 몸을 던지고
다른 어떤 시인이 와서 일으켜 세워줄 때까지
슬피 흐느껴 운다, 고 했는데

책은 나무의 무덤
그 위에 쏟아놓은 말들을 일으켜 세우며
안 보이는 내가 슬피 울고 있다.

—「부재 중」 전문

모든 형상을 형상이 아닌 것으로 보고, 세상 모든 것을 무화시켜버릴 수 있다면 얼마나 좋겠는가. 이 시에서 시인은 자신의 몸, 존재를 지우는 연습을 한다. 그게 역으로 진정한 나의 몸을 만날 수 있는 길이기 때문이다. 얼굴 없는 얼굴을 닦고, 닫힌 입으로 커피를 마시고, 전화에도 초인종에도 의도적으로 귀 닫는다. 그러나 시인은 스스로를 지우기 위해 끊임없이 몸을 숨기고 부재증명을 해보지만, 숨으면서도 세상은 쳐다본다. 우편물은 챙기고, 특히 남이 낸 시집에 대해서는 냉철한 판단을 하고 있는 것이다. '이이는 그새 또 시집을 냈구나.' 알면서도 잊고, 있으면서도 없는 '놀이'를 하고 있던 시인도 '말'에 대해서만은 무심할 수 없다. 시인이 제일 두려운 것은 쏟아놓은 말들, 그리하여 책이 나무의 무덤이 되는 것이다. 거기에 대해서만은 "안 보이는 내가 슬퍼" 울음을 터뜨린다. 시인이 부재증명은 몸을, 마침내 죽음을 지워내는 것이지만 언어를 생각할 때마다 죽음을 두려워할 수밖에 없는 이중의 숙명성을 지닌다. 이 시의 초점은 결국 시인의 죽음 뒤에, 그 죽음을 진정으로 슬퍼해서 자신의 언어가 우는 그런 시를 쓸 수 있을 것인가 하는 몸의 고민에 있음을 우리는 알 수가 있다. 시인은 시간이 지날수록 본연의 내가 드러날 것이란 생각에 잡혀 있다. 이런 고뇌가 있기에 이 삶은 더 소중하다. 지금 이 시간도 그렇고 세상의 모든 것은 놀랍고 또 새롭게 보인다. 생명의 감동이 느껴지고 우리 주변의 모든 것이 경이로워진다. 시인의 이런 인식이 도달한 지점에 있는 시 한 편을 인용한다.

종이컵이 따뜻하다
공원 한 귀퉁이에 허름한 중년처럼
앉아 있는 자판기
커피 한 잔 뽑아 마시다가, 문득
객쩍은 생각을 해본다

짚둥우리 속에서 막 꺼낸 달걀은
암탉의 항문으로 나온 게 안 믿어질 만큼
희고 따뜻하다, 매끈하다

혓바닥 아래 고인 침처럼 상긋하게
피어난 옥잠화의 흰 살결
벌의 항문을 거쳐서 피어난 꽃들,
그 향기도 대저 항문의 그것이니

쿰쿰한 엄마를 열고 나온
신생의 애물단지들아
희고 아름다운, 향기롭고
따뜻한 것들의 떠나온 문은 하나다
종이컵을 내려놓고, 슬쩍
만져본다

–「따뜻한 종이컵」 전문

시인은 자신과 자신의 주변을 미시적으로 관찰하면서 그것에서 감각적으로 문제를 끌어내는 사람이다. 이 시는 상식을 거부한다. 한 때 자동판매기를 "돈만 넣으면 눈에 불을 켜고 작동하는 매춘부"라고 명명한 시(최승호, 「자동판매기」)가 있었다. 그러나 이 시는 물질자체가 목적이고 신앙이 된 물신주의의 표상이었던 자판기에서 역으로 모성의 몸을 읽는다. 기계에 몸을 부여하려는 시인의 상상력은 독특하다. 자동판매기는 닭이 알을 낳듯, 벌이 꽃을 낳듯, 컵을 낳는다는 것이다. 이 시의 유비는 1연과 2연의 연결부터 작동된다. 커피가 담긴 종이컵이나 달걀은 겉과 속이 이질적이라는 점에서 공통적이다. 완강한 고체가 유연한 액체를 감싸고 있는 형국이니 말이다. 그러나 이들은 희고 따뜻하고 매끄럽다는 점에서 더 닮았다. 이 점이 다음 연, 옥잠화로 이어지는 생각의 여지를 주고 완충을 한다. 그래서 옥잠화에는 딱딱한 껍질이 없이 희고 매끄럽다는 속성만으로도 상상력은 자연스럽게 이동된다. 두 단계를 거쳤지만 시인의 작품에서 이미지는 변화하고 증식한다. 물론 앞으로 어떤 방향으로 자랄지는 시인이 결정한다. "항문"이며 "쿰쿰한 엄마", "문"으로 명명된 몸은 모든 생명의 모태다.

시인은 그렇다면 왜 "흐르며 등 떠"미는 시간 속에 살고 있으면서도, '쿰쿰한 엄마를 열고나온 신생의 것'에 무한한 애정을 보내는 것일까. 오히려 이러한 유한자적 속성 속에 있기에 새삼스레 생명이 소중하며 또한 진실하며 살아있음 자체가 더욱 신비롭고 생명의 감동이 느껴지는 것이리라. 세상의 어미가 되어 사물을 품고 보듬어 주고 낳아주고 싶은 것이다. 이 간절한 생명의식이 마침내 무생물은 물론 현대문명의 이기(利器)에조차 숨결을 불어넣고 싶은 마음에 이르렀다. 이질적이라면 이질적인 기계에 구멍을 뚫고 거기에 나의 몸, 숨과 직관을 넣고 이미지와 이야기와 판타지를 계속하여 집어넣는 일, 그리하여 현실과 상상력, 현실과 환상의 지평을 넓혀나가는 일은 시인 강문숙뿐만 아니라 유한한 시간 속에서 남은 시간을 사는 우리 모두의 몫이 될 것이다. 자신의 몸을 넘어서는 일은 태산을 넘는 일보다 어려운 것이지만 다른 걸 포기하고 시의 길에 들어선 자의 소명이기 때문이다.

한 자연주의자의 시 읽기

– 장혜승 시집 『씨앗』

1. 작은 생명에 내재된 에네르기

시는 어디서 어떻게 우리에게 다가오는가. 흔히 보아오던 하나의 사물이나 현상이 문득 나에게 유의미한 것으로 인지에 충격을 가하며 부딪혀 올 때 그것은 너무나 당연시 해온 제도적 삶과 일상에 균열을 낸다. 느닷없이 진행되는 그 일은 때로 나의 모든 것, 기억이며 무의식까지를 건드린다. 아울러 이전부터 가슴에서 잠자거나 아직 형체를 가지지 못하고 있던 상(象)들이 있었다면 그 결정적인 부딪힘은 그 얼개와 세부를 충전시키는 역할을 한다. 이 때 내 속에서 나오기를 기다리고 있던, 아직 설익은 생각들은 나아가야 할 방향을 얻게 되고 충만한 존재감을 얻게 된다.

시적인 것이 가장 강렬하게 촉발되는 순간을 담은 장혜승의 시는 아마 「번개」일 것이다.

> 하늘에 비상이 걸렸다 빛을 빼앗긴 땅, 빗방울회초리에 온몸 내어준다 잠복했던 죄들 자복하여 엎드리고 나는 천둥으로 운다 돌부처의 귓밥 발끝까지 치렁거리고, 밤꽃냄새 우박으로 쏟아지고, 나 보다 더 깊이 찢긴 누구의 울음이 서에서 동으로 내리 꽂힌다 패인 틈마다 고리달린 불의 씨앗들 머리 박고 들어간다 눈 깜빡할 사이였다
>
> –「번개」 부분

갑자기 내려치는 번개와 빗방울회초리는 일상의 '틈'을 헤집고 들어와서 완고한 나를 온통 흩뜨려 놓는다. 일상에의 안주를 여지없이 무너뜨리고, 기억도 나지 않는 "잠복했던 죄"마저 한꺼번에 토해 놓게 한다. 이는 '일상의 나와 구별되는 또 하나의 나, "나 보다 더 깊이 찢긴 누구"의 울음이 내리 꽂히는 소리를 듣게 한다. 그것은 죄의 무서움을 일깨우는 시퍼런 자극이기도 하고, 오래된 기억의 소환이기도 하다. 시는 "고리달린 불의 씨앗들"로 일상의 틈새를 파고들며 숨어버린 것들을 호명하며 그럴듯한 이 세계의 표면에 균열을 내고 본질적인 것들로 돌아가게 하는 자극이다.

장혜승의 시에서 이런 계기를 촉발하는 것들이 대체로 작고 여린 것들이다. 예컨대 이 시집의 첫 장을 장식하고 있는 「씨앗」이라는 시에서 시인은 모든 생명이 응축된 가장 작고 여린 자연에서 생명성의 원형을 예단할 뿐만 아니라 엄청난 가능태와 잠재태를 감각한다. 씨앗은 시인의 의식과 감각에 부딪히기 전까지는 대수롭잖게 버려지는 한 톨의 평범한 종자이었을 뿐이다. 그런데 어느 날 시인에게 씨앗은 엄청난 에네르기로 시인을 압도한다.

씨앗이라는 이 자연의 결실이자 다시 출발의 자리에 두근거리는 원형질은 얼마나 깊고 멀리 우리를 부르고 있는가. 콩 심은 데 콩 나고 팥 심은 데 팥 난다는 불변의 진리를 보이기에 "거짓을 품지 않"고, "혹한의 때에 잠잠할 줄" 알고, "땡볕까지 다스릴 줄 아는" 예지를 지닌다. 그런가 하면 "태산에도 꿀리지 않는" 당당함마저 가지고 있다. 이는 그 속에 무한한 에너지와 생명을 포괄하고 있기에 가능한 일이다. 장혜승에게 씨앗은 그냥 땅 속에 묻히는 물질로서가 아니라 옹골차고 의연한 삶의 모델로 무한한 가능성과 꿈으로 설렘으로 빛나는, 의식 있는 존재인 것이다. 그는 자연의 언어를 통해 차갑게 얼어붙고 때로는 땡볕으로 내리치는 불모의 현실을 건너가는 힘을 우리 가슴에 심는다. 웃자란 우리의 의식을 다독이며 "폭풍 끌고 와 무릎 꿇게 하는" 생명의 힘으로 말이다.

장혜승은 이렇게 작은 생명 속으로 들어가 그들과 대화를 나누면서, 인간적인 사유와 삶의 방식과 결합시켜 그 생명을 그리고 있다. 천지가 수태한 새싹들의 경이를 두고 함부로 건드린 햇살이며 바람 같은 "겁탈자들 등골 휘겠다"는 진술로 잡아내는 것(「삼월에」) 역시 생명에 대한 절대적 신뢰에서 기인한다. 시인은 특별히 겨우 존재하는 작은 것들, 힘없는 것들에 대한 애정을 갖는다. 열심히 반짝이던 별이 다른 별에게 쫓겨 생똥을 싸는 것이 별똥별(「별똥별」)이라는 것이며, 남은 별마저 밤이 시퍼렇도록 (식은) 땀을 쏟는다고 생각한다. 시인이 별에게서 공포를 읽는다는 것은 현실이 그만큼 살벌하기 때문일 것이다. 현실을 건너가는 것은 몸이 모두 발이 되고 무릎이 되어야 가능하다(「굴렁쇠」). 돌개바람은 시뻘겋게 끓는 심장을 송두리째 꺼내먹고 가파른 언덕은 으르릉대며 다가온다. 아래의 시 역시 그런 맥락에서 읽을 수 있는 작품이다.

녹꽃 울창한 양철집 울타리에
서슬로 뭉친 탱자나무무리들
단단한 각오로 손잡았다

저런?
한 가닥 실낱같은 넝쿨, 감히
가시울타리 깡알깡알 올라가고 있다

소나기는 지저분한 땅 수시로 패대고
천둥 깨지는 소리에 일어난 하늘
쨍쨍한 새아침 털어 널 때

누가 찢어발기는 소리로 나팔 분다
너, 메꽃
탱자가시 맨몸으로 기어이 감아 오르던,

눈여겨 지켜보던 햇덩이
양철지붕용마루에 턱, 좌정하신다
쉿! 접근금지

응애~ 응애~
울타리에 쫙, 황금알금줄이
저 시끌가난한 양철지붕에 청기와 곧 올라가겠다

–「탱자나무와 메꽃」 전문

이 시에서 큰 것과 작은 것, 굵은 것과 가는 것, 서슬 푸른 것과 부드러운 것, 힘센 것과 약한 것들이 서로 대응하는 가운데 작고 힘없고 둥글고 약한 것이 결국은 크고 서슬 푸르고 힘센 것들을 이긴다는 생명 현상을 드러내고 있다. 실낱같이 가늘고 작고 귀여운 넝쿨이 서슬로 뭉친 탱자나무 가시울타리와, 탱자나무와 합세하여 수시로 패대는 소나기의 공격을 이겨내고 깡알깡알 올라가 끝내 나팔을 불어대는 경이! 이 메꽃이 만드는 자연학교의 생명성에 하늘의 햇덩이도 좌정하고, 신생의 금기줄을 매단다. 이 황금알줄은 머잖아 녹꽃이 울창한 양철지붕을 녹색교도처럼 온통 청기와 지붕으로 덮어버릴 것이다. 대립적인 인식으로 출발했던 이 시는 결국 자연의 생명력으로 방향을 바꾼다. 작은 것들에 대한 너끈한 희망, 그것은 "시끌가난한" 우리 삶의 누추를 덮어줄 자연에 대한 믿음이며 확신으로 장혜승 시인이 자연에서 만난 핵심적인 화두이기도 하다.

2. 인간화된 자연

장혜승의 시는 사물과 만나는 과정에서 인간과 자연의 넘나듦, 대상간의 몸 바꾸기의 스케일이 대단히 크고 활달하다. 인간과 자연은 서로를 부르며 서로를 만들며 서로를 완성시켜 간다. 인간과 대화하면서 자연은 그 속성을 온전히 드러낼 수 있는 것이다. 이는 자연이 시인의 삶 속에 녹아든 상태로 존재하고 있음을 의미한다.

나는 오래 앉았던 언덕 버리고
십자가 꼭대기로 나를 던진다
내 몸 깊숙이 날아든 교회당

–「오래 앉았던 언덕 버리고」 부분

흠뻑 젖은 산이
나를 열고 들어온다
(중략)
그에게 오른다
터벅터벅 내어던지는 발

–「산이기 때문에」 부분

자연과 인간의 소통이 자재로 이루어지는 장혜승 시의 특징을 그대로 보여주는 작품인데, 이는 시적 상상력의 자재로움 이전의 대화적 관계로 존재하는 자연과 인간의 어울림을 보여주는 예이다. 내가 십자가 꼭대기로 나를 던지니 교회당은 내 몸 깊숙이 날아든다. 이 날렵한 공간이동. 그러면 나는 교회 안에 있는가, 교회가 내 안에 있는가. 서로가 서로를 부른다는 말은 이런 속성을 말한다. "천만 년 눌러 앉았던 자리 두고" "산이

나를 열고 들어"와 "시들거리는 나를 일으켜 세"우고 나 역시 "그에게 오른다" 이런 교호적 관계 속에 인간은 자연에 어울리고 자연 또한 인간에게 스며든다. 사물과 나와 몸 나누기, 그 공간의 이동이 가장 잘 나타나 있는 가편이 바로 「십자수 뜨다」이다.

덫에 걸린 물들이 눌러앉은 연못
소금쟁이들 머리 맞대고 수군수군 떠 있다
작은 기척에도 온몸 떠는 물살 앞에
허겁지겁 내려온 황소바람 못 둑을 당긴다
못 속 팽팽 해진다

억장 무너진 삭정이 시끌시끌한 나무들 데리고
들어간다, 뒤틀린 숲이 따라간다
소금쟁이들 솜털 발 꽂아 십자수 뜬다
가위표 하나씩 수면에 박힐 때마다
내 몸이 따갑다
가위표 꽉 찬 못 속으로
먹장구름 낙관으로 내리박히자
못 속 활딱 뒤집어진다

바깥세상이 물구나무 선 채 끄떡인다
시퍼렇게 소리치고 싶은 내 몸 사방팔방으로 열려
소금쟁이들 띠줄로 진을 치고
나는 못물 한 장씩 포를 떠
갈라진 행간으로 꾸역꾸역 밀어넣는다

–「십자수 뜨다」 전문

1연은 얼핏 읽으면 단순한 풍경으로 읽히기 십상이다. 시인은 소금쟁이가 떠 있고, 황소바람이 못 둑을 당기는 연못을 보고 있다. 그러나 그것은 예사롭지 않은 전이를 내포하고 있다. 바늘에 따라 움직이는 수틀을 연못의 물로 슬쩍 환치하는 기법을 쓰고 있기 때문이다. 2연에서 그것은 한 번 더 변신한다. "가위표 하나씩 수면에 박힐 때마다 / 내 몸이 따갑다"에 이르면 우리는 연못이 내 몸임을 알아차릴 수 있다. 소금쟁이로 인해 나는 지금까지 "덫에 걸린 물들이 눌러앉은 연못", 고립적이고 폐쇄적인 자아에 갇혀 살아왔음을 느닷없이 인식한다. 나를 객관화시켜 바라볼 수 있는 눈이 생긴 것이다. 소금쟁이들은 그런 내 생애가 틀렸다고 가위표를 친다. 그뿐인가, 낙관으로 내리 박히는 먹장구름의 도움을 받아 세상을 거꾸로 뒤집어 놓는다. 이런 소금쟁이의 행위에 바깥세상마저 물구나무 선 채 고개를 끄덕인다. 3연은 내가 열리는 장면이다. 갇혀온 자아가 시퍼렇게 소리치며 자신을 열었다가 "못물 한 장씩 포를 떠" 상처 입은 자아를 치유하며 균형을 회복하는 것이다. 이 시는 자연의 작은 미물을 통하여 '억장 무너진' 삭정이처럼 '뒤틀린' 내 몸이 열리고 고여 있던 자아가 세상과 소통을 하게 되는 과정을 그린 작품이다. 소금쟁이 한 마리의 힘을 이렇듯 신선하게 잡은 시편을 지금껏 보지 못했다. 평온하고 표면적인 이미지에 익숙했던 독자들은 이 시에 나타나는 이런 자의식의 변화에 적잖이 놀란다. 시인은 자연과 대화하면서 자신의 존재, 즉 자의식을 사유하고 있는 것이다. 이것이 장혜승 시가 가진 돌올한 개성이다. 이렇듯 장혜승의 시에서 나타나는 자연은 인간화되어 있다. 이러한 속성을 가지고 있는 장혜승의 시를 자꾸 따라가다 보면 어느새 '낳는다'라는 의미가 그의 시의 밑바닥에 깔려 있음을 확인한다.

3. 낳는다는 것의 의미

장혜승에게 있어 낳는다는 것은 어떤 의미로 작용하고 있을까. 이는 앞서 언급한 「탱자나무와 메꽃」이라는 시의 끝부분에서 이미 드러난 바가 있다.

> 응애~ 응애~
> 울타리에 쫙, 황금알금줄이
> 저 시끌가난한 양철지붕에 청기와 곧 올라가겠다

작고 여린 자연의 주민, 메꽃은 지붕에 올라가 새끼들을 낳는데, 이 낳기는 매우 신성한 의식이어서 다른 동식물의 접근을 금지시킬 정도이다. 시인은 아울러 금기줄로 표상되는 이 생명의 황금알줄이 "시끌가난한 양철지붕에" 푸른색의 청기와를 지어 올릴 것이라는 믿음을 보여준다. 이 청기와는 물론 초록이 뒤덮이는 상상의 그림이다. 그것이 시끌가난한 양철지붕의 남루를 감싸는 것이다. 장혜승은 어린 것들이 실현하는 이런 낳기 의식을 시작과정으로 재현하기까지 한다.

> 요양원에 목욕봉사 간다
> 지린내로 반기는 어른아기들
> 서로 밀치며 줄 선다
> 짝을 지어 할머니 옷 벗긴다
> 노끈으로 동이고동인 비닐쌈지목걸이
> 풍 맞은 손 후들후들 쥔다
> 절대 벗을 수 없는, 속수무책이다
> 바닥에 눕힌다

젖을세라 치켜들고 씻긴다
퉁퉁 불은비늘 사타구니로 몰린다
고들고들한 다리 오므리며
부끄러이 웃으신다
숲이 사라진 응달
열이라도 더 낳아 나라에 바치고 싶은
입이 없는 조선여자다
새 옷 갈아입히니
보물단지 옷깃으로 꼼꼼히 닦아
가슴 깊숙이 품으신다
일흔을 삭제한 열아홉 살, 한창 부끄럼 익은 소녀다

—「쌈지」 전문

'쌈지'는 출산의 매개물로 작용한다. "서로 밀치며 줄 서는 어른아기들"에게 '비닐쌈지'는 절대 벗을 수 없는 보물단지다. 얼마나 귀중한 상징인지 젖을세라 치켜들고, 풍 맞은 손으로라도 후들후들 붙들고 싶은 목걸이다. 아무도 그 속에 무엇이 들어있는지 모른다. 그렇기에 그만큼 소중히 간직하고 싶은 것, 순정, 어린 시절, 처녀 뭐 이런 것이 들어 있다고 상상을 부추기기에 족하다. 그것이 있기에 그녀들은 부끄러이 웃는다. 옷깃으로 꼼꼼히 닦는다는 것은 그녀의 몸을 처녀시절로 되돌리는 의식이다. 가슴 깊숙이 품자 "일흔을 삭제한 열아홉 살, 한창 부끄럼 익은 소녀", "열이라도 더 낳아 나라에 바치고 싶은" 처녀가 되어 내 앞에 선다. 시인은 '쌈지'를 통해 팔순의 노파를 처녀로 만든다. 아니 처녀를 낳는다. 그렇게 시인은 낳아주는 사람이다. 다시 태어나게 해주는 사람이다. 시작(詩作)이 낳는 행위라는 것은 바로 그런 말이다. 장혜승의 시는 일상에서 녹슬고 늙어가는 사물과 생명을 처음의 자리, 본래의 자리에 되돌려 놓는 의식이다. 이런 갱신, 새로운 시작의 의미는 현존재의 치유의 의미("나는 못물

한 장씩 포를 떠 / 갈라진 행간으로 꾸역꾸역 밀어넣는다",「십자수 뜨다」) 도 내포한다. 그것은 개인뿐만 아니라 이 사회 전체를 향해 있다.

> 즐거운 성탄절, 호남의 폭설은 소강상태, 줄기세포 본 사람 아직 없음, 또 한 이브가 선악나무에서 악을 따고 있는데
> – 칼 가이소　　칼 가이소　　칼 가이소
>
> 잊을만하면 지나가는 마모된 저 할배, 칼집에서 칼을 빼어 화이트 크리스마스에 꽂는다 복면한 예수가 술잔 들고 나온다 채색 옷 입은 제사장들 눈꽃가루 흩뿌리며, 내일은 내일예수 또 탄생한다 위하여!!!!!!! 썰매 타고 하늘에서 내려오는 예수 떼와 합세, 온 천지가 예수여서 예수를 만날 수 없는 크리스마스,
>
> 한 번도 찔러보지 못한 칼, 평생 갈아서 날을 없앤 칼이 하얀 천지에 버려지고, 할배는 진짜예수 만나려 간다 누구의 정통을 향해 평생 갈아왔던 칼, 갈다가 사랑이 된 비수에 대못 박히고, 취한 예수들이 피 뜯는 칼 메고,
>
> –「화이트 크리스마스」 전문

반어를 활용하여 시적 긴장을 획득하고 있는 시이다. 시대의 쓸쓸한 현실이 녹아들어 있다. 바로 "온 천지가 예수여서 예수를 만날 수 없는 화이트 크리스마스"의 세태를 다루고 있는 것이다. 이 시에서 눈 내리는 풍경의 층위는 참으로 다채롭지만 강설은 크게 긍정과 부정의 두 속성으로 대별된다. 전자는 "잊을 만하면 지나가는 마모된 할배", "한번도 찔러보지 못한 칼", "갈다가 사랑이 된 비수"로 드러나며, 후자는 "썰매 타고 하늘에서 내려오는 예수 떼", "복면한 예수", "취한 예수들이 피 뜯는 칼",

"채색 옷 입은 제사장들 흩뿌리는 눈꽃가루"로 나타난다. 신적인 권위에 도전하며 줄기세포를 만들고 선악과에서 악을 따고, 위하여!를 외치고, 피를 흘리며, 취하고 마시고 하는 세태 속에서도 자연(눈)은 평생 갈아서 날을 없앤 칼로 하염없이 버려진다. 이 눈은 칼로 만든, 칼이 녹아든 사랑이다. 잊을만하면 지나가는 목소리는 우리의 죄의식을 불러낸다. 그러나 죄의식에도 불구하고 우리는 다시 나태와 타성으로 습관적인 죄로 물들고 그래도 할아버지의 칼은 평생 한 번도 우리의 정수를 찌르지 않는다. 그것은 평생 갈아서 날을 없앤 칼이기 때문이다. 갈다가 사랑이 된 비수이기 때문이다. 이 할아버지의 사랑은 예수라는 입에 발린 말만 내리는 눈처럼 가득한 이 시대 속물들이 돌아오기를 끝까지 참고 기다리는 성부 아버지의 모습이다.

장혜승 시의 미물들은 자진해서 스스로를 내어준다. "방금 통통배에서 내렸어요 / 오통통한 놈들 헐떡헐떡 남김없이 바다를 놓아준다 / 편안하고 쫀득한 살점들"(「특별서비스」)의 고기가 그렇고, "막둥이 별 재워 두고 / 놀이터에서 내려와 / 엄마 없는 아이와 시이소를" 타는 낮달(「낮달」)이 그렇고, "캄캄한 벽 속이 편안한 암코양이" 밥솥플러그(「녹슬다」)가 그렇다. 장혜승의 시는 결국 사랑을 낳은 셈이다.

사물에 대한 순간적인 포착과 명징한 인식, 그것을 꿋꿋하게 밀고 나가는 힘, 살아 파닥이는 언어와 감각, 그리고 세상과 나의 상처를 보듬어 안는 모성적인 사유로 한 세계를 이룬 장혜승이 더 깊고 빛나는 자신만의 광맥을 발견할 수 있기를 바란다.

‘사람의 마을’과 ‘숲의 마을’의 융합의지

– 권석창 시집 『쥐뿔의 노래』

1. 비어 있음의 충만을 위하여

권석창의 시에는 외롭고 흔들리는 존재론자의 울음과 슬픔, 여백의 흔적이 곳곳에 스며 있다. 빈손, 빈잔, 배고픔, 눈물이라는 말은 그의 시집 도처에 깔려 있는 화두이다. 떠남과 홀로됨, 고즈넉한 아름다움이라는 배경을 가지고 있는 이 말은 그의 시의 특징을 이룬다. 그의 시에는 만남보다는 헤어짐, 기쁨보다는 슬픔을 다룬 시편들이 많다. 이 말은 시인이 세상을 건너가기가 그만큼 어렵고 세상과의 원초적인 화해를 이루지 못하고 있음을 반증한다. 시적 화자는 많은 사람들이 떠나버린 공간과 이미 중반을 넘겨버린 자신의 실존 속에서 숙연함의 글쓰기를 지향한다. 왜 시인은 사람들 속에서 그들과 살을 맞대며 글을 쓰는 것이 아니라 아무도 없는 시간과 공간 속에서 지나간 시절과 떠난 이들의 ‘몸’을 그리워하며 글을 쓰고 있는 것일까.

백제의 「정읍사」와 고려가요「가시리」 이래로 우리 시가가 근원적으로 간직하고 있는 정서라 할 수 있는 이 고립감과 숙연함은 “삼천리 강산 방방곡곡”(「풀짐」), 우리나라 물가(「물총새 운다」), 고려의 새 한 마리(「소주 먹고 울다」)라는 말에서 드러나듯 면면한 전통적인 정서에서 기인한다. 심지어 “새 날아간 자리(의) / 적막”(「작은 새」)이라는 사적 공간 역시 우리의 전통적인 정서의 맥락을 공유한다. 시인은 이러한 정서의 연장선상에서 우리 삶을 "산다는 거 / 참 / 쓸쓸하네"(「가고 오고」)라는 쓸쓸함과 "줄의 길이보다 먼 / 저마다의 달을 향해 / 일제히 짖어대는" 병실(「입원실」)에 갇힌 자로서의 인식을 드러낸다. 그렇다면 투명하고 비어 있는 충만(「쥐뿔」)은 없는 것인가. 「소주 먹고 울다」라는 작품을 살펴보자.

고려의 새 한 마리
가지에 앉아
인간의 마을을 보고
얄리 얄리 울다.
흰옷 입은 사람들
나물 먹고 물 마시고,
배고픔도 가난함도
내 탓이라는,
순하디순한 이들이
모여 사는 마을 보고
고려이 새 한 마리
눈 붉히며 울다.
몸으로 벌어먹는
이 시대의 사내 하나
소처럼 일하고 퇴근하는 길
전봇대에 기대어 퇴근하는 길
전봇대에 기대어
소주 먹고 울다.
열심히 일하면 잘 산다기에
열심히 일해도 그리 안 되어
소주 먹고 짠지 먹고
욕하며 울다.

—「소주 먹고 울다」

여기서 울음은 고려의 새 한 마리의 울음과 이 시대의 사내 하나가 내는 울음 두 가지로 나눌 수 있다. 앞의 울음은 자족의 삶을 살아가는 흰옷 입은 사람들을 위해 대신 울어주는 새의 울음이고 뒤의 울음은 열심히 일해도 잘 살지 못하는 시대에 대한 불만에 기인하는 울음이다. 앞의 울음은 눈 붉히며 우는 울음이고 뒤의 울음은 욕하며 우는 울음이다. 전통사회의 인간의 마을은 자연과 인간이 구분 없이 같은 리듬으로 섞여서 사는 그런 공간이었다. 이 때 고려의 새 한 마리는 인간의 삶에 눈 붉히며 개입할 수 있으며 전체로서의 자연과 인간은 평형으로 존재한다. 인간은 자연의 한 부분에 불과하고 자연 또한 인간의 일에 넘나드는 이런 자족과 평형이 우리 시가에는 면면히 존재했다. "나물 먹고 물 마시"는 건 사대부의 행위가 아니다. 땅에서 나서 땅으로 돌아가는 이 땅의 보편적인 사람들의 삶이며 행위이다. 그들은 자연의 일부로 살았기에 배고픔도 가난함도 내 탓이라는 사고를 가질 수 있다. 인간은 다른 존재와 구별되는 이성적인 능력을 가진 자로서의 자만이 없이 새 한 마리와 같은 리듬 속에 살았던 것이다. 권석창의 시는 이 땅에 면면히 살아온 사람들의 심성을 오늘에 잇고 싶어 한다. (이는 '몸'이라는 화두 속에 아직도 살아 있는 바, 뒤에서 상술한다.) 그러나 이 시대의 사내는 자연과의 조화가 깨진 삶을 살고 있다. 소주와 짠지 같은 면면한 우리 것을 먹고 있음에도 이 불화는 어쩔 수 없다. 삶의 일부분으로 인식되던 노동이 생존수단이 되었고 믿음으로 유지되던 인간관계가 계약으로 인한 관계로 변질되었다. 더불어 사는 공동체적 삶이 경제적 이익을 추구하는 생존경쟁의 삶으로 바뀌었다. 전체로서의 인간이 깨어진 이 상태에서 인간은 소처럼 일해도 잘 살 수 없고 전봇대에 기대어 울 수밖에 없는 것이다. 이 깨어짐은 '욕'으로 육화된다. 생존에 얽매어 자연의 질서, 우주의 조화에서 벗어난 인간의 삶을 권석창은 욕되다고 한다. 삶이 욕되다는 의식을 근간으로 하는 한 편의 시를 읽어본다.

비둘기호 열차를 탄
우리 인생 속절없이 흔들리고
혹은 남루하게 흔들리고
몇몇 친구들
쪽팔리게 살기 싫다며
간이역에서 내렸다.
잘 가라, 씨방새들.
그리고 아무 일도 일어나지 않았다.
다만 흰 상복을 입은 여름이
안개와 더불어 조문 왔다 가고
간이역 모퉁이 빈 가지엔
찢어진 비닐 조각 만장처럼 나부꼈다.
내 인생 아직도 비둘기호 열차를 타고
안개 속에서 흔들리고 있다.

—「간이역」

먼저 간 친구들을 위한 조사로 쓰인 이 시에서 우리는 살아남은 자가 오히려 욕되는 현실인식 같은 것을 확연하게 느낄 수 있다. 이 세상에서의 삶이란 시인에게 '속절없음' 혹은 '남루함'으로 인식된다. 살아 있음의 의미가 이처럼 부끄럽기에 시적 화자는 흔들릴 수밖에 없다. 현실적으로는 너무 일찍 가버렸다고 생각하는 친구들조차도 이런 안개 속에서 살아가는 불확정적인 삶을 주체적으로 포기한 것으로 묘사된다. 시인은 그것을 "쪽팔리게 살기 싫다며 / 간이역에서 내렸다."고 묘사한다. 간이역은 목적지가 아니다. 예정 없이 내리는 곳이다. 그의 삶을 부리기를 계획하지 않았던 곳에서의 갑작스런 내림. 세상에서의 살기란 그만큼 고단한 것이고 고뇌를 동반하는 것이어서 친구들의 죽음에도 화자는 "잘 가라, 씨방새들"이라는 시니컬한 짧은 한 마디만 덧붙일 수 있을 뿐이다. 그들의 죽음에도 세상은 하나도 달라지지 않는다. "흰 상복을 입은 여름"이나 "빈 가지"에 걸린 "비닐조각" 같은 것이 화자의 눈에 그들을 조문해주는 객관적 상관물로 기능할 수 있을 뿐이다.

2. 몸의 화두

가도 가도 목마름과 안개뿐인 세상사에 지친 시인이 발견한 것은 '몸'이라는 화두이다. 그의 시에는 '몸'에 대한 시가 유독 많으며 이는 대체로 뒤에 '조심', '성히'라는 말과 결합되어 나타난다. 그것은 선인들의 의식 속에 면면히 존재해오던 것이다. 마치 우리 어릴 적 어머니가 군대 가는 자식을 배웅할 때처럼 말이다. 그 때 몸은 마음과 구분되어 존재했던 기존의 관행과는 달리 몸이 마음을 통어하고 포괄하는 넉넉한 실체로 존재한다. 몸에 대한 생각, 몸에 대한 배려, 몸에 대한 그리움은 어려운 세상을 건너가는 힘이 된다. 권석창은 어린 시절의 친구로부터 연인, 술집 아가씨들에 이르기까지 많은 사람을 피붙이로 생각한다. 이런 생각의 기저에 그의 몸 의식이 담겨 있다.

몸의 첫소리 미음은 얼이니라
몸의 끝소리 미음은 육신이니라
몸의 가운데 소리 오는
얼과 육신을 아우르느니라
그리하여 우리가 몸이라 함은
얼과 육신이 어우러진
온전한 사람을 이름이니라

그리하여 몸은 우리가 사랑할
사람이며 사랑이어라
뭇백성이 헤어짐에 임하여 가로되
몸조심하세요
몸 성히 잘 있거라
이렇게 말하고 눈시울을 적심은
몸이 몸만이 아니라 사람이며
사랑이기 때문이 아니겠느뇨?

—「몸의 소리 해례」

자주 가던 소주집
영수중 달라고 하면 메모지에 '술갑' 얼마라고 적어준다.
시옷 하나에 개의지 않고
소주처럼 맑게 살던 여자
술값도 싸게 받고 친절하다.
원래 이름이 김성희인데
건강하게 잘 살라고
몸성희라 불렀다.
그 몸성희가 어느 날
가게문을 닫고 사라져버렸다.
(중략)
소주를 마실 때면 가끔
술값을 술갑이라 적던 성희 생각난다.
성희야, 어디에 있더라도
몸 성히 잘 있거라

—「몸 성히 잘 있거라」

세종대왕의 '훈민정음 해례'를 패러디한 것 같은 인상을 풍기는 앞의 시는 그만큼 권석창의 시가 우리 서민들이 나날이 써왔고 또 써오고 있는 애틋한 심성에 기초하고 있음을 보여주기에 부족함이 없다. 이는 '김성희→몸성희→몸성히'의 펀(pun)을 보여주는 뒤의 시에서도 여실히 드러난다. 무엇보다 그의 '몸'에 대한 생각은 사람과 사람 사이에 교호적 관계가 끊어진 현실에서 그 사람의 온기, 사랑을 떠올리려는 안간힘에서 배태되었다고 할 수 있다. 이 '몸'이 철학적인 사유의 바탕에 깔려 있지 않음이 오히려 자연스럽다. 그저 서민들의 정겨운 심성이 내재되어 있다는 것이 훨씬 실감을 더한다. 이 상실의 비애가 두루 깔린 세계에서 '몸'을 찾는다는 것은 한국인의 정서의 근원에 다가가려는 시 의식의 소산이다. 우리 선조들이 헤어짐의 순간에 '몸조심', '몸성히' 같은 말을 붙였던 것은 자아와 타자의 합일을 향한 뜨거운 정의 발로이었다. 시인은 이렇듯 우리 공동체의 말을 빌어 그 공동체의 정서가 환기하는 조화와 융합을 꾀하고 있는 것이다. 이 때 "몸은 얼과 육신이 어우러진 온전한 사람이며 사랑", "시옷 하나에 개의치 않"던 삶이 간직하는 사랑이며 정이다. "우리가 헤어짐은 몸이 나뉘는 것"(「몸조심하세요」)이라는 말도 설득력을 갖는다.

「잃어버린 우산」역시 몸과의 추억에 내밀하게 결합되어 감동적으로 다가온다.

비 오면 우산 들고 나가
비 그치면 잊어버리고
느닷없이 문득
잊었던 사람 생각나듯이
느닷없이 문득
잃어버린 우산 생각이 난다.
지금쯤
어느 집 처마 밑에

개와 더불어 잠들어 있을까?
좋은 사람과 함께
비를 맞고 있을까?

—「잃어버린 우산」

비 오면 들고 나가, 비 그치면 잊어버리는 우산은 여기서 잊었던 사람과 넉넉히 유비된다. 그것이 또 다정하지 않을 수 없는 것은 '개'와 더불어 잠들어 있을 것이라는 상상의 전개 때문이다. 이 또한 권석창의 다른 시들과 함께 만상의 차별이 없이 평등하게 존재하는 시심에서 우러나온 것은 의심의 여지가 없다. 권석창의 시가 한국인의 정서적 근원을 보여준다는 것은 그 근저에 이렇듯 대상으로서의 세계와 주체로서의 자아가 하나로 이루어진 세계를 갈망하고 있기 때문이다. 사람이든 사물이든 동식물이든 서로가 서로에게 의미 있는 존재로서, 순결하고 소중한 대상으로 남아 있기 때문이다. 이는 자아와 세계의 합일을 노래했던 전통적 서정시의 보편적 정서이기도 했다. 권석창이 이처럼 몸에 대한 그리움을 간직하고 있다는 것은 그가 사람의 마을에서 어떤 충만과 자재의 삶을 발견하지 못하고 있음을 반증한다. 그는 마침내 자연이라는 성소를 발견한다. 말하자면 사람의 마을에서 시인은 숲의 마을을 꿈꾸는 것이다. 이 시집의 시들은 두 마을의 차이를 인지한 자의 감수성으로 충만하다.

3. '사람의 마을'과 '숲의 마을' 사이

권석창은 의무와 간섭과 생존경쟁만이 안개처럼 드리운 사람의 마을에서 눈을 돌려 자연에게서 삶의 진정한 의미에 눈을 뜬다. 내면의 개안이 이루어지는 것이다. 이 역시 전통적인 정서에 깊이 뿌리박고 있는 시인의식의 밑뿌리라고 할 수 있다. 자연은 "화투 치다가 돈 잃고 문밖에 나가"는 그를 여전히 밝은 모습으로 위무하고(「달도 밝다」) 배신과 남루를 용서(「가을은 용서한다」)한다. 자연은 그것을 넘어서기도 한다. 회색 도시인이 잃어버린 빛과 소리의 세계이다. 우리 시가가 때때로 그랬듯 권석창에게도 자연은 인간을 위해 대신 울어주는 존재로 기능한다.

사람이 때로 외로워지면
서문 날 상가에 앉아
무심히 풀잎을 따서
부질없이 물 위에 내던진다
새파란 풀잎이 물에 떠서
하염없이, 정처 없이 흘러서 간다
풀잎은 느닷없이 몸이 죽어
강물을 따라서 흘러가지만
억울하다고 말하지 않는다
부질없는 말, 해서 무엇하나
사람들의 아픔 혼자서 싣고
봄날은 간다, 노래부르며
먼 타향으로 흘러서 간다

–「하염없이」

외로워진 사람이 '무심히' 풀잎을 따서 '부질없이' 물 위에 던진다. 무심히 부질없이 인간이 하는 행동에 몸이 죽는다는 데 자연의 속성이 놓인다. (여기서도 '몸'이라는 시인의 일관된 정서의 지향이 드러난다.) 그럼에도 자연은 억울하다고 말하지 않고 오히려 사람들의 아픔을 혼자서 싣고 흘러서 간다. 여기서 풀잎은 관세음보살처럼 인생의 감정을 대신해주는 존재인 것이다. 다른 생명에 대한 배려를 여전히 간직하고 있는 이 풀잎에서 시인은 숙연해진다. 이는 생존경쟁과 공격성에 지친 사람의 행위에서 촉발된 것이기에 더더욱 그렇다. 중요한 것은 이 자연을 바라보는 시인의 자의식이다. 시인 자신도 외로워지면 '무심히' 풀잎을 뜯었던 사람이기 때문이다. 그런 점에서 자연을 바라보는 시인의 내면에는 죄의식이 깃들어 있다. 욕망과 생존경쟁의 장에서는 발견하지 못하는 고결한 어떤 삶의 모습을 시인은 자연에서 발견하고 내면화한다. 그런 점에서 자연이란 권석창에게 하나의 거대한 책이며, 그 속의 미물들의 몸짓들은 늘 새로운 깨달음을 준다. 시인은 자연의 섭리와 비밀을 일상의 겉을 바라보는 인간들은 모른다(「길가에 핀 꽃은」)고 한다. 나무는 저 혼자 물이 들고, 저 혼자 낙엽을 떨구는데, 그것을 보고 눈물짓는 것은 인간(「낙엽」)이다. 그는 더 깊이 자연 속으로 몰입한다. 여기서 권석창 시의 자연의 입지점이 마련된다.

사람의 마을을 떠나
숲 속 마을에 가 보았다.
비가 내려 땅을 적시니
땅강아지 기어가고
나무에 물이 오르고
새싹이 돋았다.
해님이 웃어주니 꽃이 피고
꽃이 피니 벌과 나비가
이리저리 날고 새들이 음악회를 열었다.
꽃 지고 열매 맺어 땅에 떨구니
다람쥐 토끼는 집이 없어도
생활비가 없어도
영세민이 아니다
큰 나무는 낙엽을 떨구어

작은 나무를 기르며
가끔 바람이 놀러와
풀잎과 나뭇잎을 흔들며
저희들끼리 은밀한 이야기 주고받는다
숲 속 마을은 왕이 없는
빛과 소리의 궁전
집이 없어도, 월급이 없어도
가난하지 않은 나라
서로에게 빚진 게 없어
부도가 나지 않는 나라.
사람의 마을을 떠나
숲 속 마을에 가 보았다.
스스로 그러하니
보기에 좋고
듣기에 참으로 좋았다.

–「스스로 그러하니」

이 시는 시인이 도달하고 싶어 하는 세계의 모습을 드러내준다. 그 상징적 공간은 비, 땅, 땅강아지, 큰 나무와 작은 나무, 새싹, 해, 꽃, 벌과 나비, 새, 다람쥐, 토끼, 풀잎, 나뭇잎, 빛, 소리 등 숲 속 마을이 구성하는 질료들이 이루어내는 세계이다. 자연은 말 그대로 '스스로 그러함'의 세계이다. 지배(왕)와 복종이 없는 '빛과 소리의 궁전'이며, 집과 월급이 없어도 가난하지 않은 나라이기 때문이다. 이는 창세기의 하나님이 '보시기에 좋았더라'라는 말이 연상되듯, 보기에 좋고 듣기에 좋은 세계이다. 지배자가 없어도 하나도 부족하지 않게 살아가는 그들의 자족과 풍요, 그리고 여기에서 연유하는 평화로운 공존의 공동체는 인간의 선망을 자아낸다. 시인이 살고 있는 세계는 생활비와 영세민이 존재하며 갈등과 억압이 끊이지 않는 곳이다. 이렇듯 물기 마른 세계에서 허둥거리며 살아야 하는 시인에게는 당연히 이 세계가 그리울 수밖에 없다. 시인은 "사람을 마을을 떠나 / 숲 속 마을에 가보았다"고 하지만, 이는 공동체가 파괴된 오늘의 삶에서 조화와 합일을 추구하려는 시인의 꿈꾸기가 다다른 세계라 할 수 있다. 이는 단순히 도피처로서의 자연이라고 단정할 수는 없다. 더불어 살지 못하고, 모든 것을 구별하는 차이와 합리성, 생존경쟁의 욕망이 만들어낸 오늘의 세계에 대한 실망이 자연으로의 꿈과 기대로 드러난 바, 이 역시 권석창의 시가 한국인의 정서적 근원을 보여준다는 말과도 상통한다. 그러나 자연은 그 구체성을 외면할 때 자칫 피상적인 모습으로만 나타나기 십상이다.

권석창의 시선은 이 때 자연의 '밖'으로만 머무르지 않는다. 모든 사물들이 합쳐서 이루어내는 공동체로서의 '합일'을 노래하던 시인의 시선이 '자연의 세부'로 향할 때는 존재를 드러내는 방식으로 기능한다. 일찍이 부모 잃고 집도 없이 자란 그녀는 '들꽃'에 비유(「들꽃처럼」)되고, '봄꽃'은 "안달이 나서 / 속치마 바람으로 / 버선도 신지 않고 / (달려나가는) 황진이"(「봄꽃 혹은 흐트러짐」)의 에로티시즘으로도 표상된다. 이런 인식은 이 나라의 백성 일반으로 확대될 때 가장 눈물겹다.

삼천리 방방곡곡에 풀이 자란다.
천지간 버려진 땅 어디에도
서러운 목숨들이 자라고 있다.
연한 바람에도
부끄러이 부끄러이
숨으며 쓰러지며
살아오더니
오늘은 저 농부의 지게 위에

수북한 풀더미여
쓰러진, 반역도 없이 스러진 목숨의 더미여
풀은 풀끼리
잘려진 모가지 끌어안고 헝클어져
서러운 목숨 서러워하며
원망도 없이 원망도 없이
상여처럼 워어이 워어이
떠메어져 가누나.

—「풀짐」

농부의 지게 위에서 발견한 풀더미에서 시인은 "천지간 버려진 땅 어디에도 / 자라는", "반역도 없이 스러진" 목숨들이 상여처럼 떠메어져 가는 것을 발견한다. 그들은 대지의 순리에 따라 사는, 부끄러움과 염치를 아는 자들이다. 숨어 살다가 문득 베어져, 잘려진 모가지 끌어안고 떠메어져 가는 그들의 모습에서 우리는 역사를 관통하는 힘없는 숱한 백성들의 삶을 떠올린다. 면면히 내려온 힘없는 민초들의 삶은 당연히 현재적 삶에 대한 비판적 인식을 수반한다. 권석창의 시는 이렇듯 이 산업화의 시대에서도 철저히 한국적 서정의 그릇을 담아내면서 슬픔과 한을 내면화한다. 그는 '풀더미'를 통해 슬픔을 머금으면서도 원망 없이 살아가는 말없는 이 땅의 사람들의 고통을 내면화하고 시화한다. 권석창의 시에서 자연의 세목이 존재를 드러낸다고 할 때는 바로 이런 경우를 말함이다. 이 때 존재의 중심에 놓여 있는 것은 시인 자신이다. 표면적으로는 타자를 드러내는 것 같지만, 그 타자 가운데 가장 중심에 있는 인물이 바로 자신이며, 자신은 그 세계 속의 일원으로 존재하는 것이다. 글의 서두에서도 지적했듯이 그의 시는 외롭고 흔들리는 실존 속에서 숙연함의 글쓰기를 지향한다. 그러나 이 외로움은 가벼움의 세상과 구별되는 영혼을 지니려는 시인으로서의 운명이기에 아름답기까지 하다. 「심야의 소주」, 「여물 씹는 소」 같은 작품을 읽어보면 시인은 이런 운명을 참으로 고즈넉하게 받아들이고 있음을 본다. 시인은 자연의 세목을 빌어 타자는 물론 타고난 시인으로서의 자신의 운명을 수용하고 있는 것이다.

권석창에게 자연은 찬사의 대상만은 아니라, 다른 존재를 드러내는 방식으로 균형을 유지하고 있음을 볼 수 있었다. 그는 인간의 마을보다는 자연에서 안위와 질서를 찾지만 그 자연이 주는 평화에 빠져 있을 수 없음을 알고 있다. 그래서 그는 자연의 세목 속에서 다시 현실을 부여잡는다. 고통이 없는 평화가 아니라, 고통과 평화라는 양쪽 끝을 부여잡고 그것을 하나로 수렴하려는 의지, 이런 균형인식이 그의 시의 성숙성이다.

권석창 시인의 시는 여기서 또 새로운 출발을 한다고 할 수 있으리라. 우리는 지금까지 몇 편의 시를 따라 한 시인의 내면과 삶의 지향을 추적해 보았는데, 나와 타자, 인간과 자연이 분리될 수 없는 조화와 균형을 갈망하던 시인이, 자연 속에서 생명의 보편적 원리를 찾기에 이르렀으며, 아울러 그것이 삶을 배제하지 않음으로써 깊이와 균형을 이루고 있음을 즐겁게 확인하였다. 이 개안이 구체적인 삶의 실감 속에서 다양한 상상력으로 폭넓게 개진되기를 독자의 한 사람으로 기대해마지 않는다.

꽃잎과 풀뿌리 속에 난 길

– 김두한 시집 『해를 낳는 둥지』

김두한의 자아는 천지의 대상들을 자아 속에 다 내려앉혀 담을 수도 있고 역으로 자아를 천지의 미물 속으로 다 부려놓을 수도 있다. 그만큼 자아와 대상은 그 외연을 끊임없이 확대하고 축소할 수 있는 것이다. 김두한 시의 대상은 그 속에 공간과 시간을 아울러 가지고 있다. 이 점이 여타 시인들의 시들과 변별되는 특징이다. 이번 시집은 이 점이 특히 두드러진다.

따라서 우리는 김두한의 시를 자아의식의 확장과 축소로 읽을 수도 있고, 반대로 세계의 확장과 축소로 읽을 수도 있다. 그의 시에 나타나는 자아와 세계는 논리적이거나 이성적이지 않다. 그는 고정된 틀 안에서 세계를 보기를 거부한다. 섬세한 감각과 서정적인 이미지의 처리로 일견 단아하게 보이는 그의 시는 자세히 보면 전통서정의 틀 안에 갇히기 어려운 속성을 가지고 있다. 그것은 자아가 사물과 연합하면서 무한히 확장되고 팽창되거나 확장되고 팽창된 만큼 축소와 응집을 거듭하기 때문이다.

① 머리카락 속이었다. 배롱나무 꽃 피어나는 길이 툭, 끊어지고 있었다.

–「숨소리 · 1」 부분

② 창백하게 떠오른 보름달만이 내 목 속 어딘가를 비추고 있었다. 나는 산 너머에 있는 어머니를 불렀으나 어머니의 귀엔 그 소리가 들리

지 않았다. 창백하게 떠오른 보름달만이 내 목 속 어딘가를 비추고 있었다. 나는 연거푸 어머니를 불렀으나 내 입에선 피 섞인 뻐꾹새의 울음소리만 새어나오고 있었다. 나는 기억한다, 이럴 때면 언제나 각혈하는 새벽이 진달래꽃 피는 산을 토해내곤 하였음을.

–「숨소리 · 2」 부분

③ 길이 끝나는 곳에서 나의 길은 언제나 시작되고 있었다. 그리하여 때로는 절벽, 때로는 폭포, 때로는 유채꽃, 때로는 바위 속에서 나의 길은 시작되고 있었다. 언제이던가, 벌과 나비만이 알고 있는 벼랑길 끝에 나를 기다리는 꽃이 있었다. 철쭉꽃이었다. 내가 비로소 걸어야 할, 보이지 않는 길이 그 꽃 속에 있었다. 이제는 눈도 없어지고 코도 없어진 낮달 모양의 얼굴이 그 꽃 속에서 떠오른다.

–「숨소리 · 3」 부분

④ "이것은 그냥 꽃이 아니라 꽃불(佛)입니다."라며 서귀포에서 온 스님이 꽃을 건넨다. "불(佛)"이란 옷을 입힌 꽃. 나는 옷, "불(佛)"이란 그 옷을 벗긴 채 꽃을 받아든다. 스님의 가사(袈裟)에서 나는 서귀포의 냄새, 옷을 벗은 꽃으로 피어난다.

–「숨소리 · 4」 전문

①시에서는 머리카락의 올 속에 길이 들어 있다. ②시에서 보름달은 나의 내장 속으로 들어온다. 반대로 ③시에서는 내가 걸어야 할 길이 꽃 속에 들어 있다. ④는 시인의 의식지향을 드러내는 시편이라서 다르게 읽힌다. 자아와 세계의 동일성이라는 서정시의 이론에 걸맞게 나와 세계는 서로 유연하게 몸 나누기를 하고 있다. 이는 자아와 세계의 동일성이라는 서정시 일반의 속성과도 궤를 같이하는 것으로 초현실주의적인 속성마저 띠면서 주관적인 자아와 객관적인 대상이 모순이나 갈등이 없는 화해를

이루고 있기에 가능하다.

①, ②는 화자인 성장한 내가 과거를 회상하면서 쓴, 성장시편이라 일컬을 수 있는 작품들이며 ③은 자신의 세계를 열어갔던 기록으로서의 의미를 갖는다. ④는 시인의 의식지향을 드러낸다. ①은 아팠던 어느 순간의 내가 할머니의 품에 안겼을 때의 감각을 되살려놓은 것이고, ②는 온통 혼곤한 의식과 함께 나의 확장이 두드러지는 시라고 할 수 있다. 그것은 각혈하는 나가 어머니를 불러도 대답은 들리지 않고 내 속에서 "피섞인 뻐꾸기 울음소리만 새어나"온다는 데서 드러난다. 아울러 나의 각혈과 진달래꽃 피는 산을 토해내는 새벽은 똑같은 의미로 확장되고 있다. ③은 새로운 세계를 열어가려는, 혹은 우주의 비밀에 도달하고자 하는 자아의 열망, 본질적인 생명 추구의 안간힘을 보여주고 있다. 화자는 절벽, 폭포, 유채꽃, 바위 속에서 "나의 길"이 시작된다고 하며, "벌과 나비만이 알고 있는 벼랑길 끝에 나를 기다리는 꽃"을 발견하기도 한다. 마침내 자아는 치열한 정신적 고투를 거쳐 낮달 모양의 얼굴을 꽃 속에서 발견하기에 이른다.

④를 우리는 주목할 필요가 있는데 이 시가 전달하려는 메시지는 관념을 벗긴 채로 세계를 보겠다는 시인의 의지를 담고 있다. 서귀포에서 온 스님은 어떤 꽃을 건네면서 '꽃불'이라 명명한다. 스님은 견성(見性)마저 부여하여 사물을 보고 있지만, 시인은 굳이 '불(佛)'이란 옷을 벗긴 채 그 꽃을 받아든다. 대상에 관념을 덧칠하지 않겠다는 것이다. 마침내 스님의 가사 역시 옷을 벗은 꽃으로 피어나게 된다. 우리는 그것을 대상에의 순수한 명명행위라 불러도 되리라.

그런데 시인은 이들 시의 제목을 왜 '숨소리'라고 했을까. 대상을 맨살로 접촉하려는 태도일 것이다. 자아와 대상간의 만남도 그렇게 호흡으로 연결되어 있다는 의미일 것이다.

「벼랑」 연작은 주로 연시적인 성격을 가지고 있다. 이 시의 미감 창출 원리 역시 앞의 시들에서 살핀 것 같이 대상을 고인 채로 보는 것이 아니라 연속적인 변용으로 확장하는 데 있다.

> 우리들 사랑의 어깨엔 벼랑이 있지요. 그 벼랑 끝 소나무 한 그루, 속의 냇물에 발 담그고 있어요.
>
> –「벼랑 · 1」

> 벼랑은 너에게로 가는 계단이었다. 옷깃이 스쳐도 닳지 않는 발자국, 그 계단에 남아 있었다. 무수한 세월을 바람이 불어 벼랑은 허물어지고 벼랑이 있던 자리에
>
> –「벼랑 · 2」

> 바람이 갈대숲을 흔든다. 벼랑 속을 날아가던 산새 한 마리 갈대가 되어 흩어진다. 산새는 날다가 왜 갈대가 되어 흩어질까. 산(生?, 山?, 散?), 새, 는 왜 "죽은 / 흩어진" 새를 "장사 지내지 / 불러모으지" 않을까 생각하던 파리 한 마리 파리지옥풀에 빠져 딩동, 딩동, 초인종이 되어 운다. 우는 벼랑 속, 기우는 초승달.
>
> –「벼랑 · 3」

돌올한 상상력이 돋보이는 이들 시에서 사랑은 치솟아 있는 벼랑을 건너가는 일에 비유된다. 위험하여 건너가기 어렵지만, 그 아래에는 맑음이 있는 것이 사랑이라는 것이다.

두 번째 시에는 시간이 개입한다. 벼랑은 하늘 계단이 되었다가 마침내 달로 변용된다. 벼랑→계단→(발자국)→달의 변용은 신비롭기까지 하다. 같은 자연의 형상이라도 벼랑이 수천수만 년의 세월이 지나면 바위가 되고 자갈이 되고, 모래가 되어 마침내 사라질 형상이라면 달은 언제까지나

사라지지 않고 이울었다가 차기를 반복하는 영원의 형상으로 승화되는 것이다.

세 번째 시에서는 연상의 행위는 시니피앙의 미끄러짐으로 환유의 성격을 띈다. 갈대에서 산새로의 흩어짐, 그리고 산이라는 관형어가 生?, 山?, 散?으로 흩어지는 이중의 흩어짐을 통해 사물을 하나로 보지 않고 열어놓으려는 시인의 의지를 읽을 수 있다. 시의 전체 구도는 여기에서 그치지 않는다. 앞에 나온 산새를 생각하는 파리를 등장시키는 독창적인 구성을 시인은 만들어낸다. 그 생각의 내용 역시 '죽음 / 흩어짐', '장사지냄 / 불러 모음'이라는 이원적 구조를 통해 단일한 의미 구성을 거부하고, 그 파리마저 파리지옥풀에 빠져 초인종이 되어 운다. 그리고 마지막에 벼랑 속 기우는 초승달 역시 흔들리는 사랑의 속성을 그린다. 말하자면 이 시는 고정불변의 실체로 존재하지 않는 사랑이라는 주제를 효과적으로 전달하기 위하여 새와 파리라는 돌발적인 풍경의 충돌을 통해 정서적 충격을 제시하고 있는 것이다. 「벼랑・4」에서는 "눈 먼 눈에 보이는 모습"과 "귀먼 귀에 들리는 소리"까지 감각이 확장된다.

지금까지의 시들이 주로 개인적인 내면의식 혹은 정신과 세계의 접촉을 다룬 시편들이라면 김두한의 시는 현실적이고 역사적인 맥락도 아울러 수렴하고 있으며, 이럴 때라도 대상을 내 속에 담거나 내가 대상에 담기는 방식은 여전히 중요한 상상력의 전략으로 작동한다. 여기서는 두 편을 중심으로 집중적으로 역사와 현실을 다루는 김두한 시의 시작방식과 의미를 살펴보고자 한다.

> 엑스선 사진 속
> 매미 한 마리
> 내 늑골에 붙어 있다.
> 한국 전쟁 때,

내가 태어난 마을로 피난을 갔었다는
어느 노인의 모습을 하고 있다.
매미가 운다.
조상이 살던 오리나무 숲은
이제 살 수 없는 곳이 되었다고
엑스선 사진 속
내 늑골에 붙어 있는
매미가 운다.

–「매미」 전문

「매미」는 김두한의 시가 시간적으로 확장되고 있음을 보여주는 시이다. 그 시간에는 바로 역사와 현실이 들어 있다. "내 늑골에 붙은 매미 한 마리"는 "한국 전쟁 때, / 내가 태어난 마을로 피난을 갔었다는 / 어느 노인"과 내 안에서 동일시된다. 그 동일시가 의미하는 것은 무엇인가. 한국 전쟁의 외상이 내 깊숙이 아직 남아 있다는 것이다. 김두한의 시는 당대의 역사적 조건과 사회적 상황이 긴밀히 맞물려 있음으로써 미학적 품격이 그 속에만 갇혀 있지 않음을 보여준다. 불행의 체험과 감정은 인식이 아니라 그 이전에 살아야 할 운명이다. 그것이 가장 깊이 있게 형상화된 것이 「우는 자궁」이다. 여기서도 역시 매미 울음이 형상화된다.

여기는 닻을 내려도 닿지 않는 풀뿌리 밑바닥, 처낭대 푸른 잎이 바람에 흔들린다. 뒷동산 치치올라 가랑잎에 놀던 부정, 앞 냇가 떠돌다가 치마폭에 묻은 부정, 부정을 씻어내는 굿판이 벌어진다. 마하사바하 싯다야사바하 마하싯다야사바하, 밑물로도 썰물로도 씻어낼 수 없는 상흔이 뒹군다.

"군용특수위안소는 향락의 장소가 아니라 위생적인 공동변소인 까닭에" 그녀들은 공동변소였다. 까만 모래바람 같은 한 때의 사나이들이 그녀들 속으로 쳐들어가 벽에 결려 있던 임의 초상을 내동댕이치고 짓밟았다. 잠자리도 없고 가구조차 제대로 갖추어지지 않은데다 지붕에선 비가 새는 꽃, 불기운도 없이 사람들이 바글대는 내부의 공기는 곰팡이가 슬어 축축하기만 한 꽃, 꽃 속을 까만 모래바람 같은 한 때의 사나이들이…….

여기는 닻을 내려도 닿지 않는 그녀들 속, 상처투성이의 밤나무가 상처투성이의 꽃을 피우며 일어선다. 상처 속에 뿌리내린 풀꽃의 미각, 풀꽃의 미각도 짜디짠 불을 켜며 일어선다. 그들이 이루는 길가의 숲 속, 버려진 도자기들이 1863년의 한 보고서 속에서 악령처럼 떠오른다. 그들은 대부분 발육부진이고 체형이 나쁘며 흉부가 일그러져 있다. 그들은 혈기가 좋지 않으며, 허약하고, 악성 소화 불량이나 간장질환, 류머티스 등에 시달리고 있다. 그들은 길가의 숲 속을 뒹굴다가 시궁창에 밤이 들면 달이 되어 뜬다.

여기는 닻을 내려도 닿지 않는 그녀들 속의 밑바닥, 지베르 여사는 말한다. "전쟁의 참화, 그 커다란 부담을 우리 풀들은 기어이 참아냈다. 아무런 불평도 없이, 묵묵히, 오로지 조국을 위해서. 남편이 전사하고 아이들이 직장에 간 후에 전선이나 국내의 병원이나 진료소에서, 도시의 통신사무소나 공장이나 농촌에서. 그러나 전쟁이 끝나고 오랜 시간이 흐르자 우리 풀들의 활동은 잊혀져버렸다. 우리 풀들의 모습은 더럽혀지고 희화화 되었다."

여기는 닻을 내려도 닿지 않는 풀뿌리 밑바닥,
"明明한" "明明한" "매미"가 운다.
여름풀 잔뿌리에 매달린
그녀들의 자궁이 운다.

마하사바하 싯다야사바하
마하싯다야사바하

—「우는 자궁」 전문

이 작품은 엄청난 수난사와 그럼에도 그것을 꿋꿋이 극복해온 여성성의 힘을 특유의 비유로 형상화하고 있다. 그 수난의 가장 핵심적인 목록은 군용특수위안소에서 질기게 살아남은 여성들이다. 이 여성성은 이 시에서 치마폭, 곰팡이 슬어 축축한 꽃, 도자기, 달, 매미 등으로 비유된다. 여기에는 우리나라의 정신대 여성들을 포함, 세계의 모든 수난 여성들이 망라된다. 또 닻을 내려도 닿지 않는 풀뿌리 밑바닥은 고난의 강도이기도 하고 여성성의 깊이이기도 하다. 그것은 밀물로도 썰물로도 씻어낼 수 없을 정도로 상흔이 크고, 상처투성이의 밤나무가 상처투성이의 꽃을 피울 정도이며 이 곰팡이가 슨 축축한 꽃 속을 까만 모래바람 같은 한 때의 사나이들이 유린했다는 것이다. 위생적인 공동변소라는 미명 하에 말이다. 여성의 비유로 드러나는 버려진 도자기들은 발육부진이고 체형이 나쁘며, 흉부가 일그러져 있으며 악성 질환에 시달린다. 그러나 문제는 "오랜 시간이 흐르자 우리들의 풀들의 활동이 잊혀져버렸다."는 것이다. 김두한이 여성들의 한(恨)과 외상(外傷: trauma)을 달래는 진혼가로만 이 시를 쓰지 않은 것은 이 맥락과도 함께 한다. 그가 무의식까지를 동원하여 우리가 겪은 참상에 대하여 천착하고 그것을 미적으로 형상화하는 것은 그 역사를 잊어버리기 위함이거나 섣불리 위로하기 위함이 아니다. 그가 진정으로 염려하고 있는 것은 그 역사적 진실이 망각되는 것이 두려워서이다. 그는 "우리 풀들의 모습은 더럽혀지고 희화화되었다."고 한다. 김두한은 이런 여성의 희생에서 '자궁의 울음'을 듣는다. 그 울음은 그의 마음 안에서 明明한 매미 울음으로 증폭된다. "내 늑골에 붙어 있는 매미"를 발견했던 시선이 마음 속 풀뿌리, 잔뿌리에 매달린 "모든 여성들의 자궁" 속

매미 울음을 발견하는 데 이른다. 사물을 현상대로 접근하는 것보다는 시선을 옆으로 돌려 인습적인 생각들을 지워버리고 새롭게 다가감으로써 그는 모든 여성의 문제에 도달하는 것이다.

우리는 지금까지 크게 보아 김두한 시의 두 가지 흐름을 짚어보았다. 개인의 성장과 관련되는 시적 흐름이고 또 하나는 사회와 역사에 대한 흐름이다. 그러나 그 두 가지 방향은 시적 전략이나 태도에 있어서 전혀 차별화되지 않는 방식을 가지고 있음을 또한 알 수 있었다. 굳이 작품을 통하여 두 세계를 구분한다면, 전사는 꽃잎 속에 난 길(「숨소리 · 3」)이라 한다면, 후자는 풀뿌리 속에 난 길(「우는 자궁」)이라 할 수 있을 것이다. 이 때 꽃잎은 개인의 서정이고, 풀뿌리는 민중적 서정이라 이름을 붙여도 무방하리라.

김두한의 시들은 유연성이 돋보인다. 대상을 억지로 왜곡하기 보다는 유연하게 접근하여 현실을 다룰 때라도 미학적인 접근을 포기하지 않는다. 그의 시는 대상이 나에게 들어오거나 나를 대상 속으루 수렴시키는 자유자재한 방식을 통하여 시를 창작함으로써 입아아입(入我我入)의 세계를 구축하면서 이 세계가 서로 연결되어 주고받고 있음을 그 근저에 깔고 있다. 이는 자신의 개인 성장사를 다룰 때에도 연시 형식의 작품에도, 나아가 사회사적 역사적 상상력을 다룬 시들에도 고루 나타난다. 이 나타나고 숨김을 자재로 하는, 자아의 방목과 감각의 분방이 시는 이래야 한다는 순응주의를 되돌아보게 한다. 이러한 줄기찬 의지가 갈기를 세우며 일상에 길들여진 자아를 깨우치며 잘못 가고 있는 역사와 현실을 질정하고 있는 것이다.

우박과 노래, 별똥꽃의 형이상(形而上)에 이르는 도정(道程)으로서의 시

– 권영해 시집 『유월에 대파꽃을 따다』

1.

시를 쓴다는 것은 근본적으로 우리 눈앞에 던져져 있는 사물이나 현상을 새로운 미학적 감동으로 제시한다는 것이다. 이 때 대상은 우리에게 관념적이거나 설명적으로가 아니라 감각적으로 제시된다. 가령 아름다운 사물을 두고 '아름답다'고 말하는 것을 대부분의 시는 기피한다. 사물의 묘사를 통해 그 아름다움을 심미적으로 형상화해야 하는 것이다. 이 때 심미적 공간의 구축은 때 묻은 관습의 시선이 아니라 그만의 독창적인 시각과 감각으로 일상을 갱신하는 지점을 획득하고 있어야 한 편의 감동적인 시가 탄생하는 것이다. 우리는 여기서 '창작'이라는 말이 '창조'와 관련이 되고 있음을 어렵지 않게 발견하게 된다. 창작을 흔히 창조적인 글쓰기(Creative Writing)라고 부르는 이유가 여기에 있다. 이런 거창한 이야기 말고, 거 왜, 부처님 얼굴 살찌고 아니고는 석수장이 손에 달려 있다지 않은가. 하여 창작은 생명을 생명 있는 존재인 인간에게 주는 것이다.

시에 있어서 심미적 공간의 구축이란 언어를 통해 열린다. 우리는 이미 제도적인 시 학습을 통해 시가 '긴장된 언어'의 산물임을 배운 바가 있다. 거칠게 일별하더라도 시는 여타 장르와는 달리 이미지와 리듬을 그 생명으로 하고 있다. 또한 어조와 화자의 섬세한 변주를 통해 시만의 독특한 미학적 자장을 만들어가고 있는 것이다. 따라서 한 편의 시에서 내용과 형식은 분리될 수 없는 것이다. 엘런 테이트(Allen Tate)에 의하면 한 편의 시는 언어가 서로 내적으로 밀고 당기는 과정에서, 의미를 이루려는 충동과 의미를 이루려 하지 않으려는, 달리 표현하자면 스스로를 제시하면서 감추려는 충동이 서로 강렬하게 충돌할수록 힘 있는 작품이 나온다. 이를 그는 내포(intension)와 외연(extension)이라는 용어를 써서 말하고 있거니와 여기에는 분리될 수 없는 형식과 내용 같은 모든 문제들이 포괄되어 있다.

우리는 여기서 서정과 현실의 문제를 제기해 볼 필요를 느낀다. 시가 언어의 긴밀한 조직을 통해 하나의 새로운 세계를 빚어냄으로써 이루어지는 산물임을 인정할 때, 한 편의 시에서 우리는 정서적인 환기력을 지니는 심상들에 의해 생의 어느 순간이 갖는 풍요로움이라든가 자연의 아름다움, 생명의 환희와 충일 같은 근본적인 감정을 맛볼 수 있다. 그러나 시인이 자신의 생 체험을 바탕으로 순정한 서정의 공간을 구축하는 일이 자칫 삶의 경험 현실을 외면하고 이루어진 것일 때, 시는 수사적인 아름다움으로 전락하고 한 편의 시가 우리에게 주는 삶의 밀도와 깊이와 같은 진정한 아름다움을 외면해 버릴 위험이 있다. 경험 현실의 큰 테두리를 향해 열려 있지 않은 시는 부분적으로 많은 진실을 갖고 있다고 하더라도 결과적으로 허위에 떨어지게 마련이다.

2.

권영해의 시들은 심미적 자족성에 열려있다. 그의 시는 자신이 생활하고 있는 생활의 현장에서 구체적으로 얻어진 것들이며, 그것들이 자신의 감관을 거치거나 인식의 체를 걸러 형상화된 모습을 띠고 우리에게 다가온다. 그의 시는 '세계란 무엇인가'하는 존재론적 관심이나 '아름다움은 어떻게 형성되는가' 하는 미학적 관심도 없지 않지만, 대부분의 시에서 그는 '어떠한 삶의 태도를 지향해야 할 것인가'라고 스스로에게 묻는 내적 실천의 문제를 시적 핵심으로 하고 있다. 그는 아울러 인간의 사회적 차원을 삶의 근본 조건으로 보는 사회학적 상상력보다는 세속적 삶의 한가운데서 만나는 타자들과 사물들 속에서 발견하게 되는 삶의 원형과 자아의 실존적 차원을 문제 삼는다.

그는 본질적으로 사물을 밝게 본다. 이는 삶의 근원적 진실에 대한 믿음에서 배태된다. 그는 삶의 어려움을 인정하지만, 필요 이상으로 그것에 대하여 엄살을 떨거나 감상에 젖기를 거부하고 명징하게 그것의 본질적 의미를 탐구한다. 그의 시들은 복잡하거나 불투명하지 않다. 그러나 일상이나 사물에 스며든 생의 의미와 감동을 독자와 함께 나누며 보편의 세계를 열어간다. 우리는 여기서 그의 시를 크게 두 가지로 나눌 수 있다. 첫 번째 경향이 현상이나 사물에 대한 탐구를 보여주는 시편들이고, 다른 하나의 경향이 현실이나 일상의 모습을 다루고 있는 시편들이다. '세속적 체험의 시'와 '대상에 대한 투시의 시'는 삶에 대한 근본적 진실과 자아의 실존을 탐구하는 그의 인식이 만나는 두 지점으로 동전의 양면처럼 두 축을 이루면서 상호보완적인 형성의 과정을 보여 준다. 그러나 그의 시편들에서 이런 경향의 시들을 엄밀히 구분한다는 어려운 일이고 편편마다 그 특징들이 서로 스며들어 있어 구분 또한 무망한 일이다.

먼저, 현실이나 일상을 그리는 시편들은 주로 여행, 교사로서의 체험과 고향, 가족, 조상과의 기억, 시사(時事), 역사에 이르기까지 광범위하게 상호텍스트성에 대한 관심이 변주되면서 드러난다. 그 중 가장 두드러진 특징은 패러디와 풍자를 넣어 현실을 비판하는 일련의 시들에서 볼 수 있다.

매일 아침
그는
배꼽 티에 무릎 보호대를 하고
화이버를 매단 채
자전거를 끌고
출근한다

―「어느 X―세대 환경 보호론자의 출근」 전문

배꼽 티와 무릎 보호대, 화이버가 이루는 묘한 불일치는 이 시대의 환경에 대한 시인의 비꼬아진 마음을 짐작하게 한다. 이 시는 또한 한 문장을 독자들의 눈에 띄기 좋게 행간을 늘여 배열함으로써 그 의도는 한층 더 증폭되고 있는 것이다.

이런 시적 경향을 대표하는 시로 「난중일기―수업」을 들 수 있을 것이다.

나는 갑옷을 입고
투구를 쓴 채
교실로 들어간다

작은 질책에도
생도들이 포도청에 무선 교신을 하면
포졸들이 달려와 나를 체포할 수도 있기 때문이다
지난 날 친구의 모함에 빠져
잠시 백의종군白衣從軍한 적이 있으므로
만반의 준비를 갖추지 않으면 안 되기 때문이다

서둘러 강의를 끝내고
조타실로 내려와 잠시 눈을 붙일 때

쌍끌이 어선 한 척이 나포되었다는
전갈을 받다

–「난중일기–수업」 전문

이 시는 상호텍스트성으로 존재한다. 텍스트는 형식적으로는 시와 일기, 내용적으로는 오늘날의 교육현실과 임진왜란 당시의 일들–여기서는 구체적으로 원균의 모함 등–, 최근 우리 어선의 나포 등의 사실들이 문맥들 속에 분포되어 하나의 의미작용을 펼치고 있다. 그런 의미에서 이 시는 교실의 문제를 다루고 있지만 그것을 단선적으로 말하지 않음으로써 시의 부피를 크게 하고 있는 것이다. 갑옷, 투구, 포도청, 쌍끌이 어선 등의 용어들은 또 얼마나 현실의 패러디를 위해 기여하고 있는 언어들인가. 이 시는 근본적으로 어떻게 생존할 것인가 하는 문제를 핵심으로 끌어오면서 교사인 자신의 삶의 존재성을 향대과장(向大誇張)으로 표현하여 즐긴다. 이런 과장 속에서 권영해 시의 해학성과 아이러니 구문이 탄생한다. 해학은 자기부정을 포함하는 주관적 골계이지만, 그 밑바탕에는 자기 비하도 들어 있다. 즉 부정의 총체성을 가지고 긍정의 세계를 창조하는 것이다. 여기서 우리는 서로 상반되는 두 개의 자아가 동시에 분열하는 아이러니의 특징마저도 읽을 수 있다. 일기라는 형식을 통해 쓸 데 없는 수사의 번잡을 빼버린 것이라든가, 응축, 암시, 가볍게 건너뛰는 어법 등에서도 이 시의 장점은 확산된다.

「난중일기–할머니」는 위 시와 관련을 가지면서도 또 다른 깊이와 절실한 아름다움으로 가슴을 뜨끈하게 하는 것이 있다. 이 시 역시 아이러니와 해학을 배면에 깔고 있지만 "눈물이 떨어져 한지에 글씨가 피어나다" 같은 구절에서는 여백의 미와 함께 한시의 여운마저 풍긴다. 특히 2연의 "할머니 영전에 / 회한으로 얼룩진 엽신 한 장 띄워 놓고 / 잠시 망루望樓에 올라 하늘을 보니 / 빛나는 것들이 우박처럼 쏟아지다"에서 '빛나는 것' 과 '우박'의 대비는 이질적인 것들의 병치로 시적 효과를 높이면서 슬픔의 견고함을 또록또록 맺히게 하는 힘을 가지고 있다. 현실의 문맥을 다루면서도 그가 얼마나 언어에 고심하고 있는가를 보여주는 점이다. 이런 시는 여백이 참으로 그윽하고 깊다.

그의 시 중에서 역사적인 함의를 가지고 있는 시편들이 많다는 것은 주목할 만한 일이다. 「땅끝에 서서」, 「김유신」, 「너희님들에게」, 「난중일기」 같은 시가 대표적인데, 이런 유(類)의 시들에서 시적 화자는 역사적인 인물이나 사건을 노입함으로써 시의 함의와 스케일을 크게 한다. 특히 「김유신」에서는 천관의 집으로 향하는 김유신의 애마의 죽음을 인간주의적인 맥락에서 재해석하는 등 어제의 사실을 오늘에 접목시켜 새로운 세계를 열어가고 있다.

그는 이웃의 이야기를 능청과 해학을 섞어 풀어놓기도(「추씨의 포장마차」, 「탬버린 치는 여자」, 「말 론論」 등) 하고, 그 이웃들의 삶을 자연과 결합하여 아름다운 서정으로 풀어내기도 하는데, 「꿈꾸는 장생포」와 「우가포 사람들」은 바다를 몸속에 싣고 살아가는 사람들의 이야기를 적절한 어법 속에 담고 있는 수작이다. 「꿈꾸는 장생포」는 소재를 풀어쓰는 묘사적 구문 속에, 그 구문을 해석하는 구절을 결합하여 사상을 내면화하는 기법을 쓰고 있다. 「우가포 사람들」은 사물과 자아가 한 치의 빈틈도 없이 하나가 된 사람들의 풍경을 담는다.

1.
우가포 사람들은 바다로 간다네
외로움에 익숙해진 사람들은
그물을 던진다네
파도를 타다보면
고혹적인 바다

어부들은 밤마다 바다를 안아
우가포는 천천히
수태受胎한다네

솜털처럼 유순한 별빛이 내려앉고
새 소리 한 자루씩 해무 위로 풀리는
우가포엔 날마다 바다가 있고
우가포 사람들의 어망에도
하나씩의 바다가 있어
아침마다 그곳엔 싱싱한 아이들이 태어난다네

2.
(중략)
뼛속 깊이 밴 비린내가
포마드 기름보다 진하게 삶을 떠받치고
언제나 흔들림 하나 없는 자세로 누운
그들의 가슴에는 숭어가 뛰노닌다

이른 아침 우가포로 나가 보라
거기 아름다운 불륜을 완성한 바다는 언제나 건강하고
바다의 심장을 단 아버지의 아버지가
싱싱히 자맥질하고 계시다

–「우가포 사람들」 부분

우가포 사람들은 바다와 한 몸을 이루고 있는 존재들이다. 자연과 하나로 화육된 그들은 솜털처럼 가벼운 별들을 건지며, 새소리 한 자루씩 바다에 풀어놓는다. 사람과 바다의 아름다운 불륜은 아침마다 싱싱한 아이들을 낳는다. 여기서 별빛, 새소리, 우가포 사람들은 차별적으로 존재하지 않는다. 이들은 생명간의 연대는 물론, 사람과 그들이 몸담고 있는 공간이 우주적인 질서로 연결되어 있다. 가히 생명의 그물이라 할 만하다. 포마드 기름보다 진하게 삶을 떠받치고 있는 그들 개별적인 삶은 또 어떻고. "바다의 심장을 단 아버지의 아버지"라는 신화적 문맥도 재생적 이미지로 융화된다.

세속적 현실을 다루고 있는 시편들에서도 일관되게 발견할 수 있는 정신은 생에 대한 도저한 낙관과 긍정이다. 이는 생태를 다룬 「강을 위하여」 같은 시에서도 드러난다. "무심한 산성비"가 내리는 강심(江心)이지만, "가슴을 다친 물풀들"은 "오래도록 강이 되어 흐르"는 화해와 사랑의 국면을 마련하며, "기름(油)진 물살" 속에서도 "별보다 청순한 / 수국꽃을 피워내"는 것이다.

권영해 시의 현실성 탐구를 위해 우리는 한 편의 시를 더 인용할 필요를 느낀다.

> 내가 책의 문을 열고 들어가
> 길 위에 섰을 때
> 거기엔 벌써 그들이 와 있었다
>
> 내가 사도師道의 길로 접어들었을 때
> 그곳엔 이미 페스탈로찌가 있었다
> 그는 어두운 골목길에서
> 깨어진 사금파리를 주우며
> 배우는 것은 자신을 낮추는 것이며
> 가르치는 것은 미래의 희망에 대해 말하는 것이라 일러주었다
>
> 내가 문학의 길로 들어섰을 때
> 거기엔 소월과 영랑과 릴케가 서 있었다

그들은 나에게
시는 악마의 술이며
손가락 사이에서 빠져나가는 모래와 같은 것이라고 귀띔하였다

내가 인생과 사상의 길을 소요하노라니
연암과 서포와 푸쉬킨이 목격되었으며
좀 더 깊은 근원적 삶에 알고 싶었을 때
그곳엔 맹자, 흰 수염 날리며 맹자가 서 있었던 것인데
그는 나에게
화살 만드는 사람이 어찌 갑옷 만드는 사람보다 인자하지 못하랴
그러나 화살 만드는 사람은 사람을 상하지 않게 될까 걱정하며 만들고
갑옷 만드는 사람은 사람을 상하게 될까 염려하며 만든다
라고 말하였다

나는 잠시 책 속의 길에서 나와
길 속의 길에 대하여 생각하며 되었다

—「길 속의 길」 전문

권영해 시의 방법적 회의를 보여주는 시이다. 이 시는 크게 두 개의 길을 보여주고 있는데, 책 속의 길과 길 속의 길이다. 그는 책 속의 길에서 페트탈로찌와 소월, 영랑, 릴케를 만난다. 또 연암과 서포와 푸쉬킨과 조우한다. 그들은 시인의 삶과 문학과 사상 형성에 지대한 공헌을 했던 인물들이다. 그러나 이제 시인은 악마의 술처럼 매혹으로 불타는 그 세계를 부담으로 받아들인다. 영향에의 근심이다. 그것은 한편으로 그들과 다른 길을 가야겠다는 결심에서 나오고, 또 한편으로는 그러기에는 아직 자신의 생이 그들의 생과 차별성을 띠기에는 멀었다는 자괴감도 섞여 있다. 자신의 성채를 이루었던 타자와의 결별은 얼마나 어려운 일인가. 그러나

시인은 어떤 계기를 통해 그들의 삶과 철학이 자신의 현실의 문맥 속에 놓인 길이 아니라는 것을 발견한다. 이 계기는 맹자 '공손축장구(公孫丑章句)'의 화살 만드는 사람, 갑옷 만드는 사람의 모순 비유에서 비롯된다. 말하자면 시인이 타자들의 삶에서 느낀 것은 자신의 핏줄과 체질에 맞지 않는다는 하나의 깨달음이다. 이것이 "책 속의 길"에서 빠져나와 "길 속의 길", 즉 생체험에서 우러난 시들의 자신의 상상력으로 교직한 시를 쓰게 만든다. 이는 "빈 그릇을 따라 세상으로 나온 / 여러 개의 다른 숟가락"처럼 본의 아니게 잃어버린 자신을 찾는 행위(「나는 숟가락을 잃어버린 적이 있다」)와 짝을 이룬다. 자기 세계 형성에 대한 부담, 이것이 권영해 시의 치열성을 담보하는 하나의 조건이 된다.

이 시는 생체험의 자장에서 그의 시가 떨어지지 않으면서도, 자신의 사유와 생각을 부여하게 만드는 하나의 계기를 이룬다. 말하자면 그의 두 가지 경향의 것들이 하나로 모이는 지점에 위치하는 시이다.

3.

현상이나 사물에 대한 탐구를 보여주는 시편들은 사물의 이면에 대한 관찰과 직관이 두드러진다. 앞서도 간단히 언급했지만 현실을 다루는 시에서도 자신의 사유로 걸러낸 흔적들은, 엄밀히 구획지우기는 불가능하지만 「여름일기－바둑1」, 「도장1」, 「빼빼로에도 정신이 있다」, 「유월에 대파꽃을 따다」, 「우가포 사람들」, 「혀」, 「연필」 등에서 집중적으로 나타난다.

「도장1」은 도장의 재료인 상아에서 코끼리를 끌고 오고, 아프리카의 야생동물의 세계로 이끌어 가는 그의 시적 재능이 번뜩이는 작품이다. 특히 "그 위에 / 한가로이 풀을 뜯는 / 내가 서 있다"에서 드러나듯 자신을 하나의 동물로 객관화시켜 볼 수 있는 능력은 그의 시적 수련의 단단함을 짐작하게 한다. 기실 이 시는 도장 뚜껑을 열고 닫는 행위를 통해 공간이 무한대로 팽창되었다가 다시 작은 사물로 수축되는 과정을 그리고 있는 것이다. 「빼빼로에도 정신이 있다」는 일견 평이하게 보이는 작품이다. 그러나 여기서 '밥 남은 것'과 '빼빼로' 같은 사물이 정신을 가진 존재로 화하는 지점을 그는 잡아내고 있는 것이다. 거기에는 그의 생활인으로서의 건강한 소회와 감정이 들어 있음은 물론, 일상의 재발견, 사물의 신성성 발견이라는 중요한 명제가 깃들어 있다. 그의 시에서 현상이나 사물에 대한 탐구는 기실 그의 가슴속에 간직하는 순수한 존재들에 대한 애정에서 비롯되고 있다고 해도 과언이 아니다. 그는 이상과 현실의 틈을 파고들어 그것을 형상화해낸다. 우리는 그의 시의 도처에서 그것을 발견할 수 있는데, 순수했던 학창 시절의 영상과 현재의 모습을 잡아내고 있는 「영숙이」를 비롯한 대부분의 시들이 그렇다. 그만큼 그는 순수주의자이다.

아무래도 이런 정신이 자의식과의 대결을 통해 힘을 만들고 있는 시로 우리는 「소풍 가는 날」, 「혀」, 「유월에 대파꽃을 따다」를 들어야 할 것이다. 「소풍 가는 날」에서 시인은 "안경테 선생님"이라는 중학 시절의 하나의 이상형을 상정해 낸다. 그 선생님은 학생들과 어깨동무를 하고 찬송가를 부르며 우박을 뚫고 나가고, '나'는 그 보호망 속에 싸여 "그들 뒤를 천천히 따라 붙"는다. 우박과 노래, 현상적으로 보아서는 상대가 되지 않는 두 대립항이 그의 시의 균형을 찾아준다는 것은 신기한 일이다. "몸 하나 가눌 수 없도록 후려치는" 우박 속에 가늘디가는 노래 자락 밀어 넣기. 알고 보면 시란, 일상의 눈으로 볼 때 이 세상의 볼모를 현실적으로 견디기는 턱없이 나약한 존재가 아니던가. 그러나 그는 그 노래의 힘을 믿는다. 마치 처용이 노래로 자신의 눈앞에 '네 개의 다리'로 펼쳐진 현실을 건너갔듯이, 여린 찬송가를 부르며 "기운 안경 고쳐 쓰지도 않고" 우박을 건너가고 싶은 것이다. 그러나 이제 세월은 흘러 비오는 소풍날 아침 그 때의 선생님이 된 시인은 "무슨 노래를 불러 / 저들을 이끌고 가야 할까 / 내 뒤에는 과연, 하염없이 비를 맞으며 / 몇 명의 아이들이 따라붙을까"를 고민한다. 아이들이 그의 노래에 달라붙듯이 그가 쓰는 노래인 시에 사물이며 현상들은 어떻게 달라붙을 수 있을까. 시인은 이 작업의 연장선상에서 그의 노래인 말, 즉 언어에 대해 고민한다.

허 신생이 혀를 다쳤다
김밥을 먹다가 혀가 꼬이는 바람에
이로 속혀를 깨물고 말았단다
쉬는 시간마다 거울 앞에서
몇 번이고 혀를 꺼내보는 허 선생이
애처로워 보였다

혀가 허한 허 선생의의 혀를 보니
생각난다
나도 혀 하나로 반생을 살아왔구나
슬프거나 아프거나
분필 가루 순순히 마시면서
혀 하나는 부지런히 놀리면서 살았구나
허 선생이 혀를 내두르며 괴로워하는 것을
재미있어 하는 나는
혀 하나 잘 건사하고 있는지

오늘도 녹초가 된 혀를 이끌고 집으로 돌아오니
서재에도 냉장고에도
아내도 애들에게도

집 안 구석구석까지
내 혀들이 매달려 있었다
앵무새처럼 혀를 날름거리고
감언이설에 속고 속이며
설전을 벌이고
장광설長廣舌에 횡설수설하고
설왕설래說往說來하는 혀
거울을 보니 내 입 속에는
설익은 혀들이
주렁주렁 열려 있었다

–「혀」 전문

우선 발상이 매우 재미있다. 시인이 혀에 대해 이야기하기 위해 허 선생의 '김밥' 사건을 가지고 온 것이 그렇다. 허 선생의 '허'와 '혀'가 같이 결합되어 있는 것은 시인이 언어를 어떻게 다루어야 하는가 하는, 언어의 운용문제를 알고 있다는 것을 말해 준다. 2연의 "혀가 허한 허 선생의 혀를 보니", "허 선생이 혀를 내두르며 괴로워하는 것을 / 재미있어 하는 나는"과 같은 구절에서 우선 빛나는 것은 말놀이의 기법이다. 성씨인 허(許)가 생의 허(虛), 허탈의 허! 등으로 변용되면서 자조와 해학을 감싸 안고자 하는 시인의 의도가 작용한 것이다.

'혀가 씹혔다'는 물리적인 사건에서 얻은 이런 능청스런 말놀이로 긴장을 푼 다음 시인은 일상화법으로 구성된 숙어들을 가지고 와서 '함부로 내뱉은 말들'을 직관으로 관찰한다. 시인은 서재와 냉장고, 아내와 애들, 집안 구석구석에까지 매달려 있는 혀들을 발견한다. 서재와 냉장고의 혀는 자기도 모르게 중얼거리다가 흘러나온 말들일 것이고, 아내와 애들에서 발견되는 혀들은 그들과의 대화 속에서 멋들어지게 혹은 신경질적으로 흘러나간 말들의 흔적일 것이다. 확대 해석하면 냉장고의 혀는 음식을 먹기 위해 벌린 입에서 쏟아져 나온 것이고, 서재의 혀는 시작(詩作) 혹은 무수한 타자의 책들에서 흘러나온 것일 수도 있다. 어떻든 집안 구석구석까지 매달려 있는 혀들은 진실과는 유리되어 뱉어진 말들일 것이다. 문제는 그 말들이 욕망의 흔적으로 기능하고 있다는 것이다. 감언이설, 장광설, 설전, 횡설수설, 설왕설래 등에서 드러나는 바와 같이 그 말들은 진정한 의미의 말과는 동떨어진 언어들로 드러난다. 무엇보다 이 언어들은 사물과 현상, 본질을 흐리게 하는 기능으로 작용한다. 심지어 "거울을 보니 내 입 속에는 / 설익은 혀들이 / 주렁주렁 열려 있었다"에서는 입 속에서 나올 준비를 하고 있는 설익은 말들의 모습을 희화화하기까지 하고 있는 것이다. 시인은 사물과 사태의 본질에서 멀어진 언어의 위험을 구상적으로 잡아내면서 사물과 언어의 진정한 결합을 시도하고 있다. 이는 근본적으로는 그가 어떤 언어로 사물을 노래해야 할 것인가에 대한 고투까지를 드러내고 있다고 해야 할 것이다. 그는 또, 어머니가 생을 반죽하여 언어보다 많은 것을 말하듯이 "언어를 버무려 국수보다 뜨거운 시 한 줄 뽑아보고 싶"(「어머니는 국수로 말씀하신다」)어 한다. 동시에 사물을 포함한 타자와의 합일을 위하여 "매일 아침 벼랑으로 내려"가, "많은 철쭉을 꺾어 너의 뜰녘에 심"는(「헌화가獻花歌」) 고뇌를 마지 않는다. 사물과 언어의 스밈과 짜임을 통한 행복한 일치를 그는 꿈꾸는 것이다. 사물에 닿는 언어를 쓰고자 하는 다짐, 비본질적인 곁가지의 언어 자르기는 물론, 욕망의 도구로서의 시를 그는 배격한다. 인위적 언어에 대한 불신은 밖으로 가슴에서 발효한 언어에 대한 경사로 이어진다.

나는 이제 입을 열지 않기로 했다
나에게 입이 있었을 때

많은 말들이 걷잡을 수 없이 흘러나왔으나
그것은 자주 흘리는 눈물처럼 무가치한 것이었다

내가 입을 다물자
머리 속에서는 너그러운 말들이 생성되기 시작했다
가슴에는 풍부한 생각들이 절로 자리잡았다
(중략)

입을 다무니
내 삶은 된장처럼 되어가고 있었다

나의 몸은 장독처럼 둥글어졌다

–「무구유언無口有言」 부분

의지와 달리 걷잡을 수 없이 줄줄 흘러나오는 언어 때문에 그는 입을 열지 않기로 한다. 그 언어는 그에게는 자주 흘리는 눈물처럼 무가치한 것이다. 마침내 입을 갖지 않기로 하는 화자의 엉뚱한 생각 이후 "머리 속에서는 너그러운 말들이" 자라나기 시작한다. 사물에서 이탈되어 흐르는 언어들과는 달리 여기에 이르면 누룩처럼 발효하고, 자연처럼 발아(發芽)한다.

마침내 언어는 「연필」에 이르러 자라며 성장한다.

손을 벨까봐 무서워 못 깎겠다고
초등학교에 갓 들어간 용우가
연필을 들고 왔다

그러나 아들아,
네 손으로 연필을 깎아라

이빨을 갈기 위해 안달하는 다람쥐를 보아라
쉼 없이 갈고 갈아야 새 이빨이 자라나듯
네가 손수 연필을 깎지 않으면
연필은 성장을 멈출 것이다

샤프 펜슬은
닳기만 할 뿐 절대 자라지 않는다
칼을 두려워 마라
어릴 때 아빠가
무딘 식칼로 몇 자루고 연필을 깎는 날이면
아침마다 한 뼘씩의 연필이 자라났다
그것으로 혓바닥이 까매지도록
연필 맛을 보며 글자를 썼다
그렇게 동아연필, 낙타표 문화연필을 깎으며
아빠는 자랐다

발가락이 굵어지고
헐렁한 바지가 작아질 때까지
다람쥐 같은 내 아들아
오늘밤에는 잠도 자지 말고
손가락을 베어가며
연필을 깎을 일이다

–「연필」 전문

우리는 지금 "아침마다 한 뼘씩 자라나"는 신기한 연필을 보고 있다. 재미를 느끼게 하는 이 구절은 그러나 언어와 대상에의 만남을 위해 선택된 것이다. 시인은 정작 언어를 향해 고투하는 자아를 말하고 있다. 당연히 칼로 표상되는 현실을 통과한 언어에 시인의 관심도 모아진다. "닳기만 할 뿐 절대 자라지 않"는 샤프 펜슬의 언어는 「혀」에서 드러나듯 욕망의 언어이다. 그것은 아무리 모양이 좋더라도 이미 만들어져 우리 손에 주어진 레디 메이드(ready made)의 피동성의 언어이다. 때 묻고 관습화된 반질반질한 언어이다. 그 반대편에 그가 추구하는 신생과 생명을 지향하는 원초적인 언어가 존재한다. 그 언어는 깎으면 깎을수록 자라는 상상력의 원천으로서 기능하는 언어이며, "갈아야 새 이빨이 자라는 다람쥐처럼" 손가락을 베어가며 깎는, 피 흘리는 언어이다. 존재와 만나 피 흘릴 때, 그리고 "혓바닥이 까매지도록" 자아가 구체적으로 대상과 만날 때 언어는 그 자양으로 성장할 수 있는 것이다. 아무리 깎아도 소진되지 않는 언어, 깎을수록 자라는 생명의 언어는 그의 시들이 심미적 자족성에 닫혀 있는 것이 아니라 경험 세계 속에 열려 있음으로써 가능하다. 그는 구체적 경험현실로서의 "칼을 두려워 마라"고 말한다. 대상과 구체적으로 만나 피 흘리지 않는 언어들이 무슨 소용이 있으랴.

세상을 헤쳐 나갈 자신의 노래에 대해 낮은 자세로 성찰하며 고민하는 정신이 자의식과 치열한 대결을 벌여 피 흘린 흔적은 「유월에 대파꽃을 따다」라는 작품 속에 잘 형상화되어 있다.

> 유월엔 대파꽃을 따자
> 어린 수퇘지를 거세하듯
> 허드렛꽃을 꺾어내자
>
> 대파여
> 우리가 너를 칠 때
> 너는 다만 순교자殉敎者처럼 목을 내밀고
> 황토 위로 흰 피를 뿌리기만 하면 된다
> 벌·나비 찾지 않아도

바람과 햇볕이 너를 키우리라
이슬은 새벽마다 상처를 애무하고
피는 흘러흘러
너의 푸른 팔과 흰 발을 살찌게 하리라

유월의 대파여
때로는 교목喬木처럼 뻗어나야 할 때가 있다
씨방 없는 삶을 두려워 마라
목이 꺾일 때마다
너의 가슴에는 한 송이
별똥꽃이 피어난다

－「유월에 대파꽃을 따다」 전문

우리가 여기서 읽을 수 있는 것은 대파에 대한 감각적 묘사와 서정적 체험이 아니라 대파라는 대상을 통해 자신의 존재 근원을 성찰하는 것이다. 여기서 대파는 피투성의 존재인 인간의 한계상황이자 벽이다. 시인에게 자아의 본질은 아픔으로 확인되는 존재가 된다. 세계는 "어린 수퇘지를 거세하듯", "씨방 없는 삶"의 치욕을 강요하는 것이지만, 자아는 기꺼이 그런 세계의 "황토 위로 흰 피를 뿌리는 순교자"가 되고자 한다. 치욕을 넘어서는 견인에 이를 때 우리는 가슴에 씨앗보다 더 본질적인 별똥꽃을 피울 수 있는 것이다. 시인은 세계의 불모 속에 놓인 생명의 치열성을 보여주고 있는 것이다. 세상을 눈 부릅뜨고 살아가고자 하는 존재에게 적당히 꽃을 달고 살아가는 것은 어떻게 보면 안이한 삶이고, 사물화되고 죽어 있는 상태일 뿐이다. 그 삶은 타자들의 시선에 자신의 존재를 맡기는 삶이다. 그 때마다 그는 껍데기를 사는 일상적인 삶의 비본래성을 벗어나 살아 있음의 존재 확인과 결단의 자세를 스스로에게 요구한다. 꽃을 따낸다는 것은 벌나비의 유혹을 뿌리치는 결단을 요구한다. 그 결단은

"바람과 햇볕이 자신을 키우"고, "새벽마다 이슬은 상처를 애무"할 것이라는, 나아가 "피가 푸른 발과 흰 발을 살찌게" 할 것이라는 도저한 긍정을 이미 가슴 속에 내장하고 있기 때문에 가능한 것이다. 대지에 자신의 존재를 깊숙이 뿌리 내리고 상처가 자신을 성장시킨다는 믿음이 이런 '별똥꽃의 형이상'을 낳을 수 있는 것이다. 여기에 이르면 그의 노래는 직관의 수준에 도달하고 있다.

그 직관은 사물과 현상에 대한 저공비행을 통해 얻어지는데, "날개를 단다는 것은 함정이었다"(「매미」)는 사물에 대한 깊이 있는 인식에 이르는 과정이기도 하고, "이 땅의 꽃들은 다행히도 저녁에 진다"(「이 땅의 꽃들을 노래함」)는 해석적 진술을 동반하는, 보이지 않는 현상에 대한 근원적인 성찰을 일구기도 한다. 이 시는 심미적 대상의 시적 변용이라 부를 만한 특징을 지니는 것으로서 사물의 존재성을 깊이 있게 드러낸다. 여기서 시인은 "이 땅의 꽃들은 아침에 다시 피어난다, 다행히"라는 구절을 끝행에 배치함으로써 사물이 인간적인 차원 속에 자리 잡게 되는 면을 보여준다. 이 때 무당거미와 이슬, 은사시나무의 깃털은 이 꽃들의 피고 짐에 대한 증인으로 존재하는 물상이다. 이는 자연스럽게 "높이 날지 않아도 멀리 볼 수 있는 새 / 멀리 볼 수 없어도 오래 날 수 있는 새"(「알바트로스 알바트로스」)에서 확연히 드러나듯 '멀리', '오래' 볼 수 있는 삶에 대한 보편적 인식의 깊이로 연결되는 것이다.

4.

그는 '세속적 체험의 시'와 '대상에 대한 투시의 시'로 우리 삶에 놓인 근본적 진실과 자아의 실존을 탐구하는 치열성을 보여주었다. 이 두 가지

개성의 시들은 그의 인식이 착반해 간 두 방향으로 서로를 보완하면서 그의 시에 깊이를 더하는데 개인적으로 필자의 관심은 후자 쪽에 더 머물렀음을 말하고 싶다. 언어 형식에 대한 배려가 더해진다면 우리 시단의 하나의 개성으로 자리 잡을 수 있을 것으로 믿는다.

더 많은 시들을 인용하고 싶지만 독자들은 현실과 상상력의 틈새에 난 오솔길을 따라 가 보는 쏠쏠한 맛도 보아야 할 것이기에 여기서 논의를 마친다.

생명에 대한 연민의 정서와 단순성의 미학
– 이예성 시집 『라만차의 기사 꿈 속에 별을 보다』

이예성은 평생 가슴에 시를 보듬고 시의 싹을 키우며 살아온 시인이다. 그는 바다가 보이는 언덕 가까운 어느 피난지에서 "쥐새끼만한 게 제대로 살기나 할까?"(「콩깍지와 쥐새끼」) 아버지의 걱정스러운 한숨소리를 들으며 태어나, 길가의 나무와 풀들, 하늘의 별들을 닮은(「질경이」), 소똥냄새 풍기는(「소가죽 가방」) 착한 벗들과 "훤히 드러난 소의 슬픈 엉덩이를 보며" 우마차를 타고(「마차타기」) 산과 바다를 쏘다니는 어린 시절을 보냈고, 그 와중에 문둥이촌 산넘어 천형의 시인 한하운을 만나기도 한다(「돌마을」). 그의 그런 시인 기질은 "잎새에 이는 바람에도 괴로워했"던(「서시」) 선배 시인 윤동주를 내면으로 만나면서 더욱 불이 붙는다.

그는 천성적인 낙천주의자로서 "솥단지 걸 데만 있으면 / 아무데서나 솥을 걸고"(「누구에게나 산다는 것은」), 혹은 토큰 하나의 무게를 느끼며(「버스토큰 한 닢」) 소박하게 살기를 원한다. 또한 우리나라의 산과 강을 닮은 우리말을 지독히도 사랑하며(「한글, 그 이름씨들 닮은」), 서라벌이라는 땅을, 거기서 태어난 최제우를 또한 가슴에 품으며(「저 넘실대는 물결, 영혼들－－서라벌 남사못에서」) 끊임없이 생에 대하여(「삶은 달걀」, 「서툰 인생관」), 우주와 시간에 대하여(「한데」) 고민하며 한 가정의 가장으로서 한없이 너그럽게 인생의 항해를 계속(「어획고」)한다.

그는 "풍뎅이 무당벌레 같은 차들이 / 고속도로에만 올라가면 / 무섭게 달려가는”(「고속도로」) 속도의 시대, 자본주의 시대에 살고 있지만, 그의 이빨에 씹힌 여린 영혼들에 대하여 괴로워하고(「이빨을 닦으며」), 아직도 그는 시원의 시간, 자연의 품을 그리며, 그리움으로 물들어(「가던 길 휙 돌아서서」) 보름달 뜨면 숨도 못 쉴 정도로 놀라며(「보름달 뜨면」) 산다. 이 시집은 바로 그런 순결한 영혼의 기록이다.

이예성 시의 전반적인 면모는 이 정도로 요약하고 여기서는 그의 몇 편의 시를 통해 그의 시의 가장 예민하고 특징적인 부분을 짚어보고자 한다.

*

이예성은 연륜을 가진 시인답게 삶에 대해 많은 생각을 한다. 그는 무슨 일이든 복잡하고 어렵게 생각하지 않는다. 그런 생각은 「삶은 달걀」이라는 시에 잘 요약되어 있다.

펄펄 끓는 세상 차가운 세상에
우리 삶이야 어디
빈손으로 길가다 배고프면
엉거주춤 쪼그려 앉아
펄펄 끓는 물에 펄펄 삶아
차가운 물에 담가 차갑게 식힌 달걀
이마에 톡톡 깨뜨려 때 묻은 손으로
겉껍질 속껍질 알뜰살뜰 벗겨보면
고스란히 우주 한 덩어리
얼마나 흰지 흰자위
검은 숯덩이 이내 마음 어디 감춰야 하나?
얼마나 고운지 노른자위 그대 고운 마음
내 아프게 했지.

굵은 소금도 괜찮아 콕콕 찍어 한 입 두 입
어물어물 삼키면 울컥 목이 메어
(봄날 저 아스팔트 위 아지랑이 속에라도
그리운 님 어른거렸나?)
눈물 흘릴라 얼른 물 한 모금 마시면
닭 한 마리 먹은 셈치는 거지.

우리 삶이야
겉으로야 이리저리 두들겨 맞아도
속으로는 멀쩡한 삶은 달걀

차가운 세상 또는 펄펄 끓은
세상에!

—「삶은 계란」 전문

한 시인이 모든 인간의 보편적 원형 정서를 미각적, 후각적 지각으로 끌어낸다는 것은 부귀와 귀천을 떠나서 원초적 체험이 현실의 비극이나 슬픔을 정화시킬 수 있을 것이라는 믿음 때문이다.

삶은 펄펄 끓거나 차가워진 세상에 담긴 삶은 달걀을 하나 먹는 것, 그걸 먹고 이내 배가 불러져 기분이 좋아진 거지. 그 껍질을 더 벗기면 그 속에 우주 한 덩이가 있고, 그 속에는 또 검은 숯덩이인 내 마음 감출 곳 없음을 일깨워주는 흰자위도, 그대 고운 마음 같은 노른자위도 있어 우리를 그립게도 하고 아프게도 하는 것.

이 시는 우선 '삶은'(烹)과 '삶(人生)은'을, 거지(것이지)와 거지(乞人)의 동음이의를 통해 전혀 새로운 의미의 파장을 만든다. 시인은 소리와 의미가 결합된 이 펀(pun)의 효과를 통해 우리 삶을 단순화시킨다. 복잡다단한 삶에 대한 정밀한 통찰보다는 단순화하여 까다롭고 복잡한 우리 생각의 숨통을 틔워준다. 살다 보면 고통과 허기의 사나운 날이 얼마나 다반사일 것인가. '뜨거운 물'이 펄펄 끓는 격정의 날을 상징한다면 '차가운 물'은 녹록치 않은 삶의 신산을 상징한다. 그러나 그것을 호들갑스럽게 힘드네 엄살을 피울 필요가 없는 것이다. 시인은 인생의 신산과 격정을 차가운, 혹은 뜨거운 물에 잠긴 '삶은 계란' 하나로 은근슬쩍 겹쳐 놓는다. '삶은 계란'을 껍질 까고 먹어본 기억, 그 미각과 후각은 인간의 원초적인 향수를 자극하면서 허기지고 힘든 날을 건너가게 만드는 생명의 원초적인 동력으로 작용한다. 그러기에 '삶은 계란' 하나에는 현실의 그러한 궁핍과 인간의 근원적인 고독과 격정의 날을 생명의 힘으로 극복하려는 너그러운 마음이 들어 있다. 더욱이 껍질 속에 감추어진 우주와 우리네 마음이라니! 그것은 인간이라면 누구나 되돌아가고픈 욕망의 처소이면서 회귀의식을 드러내 주는 장소다. 시인은 그 처소에서 삶의 에너지를 공급받고자 한다.

기실 인생이란 아무리 거창한 존재라 할지라도 삶은 계란 하나 앞에 놓인 한줌 허기인지도 모른다. 시인은 그것을 구심점으로 삼아 삶의 외부적 내부적 요인에 의한 상처와 고통을 너그럽게 끌어안는 수용적 자세를 보여준다.

그러면 시인은 이 삶의 씨줄과 날줄인 날마다의 일상을 어떻게 운행하고 있는가. 시인은 식솔들을 거느린 가장으로서의 퍼덕이는 생명력으로 이 생의 수역을 건너간다.

> 모기한테까지 빼앗길 피는 없을 것 같아
> 오늘밤은 구멍 뚫린 모기장이라도 쳐본다.
>
> 그럼 어김없는 아내와 아직 태어나지 않은 자식과
> 별 수 없는 아들놈들 흰 다리들 더 허옇게 내놓고

고스란히들 내 수역에 사로잡힌다.
오늘 꿈속에선 다들 어느 바다를 헤매는 걸까
고등어 아가미 같은 두 눈썹들 껌벅거리며?

자 이제 밤새 쳐놓은 모기장을 슬슬 걷어본다

오늘 아침 이 구멍 뚫린 어망엔 또 무슨 고기들이 잡혔을까?

알 밴 게처럼 아내가 퍼득퍼득거리고
날랜 오징어처럼 아들놈들 꿈틀댄다.
아직 태어나지 않은 얼굴일랑 뭐 때문에 덩달아
아침부터 발버둥질 치는가?

이만한 어획고면 한 오백년은 살 법하다.

—「어획고」 전문

모기장과 그물, 시인의 상상력의 수역에 사로잡힌 식구들의 모습은 자연의 생명력을 찬양하는 에로스적인 심미적 미감으로 가득하다.

장 콕토(Jean Cocteau)는 한 개의 벽이 철학자나 과학자에게 비겁한 정지를 강요한 곳에서 시인은 발걸음을 내딛는다고 하였다. 이는 과학적 논리체계가 부딪친 벽을 시적 직관의 힘인 상상력만이 뛰어넘을 수 있음을 보여주는 것이다. 논리를 초월한 상상력에 의해 설정된 이미지는 현실세계와 유기적 관련을 가지며 작품 속에 나타난 구체적 사물과 대상을 통해 드러나게 된다. 시적 상상력이란 외계의 단순한 모사만이 아니라, 이를 변형하고 전이하며 치환하는 재창조의 역할을 하게 된다.

이 시에서의 모기장의 그물로의 변용이 그것이다. 모기장은 일상적인 용도로는 모기를 막기 위한 것이다. 그러나 1연의 2행 "구멍 뚫린"이라는 수식어는 그것이 모기를 피하기 위한 용도가 아님을 은근슬쩍 보여주는 것이다. 이것이 시가 들어오는 숨구멍이다.

막상 모기장을 쳐놓고 보니 시인의 상상력의 영역(수역)에서 그 속에 들어 있는 에로스적인 "흰 다리들"은 어느새 어류로 바뀐다. 모기장이 그물로 바뀌고 밤은 바다로 감각작용을 불러일으키면서 변용된다. 그 싱싱한 것들이 신생의 몸짓으로 뒤척이고 있다. 시인은 아내와 자식들을 "고등어 아가미 같은 두 눈썹들 깜빡거리며" "먼 바다의 푸른 힘"과 교감하는 에로스의 생명 에너지로 직접 투사한다. 그리고는 아침마다, 싱싱한 생명의 비린내가 가득한 그물을 걷어 올리면서 득의의 미소를 흘리고 있는 것이다. 이 시는 낯익은 풍경을 새로운 공간으로 바꾸면서 풍요로운 생의 국면을 구체적으로 환기한다.

일상의 존재가 생명의 도약을 실현할 수 있었던 것은, 무엇보다도 시인의 섬세한 상상력이 후각적, 촉감적 질감으로 변환되어 죽은 일상의 언어에 신의 입김과도 같은 생명감을 부여한 덕분이다. 가장인 시인은 가족 구성원을 먼 대양, 상상력의 자유수역으로 보냈다가 매일 다시 풀어내는 신화적인 행위를 통해 오백년의 삶으로도 다하지 못하는 온 가족의 행복을 끌어당기고 있는 것이다.

에즈라 파운드가 언급한 "평생 동안 여러 권의 책을 쓰느니보다 하나의 훌륭한 이미지를 만드는 게 낫다."고 한 말을 다시금 상기할 필요가 있다. 이 이미지의 변용은 단순한 재미라기보다는 의미를 한 차원 더 풍부하게 만들면서, 신선함과 생명력을 창조해 나가는 시인의 연금술사적인 고뇌를 읽게 한다. 이는 요즘 현실을 반영한 시들에 팽배해 있는 상투적인 인식 위주의 시에 생명력을 부여하면서, 신선한 정서의 환기를 도모한다는 측면에서도 독특한 효과를 발휘한다. 좋은 이미지는 상상과 현실의 경계를 허물면서 실제 체험에서 이미지를 끌어내는 것보다 더 큰 효과를 거두고 있는 것이다. 가족에 대한 이런 의식은 타자로 뻗어나갈 수 있는 단초를 마련한다.

벌레 먹어 이리저리 구멍 난 잎사귀에도
이름이 있다더니 질경이

가시덤불 헤치며 검붉은 뱀 딸기 따 먹고도
아픈 가슴 낫지 않아 시퍼러 둥둥 어릴 때 죽은
절름발이 구씨 딸 평자를 꼭 닮은 풀 질경이

우리 마을 뒷산 기슭 오두막집 응달에만 살다가
어설프게 깃털 갓 나온 참새새끼처럼
얼핏 부는 바람에도 파르르 파르르 떨다가
배앓이 못 고쳐 소꿉장난 하다말고
푹 엎으러져 죽은 동석이 꼭 닮았다지?

꽃대궁은 있어도 어디 꽃이나 피는 건지
진딧물 같은 씨앗들만 잔뜩 붙어있어도
죽지 않는 풀이라 질경이
수레바퀴 지나간 돌밭마다
아무데고 돋아난다 더 수북이
말똥쇠똥 밑에선 더 푸르고 더 질기게

아무렇게나 질기게만 살다간 사람들이야
진딧물처럼 멋도 모르고 살다간 짐승들이야
아무데고 돋아나 언제고 푸르게 되살아나는
질경이는 되었으려니

진딧물 같은 푸른 씨앗들 흩어졌다가
물안개 이슬 되고
저 하늘 은하수 밖에는
갈 곳도 없더라

―「질경이」 전문

시인은 자문자답의 형식으로 "벌레 먹어 이리저리 구멍 난 잎사귀에도 / 이름이 있다더니 질경이"라는 말로 고리를 푼다. 정말 하찮게 살다간 무수한 영혼들 중의 하나로 질경이를 들고 있음을 알 수 있다. 그 생명은 "진딧물 같은 씨앗들만 잔뜩 붙어있어도 / 죽지 않는 풀이라 질경이"란다. 우리는 "죽지 않는"이라는 관형어에 주의할 필요가 있다. 죽지 않는 생명, 비록 평자와 동석이는 죽었지만 그들은 "물안개 이슬 되고 / 저 하늘 은하수가 되"어 살아있기 때문이다. 짓눌리고 으깨어지면서도 다시 살아나는, 죽었으되 본질적으로는 죽지 않은, 물안개와 이슬이 되고 저 하늘의 은하수가 되는 가난한 이웃들의 영혼은 이렇게 동일시되는 것이다. 물안개와 이슬, 그리고 은하수는 비극적 현실을 영원의 세계로 동일화시키려는 시인의 무의식층에 자리한 질료라 할 수 있다. 애절함과 영원성을 함의하는 은하수는 유토피아의 원형으로서 시적 화자가 날마다 떠올릴 수 있는 충만한 생명력의 세계이다. 이것은 힘없는 모든 영혼들에게 에너지를 불어넣어 주는 절대의 공간이다.

이는 결국 뱀딸기, 참새새끼를 포함하여 인간과 자연, 그리고 천체가 하나로 환원되는 신화적 원형을 드러내는 데까지 이른다. 수레바퀴라는 문명이 짓밟고 지나가도 생명은 끝내 일어설 수밖에 없다는 것, 여기에는 생명의 전 과정에 대한 시인의 연민 의식이 자리 잡고 있다. 시인은 질경이에서 어릴 때 죽은 친구를 떠올리며 이를 하늘의 은하수로 연결하고 있는데, 이 생명 교감의 연대는 자아와 타자가 구분이 없는 수평적 생명, 사랑의 정신의 구현으로 이어지고 있다는 점도 간과해서는 안 될 대목이다.

시인의 생명에 대한 사랑과 타자에 대한 연민 의식은 무엇보다 자신에 대한 성찰에서 출발하고 있다는 점을 주목할 필요가 있다.

오늘도 이빨을 닦으며 치약 거품을 삼킬까봐
나는 괜히 헛기침을 한다.
응 응 킁 킁.
때로는 이빨을 닦으며 내가 잘못한 것
이제 뉘우치며 나무랄 때도 있다.
"그러지 말았어야 했는데."

오늘도 이빨을 두세 번 닦으며
"오늘은 무엇을 뜯어 먹었지?
무엇 잡아뜯어먹었을까?"라고
살벌한 반성을 하는 것은 결코 아니라고
나를 달래보지만
자꾸만 그쪽으로 생각이 간다.

이빨을 다 닦고 입을 헹구려
스테인레스 컵으로 한 입 물을 들이킬 때면
컵 속 바닥 위에 어김없이 훤히도 드러나는
쭉 내민 내 입의 만화경.
툭 튀어나와 참 못생겨 마치 낙타 닮은 주둥이에
소스라치게 놀라 그 꼴 한심하기도 하고
어떨 때는 밉기까지 하다.
참 어이없게도 쭉 내민 내 입이야
오늘 하루 사냥에 흐뭇한 듯 주저앉아
한가로이 되새김질이나 하는 늙은 사자의

뻔뻔스러운 주둥이 같아 보일 때도 좀 있다.

이빨 썩을까봐 입에서 냄새날까봐
시키지 않아도 이빨을 뻔질나게 닦는
나도 좀 서글퍼질 때가 더러 있다.

알고 보면, 멀리 곰곰 생각해보면
나 때문에 말 못하고
마음 아픈 사람들 많았을 꺼다.

그래 이빨 닦기를 게을리 할 때가 좀 있다.

—「이빨을 닦으며」 전문

좋은 시인들은 현실적 문제를 다룰 때에도 직설적 어법을 피하고 우화적 기법을 차용한다. 그래야만 교훈적인 요소를 최대한 눅이고 제어하면서 우회적인 측면에서 시적 상상력의 진폭을 넓게 가져갈 수 있기 때문이다. 이 시가 바로 그런 경우이다.

시인은 점잖게 "응 응 킁 킁" 허세를 부리고 있지만, 목구멍의 만족을 위해서 그 쫄깃쫄깃하고도 감칠맛 나는 육질을, 그 약한 동물을, 연약한 사람들을 뾰족한 이빨로 맛있게 뜯어먹은 것이 못내 걸리는 것이다. 이빨 닦기의 표면적인 이유야 이빨 썩는 것을 막기 위해서라지만 실제로는 자신의 쾌락을 위해 희생된 먹이를 떠올리며 살육의 기억을 깨우고 있는 것이다.

이빨에는 현대인의 공격성과 욕망 모두가 함의되어 있다. 좋은 시는 늘 그렇듯이 사소한 행위를 통해 이 시대의 욕망의 문제나 현실적 모순을 다룰 수 있어야 한다. 그것도 언어와 적절한 사유가 만나야 한다. 시는 우선 일차적인 미학으로 맛깔난 언어를 깔아야 하고, 그 위에다 이차 의미인 교훈적인 쓴 약을 동시에 줄 수 있어야 한다. 인간의 욕망 가운데 가장

으뜸으로 치는 것이 식욕이다. 시인은 미각적 감각으로 어느새 자신에까지 스며든 시대의 욕망을 읽고 있는 것이다. 이 시에서 우리는 인간의 행동, 공격성에 대한 성찰적 시선을 무의식적으로 환기하게 하는 특성을 읽을 수 있다.

*

우리는 지금까지 몇 편의 시들을 분석하면서 이예성 시의 가장 예민하고도 본질적인 부분을 짚어보았거니와 삶의 고통을 거부하거나 그렇다고 과장하지 않는 지점, 소유욕과 분별심을 초월한 지점에서 이예성의 시는 탄생한다. 그의 시는 생의 진리를 거창한 것이 아니라 단순화하여 현시하는 특징을 지니고 있다. 시는 오성을 통해 생의 궁극적 의미만을 반추하여 진리를 생산하는 이성적인 과정이 아니라, 직관과 통찰을 통해 얻은 생의 궁극적 질서와 진리를 언어 미학으로 가시화하는 작업이라 할 때 이렇게 작은 사물과 행위를 통하여 삶의 진리를 현시하는 이예성 시의 특징은 새롭다고 할 수 있다.

껍질을 까서 먹는 '삶은 달걀'을 통해 기실 인생이란 모두 그 달걀 하나 앞에 놓인 한줌 허기라고 단순화할 때도 시인의 심층에는 삶에 대한 연민과 사랑이 깃들어 있다. 모기장을 치고 걷는 행위를 통해서도 시인은 먼 항해에 나선 행복하고도 벅찬 어부로서 이 건조한 현실을 에로스적인 심미감과 신화로 건너간다. 시인의 이런 생명감은 단순한 상상으로만 기능하지 않는다. 그 밑바닥에는 그의 이웃들에 대한 사랑의 정서가 그렁하게 존재한다. 가슴이 아파 죽은, 절름발이 구씨 딸 명자와 배앓이로 폭 고꾸라져죽은 동석이 같은 우리의 이웃들이 죽었으나 죽지 않고 하늘의 은하수가 되어 날마다 우리를 내려다보고 있다고 그는 믿는다. 비극적 현실을 영원의 세계로 동일화하려는 시인의 무의식과 연민이 있기에 그의 시는 진실성을 담보하는 것이다. 이런 이웃들을 껴안는 자세 속에는 시인 자신의 염결성이 바탕이 된다. 시인은 이빨 닦기를 통해 어느새 자신에까지 스며든 공격성과 폭력 같은 시대의 욕망을 매일 지워내는 작업을 하고 있는 것이다.

여기까지 이야기를 이끌어오고 보니 필자는 이예성의 시를 '생명에 대한 연민의 정서와 단순성의 미학'이라 이름 붙여 보고 싶어진다.

"시는 정서에서 출발하여 정서로 끝난다"라고 한 엘리엇(T. S. Eliot)의 언명을 생각할 때 이예성 시에 나타난 정서의 일단이 가장 잘 드러난 시 한 구절이 문득 떠오른다.

> 신께서 흙을 빚어 사람을 만들었나니
> 그만 날씨 탓으로
> 백인은 불에 좀 덜 그슬렀고,
> 황인종은 좀 노릇노릇 구웠고
> 흑인은 좀 더 태웠을 뿐이로다.

–「인순이」 부분

인식의 새로움과 모성적인 것의 의미

– 유안진 시집 『다보탑을 줍다』

시인은 새롭게, 다르게 보고 말하는 자이다. 여기에는 이미지와 리듬, 주제의 모든 국면들이 포함된다. 시인은 일상이나 문화, 도덕, 인습의 외형에 가려진 진실을 회복하여 드러내는 자이다. 아울러 시인은 개성적인 인식과 표현으로 보편을 이끌어내어 감동을 주는 자이다.

유안진의 『다보탑을 줍다』는 시인에게 요구되는 이런 자질을 독자들에게 보여주기에 부족함이 없는 시집이라고 판단된다. 이 시집에는 다양한 경향들을 보여주는 74편의 시가 실려 있지만 시편들마다 원숙한 경지에 이른 시인의 시적 사유와 전개과정이 참으로 자연스럽고도 독특하게 나타나 있다. 서정의 진수를 보여주는 시가 있는가 하면, 우리 눈의 관행과 전통적인 관습과 일상의 그릇된 부분을 풍자적으로 보여주는 시들이 있다. 시인이 다루는 사물이나 대상은 시공간적으로도 그 범위가 대단히 넓고 크다. 그러면서도 우리가 주목해 보아야 할 것은 시인의 시선이 타자와 자신에게 똑같이 향하고 있다는 점이 될 것이다. 시인이 외부현실뿐만 아니라 자신의 내부에도 엄정한 시선을 유지함으로써 세계에 대한 개진은 올곧은 균형을 유지할 수 있는 것이다.

예를 들어 "도시 아이들은 별 볼 일이 적어서 / 별 볼 일이 많은 아이들을 찾아서 / 유성流星들은 밤마다 시골로 모인다 / 아이들이 개울물에 다이빙하듯 / 별들도 다투어 시골로 모인다 // 아무도 모른다. 밤하늘에서 다이빙한 유성들이 날 새는 줄 모르고 놀다가 올라가지 못한 줄을, 그래서 아이들 목소리 자욱한 학교길도 코스모스꽃 자욱이 피는 줄을……// ……그래서 학교길 가을볕은 한 촉수 더 밝다 / 아이들 목소리도 한 옥타브 더 높다.”(「코스모스 학교길」) 같은 구절은 시골 아이들이 가진 순수성에 대한 시인의 애정에서 기인한다. 순도 높은 서정시의 진수를 우리는 확인하게 되는데, 이때도 시인은 동심에 기초한 묘사와 더불어 진술(관조적 진술)을 활용함으로써 세계에 대한 나름의 해석을 이끌어낸다. “비 가는 소리에 잠”깨어 “아쉬움과 섭섭함이 뒤축 끌며 따라가는 소리”를 듣는 시(「비 가는 소리」)에서 우리는 시인의 섬세한 감성과 함께 “왔던 것은 가고야 말지 / 시절도 밤비도 사람도……죄다.”에서 보듯 가는 소리가 더 들리는 연치(年齒)에 이른 시인의 회한을 확인하게 된다. 시인은 항상 앞선 것의 희생에 연민의 시선(「박수 갈채를 보낸다」)을 보낸다. 그러나 시인은 “화장장은 날마다 그날(방생의 날－필자 주)이”라는 구절(「방생이 이루어지는 곳」)에 이르면 죽음마저도 풀어놓아주는 것으로 인식하고, “고개를 떨구면 세상은 아무데나 불국정토 되는가”(「다보탑을 줍다」)에서는 공간의 차별을 무화하는 자재로움을 보여주는 것이다.

우리의 삶을 구성하고 있는 세목에 대한 관찰도 시적 직관과 우리 것에 대한 웅숭깊은 애정에서 발로한다. “볼 장 다 본 사람”에서 “장터 아닌 세상이 어디 있으며”로 진입하는 말놀이(「장날 장터에서」)나 ‘방芳뎅이와 궁窮뎅이’의 슬픈 순서(「히프의 길」)에서 생을 잡아내는 능력, 그리고 밥상 위에 올려진 콩자반에서도 “젓가락 한쌍이 한뜻 되어 한알씩만 집어주는 까닭”을 발견하고 “입보다 큰 스푼으로 삽질하는 게 아니다”(「밥상 위의 마술」)라고 말할 때, 서양문화와 대비되는 우리 것의 긍지를 한번 생각해보라.

이런 시인의 시선은 무엇보다 자신으로부터의 부단한 변신의지(「내가 나의 감옥이다」, 「나는 늘 기다린다」)에서 발원된 것임을 기억할 때 더욱 소중하다. 시인은 무엇보다 자신에 대한 성찰을 게을리 하지 않음으로써 우리의 일상과 사회 문화에 대한 비판과 균형을 획득하고 있는 것이다. 시인의 좋은 시들은 "강으로 회춘하는 바닷물처럼"(「예외를 발견하다」) 끝없이 우리의 인식을 갱신시킨다. "온몸으로 삼켜먹고도 태연하게 입을 감춘 돌"을 묘사한 「입 없는 돌」, "사람보다 기막힌 꽃이" 없다는 인식을 담은 「빨래꽃」, 옷 한 벌로 평생을 지내다가 그 옷으로 수의를 삼는 물고기를 청빈의 사제로 잡은 「물고기」 등이 대표적이다.

무엇보다 눈여겨 볼 것은 일상에 숨은 여성성과 그 여성에 대한 억압을 날카롭게 짚어낸 시들이다. 시인은 자신의 어머니에서 이 땅의 뭇 여성들의 모습(「어머니의 물」)을 보며, 아들을 낳지 못한 어머니의 비애를 "내 엄니의 하느님은 바로 없는 아들이었다"(「벽화 그리는 술독」)라는 말로 구체적으로 그린다. 이 땅에 딸로 태어난 자의 비애를 통해 사회성의 억압을 그린 「며느리」는 그 정점에 놓인 시다.

가시나무는 제 몸의 가시가 싫었다
뽑아버릴 수도 도망칠 수도 없었다
그래서 최대한 가시나무이고자 했다
최선을 다했다
마침내 드디어 기어코 해냈다
가시나무만의 빛깔과 모양과 꽃을
그러나 다들 장미라고 불러버렸다
그러고는 잘라서 꽃병에 꽂아놓고 코를 벌름거린다

내가 나를 결정할 수 없는 여기를 세상이라고 한다

태어나보니 딸이라고 했다

죽었다 살아나도 딸이 아닐 수 없어
최대한 딸이 되려고 최선을 다했는데
며느리가 되고 말았다
산 사람보다는 귀신들과 더 자주 밤새우는
제삿상만 책임지는.

'가시→장미→꽃병 속의 꽃'은 이 땅 여성들의 수난과 억압을 상징적으로 보여준다. 그 비애는 '딸→며느리'로 유전되면서 "내가 나를 결정할 수 없는 여기"에 대한 함축적인 비판의식까지 동반한다. 가만있는 '나'를 두고 세상은 나를 단정지어버린다. 나는 아들 딸 이전의 '나'일 뿐인데. 상징(1연)과 진술(2연)과 사실(3연)의 조화로운 구성도 이 시의 빼놓을 수 없는 장점이다. 부권담론에 대한 비판과 저항에 무게를 싣고 있으면서도 이를 넘어서는 지점을 거느리고 있다. 유안진 시인의 시에서 나타나는 여성성은 우리 여인들의 품위와 법도, 삶에 대한 애정까지도 수반하면서 여성적인 것을 우리 것의 가장 중요한 요소로 파악하는 깊이를 내재한다.

이런 균형의식 속에서 "겨울밤 다듬이 소리야말로 제일가는 캐럴"(「계면조의 성탄 캐럴」)이라는 구절이 나온다. 그렇다. 시적인 것은 모성적인 것이며, 사랑도 시도 눈물의 자식들이다. 유안진 시인의 시들은 이런 물기어린 시선에서 탄생된 것이다.

자연의 근원으로서의 '물' 이미지

– 최승호 시집 『아무것도 아니면서 모든 것인 나』

최승호의 시집 『아무것도 아니면서 모든 것인 나』에는 그동안 그가 내었던 열권의 시집에서 다루었던 모든 주제들, 즉 현대문명과 욕망의 정체성에 대한 존재론적 질문, 도도한 탐욕의 시대와 대결하는 허무의 탐색, 우화와 해학의 형식을 통한 기발하고 유쾌한 표현, 소멸과 무에 대한 불교적 상상력의 추구 등이 중첩되어 있다. 자신이 형무소장인 불교형무소에서 늙어버린 고행 수도승과 적멸이 두렵지 않은 멸치와의 대비(「멸치와 고행자」), 스핑크스처럼 짖지도 않고 나를 보고 있는 검은 개(「가난한 사람들」), 멍게의 고요와 천둥벼락 같았다는 유마의 침묵의 병치(「멍게」) 등 현실과 밀접한 우화나 비유담을 통해 우리의 생각이나 사유 속에 존재하는 추상적 관념을 구체화하는 데 그의 시는 능란하다. 그러나 무엇보다도 상실된 전체성의 질서를 회복하기 위한 시적 의도의 기획이 훨씬 더 입체성을 띠고 있다는 점이 이전 시집들과의 변별성을 이룬다. 이 전일성은 나와 타자의 상호의존성을 기반으로 한다. 사과를 한 입 물어뜯을 때 나의 세계가 즙을 흘리며 붕괴되는 소리(「붕괴되는 사과」)가 들리는 상생의식이 그 근저에 놓여 있다. 시적 화자는 평정과 화해의 세계로 섣불리 도피하거나 세계를 자아가 일방적으로 재단하는 것에서 한 걸음 물러서 있다. 그만큼 화자 우월적 태도를 가지고 있지 않다는 이야기다.

이번 시집에서 그가 두드러지게 관심을 가지고 있는 것은 '물' 이미지이다. 이는 시집 『눈사람』(1996) 이후 그가 계속하여 사용하는 이미지인데, 변화의 생성력과 순환, 무위의 존재방식을 드러내며, 이 때 물은 무심하게 적멸을 실천하는 존재(「여울이 歌王」, 「백만년이 넘도록 맺힌 이슬」, 「물뱀」, 「물허벅」, 「비 분류법」)가 된다.

그는 먼저 부패와 발효가 왕성하게 진행되는 공간에서 생성과 정화의 징후를 발견하고 죽음의 극한을 통과하는 재생과 변신의 기회를 포착한다. 그에게 있어 자연의 본질이란 소멸을 통한 생명력의 창조라 할 수 있다. 이는 구더기들이 흘러나오는 썩은 잉어 시체를 다룬 「자연」이란 시에서 단적으로 드러난다. 잉어는 죽지만 시체가 누더기가 되도록 쉬파리들은 구더기 떼를 풀어놓는다. 한 존재의 소멸은 다른 생명의 생성과 삶의 율동으로 이어지는 것이다. 따라서 그의 시에서 우리는 심미화된 자연이나 폐허화된 자연이 일방적으로 제시되는 것을 보기 어렵다. 도시로 내려온 열목어(「열목어」), 개울 한 구석에 버려진 텔레비전(「텔레비전」)처럼 현실로서의 자연을 제시하는 경우에도 그것은 가시적인 현상 너머에 있는 생성과 소멸의 존재론적 순환과정이라는 틀을 그 바탕에 깔고 있음을 우리는 놓쳐서는 안 된다.

그의 자연 표출양상은 우선 마네킹과 콘크리트와 철근(「비 분류법」) 이전, 무덤도 비석도 없는 죽음과 삶 이전(「죽뻘」)의 반죽 상태로 존재한다. 뻘이 만물의 어머니(「죽뻘」)라든가, 산하대지의 두엄으로 육신이 나누어진다(「두엄」)는 구절은 이런 맥락에서 읽힌다. 그러나 생성과 소멸의 존재론적 순환과정을 일으키는 근본적인 질료는 물이다. 즉, 최승호 시에 있어서 자연의 근원은 물로 수렴되는 것이다. 죽뻘이라는 것도 썰물과 밀물, 그 반복되는 바다의 애무가 만든 것(「죽뻘」)이고 반죽이나 두엄 역시 물(비)이 없이는 생성되지 않기 때문이다. 물은 족보 어지러운 뻘가의 자식들인 우리(「죽뻘」)와는 달리 얼마나 정연하고도 조용한 흐름을 가졌는가. 최승호의 시가 자연의 본질 속에서 조화로운 삶의 가능성을 모색한다고 할 때 그 바탕 이미지가 되는 것은 물이고, 이 물은 반죽(「비 분류법」, 「죽뻘」), 구름("그렇게 많은 사람들을 죽여 놓고 / 조용히 여름대낮을 흘러간다" –「구름들」, "팔만사천 살쯤 돼 보이는 누더기 구름들" –「백세주병이 버려져 있는 해질녘」, "닻없는 마음의 돛" –「부두의 오후」), 이슬(「백만년이 넘도록 맺힌 이슬」), 눈송이("소란을 삼키는 침묵처럼 하늘에서 내려오는 눈송이들" –「범눈송이」), 아지랑이("이미 많은 내 숨결은 / 나 아닌 내 숨결이 되어버렸다" –「아지랑이」, "지렁이처럼 축축한 생각들도 / 봄하늘 아지랑이로 나른하게 발효될까" –「두엄」), 구멍(「물방울무늬 넥타이를 맨 익사체」, 「물허벅」), 식물(「재 위에 들장미」) 등의 다양한 하위 이미지를 거느리고 있다. 이 물은 노래를 부르면서(「여울이 歌王」) 만물을 자연스런 소멸의 상태로 돌려놓음으로써 순환하게 하고 생성시키며 무위의 도를 실천하는 존재이다. 물을 상상력의 질료로 활용하고 있는 이런 소멸의 미학 속에서 "수평선 너머에서 / 소금들이 바다에 잠든 것처럼" 잠자리는 대기 가운데서 잠들 수 있고(「가을 잠자리」), 적멸이 두렵지 않은 멸치(「멸치와 고행자」)는 무심하게 적멸을 실천하는 고결한 존재가 될 수 있는 것이며, 마침내는 "시마저 흘러가고 독자는 건너"(「櫓」)가는 것이다.

그러기에 물의 작용은 무한이라는 시간의 지속성을 지니며("은하수를 건너가는 여치 뒷다리에도 이슬이 걸립니까?" –「백만년이 넘도록 맺힌 이슬」, "들장미라는 말이 떠오르기 전에 / 들장미가 있었다" –「재 위에 들장미」, "물소리 속으로 사라진 제주 할매들" –「물허벅」), 이 무한은 허공이라는 태초의 공간으로 우리를 인도한다. 이 허공은 "아무것도 아니면서 모든 것인, 통째로 맑고 고요한 눈알"(「거울과 눈」)이며, "하늘의 無限화면"(「텔레비전」)이다. "히말라야 흰 봉우리들을 거꾸로 다 얹어버려도 / 메워지지 않는 / 심연의 고요"(고요)를 내장한, "생각의 불길로 태울 수 없고 / 밝힐 수 없는 곳”(「바보성인에 대한 기억」), “하늘의 공터”(「공터의 소」)요 “무일물의 고향”(「아무 일 없었던 고향」)이다.

적멸을 거부하는 존재, 즉 물 이미지와 대척 지점에 서 있는 이미지는 돌로 나타난다. 돌은 “절대로 늙지 않고 / 죽지도 않는”(「물허벅」) 질료이며, “영원한 주인이듯 도처에서 존재를 주장”(「검은 돌」)하며, “느닷없이 발을 걸어 / 넘어뜨”리며(「돌부리」) 우리의 일상을 간섭하고, 우리의 정신마저 판단하는 계율(“돌이 성서 같다”–「물뱀」)로 기능한다. 이 돌 이미지는 소개껍질(「조개껍질」), 뼈(「중생대의 뼈」)로, “왕소금을 절여버려도 죽지 않는 유령”(「피서지에서」) 이미지로 강화된다. 그러나 그것은 “날개가 없”(「돌부리」)기에 초월이 없는 것이다.

최승호의 시에서 돌 이미지는 휘발되어 버리지 않는 인간의 욕망과 내밀하게 연결된다. 「태양의 납골묘」는 끈질기게 우리를 따라오는 욕망에 대한 공포에 대한 기록이다. 시인은 살아서뿐만 아니라 죽어서도 욕망이 사라지지 않을 것을 우려한다. 철재나 석재로 된 유물보관함이 은폐하고 있을지 모를 불길한 욕망에 대한 두려움은 유골단지를 모두 투명한 유리항아리로 바꿀 것을 제안하기에 이른다. “오래된 새장”(「고요한 새장」), “앞날이 불확실한 사람이 늘어뜨린 끈 끝에 매달려서 가는 곳”(「끈」)으로 상징되는 이 지상의 삶에서 “문명과 나와의 관계는 시큰둥하고 권태롭”지만, “결별은 없다”(「두엄」). 시인의 문명에 대한 비판은 “비닐과 가래침과 광고”가 번들거리는 “모순덩어리 우주를 이루어놓고도 / 수줍음으로 숨어 있는”(「시치미떼기」) 조물주에 대한 냉소로까지 이어진다. 휘발유 냄새 속에 오고 가는 영수증의 시대는 내가 휘발해 버린 때에야 멈출 수 있을 것(「휘발」)이다. 최승호는 현대문명과 욕망의 정체를 존재론적 차원에서 그 인과를 추적하는 사유의 깊이로 보여준다. 이 욕망의 문제는 아울러 주체의 문제와도 결부된다.

최승호의 시에서 주체는 세계를 구성하고 있는 한 개체로 기능한다. 나는 "나를 무슨 괴물체처럼 / 이상한 눈으로 갸웃거리며 쳐다보는 / 한 마리"를 "굽어보는 또 한 마리"의 도마뱀(「도마뱀」)이며 "누추하게 장수하는 하루살이"(「백세주병이 버려져 있는 해질녘」)일 뿐이다. 소외된 주체인 '나'가 개체로서 존재하는 화분을 또 소외시킨다("소외의 군락에서도 / 또 소외가 일어난다"–「화분」). 더욱 나는 "물질로 말하자면 해묵은 가죽자루"이며 "업으로 말하자면 오물덩어리"(「검은 고양이」)이다. 이렇듯 그의 시는 자본주의 사회 속에서 살고 있는 주체의 헛된 욕망을 직시한다. 문명을 다룬 그의 시가 의미를 띠고 있는 이유도 자신을 대상화해 보고 있다는 점에 있다. 이 시집의 시들은 욕망의 문제를 통해 나와 타자의 근원을 탐색하고 있는 일련의 여정 가운데 놓인다. 시인이 허상을 쫓고 있는 물고기(「그림자」)를 통해 드러내려고 하는 것도 실상은 발의 때로 표상되는 욕망을 따라 움직이는, 근원을 잃어버린 주체를 드러내기 위해서다. 또 「열목어」에서 욕망으로 가득한, 붉어진 눈은 외부의 현란한 것들을 무비판적으로 받아들이는, 부유하는 주체들을 드러내는 표지가 된다. 이렇듯 그는 욕망의 주체를 관찰하면서 욕망을 대상화한다. 여기서 주목되는 것은 보는 '나'를, 보는 주체와 보이는 주체로 분리하고 있다는 점이며, 마침내 주체를 바라보는 주체가 타자이며 그 타자는 허공이라는 인식[11]에 도달한다("아무것도 아니면서 / 모든 것이 / 나인 / 空王처럼 // 눈꺼풀을 떼어낸 눈처럼 / 거울은 눈을 감지 못하고 있다"–「거울과 눈」)는 점이다.

우리는 앞에서 최승호 시의 자연의 근원이 '물'로 수렴되고 이것은 허공으로까지 확산되고 있음을 살펴보았지만, 끈끈한 미정형의 반죽(뻘, 두엄)에서부터 구름, 아지랑이, 이슬 등의 물기를 머금은 이미지 다발은 그

11) 이미순, 「욕망하는 주체의 근원을 찾아서」, 『현대시』, 2004.1, 237면.

자체로 생명의 본래 모습을 간직한 만물의 어머니(「죽뻘」)로서, 돌로 표상되는 견고한 주체와 욕망 덩어리를 무너지게 하고, 결국은 거대한 거울로서의 허공이라는 우주의 일부로 돌려놓는다. 그럼으로써 죽음은 소멸이 아니라 순환의 과정이 되며 단일주체와 욕망에서 벗어나 자연의 본질 속으로 진입하는 조화로운 삶의 가능성이 되는 것이다.

손진은

경북 안강 출생. 경북대학교 국문학과 및 동대학원 박사과정 졸업. 1987 동아일보 신춘문예 시 당선으로 등단. 1995 매일신문 신춘문예 문학평론 당선. 시집으로 『두 힘이 숲을 설레게 한다』, 『눈먼 새를 다른 세상으로 풀어놓다』, 『고요 이야기』가 있고, 학술서로 『서정주 시의 시간과 미학』, 『현대시의 미적 인식과 형상화 방식 연구』, 비평서로 『현대시의 지평과 맥락』, 『한국 현대시의 정신과 무늬』, 『쉬! 우주가 참 조용하였겠습니다』 등이 있다. 1996 대구시인협회상 수상.
현 경주대 교수

동시대 시의 풍경과 정신

초판 1쇄 인쇄 • 2011년 11월 1일
초판 1쇄 발행 • 2011년 11월 7일

지은이 • 손 진 은
펴낸이 • 박 성 복
펴낸곳 • 도서출판 月印
서울특별시 강북구 수유2동 252-9
등록 • 제6-0364호 / **등록일** • 1998년 5월 4일
대표전화 • (02) 912-5000 / **팩스** • (02) 900-5036
http://www.worin.net

ISBN 978-89-8477-499-5 93810

값 20,000원